개정세법 2025

www.nanumclass.com

입법취지로 배우는
부가가치세법

김갑순 · 양성희 · 박시훈 · 김태준 저

NANUM CLASS
나눔클래스

머리말

　세금은 국가경제, 기업활동뿐만 아니라 개인의 삶에도 전 생애에 걸쳐 영향을 미친다. 국가는 세금을 주된 재원으로 하여 운영되는 경제 주체이다. 세금이 없다면 국가도 없다. 국가는 국회에서 법률을 제정하여 개인과 법인을 대상으로 일정한 세목에 대해 세금을 부과하고 징수한다. 세법은 국가로 하여금 납세의무자의 소득과 소비 등 과세대상에 대해 일정한 세금을 부과할 수 있는 근거를 제공한다. 그러므로 세법에 대한 올바른 이해는 경제활동의 주체인 기업과 개인들에게는 무엇보다 중요하다.

　개인이나 법인은 돈을 벌 때 세금을 내야하고, 그 돈을 쓸 때도 세금을 내야한다. 돈을 벌 때 내는 세금이 소득세이고, 그 돈을 쓸 때 내는 세금이 소비세이다. 우리나라에서 가장 비중이 큰 소비세는 바로 부가가치세이다.

　부가가치세를 부담하는 주체는 과세대상인 재화나 용역을 소비하는 궁극적인 소비자이지만 그 영향은 재화나 용역을 생산하여 공급하는 사업자에게 더 크게 미친다. 부가가치세는 부담의 측면에서는 소비세이지만 과세대상의 측면에서는 공급세이다. 재화나 용역을 사회에 공급하는 모든 사업자는 그 행위를 함에 있어 항상 부가가치세를 신경 써야 한다. 우리나라에서 부가가치세와 관련이 없는 경제주체는 아무도 없다고 하여도 과언이 아닐 것이다.

　우리나라 부가가치세법은 전단계세액공제법이라는 간접법을 전제로 짜여 있다. 바로 이 부분을 이해하지 못하고서는 부가가치세법을 올바로 이해하기 어렵다. 본서는 제1장에서 전단계세액공제법에 대한 깊이 있는 설명을 제공하고 있다. 독자들은 부가가치세법을 제대로 공부하기 위해서 부가가치세법의 과세원리를 담고 있는 이 부분을 꼭 정독해 주기 바란다.

　저자들은 본서를 집필하면서 현행 부가가치세법의 내용을 그 입법취지를 바탕으로 설명하고자 노력하였다. 하지만 많은 부족함이 있음을 알고 있다. 앞으로 이를 보완하고자 꾸준히 개정해 나갈 계획이다.

올해 2025년판에서는 2024년 말에 개정된 세법 내용을 반영하였다. 본서 집필을 위하여 각 세법항목의 취지를 보다 상세히 기록하고자 기획재정부로부터 개정세법 자료를 협조 받아 실무적으로 접근하였다. 끝으로 편집과 출판을 맡아 애써준 김상길 사장과 박채연 과장에게도 고마움을 전한다.

2025년 2월 19일

김갑순(kks@dongguk.edu)·**양성희**(ysh11000@hanmail.net)·
박시훈(sihun_park@naver.com)·**김태준**(tax.kimtaejun@gmail.com)

PART 01 현행 부가가치세법의 과세원리

제1절 왜, 부가가치세법에는 '부가가치'란 단어는 등장하지 않는가? ·············· 2
제2절 왜, 부가가치세법의 과세대상은 '부가가치'가 아니라 '재화와 용역의 공급'인가? ·· 6
제3절 왜, 최종사업자가 아닌 모든 사업자에게 부가가치세를 과세하는가? ······· 12
제4절 전단계세액공제법은 현행 부가가치세법에 어떻게 귀결되어 있는가? ······ 14

PART 02 부가가치세법 총칙

제1절 부가가치세의 기초 ·· 18
제2절 납세의무자 ·· 27
제3절 과세기간 ·· 30
제4절 납세지 ·· 32
제5절 사업자등록 ·· 39
조세법령 확인을 통해 기본개념 익히기 ································· 44
연습문제 ··· 48

PART 03 과세거래

제1절 의 의 ·· 54
제2절 재화의 공급 ·· 55
 Ⅰ. 재화의 개념 ·· 55
 Ⅱ. 공급의 범위 ·· 55
 Ⅲ. 재화공급의 특례 ·· 57
제3절 용역의 공급 ·· 67
 Ⅰ. 용역의 개념 ·· 67
 Ⅱ. 공급의 범위 ·· 68
 Ⅲ. 용역공급의 특례 ·· 69
제4절 재화의 수입 ·· 71
제5절 부수 재화 및 용역의 공급 ·· 73
제6절 공급시기 ·· 75

　　　　Ⅰ. 재화의 공급시기 ··· 75
　　　　Ⅱ. 용역의 공급시기 ··· 78
　　　　Ⅲ. 재화 및 용역의 공급시기 특례 ·· 80
　　　　Ⅳ. 재화의 수입시기 ··· 81
　　제7절 공급장소 ·· 83
　　조세법령 확인을 통해 기본개념 익히기 ··· 84
　　연습문제 ·· 92

PART 04 영세율과 면세

　　제1절 영세율 ·· 100
　　제2절 면세 ·· 108
　　조세법령 확인을 통해 기본개념 익히기 ······································· 122
　　연습문제 ·· 127

PART 05 과세표준과 세액의 계산

　　제1절 부가가치세 계산의 기본구조 ··· 134
　　제2절 과세표준의 계산 ··· 135
　　　　Ⅰ. 재화 또는 용역의 공급에 대한 과세표준 ························· 135
　　　　Ⅱ. 재화의 수입에 대한 과세표준 ·· 140
　　　　Ⅲ. 공급가액 계산의 특례 ·· 141
　　제3절 납부세액의 계산 ··· 148
　　　　Ⅰ. 매출세액의 계산 ·· 148
　　　　Ⅱ. 매입세액의 계산 ·· 149
　　　　Ⅲ. 공통매입세액의 안분계산 ·· 155
　　　　Ⅳ. 공통매입세액의 재계산 ·· 159
　　　　Ⅴ. 과세사업 전환 매입세액공제 ·· 162
　　　　Ⅵ. 의제매입세액공제 ·· 164
　　　　Ⅶ. 대손세액공제 ··· 170

Ⅷ. 경감·공제세액 ··· 173
　　조세법령 확인을 통해 기본개념 익히기 ····································· 177
　　연습문제 ·· 183

PART 06　거래징수와 세금계산서

　　제1절 거래징수 ·· 208
　　제2절 세금계산서 ·· 209
　　　Ⅰ. 의　의 ·· 209
　　　Ⅱ. 세금계산서의 발급 ··· 211
　　　Ⅲ. 수정세금계산서의 발급 ··· 218
　　　Ⅳ. 세금계산서합계표의 제출 ··· 219
　　　Ⅴ. 영수증 ·· 221
　　조세법령 확인을 통해 기본개념 익히기 ····································· 224
　　연습문제 ·· 227

PART 07　신고와 납부 등

　　제1절 신고와 납부 ·· 230
　　　Ⅰ. 예정신고납부와 확정신고납부 ·· 230
　　　Ⅱ. 재화의 수입에 대한 신고·납부 및 납부유예 ···················· 232
　　　Ⅲ. 대리납부 ·· 234
　　　Ⅳ. 국외사업자의 용역 등 공급에 관한 특례 ·························· 236
　　제2절 결정·경정 및 징수 ·· 240
　　　Ⅰ. 결정과 경정 ·· 240
　　　Ⅱ. 징수 ·· 242
　　제3절 환급 ·· 243
　　제4절 가산세 ·· 245
　　　Ⅰ. 의　의 ·· 245

Ⅱ. 부가가치세법상 가산세의 종류 ··· 245
Ⅲ. 국세기본법상 가산세의 종류 ··· 252
조세법령 확인을 통해 기본개념 익히기 ·· 257
연습문제 ·· 263

PART 08 간이과세

제1절 의 의 ··· 268
제2절 간이과세의 적용범위 ·· 269
제3절 간이과세자의 과세표준과 세액 계산 ···································· 272
 Ⅰ. 과세표준과 납부세액의 계산 ·· 272
 Ⅱ. 공제세액의 계산 ·· 274
제4절 과세유형의 전환과 간이과세의 포기 ···································· 277
 Ⅰ. 과세유형의 전환 ·· 277
 Ⅱ. 간이과세의 포기 ·· 284
제5절 간이과세자의 신고와 납부 등 ·· 287
 Ⅰ. 신고와 납부 ·· 287
 Ⅱ. 결정·경정과 징수 ·· 289
 Ⅲ. 가산세 ·· 289
조세법령 확인을 통해 기본개념 익히기 ·· 292
연습문제 ·· 297

약어표시

부가가치세법
부법: 부가가치세법
부령: 부가가치세법 시행령
부칙: 부가가치세법 시행규칙
부가통: 부가가치세법 기본통칙
집행기준: 부가가치세법 집행기준
(부법 1①: 부가가치세법 제1조 제1항)

조세특례제한법
조특법: 조세특례제한법
조특령: 조세특례제한법 시행령
조특칙: 조세특례제한법 시행규칙

소득세법
소법: 소득세법
소령: 소득세법 시행령

법인세법
법법: 법인세법
법령: 법인세법 시행령

국세기본법
국기법: 국세기본법
국기령: 국세기본법 시행령

PART 01

현행 부가가치 세법의 과세원리

제1절 왜, 부가가치세법에는 '부가가치'란 단어는 등장하지 않는가?

제2절 왜, 부가가치세법의 과세대상은 '부가가치'가 아니라 '재화와 용역의 공급'인가?

제3절 왜, 최종사업자가 아닌 모든 사업자에게 부가가치세를 과세하는가?

제4절 전단계세액공제법은 현행 부가가치세법에 어떻게 귀결되어 있는가?

제1장 현행 부가가치세법의 과세원리

제1절 왜, 부가가치세법에는 '부가가치'란 단어는 등장하지 않는가?

현행 부가가치세법에는 '부가가치'란 단어가 한 번도 온전한 낱말로 등장하지 않는다. 부가가치와 관련된 단어는 '부가가치세'와 '부가가치율'이 전부이다. 이는 현행 부가가치세법에서 규정하고 있는 과세대상이 '부가가치'가 아니기 때문이다.

소득세는 개인이 일정기간 동안 벌어들인 소득에 대해 과세하는 세금이고, 재산세는 개인이나 법인이 소유하고 있는 재산에 대해 과세하는 세금이다. 이런 관점에서 본다면 부가가치세는 부가가치에 대해 과세하는 세금이라는 생각이 자연스럽게 든다.

그런데 우리나라 부가가치세법의 내용을 전제로 판단해 보면, 부가가치세는 부가가치에 대해 과세하는 세금이라는 말은 한편으로는 옳고, 다른 한편으로는 옳은 말이 아니다. 부가가치세가 부가가치에 대해 과세하는 세금이라는 말에 대한 옳고 그름을 판단하기 위해서는 먼저 부가가치가 무엇인가부터 알아야 한다.

부가가치가 무엇인가에 대해 이론적인 논의가 가장 많이 이루어진 분야는 경제학 분야이다. 경제학 분야에는 '부가가치'에 대한 다양한 정의가 있다. 본장에서는 우리가 공부하고자 하는 것이 부가가치세법이므로 현행 부가가치세법이 사용하고 있는 부가가치 정의를 중심으로 설명하겠다.

현행 부가가치세법 제2조에서는 부가가치세법에서 사용하는 용어의 뜻에 대해 규정하고 있다. 그런데 정작 '부가가치'에 대한 정의는 찾아볼 수 없다. 그 대신 '재화'와 '용역'에 대한 정의가 가장 먼저 규정되어 있다. 그 이유에 대해서는 차차 설명하도록 하겠다. 부가가치에 대한 과세를 규정하고 있는 부가가치세법에서 '부가가치'에 대한 정의 없이, '재화'와 '용역'의 정의를 가장 먼저 하고 있는 점은 현행 부가가치세법이 부가가치에 대해 직접 과세하고 있지 않다는 점을 간접적으로 보여주는 증거라 할 수 있다. 실제 부가가치세법 제4조에서는 과세대상을 '사업자가 행하는 재화 또는 용역의 공급'과 '재화의 수입'으로 규정하고 있다. 다시 말해 현행 부가가치세법상 과세대상은 '부가가치'가 아닌 '재화 또는 용역의 공급'과 '재화의 수입'이라는 것이다.

비록 부가가치세법에는 명확한 정의가 없지만, 부가가치세법에서 의미하고 있는 부가가치란 '사업자가 스스로 창출한 경제적 가치' 정도로 정의할 수 있다. 여기서 '스스로 창출'했다는 말은 무슨 뜻인가? 사업자 입장에서 투입물의 가치보다 산출물의 가치가 더 큰 경우에 그 증가한 가치가 바로 사업자가 '스스로 창출'한 가치라 할 수 있다. 이를 회계적 관점에서 보면, 산출물의 가치는 매출액으로 볼 수 있고, 투입물의 가치는 매입액으로 볼 수 있으므로 부가가치는 다음의 식으로 계산할 수 있다.

제1절 왜, 부가가치세법에는 '부가가치'란 단어는 등장하지 않는가?

$$부가가치 = 매출액 - 매입액 \quad \cdots\cdots\cdots\cdots(식1)$$

위 식의 의미를 좀 더 깊이 있게 이해하기 위해 간단한 사례를 통해 설명해 보자.

㈜원유는 국내에서 800원의 비용을 들여 원유를 채취[①]한 후 200원의 이익을 남기고 1,000원에 ㈜정유에 판매한다. ㈜정유는 ㈜원유로부터 1,000원에 매입한 원유를 400원의 비용을 들여 정제[②]한 휘발유를 100원의 이익을 남기고 1,500원에 ㈜주유소에 판매한다. 그리고 ㈜주유소는 1,500원에 매입한 휘발유에 200원의 비용과 100원의 이익을 더하여 1,800원에 소비자에게 판매한다. 이를 정리하면 다음 표와 같다.

〈표1〉 **사업자별 부가가치의 측정**

사업자	매입액 (투입물)	매출액 (산출물)	부가가치 (=매출액-매입액)	부가가치 (=구성요소의 합)
㈜원유	0원 (없음)	1,000원 (원유)	1,000원 (=1,000원-0원)	1,000원 = 원유채취설비 관련 비용 500원 + 인건비 300원 + 이익 200원
㈜정유	1,000원 (원유)	1,500원 (휘발유)	500원 (=1,500원-1,000원)	500원 = 원유정제설비 관련 비용 300원 + 인건비 100원 + 이익 100원
㈜주유소	1,500원 (휘발유)	1,800원 (휘발유)	300원 (=1,800원-1,500원)	300원= 주유설비 관련 비용 100원 + 인건비 100원 + 이익 100원

[①] 풀이나 나무, 어패류, 광물질 따위를 찾아 캐거나 베거나 따거나 뜯거나 하여 얻는 것을 말한다.
[②] 원유를 증류하여 각종 석유제품과 반제품을 제조하는 것을 말한다. 원유를 정제하면 수백 가지의 유용한 제품이 나온다.

㈜원유는 땅 속 깊숙이 묻혀 있어 경제적 가치가 전혀 없는 자연 상태의 원유를 500원의 채취설비와 300원의 노동력을 사용하여 채취한 후 200원의 이익을 남기고 1,000원에 ㈜정유에 판매하고 있다. 이때 ㈜원유는 세상에 없던 1,000원의 경제적 가치가 있는 원유를 '스스로 창출'하였으므로 ㈜원유가 만든 부가가치는 1,000원이다. ㈜원유의 부가가치 1,000원은 두 가지 방법으로 측정할 수 있다. 하나는 투입물 없이 자연 상태에서 설비자산과 노동력만을 이용하여 원유를 채취하였으므로 산출물의 가치인 원유 매출액 1,000원에서 투입물의 가치인 매입액 0원을 차감하는 것이다. 다른 하나는 부가가치 1,000원을 구성하는 요소인 원유 채취설비 관련 비용 500원과 인건비 300원, 이익 200원을 더하는 것이다.

㈜정유는 ㈜원유로부터 1,000원에 매입한 원유를 300원의 정제설비와 100원의 노동력을 사용하여 정제한 후 100원의 이익을 더하여 1,500원에 ㈜주유소에 판매하고 있다. ㈜정유는 1,000원의 가치 밖에 없는 원유에 '정제'라는 과정을 거치게 함으로써 1,500원의 가치가 있는 휘발유를 만들어 내었다. 그러므로 휘발유 1,500원의 경제적 가치 중 ㈜정유가 '스스로 창출'한 가치는 500원이 되는 것이다. ㈜정유의 부가가치 500원도 두 가지 방법으로 측정할 수 있다. 하나는 산출물의

가치인 휘발유 매출액 1,500원에서 투입물의 가치인 원유 매입액 1,000원을 차감하는 것이다. 다른 하나는 부가가치 500원을 구성하는 요소인 원유 정제설비 관련 비용 300원과 인건비 100원, 이익 100원을 더하는 것이다.

㈜주유소는 ㈜정유로부터 1,500원에 매입한 휘발유에 100원의 주유설비와 100원의 노동력, 100원의 이익을 더하여 1,800원에 고객에게 판매하고 있다. 그러므로 ㈜주유소가 판매하는 휘발유 1,800원의 경제적 가치 중 ㈜주유소가 1,500원에 매입한 휘발유를 안전하게 저장하였다가 고객이 구입을 원하는 때에 원하는 양만큼을 판매하는 서비스를 제공함으로써 '스스로 창출'한 가치는 300원이 되는 것이다. ㈜주유소의 부가가치 300원도 두 가지 방법으로 측정할 수 있다. 하나는 산출물의 가치인 휘발유 매출액 1,800원에서 투입물의 가치인 ㈜정유로부터의 휘발유 매입액 1,500원을 차감하는 것이다. 다른 하나는 부가가치 300원을 구성하는 요소인 주유설비 관련 비용 100원과 인건비 100원, 이익 100원을 더하는 것이다.

위의 [사례]에서 부가가치를 산출하는 첫 번째 방법은 (식1)을 적용하여 산출하는 방법이다. 그리고 부가가치를 산출하는 두 번째 방법은 다음의 (식2)를 적용하여 산출하는 방법이다.

$$부가가치 = 임금 + 지대(地代) + 이자 + 이윤 \quad \cdots\cdots\cdots(식2)$$

(식2)는 경제학에서 정의하고 있는 부가가치의 구성요소를 식으로 표현한 것이다. 임금은 노동의 사용대가인 인건비를 말하고, 지대는 토지의 사용대가를 말한다. 즉, 토지소유자가 그 토지의 사용자로부터 징수하는 대가를 말한다. 토지가 생산의 주된 요소인 농업 중심의 경제에서는 지대가 부가가치의 주요 구성요소이지만, ㈜원유나 ㈜정유와 같은 제조산업의 경우에는 토지사용의 대가뿐만 아니라 설비자산의 사용에 대한 대가도 이 지대와 유사한 성격의 부가가치 구성요소에 해당한다. 그리고 이자는 타인자본 즉 부채를 사용한 대가이다. 마지막으로 이윤은 자기자본 즉 주주가 투자한 투자원금에 대한 대가에 해당한다. 이와 같이 부가가치는 한 마디로 노동, 토지(또는 생산설비), 자본(타인자본과 자기자본) 등 생산요소에 대한 대가로 구성된다.

경제학에서 일반적으로 사용하는 용어로 구성된 (식2)를 기업에서 보통 사용하는 회계학적 개념의 용어로 재구성하면 다음과 (식3)과 같다.

$$부가가치 = 인건비 + 설비임차료\ 또는\ 감가상각비 + 이자비용 + 이익 \quad \cdots\cdots\cdots(식3)$$

만약에 ㈜원유나 ㈜정유가 원유채취설비나 원유정제설비를 외부에서 임차하여 사용한다면 그 대가는 임차료가 될 것이고, 주주가 투자한 자기자본으로 취득하여 사용한다면 그 비용은 감가상각비가 될 것이다. 하지만 해당 설비를 은행에서 차입한 부채로 취득하였다면 감가상각비와 부채 사용의 대가인 이자비용이 동시에 발생할 것이다.

지금까지 설명한 것처럼 부가가치를 계산하는 방법에는 두 가지가 있다. 산출물의 가치에서 투입물의 가치를 차감하는 (식1)의 방법과 부가가치 구성요소들의 가치를 합산하는 (식2)의 방법이 그것이다. (식1)의 방법을 '전단계거래액공제법'이라 하고, (식2)의 방법을 '가산법'이라 한다. 그리고 이들 두 가지 방법은 부가가치를 직접 측정하는 방법이라는 의미에서 '직접법'이라고 한다. '전단계거래액공제법'과 '가산법'은 어떤 방법을 사용하여도 같은 값을 얻게 되므로 결과적으로는 전혀 차이가 없다. 하지만 계산을 위해 어떤 정보를 사용하는가에 있어서는 차이가 있다.

만약 부가가치세법을 만들면서 이러한 직접법을 염두에 두었다면, 부가가치세법에는 각 사업자들의 매출액과 매입액을 이용하여 부가가치를 측정하거나, 부가가치 구성요소인 인건비, 임차료, 감가상각비, 이자비용, 이익 등을 합하여 부가가치를 측정하도록 하는 규정을 두었을 것이다. 따라서 부가가치에 대한 정의가 필요하고, 과세대상 또한 직접법에 의해 측정할 부가가치로 규정하였을 것이다.

하지만 앞에서 언급하였듯이 현행 부가가치세법에는 '부가가치'에 대한 정의 규정이 없고, 제4조에서 '사업자가 행하는 재화 또는 용역의 공급'과 '재화의 수입'을 과세대상으로 규정하고 있다. 이는 현행 부가가치세법은 과세대상을 부가가치로 규정하고, '전단계거래액공제법'이나 '가산법'을 이용하여 부가가치를 직접적으로 측정하여 과세하고 있지 않다는 것을 의미하는 것이다.

제2절 왜, 부가가치세법의 과세대상은 '부가가치'가 아니라 '재화와 용역의 공급'인가?

현행 부가가치세법의 과세대상이 '부가가치'가 아니라 '재화와 용역의 공급'인 이유는 부가가치세법이 전제로 하고 있는 부가가치세 산출방식이 '직접법'인 '전단계거래액공제법'이나 '가산법'아니라 '간접법'인 '전단계세액공제법'이기 때문이다.

사업자별로 부가가치를 직접법으로 측정하여 과세한다는 것은 [사례]의 경우 다음의 〈표2〉와 〈표3〉과 같이 부가가치세를 산출한다는 것이다. 이때 부가가치세율은 10%로 가정한다.

〈표2〉 직접법을 이용한 사업자별 부가가치의 측정

사업자	전단계 거래액[1] (투입물)	공급가액[2] (산출물)	전단계거래액공제법에 따른 부가가치 (=매출액-전단계거래액)	가산법에 따른 부가가치 (=구성요소의 합)
㈜원유	0원 (없음)	1,000원 (원유)	1,000원 (=1,000원-0원)	1,000원 = 원유채취설비 관련 비용 500원 + 인건비 300원 + 이익 200원
㈜정유	1,000원 (원유)	1,500원 (휘발유)	500원 (=1,500원-1,000원)	500원 = 원유정제설비 관련 비용 300원 + 인건비 100원 + 이익 100원
㈜주유소	1,500원 (휘발유)	1,800원 (휘발유)	300원 (=1,800원-1,500원)	300원 = 주유설비 관련 비용 100원 + 인건비 100원 + 이익 100원

[1] 매입액을 의미한다.
[2] 매출액에 부가가치세를 합한 금액인 공급대가와 구분하기 위해 부가가치세법에서 매출액과 같은 의미로 사용하는 용어이다.

〈표3〉 직접법을 이용한 사업자별 부가가치세 납부세액과 공급대가의 측정

사업자	공급가액 (산출물)	직접법에 따른 부가가치 (전단계거래액공제법 또는 가산법)	부가 가치 세율	부가가치세 납부세액 (=부가가치×세율)	공급대가[주] (=공급가액+전가할 부가가치세)
㈜원유	1,000원 (원유)	1,000원	10%	100원	1,100원 (=1,000원+100원)
㈜정유	1,500원 (휘발유)	500원	10%	50원	1,650원 (=1,500원+100원+50원)
㈜주유소	1,800원 (휘발유)	300원	10%	30원	1,980원 (=1,800원+100원+50원+30원)

[주] 거래상대방인 사업자나 소비자에게 재화나 용역을 공급한 대가로서 공급가액에 부가가치세를 포함하여 받는 금액이다. 직접법을 적용할 경우 ㈜정유나 ㈜주유소와 같은 중간단계나 최종단계 사업자의 공급대가에는 전단계 사업자가 납부하였지만 자신이 부담하기 않기 위해 전가할 부가가치세(㈜원유의 부가가치세 100원 또는 ㈜정유의 부가가치세 50원)가 누적되어 포함되어 있다.

이러한 직접법을 이용하여 사업자별로 부가가치세를 계산하는 방식으로 부가가치세제를 운영하는 것은 다음과 같은 문제점이 있다.

첫째, 일반적으로 전단계거래액공제법이나 가산법을 적용하여 부가가치를 계산하기 위해 필요한 매출액, 매입액(전단계거래액), 인건비, 임차료, 감가상각비, 이자비용, 이익 등의 정보는 일정기간을 단위로 하여 측정되므로 거래하는 개개의 재화나 용역에 대하여 각각 계산하는 것은 불가능에 가까운 일이다. 다시 말해 일정기간을 단위로 하여 사업자의 부가가치를 계산하여 과세하기 때문에 개개의 재화나 용역의 부가가치 및 그에 부담된 부가가치세를 정확하게 파악할 수 없다. 그러므로 현재 소비자들이 재화나 용역을 구매할 때마다 영수증에 징수당한 것으로 표시되는 방식으로 부가가치세를 소비자에게 전가하는 것이 불가능하다.

둘째, 구조적으로 재화나 용역을 거래할 때마다 세액을 구분하여 명확하게 관리할 수 없으므로, 개개의 재화나 용역에 부담된 부가가치세의 전가 여부가 불투명해진다. 그러므로 사업자 입장에서는 부가가치세 납부 시 마치 소득과세인 것 같은 인상을 주기 때문에 부가가치세를 자기가 부담하는 것처럼 착각하게 되고 그 결과 조세회피와 조세저항의 원인으로 작용할 가능성이 있다.

셋째, 일정기간을 단위로 특정 사업자의 부가가치합을 계산하여 과세하고, 개별 거래와 관련된 부가가치세액에 대해서는 세무당국에서 관리할 수 없으므로 품목별로 면세나 차등세율을 적용하기가 어렵다.

넷째, 영세율을 적용받는 수출하는 재화 등에 대한 부가가치세의 환급이 부정확해질 수 있고, 장부를 제대로 적지않는 사업자가 아닌 자가 재화를 수입하는 경우에 과세하기가 어려워서 국경세조정이 곤란해진다.

다섯째, 〈표3〉을 보면, 예를 들어 ㈜정유 입장에서 ㈜주유소에 공급하는 휘발유의 공급대가를 1,650원으로 결정되기 위해서는 관련된 부가가치세 납부액인 50원이 결정되어야 한다. 그런데 ㈜정유가 ㈜주유소에 휘발유를 공급하는 시점이 부가가치세를 산출하는 기간의 중간에 놓일 가능성이 크다. 이럴 경우 공급대가에 포함될 부가가치세를 정확하게 반영하지 못할 수 있다.

직접법을 이용하여 부가가치세제를 운영할 경우에 발생할 수 있는 여러 가지 문제점을 해결하기 위해 대안으로서 등장한 것이 바로 '전단계세액공제법(invoice method)'이다.

'전단계세액공제법'은 '직접법'에 대응하여 '간접법'으로 불린다. 그 이유는 사업자별로 '부가가치'를 직접 계산하지 않고 납부할 부가가치세를 계산하는 방법이기 때문이다.

(식1)의 양변에 부가가치세율을 곱하면 다음의 (식4)와 같다.

$$\text{부가가치} \times 10\% = (\text{매출액} - \text{매입액}) \times 10\% \quad \cdots\cdots(\text{식4})$$

(식4)의 의미는 '매출액'에서 '매입액'을 차감하면 '부가가치'가 되고, 여기에 세율을 곱하면 부가가치세 납부액이 된다는 의미이다. 한편 (식4) 우변의 괄호를 풀어 전개하면 (식5)와 같다.

$$\text{부가가치} \times 10\% = \text{매출액} \times 10\% - \text{매입액} \times 10\% \quad \cdots\cdots(\text{식5})$$

(식4)와 (식5)를 수학적으로 비교해 보면, 괄호를 풀어 전개한 것에 불과하지만 특정 사업자의 납부할 부가가치세를 계산하는 방법에 적용하면 두 식 사이에는 큰 차이가 있다. (식4)는 매출액과

이에 대응되는 매입액이 결정된 다음에 그 차액을 구한 후에야 세율을 적용함으로써 일정 기간에 대한 부가가치 납부액을 결정하는 방식을 의미하는 반면에, (식5)는 개별 매출(거래)마다 공급가액(매출액)에 10% 부가가치세율을 곱하여 계산한 매출부가가치세를 징수한 후, 개별 매입 시마다 매입액에 10% 부가가치세율을 곱하여 징수당한 매입부가가치세를 차감하는 방식으로 부가가치세를 부과·징수할 수 있음을 의미한다. 그리고 이러한 매출부가가치세와 매입부가가치세는 '직접법'과 달리 매 거래마다 계산 가능하므로 거래 증빙에 구분하여 표시하는 것이 가능하다.

(식5)를 (식4)와 차별되는 이러한 특성들과 현행 부가가치세법상의 규정을 반영하여 다시 쓰면 다음의 (식6)과 같다.

$$\begin{aligned}
\text{부가가치세 납부세액}(&=\text{부가가치} \times 10\%) \\
= \text{매출세액} & \quad - \text{매입세액} \\
= \text{매출액} \times 10\% & \quad - \text{매입액} \times 10\% \\
= \text{공급가액(과세표준)} \times 10\% & \quad - \text{교부받은 세금계산서(거래증빙)에 의해} \\
& \quad \text{입증되는 매입세액} \quad \cdots\cdots(\text{식6})
\end{aligned}$$

(식6)이 의미하는 바를 다시 쓰면 (식7)과 같다.

$$\text{부가가치세 납부세액} = \text{거래징수한 부가가치세} - \text{거래징수 당한 부가가치세} \cdots(\text{식7})$$

(식6)은 '전단계세액공제법'의 구조를 담고 있다. 여기서 '전단계세액'이란 '매입세액' 즉, '매입액 × 10%'로 계산된 세액을 의미한다. 하지만 부가가치세법에서 규정하고 있는 매입세액은 '매입액'에 세율 10%를 곱하여 산출한 금액이 아니라 매입 과정에서 거래상대방 사업자와 주고받은 부가가치세법상 거래증빙인 '세금계산서'에 의해 입증되는 매입세액이다. 다시 말해 매입세액은 계산에 의해 산출되는 수치가 아니라 증빙에 의해 확인되는 수치이다. 그러므로 부가가치세율 10%를 적용하는 과세표준은 매출세액을 계산하기 위한 '재화나 용역의 공급가액' 즉, '매출액'이 된다. 현행 부가가치세법에서 과세대상이 '부가가치'가 아니라 '재화나 용역의 공급'으로 규정하고 있는 것은 바로 부가가치세법이 '전단계세액공제법'을 전제로 짜여져 있기 때문이다.

'전단계세액공제법'을 이용하여 [사례]의 부가가치세 과세 흐름을 설명하면 다음의 〈표4〉와 같다.

〈표4〉 **전단계세액공제법을 이용한 사업자별 부가가치세 납부액과 공급대가의 측정**

사업자	공급대가 (=공급가액+부가가치세①)	매출세액② (=공급가액×10%)	세금계산서상 매입세액	납부세액 (=매출세액− 매입세액)
㈜원유	1,100원 (=1,000원+100원)	100원 (=1,000원×10%)	0원	100원
㈜정유	1,650원 (=1,500원+150원)	150원 (=1,500원×10%)	100원	50원
㈜주유소	1,980원 (=1,800원+180원)	180원 (=1,800원×10%)	150원	30원

제2절 왜, 부가가치세법의 과세대상은 '부가가치'가 아니라 '재화와 용역의 공급'인가?

^① 이 부가가치세는 ㈜원유나 ㈜정유, ㈜주유소가 '스스로 창출한 경제적 가치'인 '부가가치'에 대한 부가가치세가 아니라 ㈜원유, ㈜정유, ㈜주유소가 공급하는 원유와 정제된 휘발유의 공급가액에 10%의 부가가치세율을 적용하여 계산한 '매출세액'을 의미한다. 따라서 전단계세액공제법에 따른 부가가치세는 직접법에 따른 부가가치세와 차이가 있다. 간접법인 전단계세액공제법에 따라 산출된 부가가치세는 직접법에 따라 부가가치세를 계산할 때는 등장하지 않는다. 직접법에 따라 산출된 부가가치세는 전단계세액공제법에 따라 매출세액에서 매입세액을 공제하여 산출된 '부가가치세 납부세액'과 일치한다.
^② 공급대가에 포함된 부가가치세가 바로 이 매출세액이다.

㈜원유는 ㈜정유에 공급가액 1,000원에 원유를 공급하면서 매출세액 100원(=공급가액(과세표준) 1,000원×10%)을 더한 1,100원을 ㈜정유로부터 공급대가로 징수한다. 이때 ㈜원유는 ㈜정유에 원유를 공급하면서 동시에 원유 공급가액 1,000원과 매출부가세액 100원이 구분 표시된 '세금계산서'를 교부한다. ㈜원유가 발행한 세금계산서는 ㈜원유의 매출거래와 ㈜정유의 매입거래에 대한 부가가치세법상의 법정증빙이 되는 것이다. ㈜원유는 매출세액 100원을 보관하고 있다가 따로 공제할 매입세액이 없으므로 전액을 부가가치세 납부기한까지 국세청에 납부한다.

㈜정유는 ㈜주유소에 공급가액 1,500원에 정제한 휘발유를 공급하면서 매출세액 150원(=공급가액(과세표준) 1,500원×10%)을 더한 1,650원을 ㈜주유소로부터 공급대가로 징수한다. 이때 ㈜정유는 ㈜원유와 마찬가지로 휘발유를 공급할 때 동시에 휘발유 공급가액 1,500원과 매출부가세액 150원이 구분 표시된 '세금계산서'를 교부한다. ㈜정유가 발행한 세금계산서는 ㈜정유의 매출거래와 ㈜주유소의 매입거래에 대한 부가가치세법상의 법정 증빙이 된다. ㈜정유는 매출세액 150원을 보관하고 있다가 ㈜원유로부터 교부받은 세금계산서를 통해 매입세액으로 확인되는 100원을 공제한 50원을 부가가치세 납부기한까지 국세청에 납부한다.

㈜주유소는 최종소비자인 주유소 이용 고객에게 공급가액 1,800원에 휘발유를 판매하면서 매출세액 180원(=공급가액(과세표준) 1,800원×10%)을 더한 1,980원을 고객으로부터 공급대가로 징수한다. 이때 ㈜주유소는 ㈜정유와 마찬가지로 휘발유를 공급할 때 동시에 휘발유 공급가액 1,800원과 매출부가세액 180원이 구분 표시된 '세금계산서'를 교부한다. ㈜주유소가 발행한 세금계산서는 ㈜주유소의 매출거래와 고객의 매입거래에 대한 부가가치세법상의 법정 증빙이 된다. ㈜주유소는 고객으로부터 거래징수한 매출세액 180원을 보관하고 있다가 ㈜정유로부터 교부받은 세금계산서를 통해 매입세액으로 확인되는 150원을 공제한 30원을 부가가치세 납부기한까지 국세청에 납부한다.

전단계세액공제법을 설명하면서 여러번 강조한 바와 같이, 전단계세액공제법에서 '세금계산서'라는 거래증빙은 매우 중요하다. 세금계산서는 사업자간 매출세액이라는 부가가치세를 거래징수하고 징수 당하였다는 것을 법적으로 인정하기 위한 가장 중요한 수단이다. 전단계세액공제법에서 사업자가 납부세액을 계산할 때 매출세액에서 공제하는 매입세액을 '매입액에 세율을 곱하여 계산하지 않고, 오직 사업자 사이에 적법하게 교부된 세금계산서에 의해 입증된 매입세액만을 인정하는 것은 사업자 사이에 세금계산서를 반드시 주고받으라는 의미이다.

이러한 세금계산서의 중요함으로 인해 전단계세액공제법을 영어로는 invoice method 즉, 세금계산서법이라 한다.

직접법과 비교할 때, 간접법인 전단계세액공제법의 특징은 다음과 같다.

첫째, 부가가치를 직접 계산하는 방식인 전단계거래액공제법이나 가산법을 적용하기 위해 필요한 정보는 일정기간을 단위로 하여 측정되는 매출액, 매입액, 인건비, 임차료, 감가상각비, 이자비용, 이익 등의 정보임에 비해, 전단계세액공제법을 적용하기 위해 필요한 정보는 일정기간을 단위로 하지 않은 개별 매출액 정보만 있으면 된다. 즉, 사업자 사이의 재화나 용역에 대한 공급 거래에서 매출거래와 매입거래는 동시에 일어나므로 매출거래에 대한 정보는 동시에 상대방 사업자의 매입거래가 된다. 다시 말해 전단계세액공제법에서는 공급가액과 세액을 구분 표시한 세금계산서만 있으면 된다.

둘째, 매입액에 세율을 곱한 금액을 매입세액으로 공제하는 것이 아니라, 매입할 때 교부받은 세금계산서에 의해 '거래징수' 되었음이 확인되는 금액을 매입세액으로 공제함에 따라 사업자 입장에서 매입세액을 공제받기 위해 세금계산서를 주고받을 유인이 강하다.

셋째, 직접법에서는 납부할 부가가치세를 일정기간이 지난 후에 결정한 후 이를 공급가액에 더하여 거래 상대방으로부터 거래징수 하여야만 부가가치세를 전가할 수 있기 때문에 부가가치세 전가의 과정이 불투명한 문제점이 있었다. 하지만 전단계세액공제법에서는 매출세액을 공급가액에 추가하여 공급대가로서 '거래징수'하는 과정이 바로 부가가치세를 전가하는 방법이므로 부가가치세 전가 여부가 명확하게 세금계산서에 들어남으로써 사업자 입장에서 부가가치세 납부과정에서 소득세를 납부하는 것 같은 인상을 덜 갖게 된다.

넷째, 전단계세액공제법에서는 거래가 있을 때마다 부가가치세가 계산되고 전가되기 때문에, 개개의 재화나 용역에 부담된 부가가치세 및 부가가치가 정확하게 파악된다. 그 결과 품목별로 면세나 차등세율의 설정과 적용이 편리하다. 또한 재화의 수출 등에 대해 부가가치세를 정확히 환급할 수 있고, 재화의 수입에 대해 용이하게 과세할 수 있어서 국경세조정이 쉽다.

다섯째, 〈표4〉를 보면, ㈜원유의 매출세액 100원은 ㈜정유에게는 매입세액이 된다. 이러한 점을 ㈜원유와 ㈜정유가 부가가치세 납부세액을 회피하고자 하는 동기 관점에서 생각해 보면 ㈜원유 입장에서는 부가가치세를 회피하기 위해서는 매출세액을 100원보다 적게 보고하려는 유인을 갖는다. 그리고 ㈜정유 입장에서는 매입세액이 사실보다 많을수록 부가가치세를 줄일 수 있으므로 매입세액을 100원보다 많게 보고하려는 유인을 갖는다. 동일한 거래에서 파생된 금액에 대해 한 쪽은 실제보다 적게 보고하고 싶어하고, 다른 한 쪽은 실제보다 많게 보고하고 싶어하는 것이다. 이렇게 이해관계가 상충되는 효과를 '상호견제효과(cross-check effect)'라고 하며, 이로 인해 직접법에 비해 전단계세액공제법가 조세탈루를 방지하는 효과를 갖는다.

여섯째, 전단계세액공제법에 따르면 직접법과 달리 부가가치세법에 부가가치 계산방법에 대한 규정이 필요하지 않게 된다.

일곱째, 직접법인 납부세액을 결정한 후에 거래징수를 통해 전가할 세액을 결정하는 것과 달리, 전단계세액공제법에서는 거래징수를 통해 전가할 세액(매출세액)을 결정한 후에 납부세액(= 매출세액－매입세액)을 결정할 수 있다.

여덟째, 전단계세액공제법은 부가가치를 직접 계산하여 이를 과세표준으로 과세하는 방식이 아니므로 부가가치세의 과세물건이 부가가치라는 점을 불투명하게 만드는 문제점이 있다.

우리나라 부가가치세법은 부가가치에 대한 과세방법 중 전단계세액공제법을 받아들임으로써 과세대상을 '부가가치'가 아닌 '재화나 용역의 공급'으로 규정하고 있다. 그 결과 사업자별로 납부세액은 각 사업자가 창출한 부가가치에 대응되는 세액을 납부하게 되지만 부가가치세법상의 과세대상 즉, 과세표준은 부가가치가 아니라 '재화나 용역의 공급가액'이 되는 것이다. 이런 점에서 우리나라와 같은 방식의 부가가치세는 '사업자공급세'라 불러도 좋을 것이다.

제2절 왜, 부가가치세법의 과세대상은 '부가가치'가 아니라 '재화와 용역의 공급'인가?

소비세는 소비에 대한 과세이므로 소비자에게 납세의무가 있고, 소비자의 소비액에 대해 세율을 적용하여 직접 과세하면 된다. 하지만 소비자(재화나 용역의 수요자)에 직접 과세하는 방식은 소비자와 공급자 사이의 다음 〈표5〉와 같은 차이점으로 인해 사업자(생산자·공급자)에게 국가를 대신하여 매출 시 징수하여 납부하게 하는 것에 비해 비효율적이다.

〈표5〉 **소비세 부과 시 소비자와 사업자의 특성 차이**

구 분	소비자(수요자)	사업자(생산자·공급자)
납세자 수	다수	소수
조세행정의 부담	많음	적음
세무능력	약함	강함
과세대상	소비	공급
측정가능성	어려움	쉬움
납세관리	어려움	쉬움

제3절 왜, 최종사업자가 아닌 모든 사업자에게 부가가치세를 과세하는가?

위의 〈표4〉에 납세자와 담세자를 추가하여 정리하면 다음의 〈표6〉과 같다.

〈표6〉 전단계세액공제법하의 사업자별 부가가치세 납부세액과 소비자 부담세액

사업자/소비자	공급대가 (=공급가액+ 부가가치세)	매출세액 (=공급가액×10%)	세금계산서상 매입세액	납부세액 (=매출세액- 매입세액)	부담세액
㈜원유	1,100원 (=1,000원+100원)	100원 (=1,000원×10%)	0원	100원	0원 (=100원-100원)
㈜정유	1,650원 (=1,500원+150원)	150원 (=1,500원×10%)	100원	50원	0원 (=150원-100원-50원)
㈜주유소	1,980원 (=1,800원+180원)	180원 (=1,800원×10%)	150원	30원	0원 (=180원-150원-30원)
최종 소비자	-	-	-	0원	180원 (=1,800원×10%)

〈표6〉을 보면, ㈜원유의 납부세액은 100원, ㈜정유의 납부세액은 50원, ㈜주유소의 납부세액은 30원으로 이들 세 사업자들이 납부하는 부가가치세 총액은 180원이다. 이는 이들 세 사업자들이 '스스로 창출한 경제적 가치'의 합인 1,800원(=㈜원유 1,000원+㈜정유 500원+㈜주유소 300원)의 10%에 해당하는 금액이다.

그러면 부가가치세 납부세액 180원은 궁극적으로 누가 부담하게 되는가? 부가가치세 납부세액 총액 180원은 ㈜주유소를 방문하여 자동차에 휘발유를 주유하는 고객이 부담한다. 이 고객은 휘발유 1,800원을 구입하면서 여기에 10% 부가가치세 180원을 더한 1,980원을 지불함으로써 180원의 부가가치세를 부담하게 된다. 이렇게 부가가치세는 각 사업자가 공급하는 공급가액에 10%세율을 곱하여 부과되고, 그 금액에서 매입세액을 공제한 잔액을 각 사업자가 납부함에도 불구하고 '사업자공급세'가 아닌 '소비세'로 불리는 이유는 이에 대한 부담을 '재화나 용역을 공급받아 소비'하는 소비자가 부담하기 때문이다.

이때 소비세제의 궁극적인 목적을 최종소비자가 소비하는 휘발유 1,800원에 대한 소비세 180원을 징수하는데 둔다면, 〈표6〉에서와 같이 세 사업자들로 하여금 각각의 단계에서 창출한 부가가치에 대해 복잡하게 계산하여 부가가치세를 납부하도록 하는 것보다 마지막 단계의 사업자인 ㈜주유소가 소비자에게 휘발유를 판매하는 단계에서만 공급가액에 부가가치세를 부가하여 징수한다면 보다 효율적일 것이라고 생각할 수 있다.

이렇게 최종 소비되는 상품 1단위당 일정한 금액 또는 상품가격의 일정비율을 부과하는 소비세가 바로 '물품세(excise tax)'이다. 물품세는 '최종 소비단계 거래세'로서 소비자 입장에서는 부가가

제3절 왜, 최종사업자가 아닌 모든 사업자에게 부가가치세를 과세하는가?

치세와 차이가 없다. 미국의 소비세는 부가가치세가 아닌 이 물품세 방식을 택하고 있다. 비록 소비장 입장에서는 물품세와 부가가치세 간에 차이가 없어 물품세가 보다 효율적인 소비세 방식처럼 보이기도 하지만 부가가치세는 물품세에 비해 다음과 같은 매우 큰 장점이 있다.

첫째, ㈜주유소와 같이 소비자와 거래하는 최종 거래단계의 사업자는 ㈜원유나 ㈜정유와 같은 중간단계의 사업자보다 수가 훨씬 많고 규모도 상대적으로 영세한 것이 일반적이다. 그러므로 최종소비자단계에서 세금을 한꺼번에 걷는 것은 수많은 영세 소매점을 모두 관리해야하는 부담을 져야하는 것이다. [사례]에서 휘발유 공급에 관한 모든 소비세를 제대로 걷기 위해서 물품세의 경우 전국의 모든 주유소를 완벽하게 관리하여야 가능하다. 반면에 부가가치세의 경우는 그 수가 극소수에 불과한 ㈜원유와 ㈜정유만 적절하게 관리하더라도 소비세 총액 180원의 83%인 150원을 그것도 거래과정의 초기에 징수할 수 있다.

둘째, 물품세를 제대로 걷기 위해서 국가는 최종 거래단계 사업자의 매출액을 촘촘하게 관리하여야 한다. 이에 비해 부가가치세는 모든 사업자의 수입을 국가가 꼼꼼하게 관리하여야 제대로 걷을 수 있는 소비세이다. 부가가치세가 많은 장점에도 불구하고 미국에서 아직까지 도입하지 못하고 있는 이유가 여기에 있다. 하지만 일단 부가가치세를 위한 시스템이 제도적으로 정착된다면 국가입장에서는 대부분 사업자들의 수입에 관한 정보를 얻을 수 있기 때문에 탈세를 효과적으로 예방하고나 추징할 수 있다는 장점이 있다. 뿐만 아니라 사업자의 매출은 소득과 직결되므로 소득세, 상속세 및 증여세 등 다른 세목과도 깊이 있게 연결되어 있어 다른 세원의 투명성을 확보하는데도 매우 큰 영향을 미친다.

셋째, 전단계세액공제법하의 부가가치세제는 위에서 설명하였듯이 사업자간에 부가가치세 회피 목적으로 공급가액을 변경하고자 하는 방향에 서로 상충됨으로써 상호견제하는 기능이 내재되어 있다는 장점이 있다. 하지만 물품세의 경우는 부가가치세보다 최종 거래단계에서 이중장부를 이용한 매출누락, 현금거래를 이용한 탈세가 상대적으로 수월하다는 단점이 있다.

제4절 전단계세액공제법은 현행 부가가치세법에 어떻게 귀결되어 있는가?

전단계세액공제법은 각 거래단계의 사업자가 재화 등을 공급할 때 거래징수한 매출세액에서 재화 등을 매입할 때 거래징수당한 매입세액을 차감하여 납부세액을 계산하여 과세하는 방법이다. 이것은 외형적으로는 각 거래단계의 사업자가 창출한 부가가치에 대해 과세하면서 그 부담은 최종소비자에게 전가시키는 것을 목적으로 한다. 이러한 목적을 달성하기 위해 현행 부가가치세법은 전단계세액공제법을 전제로 짜여져 있으며, 결과적으로 다음과 같은 논리적 귀결을 규정화하고 있다.

① 과세대상: 이론상 부가가치세의 과세대상은 각 거래단계의 사업자가 창출한 부가가치이다. 그런데 전단계세액공제법 하에서는 이러한 부가가치를 직접 측정하여 과세하는 것이 아니다. 그렇기 때문에, 현행 부가가치세법에서는 '재화나 용역의 공급'을 과세대상으로 규정하고 있다(부법 4).

② 과세표준: 이론상 부가가치세의 과세대상은 부가가치이므로 과세표준은 과세대상의 측정치인 부가가치액이어야 한다. 그러나 현행 부가가치세법은 부가가치 자체가 아닌 재화나 용역의 공급을 과세대상으로 규정하고 있기 때문에, 과세표준도 부가가치액이 아니라 '재화나 용역의 공급가액'으로 규정하고 있다(부법 29①).

그런데 특정 거래단계 사업자의 과세표준인 '재화나 용역의 공급가액'은 당해 거래단계이전부터 창출되어 누적된 부가가치의 총액이다. 즉, 여기에는 당해 거래단계에서 창출된 부가가치액뿐 아니라 그 전단계에서 창출되어 이미 과세된 바 있는 부가가치액이 포함되어 있다. 앞의 [사례]에서 ㈜주유소의 공급가액 1,800원에는 ㈜원유의 부가가치 1,000원과 ㈜정유의 부가가치 500원, ㈜주유소의 부가가치 300원이 포함된 것을 상기하면 쉽게 이해할 수 있을 것이다. 따라서 특정 거래단계의 재화나 용역의 공급가액에 부가가치세율을 곱하여 부가가치세를 징수하게 되면 그 전단계에서 창출된 부가가치에 대해서는 두 번 이상 중복하여 과세되는 문제(누적효과)가 발생하게 된다.

③ 매입세액공제: 이러한 누적효과의 문제점을 해결하기 위한 장치가 바로 매입세액(즉 전단계세액)공제이다. 매입세액은 모든 이전단계에서 이미 부과된 부가가치세의 합계액이다. 따라서 납부세액 계산 시 이를 공제함으로써 이전단계에서 창출된 부가가치에 대한 중복과세 문제가 해결되는 것이다. 매입세액공제로 인해 사업자는 당해 거래단계까지 창출되어 누적된 부가가치 총액을 과세표준으로 하여 부가가치세가 과세됨에도 불구하고 결과적으로 오직 당해 거래단계에서 창출한 부가가치에 대해서만 부가가치세를 납부하게 되는 것이다.

④ 사업자등록과 세금계산서의 중요성: 전단계세액공제법은 사업자가 거래징수한 매출세액에서 거래징수당한 매입세액을 차감하여 납부세액을 계산한다. 그리고 이렇게 계산한 결과는 사업자가 스스로 창출한 부가가치를 직접 측정하여 세율을 적용한 것과 일치한다. 이러한 결과는

제4절 전단계세액공제법은 현행 부가가치세법에 어떻게 귀결되어 있는가?

모든 사업자 단계에서 매입세액이 투명하고, 왜곡 없이 측정되어 공제될 때 비로소 가능해진다. 그리고 이를 가능하도록 만들어진 가장 중요한 수단이 바로 '세금계산서'이다. 세금계산서가 거래사실과 다름없이 적정하게 수수될 때 전단계세액공제법에 따른 부가가치세의 납부와 전가가 부가가치세법의 취지대로 실현된다. 그리고 세금계산서의 발행주체는 과세거래의 주체인 사업자이다. 사업자에는 개인뿐만 아니라 법인도 포함된다. 그러므로 개인의 주민등록번호와 같은 식별기준이 필요한데 이것이 '사업자등록번호'이다. 그리고 '사업자등록번호'를 부여하는 행정절차가 '사업자등록'이다.

만일 현행 부가가치세법하에서 거래징수와 세금계산서의 수수가 적정하게 이루어지지 않는다면, 그래서 매입세액공제가 제대로 이루어지지 않는다면, 사업자가 납부하는 부가가치세액은 그가 창출한 부가가치에 세율을 직접 적용하여 계산한 값과 차이가 날 것이다. 이런 이유에서 세금계산서에 대한 적정한 관리는 우리나라와 같이 전단계세액공제법을 전제로 한 부가가치세제를 채택하고 있는 경우에 부가가치세제 운용의 가장 핵심적인 요소가 된다.

PART 02

부가가치세법 총칙

제1절 부가가치세의 기초
제2절 납세의무자
제3절 과세기간
제4절 납세지
제5절 사업자등록
연습문제

제2장 부가가치세법 총칙

제1절 부가가치세의 기초

1 부가가치세의 개념

부가가치세(VAT, value added tax)는 재화 또는 용역이 생산되거나 유통되는 각 거래단계에서 사업자가 창출하는 부가가치에 부과하는 조세이다. 여기서 부가가치(value added)란 사업자가 재화 또는 용역을 생산하거나 유통하는 각 거래단계에서 이전 단계의 사업자로부터 구입한 재화 또는 용역의 가치에 더하여 새롭게 창출한 가치의 증가분을 말하며, 각 거래단계의 매출액(output)에서 이전 단계로부터 구입한 재화 또는 용역의 매입액(input)을 뺀 금액으로 계산할 수 있다. 한편, 부가가치는 재화 또는 용역을 생산하거나 유통하기 위해 각 거래단계에서 사용된 직원, 사무실, 자금, 경영 등의 대가로 지급(분배)되기 때문에 이론상 인건비, 임차료, 이자, 이윤 등의 요소로 구성된다고 볼 수 있다. 이러한 부가가치에 일정한 세율(10%)을 적용하여 부과하는 조세를 부가가치세라 한다.

부가가치의 개념

	생산단계	도매단계	소매단계
	부가가치	부가가치 생산단계의 재화 또는 용역	부가가치 도매단계의 재화 또는 용역	전체 부가가치

부가가치 = 매출액(output) − 매입액(input)   (새롭게 창출한 가치의 증가분)
       = 인건비 + 임차료 + 이자 + 이윤 등   (부가가치 구성요소의 합)

2 부가가치세의 과세방법

부가가치세는 부가가치를 과세대상으로 하는 조세이다. 부가가치세의 과세방법은 부가가치를 어떻게 계산하느냐에 따라 가산법과 공제법으로 구분되며, 공제법은 다시 전단계거래액공제법과 전단계세액공제법으로 구분된다.

(1) 가산법

가산법(additive method)은 부가가치를 일정기간 각 거래단계에서 발생한 인건비, 임차료, 이자, 이윤 등 부가가치의 구성요소를 더한 금액으로 계산하고 여기에 세율을 적용하여 부가가치세를 과세하는 방법이다.

$$
\begin{aligned}
\text{부가가치세} &= \text{부가가치} &\times \text{세율} \\
&= \text{부가가치 구성요소의 합계} &\times \text{세율}
\end{aligned}
$$

가산법은 부가가치세의 과세대상인 부가가치를 직접 계산하여 과세하기 때문에 이론상 타당한 방법이라고 할 수 있다. 그러나 부가가치세의 부담이 최종소비자에게 전가되는지 여부를 확인할 수 없고, 일정기간 전체 부가가치를 계산하여 과세하기 때문에 특정 재화 또는 용역에 대한 면세와 같은 조세정책을 수립할 수 없다는 단점이 있다. 또한 각 사업자별로 부가가치의 구성요소를 파악하여 과세하는 데에 기술적인 어려움도 있어 이 방법을 채택한 국가는 거의 없다.

(2) 공제법

공제법(subtractive method)은 부가가치를 각 거래단계의 이전 단계로부터 구입한 거래금액(매입액)이나 이전 단계까지 부담한 부가가치세(매입세액)를 뺀 금액으로 계산하여 부가가치세를 과세하는 방법이다. 이전 단계로부터 구입한 매입액을 공제하는 방법을 전단계거래액공제법이라 하고, 이전 단계까지 부담한 매입세액을 공제하는 방법을 전단계세액공제법이라 한다.

1) 전단계거래액공제법

전단계거래액공제법(account method)은 부가가치를 일정기간 각 거래단계의 매출액에서 이전 단계로부터 구입한 매입액을 뺀 금액으로 계산하고 여기에 세율을 적용하여 부가가치세를 과세하는 방법이다.

$$
\begin{aligned}
\text{부가가치세} &= \text{부가가치} &\times \text{세율} \\
&= (\text{매출액} - \text{매입액}) &\times \text{세율}
\end{aligned}
$$

전단계거래액공제법은 부가가치세의 과세대상인 부가가치를 직접 계산하여 과세하기 때문에 이론상 타당한 방법이라고 할 수 있다. 또한 회계장부상 매출액과 매입액을 사용하여 부가가치를 계산하므로 부가가치세의 구성요소를 파악해야 하는 가산법의 과세기술상 어려움을 극복한 방법이라고 할 수 있다.

그러나 부가가치세의 부담이 최종소비자에게 전가되는지 여부를 확인할 수 없고, 일정기간 전체 부가가치를 계산하여 과세하기 때문에 특정 재화 또는 용역에 대한 면세와 같은 조세정책을 수립할 수 없다는 단점이 있다. 또한 사업자가 회계장부에 정확한 매출액과 매입액을 성실하게 기록하지 않으면 조세회피의 가능성이 높다는 문제도 있어 이 방법을 채택한 국가 역시 거의 없다.

2) 전단계세액공제법

전단계세액공제법(invoice method)은 일정기간 각 거래단계의 매출액에 세율을 곱하여 계산한 부가가치세(매출세액)에서 이전 단계로부터 재화 또는 용역을 매입할 때 부담한 부가가치세(매입세액)를 뺀 금액을 부가가치세로 계산하여 과세하는 방법이다.

$$\begin{aligned}부가가치세 &= 부가가치 \times 세율 \\ &= 매출액 \times 세율 - 매입세액\end{aligned}$$

이 방법에 따르면 재화 또는 용역을 공급하는 사업자는 이를 공급할 때 공급받는 사업자로부터 매출액에 세율을 곱한 매출세액을 받고 세금계산서를 발급해야 한다. 각 거래단계의 사업자는 자신의 매출세액에서 매입하면서 발급받은 세금계산서에 기재된 매입세액을 빼고 남은 금액을 최종 부가가치세로 납부하게 된다. 공급자가 공급받는 자로부터 부가가치세를 받는 것을 거래징수라 하며, 여기서 부가가치세는 거래징수한 공급자 입장에서 매출세액이라 하고 거래징수당한 공급받는 자 입장에서 매입세액이라 한다.

전단계세액공제법은 부가가치세를 계산하여 과세함으로써 각 거래단계의 부가가치에 간접적으로 과세하는 방법이기 때문에 이론상 타당성이 낮은 방법이라 할 수 있다. 또한 사업자가 재화 또는 용역을 공급하면서 부가가치세를 거래징수할 때마다 세금계산서를 발급해야 하는 불편함이 있다.

그러나 부가가치의 구성요소 파악이나 복잡한 회계장부가 없어도 부가가치세를 간편하게 계산할 수 있고, 부가가치세의 부담이 최종소비자에게 전가되는지 여부를 명확하게 확인할 수 있다는 장점이 있다. 또한 개별 재화 또는 용역 단위로 부가가치세를 계산하기 때문에 특정 재화 또는 용역에 대한 면세와 같은 조세정책의 수립이 가능하며, 사업자 간에 재화 또는 용역을 거래하면서 세금계산서를 주고받음에 따라 거래가 투명하게 드러나 부가가치세 외에 법인세나 소득세와 같은 다른 조세의 과세도 용이해진다는 장점이 있다. 이러한 이유로 우리나라를 비롯한 부가가치세 제도를 시행하고 있는 대부분 국가에서는 부가가치세의 과세방법으로 전단계세액공제법을 채택하고 있다.

전단계세액공제법 예시

우리나라에서 채택하고 있는 전단계세액공제법을 사례를 통해 살펴보면 다음과 같다. '甲사업자 → 乙사업자 → 丙사업자 → 최종소비자'의 거래단계를 거쳐 부가가치세가 과세되는 재화가 공급된다고 할 때, 甲사업자는 乙사업자에게 1,000원에 판매하고 乙사업자는 丙사업자에게 2,000원에 판매하며 丙사업자는 최종소비자에게 3,000원에 판매한다고 가정한다. 부가가치세율은 10%이다.

[甲사업자]

구 분	회계처리(원)				
재화의 매입 시[1]	N/A				
재화의 공급 시[2]	(차) 현금	1,100	(대) 매출		1,000
			VAT예수금		100
VAT 납부 시[3]	(차) VAT예수금	100	(대) 현금		100

[1] 편의상 甲사업자는 최초의 부가가치를 창출하였다고 가정한다(예: 자연 상태의 원유를 채취하여 판매하는 경우). 따라서 재화의 매입 시 회계처리는 없다.
[2] 甲사업자는 재화의 공급 시 乙사업자로부터 매출세액 100원(=매출액 1,000원×10%)을 거래징수하면서 세금계산서를 발급한다. 매출세액은 VAT예수금으로 회계처리한다.
[3] 재화의 공급 시 거래징수한 매출세액을 과세당국에 납부한다.

[乙사업자]

구 분	회계처리(원)					
재화의 매입 시[1]	(차)	매입 VAT대급금	1,000 100	(대)	현금	1,100
재화의 공급 시[2]	(차)	현금	2,200	(대)	매출 VAT예수금	2,000 200
VAT 납부 시[3]	(차)	VAT예수금	200	(대)	VAT대급금 현금	100 100

[1] 乙사업자는 재화의 매입 시 甲사업자로부터 매입세액 100원을 거래징수당하고 세금계산서를 발급받는다. 매입세액은 VAT대급금으로 회계처리한다.
[2] 乙사업자는 재화의 공급 시 丙사업자로부터 매출세액 200원(=매출액 2,000원×10%)을 거래징수하면서 세금계산서를 발급한다.
[3] 재화의 공급 시 거래징수한 매출세액 200원에서 재화의 매입 시 발급받은 세금계산서에 의해 거래징수당한 사실이 확인되는 매입세액 100원을 빼고 남은 100원을 최종 부가가치세로 과세당국에 납부한다.

[丙사업자]

구 분	회계처리(원)					
재화의 매입 시[1]	(차)	매입 VAT대급금	2,000 200	(대)	현금	2,200
재화의 공급 시[2]	(차)	현금	3,300	(대)	매출 VAT예수금	3,000 300
VAT 납부 시[3]	(차)	VAT예수금	300	(대)	VAT대급금 현금	200 100

[1] 乙사업자와 같다.
[2] 丙사업자는 재화의 공급 시 최종소비자로부터 매출세액 300원(=매출액 3,000원×10%)을 거래징수한다. 따라서 각 거래단계에서 창출된 부가가치에 대한 부가가치세는 전액 최종소비자가 부담하게 된다.
[3] 乙사업자와 같다.

[결 론]

구 분		금액(원)			
		甲사업자	乙사업자	丙사업자	합계
부가가치	㉠ 매출액	1,000	2,000	3,000(①)	
	㉡ 매입액	-	1,000	2,000	
	㉢ 부가가치(㉠-㉡)	1,000	1,000	1,000	3,000(③)
부가가치세	ⓐ 매출세액	100	200	300(②)	
	ⓑ 매입세액	-	100	200	
	ⓒ 납부세액(ⓐ-ⓑ)	100	100	100	300(④)
결론	최종소비자	재화가격	3,000(①)		
		부가가치세	300(②)		
	과세당국	총부가가치	3,000(③)		
		징수세액	300(④)		

 부가가치세의 특징

(1) 간접세

우리나라 부가가치세는 납부할 의무가 있는 납세의무자와 실질적으로 부담하는 담세자가 다른 간접세이다. 부가가치세법은 부가가치세의 납세의무자를 사업자로 규정함과 동시에, 사업자가 부가가치세를 거래징수하게 함으로써 결국 실질적인 부가가치세의 부담이 최종소비자에게 전가되도록 규정하고 있다(부법 3, 31). 참고로 납세의무자와 담세자가 일치하는 조세를 직접세라고 하며, 그 예로는 법인세, 소득세 등이 있다.

(2) 일반소비세

우리나라 부가가치세는 모든 재화 또는 용역의 소비행위에 과세하는 일반소비세이다. 부가가치세법은 재화 또는 용역의 공급을 부가가치세의 과세대상으로 제한 없이 규정함으로써 일부 면세대상 등을 제외한 모든 거래에 대하여 부가가치세가 과세되도록 하고 있다(부법 4). 참고로 특정한 재화 또는 용역의 소비행위에 과세하는 조세를 개별소비세라고 하며, 그 예로는 개별소비세, 담배소비세 등이 있다.

(3) 다단계거래세

우리나라 부가가치세는 재화 또는 용역이 생산되거나 유통되는 생산단계, 도매단계, 소매단계 등 모든 거래단계마다 과세하는 다단계거래세이다. 부가가치세법은 재화 또는 용역의 공급을 과세대상으로 규정함에 있어 특정 단계의 제한을 두지 않음으로써 재화 또는 용역이 거래의 대상이 되는 모든 단계에서 부가가치세를 과세하도록 하고 있다(부법 4). 참고로 특정 거래단계에서만 과세하는 조세를 단단계거래세라고 하며, 그 예로는 재화의 반출 또는 수입신고 시에만 과세하는 개별소비세 등이 있다.

(4) 물세

우리나라 부가가치세는 납세의무자의 부양가족이나 생활비 등 인적사항을 고려하지 않고 재화 또는 용역의 소비사실에 대하여 과세하는 물세이다. 참고로 납세의무의 인적사항을 고려하는 조세를 인세라고 하며, 그 예로는 법인세, 소득세 등이 있다.

(5) 전단계세액공제법

우리나라 부가가치세는 매출세액에서 매입세액을 공제하여 부가가치세를 계산하는 전단계세액공제법을 채택하고 있다. 부가가치세법은 매출액(과세표준)에 세율을 적용하여 계산한 매출세액에서 세금계산서에 의해 거래징수당한 사실이 확인되는 매입세액을 뺀 금액으로 부가가치세를 계산하도록 규정하고 있다(부법 37).

(6) 소비형 부가가치세

우리나라 부가가치세는 과세대상인 부가가치의 범위에서 자본재를 제외하고 소비재만 포함하는 소비형 부가가치세이다. 부가가치세법은 매출세액에서 사업을 위해 재화 또는 용역을 매입할 때 부담한 매입세액을 일부 불공제대상을 제외하고는 대부분 공제하도록 규정하고 있다(부법 38①). 소비형 부가가치세는 자본재를 매입할 때 부담한 매입세액의 공제를 허용함으로써 자본재를 부가가치세의 과세대상에서 제외하기 때문에 사업자의 투자를 촉진하는 장점이 있다. 이러한 이유로 우리나라를 비롯한 부가가치세 제도를 시행하고 있는 대부분 국가에서는 부가가치세의 과세유형으로 소비형 부가가치세를 채택하고 있다. 참고로 부가가치의 범위에 자본재와 소비재를 모두 포함하는 부가가치세의 과세유형으로는 소득형 부가가치세와 국민총생산(GNP)형 부가가치세가 있다.

```
부가가치세  = 부가가치                              × 세율
           = {매출액 - 매입액(자본재 포함)}           × 세율   (소비형)
           = {매출액 - 매입액(자본재에 대한 감가상각비 포함)} × 세율   (소득형)
           = {매출액 - 매입액(자본재 제외)}           × 세율   (GNP형)
```

(7) 소비지국 과세원칙

우리나라 부가가치세는 국가 간 이중과세를 조정하기 위해 소비지국 과세원칙을 채택하고 있다. 부가가치세법은 수출하는 재화에 대해서는 영세율을 적용하여 우리나라에서 과세된 부가가치세를 제거하도록 규정함으로써 국외의 소비자가 해당 국가(소비지국)의 부가가치세를 부담하도록 하고 있다(부법 21). 또한 수입하는 재화에 대해서는 수입하는 자가 사업자인지 여부와 상관없이 부가가치세의 과세대상으로 규정함으로써 우리나라의 소비자가 우리나라(소비지국)의 부가가치세를 부담하도록 하고 있다(부법 4).

소비지국 과세원칙과 생산지국 과세원칙

국가 간 거래되는 재화 또는 용역에 대해 생산지국(수출국)과 소비지국(수입국) 모두 부가가치세를 과세한다면 동일한 재화 또는 용역에 부가가치세가 두 번 과세되는 이중과세의 문제가 발생한다. 이를 해결하기 위한 방법으로 부가가치세를 생산지국에서만 과세하는 생산지국 과세원칙과 소비지국에서만 과세하는 소비지국 과세원칙을 생각해볼 수 있다.

① 생산지국 과세원칙: 이에 따르면 국외에서 생산되어 수입된 재화(수입품)에는 생산지국의 세율이 적용되고 국내에서 생산되어 공급된 재화(국산품)에는 소비지국의 세율이 적용되기 때문에, 생산지국의 세율과 소비지국의 세율이 다를 경우 수입품과 국산품에 과세되는 부가가치세가 달라 국가 간 거래나 소비자의 선택을 왜곡할 수 있다.

② 소비지국 과세원칙: 이에 따르면 수입품과 국산품 모두 동일하게 소비지국의 세율이 적용되기 때문에 생산지국의 세율과 소비지국의 세율이 달라도 국가 간 거래나 소비자 선택을 왜곡하지 않는다. 즉, 소비지국 과세원칙이 생산지국 과세원칙보다 조세의 중립성과 공평성의 관점에서 더 나은 제도라 할 수 있다. 이러한 이유로 우리나라를 비롯한 부가가치세 제도를 시행하고 있는 대부분의 국가에서는 국가 간 이중과세의 조정방법으로 소비지국 과세원칙을 채택하고 있다.

4 영세율과 면세의 기초

(1) 영세율의 기초

영세율이란 재화 또는 용역의 공급에 대하여 영의 세율(0%)을 적용하는 제도를 말한다. 영세율을 적용하는 경우 사업자가 재화 또는 용역을 공급하면서 최종소비자로부터 거래징수해야 할 매출세액은 영(0)이 되며, 사업자가 재화 또는 용역을 공급받으면서 이전 단계의 사업자로부터 거래징

수당한 매입세액은 환급받게 된다. 그 결과 이전 단계까지 과세된 부가가치세가 완전히 제거되며, 최종소비자는 영세율이 적용된 재화 또는 용역을 소비함에 있어 부가가치세를 전혀 부담하지 않게 된다. 이러한 이유로 영세율을 완전면세라 한다.

```
부가가치세  = 매출액 × 세율 - 매입세액        (전단계세액공제법)
           = 매출액 × 0% - 매입세액           (영세율 적용)
         ∴ ① 매출세액: 0, ② 매입세액: 환급가능
```

영세율은 기본적으로 수출과 같이 재화 또는 용역을 국외에 공급하는 경우에 적용된다. 그 이유는 우리나라에서 과세된 부가가치세를 완전히 제거하여 국외의 소비자가 우리나라의 부가가치세를 부담하지 않게 함으로써 소비지국 과세원칙을 구현하기 위해서이다. 한편, 재화 또는 용역을 국내에 공급하더라도 외화를 획득하는 경우에는 이를 장려하기 위해 영세율을 적용하고 있다.

영세율이 적용되는 재화 또는 용역의 공급은 세율만 일반적인 세율(10%) 대신 영의 세율(0%)이 적용되는 것일 뿐 부가가치세의 납세의무가 면제되는 것은 아니다. 즉, 영세율을 적용받는 사업자도 일반적인 재화 또는 용역을 공급하는 사업자와 마찬가지로 부가가치세법상 납세의무자에 해당한다. 따라서 사업자등록, 세금계산서의 발급, 부가가치세의 신고 등 부가가치세법상 모든 납세협력의무를 이행해야 한다.

(2) 면세의 기초

면세란 재화 또는 용역의 공급에 대하여 부가가치세의 납세의무를 면제하는 제도이다. 면세를 적용하는 경우 영세율과 마찬가지로 사업자가 재화 또는 용역을 공급하면서 최종소비자로부터 거래징수해야 할 매출세액은 없다. 다만, 면세를 적용받는 사업자는 영세율을 적용받는 사업자와 달리 재화 또는 용역을 공급받으면서 이전 단계의 사업자로부터 거래징수당한 매입세액을 환급받지 못한다. 그 결과 이전 단계까지 과세된 부가가치세는 그대로 유지되며, 최종소비자만 면세가 적용된 재화 또는 용역을 소비함에 있어 부가가치세를 부담하지 않게 된다. 이러한 이유에서 면세를 부분면세라고 한다.

```
부가가치세  = 매출액 × 세율 - 매입세액        (전단계세액공제법)
           = (부가가치세 납세의무 없음)       (면세 적용)
         ∴ ① 매출세액: 면제, ② 매입세액: 환급불가
```

면세제도는 기본적으로 국민의 기초생활에 필요한 재화 또는 용역을 공급하는 경우에 적용된다. 그 이유는 기초생필품이나 국민후생용역 등 면세대상 재화 또는 용역을 주로 소비하는 저소득자의 부가가치세 부담을 줄여줌으로써 세부담의 역진성을 완화하기 위해서이다.

면세가 적용되는 재화 또는 용역의 공급은 부가가치세의 납세의무 자체가 면제된다. 즉, 면세를 적용받는 사업자는 부가가치세법상 납세의무자가 아니다. 따라서 원칙적으로 사업자등록, 세금계산서의 발급, 부가가치세의 신고 등 부가가치세법상 납세협력의무를 지지 않는다. 다만, 면세를 적용받는 사업자도 부가가치세의 납세의무만 없을 뿐 일정기간 소득에 대하여 과세하는 소득세 또는 법인세의 납세의무는 있다. 따라서 사업자등록, 계산서의 발급 등 소득세법 또는 법인세법상 납세협력의무는 이행해야 한다.

세부담의 역진성

부가가치세는 재화 또는 용역의 소비사실에만 기초하여 과세하는 물세이며, 모든 소비에 대하여 동일한 세율(10%)을 적용하는 비례세이다. 따라서 최종소비자는 자신의 소득수준과 관계없이 소비에 비례하여 부가가치세를 부담하게 된다. 그런데 고소득자일수록 소득에서 소비가 차지하는 비중이 낮기 때문에 저소득자에 비해 소득 대비 부가가치세의 부담이 낮을 수밖에 없고, 반대로 저소득자는 소득 대비 부가가치세의 부담이 높을 수밖에 없다. 이와 같이 소득수준이 높을수록 조세의 부담이 낮아지는 것, 반대로 소득수준이 낮을수록 조세의 부담이 높아지는 것을 세부담의 역진성이라 한다. 이러한 세부담의 역진성을 띠는 대표적인 조세로는 부가가치세, 주세, 담배소비세 등이 있다.

(3) 영세율과 면세 비교

구 분	영 세 율	면 세
개념	재화·용역의 공급에 대하여 영의 세율(0%)을 적용하는 제도	재화·용역의 공급에 대하여 부가가치세의 납세의무를 면제하는 제도
주된 목적	소비지국 과세원칙 구현 (국가 간 이중과세의 방지)	세부담의 역진성 완화
적용대상	수출 등 재화·용역의 국외공급, 외화획득 재화·용역 등	기초생활 필수 재화·용역 등
과세대상 여부	부가가치세 과세대상에 포함	부가가치세 과세대상에서 제외
매입세액	환급가능	환급불가
면세효과	완전면세	부분면세·불완전면세
부가가치세법상 납세협력의무	부가가치세 납세의무자임 (모든 납세협력의무 이행해야 함)	부가가치세 납세의무자가 아님 (납세협력의무 없음)

일반과세와 영세율, 면세 예시비교

사업자(아래 예시에서 丙사업자)가 제공하는 재화 또는 용역의 공급이 일반과세와 영세율, 면세를 적용받는 경우 각각 어떤 결과와 차이가 발생하는지 앞서 살펴본 전단계세액공제법 예시를 통해 살펴보면 다음과 같다.

1) 일반과세

구 분		금액(원)			
		甲사업자 (과세)	乙사업자 (과세)	丙사업자 (과세)	합계
부가 가치	㉠ 매출액	1,000	2,000	3,000(①)	
	㉡ 매입액	-	1,000	2,000	
	㉢ 부가가치(㉠-㉡)	1,000	1,000	1,000	3,000(③)
부가 가치세	ⓐ 매출세액	100	200	300(②)	
	ⓑ 매입세액	-	100	200	
	ⓒ 납부세액(ⓐ-ⓑ)	100	100	100	300(④)
결론	최종소비자	재화가격	3,000(①)		
		부가가치세	300(②)		
	과세당국	총부가가치	3,000(③)		
		징수세액	300(④)		

2) 영세율

구 분		금액(원)			합계
		甲사업자 (과세)	乙사업자 (과세)	丙사업자 (영세율)	
부가 가치	㉠ 매출액	1,000	2,000	3,000(①)	
	㉡ 매입액	–	1,000	2,000	
	㉢ 부가가치(㉠-㉡)	1,000	1,000	1,000	3,000(③)
부가 가치세	ⓐ 매출세액	100	200	0(②)	
	ⓑ 매입세액	–	100	200	
	ⓒ 납부세액(ⓐ-ⓑ)	100	100	(200)	0(④)
결론	최종소비자	재화가격	3,000(①)		
		부가가치세	0(②)		
	과세당국	총부가가치	3,000(③)		
		징수세액	0(④)		

3) 면세

구 분		금액(원)			합계
		甲사업자 (과세)	乙사업자 (과세)	丙사업자 (면세)	
부가 가치	㉠ 매출액	1,000	2,000	3,200(①)^{주)}	
	㉡ 매입액	–	1,000	2,200^{주)}	
	㉢ 부가가치(㉠-㉡)	1,000	1,000	1,000	3,000(③)
부가 가치세	ⓐ 매출세액	100	200	0(②)	
	ⓑ 매입세액	–	100	0	
	ⓒ 납부세액(ⓐ-ⓑ)	100	100	0	200(④)
결론	최종소비자	재화가격	3,200(①)		
		부가가치세	0(②)		
	과세당국	총부가가치	3,000(③)		
		징수세액	200(④)		

주) 丙사업자가 乙사업자로부터 재화를 공급받으면서 거래징수당한 매입세액 200원은 환급되지 않는다. 따라서 丙사업자는 이를 원가로 보아 가격에 반영하여 최종소비자에게 그 부담을 전가한다.

제2절 납세의무자

 납세의무자의 개념

다음 중 어느 하나에 해당하는 개인, 법인(국가·지방자치단체와 지방자치단체조합 포함), 법인격이 없는 사단·재단 또는 그 밖의 단체는 부가가치세법에 따라 부가가치세를 납부할 의무가 있다(부법 3).

① 사업자
② 재화를 수입하는 자

부가가치세법상 납세의무자는 부가가치세를 법률상 납부할 의무가 있는 자를 말하는 것일 뿐 실질적으로 부담하는 자를 뜻하는 것은 아니다. 부가가치세를 실질적으로 부담하는 경제적 담세자는 최종소비자이다.

부가가치세법상 납세의무자에는 과세권자인 국가·지방자치단체와 지방자치단체조합이 포함된다. 부가가치세는 과세권자를 납세의무자로 보아 과세하더라도 그 부담이 최종소비자에게 전가되는 간접세이기 때문이다. 참고로 법인세는 납세의무자의 소득에 과세하는 직접세이기 때문에 과세권자가 이를 부담하는 것을 방지하기 위해 법인세법에서는 국가 등을 비과세법인으로 규정하여 납세의무자에서 제외하고 있다.

부가가치세의 납세의무는 우리나라의 주권이 미치는 범위 내에서 적용하므로 사업자가 우리나라의 주권이 미치지 않는 국외에서 재화를 공급하는 경우에는 납세의무가 없다. 다만, 우리나라 국적의 항공기 또는 선박에서 이루어지는 거래는 국외거래로 보지 않으므로 부가가치세 납세의무가 있다(부가통 3-0-3).

 실질과세의 원칙

국세기본법에서는 과세의 대상이 되는 소득, 수익, 재산, 행위 또는 거래의 귀속이 명의일 뿐이고 사실상 귀속되는 자가 따로 있을 때에는 사실상 귀속되는 자를 납세의무자로 하여 세법을 적용한다고 규정하고 있는데, 이를 실질과세의 원칙이라 한다(국기법 14①). 국세기본법상 실질과세의 원칙은 부가가치세법에서 특별한 규정을 두고 있지 않기 때문에 부가가치세법상 납세의무자를 판단할 때 우선하여 적용된다(국기법 3①). 즉, 과세대상이 되는 행위 또는 거래의 귀속이 명의일 뿐이고 사실상 귀속되는 자가 따로 있는 경우에는 사실상 귀속되는 자에 대하여 부가가치세법을 적용한다(부가통 3-0-2).

사업자

(1) 사업자의 요건

부가가치세법상 사업자란 사업 목적이 영리이든 비영리이든 관계없이 사업상 독립적으로 재화 또는 용역을 공급하는 자를 말한다(부법 2). 이를 자세히 살펴보면 다음과 같다.

1) 영리성

부가가치세법상 사업자를 판단함에 있어 영리성을 필요로 하지 않는다. 영리성이란 재화 또는 용역을 공급하는 목적이 원가와 판매가의 차액을 이익으로 얻고자 함에 있는 것을 말한다. 부가가치세는 가격을 통해 최종소비자에게 전가될 것이 예상되는 조세이다. 즉, 부가가치세는 최종소비자가 부담하는 간접세이지 사업자가 부담하는 직접세가 아니므로 사업목적이 영리인지 비영리인지 여부를 따지지 않는다.

2) 사업성

부가가치세법상 사업자는 사업성이 있어야 한다. 사업성이란 부가가치를 창출해 낼 수 있는 정도의 사업형태를 갖추고 계속적이고 반복적인 의사로 재화 또는 용역을 공급하는 것을 말한다. 따라서 농민이 자기농지의 확장 또는 농지개량작업에서 생긴 토사석을 판매하거나 개인이 컴퓨터를 가사용으로 사용하다가 중고로 판매하는 것처럼 우발적 또는 일시적으로 재화 또는 용역을 공급하는 경우에는 사업성이 없기 때문에 부가가치세 납세의무가 없다(부가통 3-0-6).

3) 독립성

부가가치세법상 사업자는 독립성을 갖춰야 한다. 독립성은 인적기준과 물적기준으로 판단한다. 인적기준에서의 독립성이란 자기책임 또는 자기계산으로 재화 또는 용역을 공급하는 것을 말하며, 물적기준에서의 독립성이란 다른 사업과 독립적으로 재화 또는 용역을 공급하는 것을 말한다. 따라서 근로계약과 같이 타인에게 고용 또는 종속된 경우나 해당 사업이 다른 사업의 부수적인 수준 또는 단순 연장에 불과한 경우에는 독립성을 갖추고 있다고 보기 어렵기 때문에 부가가치세 납세의무가 없다.

 농가부업

농가부업이란 농·어민이 부업으로 경영하는 축산, 고공품제조, 민박, 음식물판매, 특산물제조, 전통차제조, 어로, 양어 및 그 밖의 유사한 활동을 말하며, 농가부업에서 발생한 소득 중 일정소득에 대해서는 소득세가 과세되지 않는다. 소득세가 과세되지 않는 농가부업은 독립된 사업으로 보지 않으므로 부가가치세 납세의무가 없는 것이 원칙이다. 다만, 소득세가 과세되지 않는 농가부업 중 민박, 음식물판매, 특산물제조, 전통차제조 및 그 밖에 이와 유사한 활동은 다른 사업자와의 과세형평을 위해 독립된 사업으로 보아 부가가치세가 과세된다(부칙 2③).

4) 재화 또는 용역의 공급

부가가치세법상 사업자는 재화 또는 용역을 공급해야 한다. 여기서의 재화 또는 용역의 공급은 부가가치세가 과세되는 재화 또는 용역의 공급을 말한다. 부가가치세가 면제되는 재화 또는 용역을 공급하는 경우에는 부가가치세법상 사업자에 해당하지 않는다. 사업자가 부가가치세가 과세되는 재화 또는 용역을 공급하는 경우에는 해당 사업자의 사업자등록 여부 및 공급 시 부가가치세의 거래징수 여부에 불구하고 해당 재화 또는 용역의 공급에 대하여 부가가치세를 신고·납부할 의무가 있다.

(2) 사업자의 구분

부가가치세가 과세되는 재화 또는 용역을 공급하는 사업자를 과세사업자라 하며, 부가가치세가 면제되는 재화 또는 용역을 공급하는 사업자를 면세사업자라 한다. 면세사업자는 부가가치세법상 납세의무자가 아니지만, 과세사업과 면세사업을 겸영하는 사업자는 부가가치세법상 납세의무자에 해당한다.

과세사업자는 다시 연간 재화 또는 용역을 공급하는 금액을 기준으로 일반과세자와 간이과세자로 구분된다. 간이과세자란 직전 연도 공급대가의 합계액이 8,000만원에 미달하는 개인사업자를 말하며, 일반과세자에 비해 간편한 절차로 부가가치세법상 납세협력의무를 이행할 수 있게 함으로써 영세사업자의 납세협력비용과 부가가치세 부담을 줄여주기 위한 제도이다.

구		분	납세의무자 여부
사업자	과세사업자	일반과세자	O
		간이과세자	O
	면세사업자		×

3 재화를 수입하는 자

소비지국 과세원칙에 따라 재화를 수입하는 자는 사업자인지의 여부와 용도 및 목적에 관계없이 수입재화에 대한 부가가치세를 납부할 의무가 있다. 따라서 개인이 가사용 컴퓨터를 해외사이트에서 직접 구매하는 것처럼 사업자가 아닌 자가 부가가치세가 과세되는 재화를 개인적인 용도로 사용하기 위해 수입하는 경우에도 부가가치세 납세의무가 있다(부법 3).

제3절 과세기간

 과세기간의 개념

과세기간이란 과세의 시간적 단위로서 세법에 따라 국세의 과세표준 계산의 기초가 되는 기간을 말한다(국기법 2). 과세기간은 재정수입의 확보와 납세의 편의를 위해 지속되는 시간을 일정한 단위로 구분한 것으로서 납세의무의 성립시기, 과세표준의 계산기간, 신고 및 납부기한 등을 정하는 기준이 된다.

 일반적인 경우의 과세기간

부가가치세법은 1역년을 2개의 과세기간으로 나누어, 1개의 과세기간을 6개월 단위로 규정하고 있다. 다만, 간이과세자의 경우 납세협력비용 경감과 자금부담 완화를 위해 1역년을 1개의 과세기간으로 규정하고 있다. 일반적인 경우 사업자에 대한 부가가치세의 과세기간은 다음과 같다(부법 5①).

구 분	과 세 기 간	
일반과세자	제1기	1월 1일부터 6월 30일까지
	제2기	7월 1일부터 12월 31일까지
간이과세자	1월 1일부터 12월 31일까지	

 예외적인 경우의 과세기간

(1) 신규사업을 시작한 경우 최초과세기간

신규로 사업을 시작하는 자에 대한 최초의 과세기간은 사업개시일부터 그 날이 속하는 과세기간의 종료일까지로 한다. 다만, 사업개시일 이전에 사업자등록을 신청한 경우에는 그 신청한 날부터 그 신청일이 속하는 과세기간의 종료일까지로 한다(부법 5②).

사업개시일^{주)} ~ 그 날이 속하는 과세기간의 종료일

주) 사업개시일 이전에 사업자등록을 신청한 경우: 그 신청일

(2) 폐업한 경우 최종과세기간

사업자가 폐업하는 경우의 과세기간은 폐업일이 속하는 과세기간의 개시일부터 폐업일까지로 한다(부법 5③).

폐업일이 속하는 과세기간의 개시일 ~ 폐업일

 예정신고기간

앞서 살펴본 것처럼 일반과세자의 부가가치세 과세기간은 1역년을 2기로 나누어 정한 6개월의 기간을 단위로 하고 있다. 그런데 이 과세기간에 따라 부가가치세의 신고·납부가 이행되는 경우 과세당국은 안정적인 조세수입을 확보하기 어렵고, 납세의무자는 조세의 일시납부에 따른 자금부담이 생기게 된다. 이러한 문제를 해결하기 위해 부가가치세법은 일반과세자의 각 과세기간마다 다음의 예정신고기간을 설정하여 그 기간에 대한 부가가치세의 신고·납부가 이행되도록 규정하고 있다(부법 48①).

구분	일반과세자의 예정신고기간	
① 일반적인 경우	제1기	1월 1일부터 3월 31일까지
	제2기	7월 1일부터 9월 30일까지
② 신규사업을 시작한 경우 (최초예정신고기간)	사업개시일^{주)} ~ 그 날이 속하는 예정신고기간의 종료일	

주) 사업개시일 이전에 사업자등록을 신청한 경우: 그 신청일

간이과세자의 경우 일반과세자와 달리 예정신고기간을 두고 있지 않으나, 1월 1일부터 6월 30일까지를 예정부과기간으로 하여 사업장 관할세무서장이 예정부과기간의 납부세액을 결정하여 간이과세자로부터 징수하도록 하고 있다(부법 66①).

제4절 납세지

 납세지의 개념

납세지란 납세의무자가 조세법에 따라 납세의무 및 협력의무를 이행하고 과세권자가 조세법에 따른 권리(부과권과 징수권)를 행사하는 기준이 되는 장소를 말한다. 부가가치세의 납세의무자는 납세지에서 사업자등록, 세금계산서의 발급·수취, 과세표준과 세액의 계산 및 신고·납부 등의 부가가치세법상 납세협력의무를 이행하며, 과세권자는 납세지를 기준으로 관할을 정한다. 사업자의 경우 납세지를 관할하는 세무서장이 부과권과 징수권을 행사하며, 관할하는 세무서장 외의 자가 행한 행정처분은 효력이 없다.

 사업자의 납세지

사업자의 부가가치세 납세지는 각 사업장의 소재지로 한다(부법 6①). 사업자가 경영하는 사업장마다 부가가치세의 납세지가 되는데, 이를 사업장별 과세의 원칙이라 한다. 부가가치세는 납세의무자의 인적사항을 고려하지 않고 재화 또는 용역의 소비사실에 대하여 과세하는 물세이기 때문에 사업자의 주소지와 무관하게 재화 또는 용역이 거래되어 부가가치가 창출되는 장소인 사업장의 소재지를 기준으로 납세지를 정하는 것이다. 사업장별 과세의 원칙은 납세의무자가 사업장을 중심으로 납세협력의무를 이행하게 함으로써 탈세를 예방하고 세무행정비용을 줄일 수 있다는 장점이 있다. 사업자에 대한 부가가치세는 납세지를 관할하는 세무서장 또는 지방국세청장이 과세한다(부법 7①).

(1) 사업장의 개념과 범위

사업장이란 사업자가 사업을 하기 위하여 거래의 전부 또는 일부를 하는 고정된 장소를 말한다(부법 6②). 사업장은 부가가치세 과세의 장소적 단위로서, 사업자는 여러 개의 사업장을 경영하는 경우에도 부가가치세법상 각종 납세협력의무를 사업장마다 이행해야 한다. 부가가치세법은 사업의 유형별로 사업장의 범위를 규정하고 있는데 이를 살펴보면 다음과 같다(부령 8①).

사 업		사 업 장
① 광업		광업사무소의 소재지
② 제조업		최종제품을 완성하는 장소. 다만, 따로 제품 포장만을 하거나 용기에 충전만을 하는 장소는 제외한다.
③ 건설업·운수업과 부동산매매업	㉠ 법인[1]	법인의 등기부상 소재지(등기부상 지점 소재지 포함)
	㉡ 개인[2]	사업에 관한 업무를 총괄하는 장소
④ 무인자동판매기를 통한 사업		사업에 관한 업무를 총괄하는 장소
⑤ 부동산임대업		부동산의 등기부상 소재지[3]

[1] 법인의 명의로 등록된 차량을 개인이 운용하는 경우를 포함한다.

② 개인의 명의로 등록된 차량을 다른 개인이 운용하는 경우를 포함하며, 이 경우 사업장은 그 등록된 개인이 업무를 총괄하는 장소를 말한다.
③ 부동산상의 권리만을 대여하거나 한국자산관리공사, 전기사업자, 전기통신사업자, 한국도로공사, 한국토지주택공사 등에 해당하는 사업자가 부동산을 임대하는 경우에는 그 사업에 관한 업무를 총괄하는 장소를 사업장으로 한다(부령 8②).

위 규정에 따른 사업장 외의 장소도 사업자의 신청에 따라 추가로 사업장으로 등록할 수 있다. 다만, 무인자동판매기를 통하여 재화·용역을 공급하는 사업의 경우에는 사업에 관한 업무를 총괄하는 장소 외의 장소는 신청에 따라 사업장으로 등록할 수 없다(부령 8④). 사업장을 설치하지 않고 사업자등록도 하지 않은 경우에는 과세표준 및 세액을 결정하거나 경정할 당시의 사업자의 주소 또는 거소를 사업장으로 한다(부령 8⑤).

한편, 사업자가 비거주자인 경우에는 소득세법 제120조(비거주자의 국내사업장)에 따른 장소를 사업장으로 하고, 외국법인인 경우에는 법인세법 제94조(외국법인의 국내사업장)에 따른 장소를 사업장으로 한다(부령 8⑥).

(2) 직매장

직매장이란 사업자가 자기의 사업과 관련하여 생산하거나 취득한 재화를 직접 판매하기 위하여 특별히 판매시설을 갖춘 장소를 말하며, 이러한 직매장은 사업장으로 본다(부령 8③). 직매장은 독립된 사업장이므로 다른 사업장과 동일하게 사업장별 과세의 원칙에 따라 부가가치세법상 각종 납세협력의무를 이행하게 된다.

(3) 사업장으로 보지 않는 경우

1) 하치장

하치장이란 재화를 보관하고 관리할 수 있는 시설만 갖춘 장소로서 하치장 관할세무서장에게 하치장설치신고서가 제출된 장소를 말하며, 이러한 하치장은 사업장으로 보지 않는다(부법 6⑤). 하치장에서는 단순히 재화의 보관 및 인도만 수행될 뿐 이 외에 독립된 법률상·계약상의 원인행위가 이루어지지 않는다. 따라서 하치장은 독립된 사업장으로 볼 수 없고 다른 사업장의 연장에 불과한 것이다.

하치장을 둔 사업자는 하치장설치신고서를 하치장을 둔 날부터 10일 이내에 하치장 관할세무서장에게 제출해야 하며, 하치장 설치신고를 받은 하치장 관할세무서장은 하치장 설치신고를 받은 날부터 10일 이내에 납세지 관할세무서장에게 그 사실을 통보해야 한다(부령 9①,②).

2) 임시사업장

임시사업장이란 사업자가 기존사업장 외에 각종 경기대회나 박람회 등 행사가 개최되는 장소에 개설한 장소로서 임시사업장 관할세무서장에게 임시사업장개설신고서가 제출된 장소를 말한다. 이러한 임시사업장은 사업장으로 보지 않으며, 기존사업장에 포함되는 것으로 한다(부법 6⑤, 부령 10①).

임시사업장을 개설하려는 자는 임시사업장개설신고서를 해당 임시사업장의 사업개시일부터 10일 이내에 임시사업장의 관할세무서장에게 제출해야 한다. 다만, 임시사업장의 설치기간이 10일 이내인 경우에는 임시사업장 개설신고를 하지 않을 수 있다. 임시사업장개설신고서를 제출받은 세무서장은 임시사업장 설치의 타당성을 확인하여 그 결과를 신청인과 기존사업장의 관할세무서장에게 통지해야 한다. 임시사업장을 개설한 자가 임시사업장을 폐쇄하였을 때에는 폐쇄일부터 10일 이내에 임시사업장폐쇄신고서를 그 임시사업장 관할세무서장에게 제출해야 한다(부령 10②,③,④).

3 주사업장총괄납부

(1) 주사업장총괄납부의 개념

사업자는 여러 개의 사업장을 가진 경우에도 사업장별 과세의 원칙에 따라 사업장마다 부가가치세를 신고 및 납부해야 한다. 다만, 사업장이 둘 이상인 사업자(사업장이 하나이나 추가로 사업장을 개설하려는 사업자 포함)가 주된 사업장의 관할세무서장에게 주사업장총괄납부를 신청한 경우에는 부가가치세를 사업장마다 납부하지 않고 주된 사업장에서 총괄하여 납부할 수 있다(부법 51①). 여기서 총괄하여 납부하는 것에는 총괄하여 환급받는 것을 포함한다. 이를 주사업장총괄납부라고 하며, 주사업장총괄납부를 적용받는 사업자를 주사업장총괄납부사업자라 한다.

만약 일부 사업장에서는 납부세액이 발생하고 나머지 사업장에서는 환급세액이 발생한다면, 납부세액은 신고기한까지 납부해야 하지만 환급세액은 그 이후(일반환급의 경우 확정신고기한이 지난 후 30일 이내)에 환급 받게 되어 사업자에게 일시적인 자금부담이 발생할 수 있다. 주사업장총괄납부는 이러한 사업자의 자금부담을 줄여주고 납세편의를 제공하며, 세무행정상의 능률을 제고하기 위해 도입된 제도이다.

(2) 적용대상 사업자

주사업장총괄납부는 둘 이상의 사업장을 가진 사업자가 부가가치세법상 절차에 따라 신청을 한 경우에 적용된다. 여기서 사업자에는 법인사업자와 개인사업자를 모두 포함하며, 둘 이상의 사업장을 가진 사업자라 하더라도 주사업장총괄납부를 적용받지 않을 수 있다. 즉, 사업자의 자유의사에 따라 주사업장총괄납부의 적용 여부를 선택할 수 있다.

(3) 주된 사업장

주된 사업장은 법인의 본점(주사무소 포함) 또는 개인의 주사무소로 한다. 다만, 법인의 경우에는 지점(분사무소 포함)을 주된 사업장으로 할 수 있다(부령 92①).

(4) 총괄납부의 적용신청

주사업장총괄납부사업자는 그 납부하려는 과세기간 개시 20일 전에 주사업장총괄납부신청서를 주된 사업장의 관할세무서장에게 제출해야 한다. 다만, ① 신규로 사업을 시작하는 자가 주된 사업장에서 총괄하여 납부하려는 경우에는 주된 사업장의 사업자등록증을 받은 날부터 20일 이내에, ② 사업장이 하나이나 추가로 사업장을 개설하려는 자가 주된 사업장에서 총괄하여 납부하려는 경우에는 추가사업장의 사업개시일로부터 20일 이내(추가사업장의 사업개시일이 속하는 과세기간 이내로 한정함)에 주업장총괄납부신청서를 주된 사업장의 관할세무서장에게 제출할 수 있다(부령 92②,③).

(5) 총괄납부의 적용효과

1) 총괄납부

주사업장총괄납부를 신청한 사업자는 총괄납부할 과세기간부터 사업장별로 계산한 납부세액 또는 환급세액을 서로 합산 또는 상계하여 그 잔액을 주된 사업장에서 총괄하여 납부하거나 환급받는다. 주사업장총괄납부를 신청했을 때에는 해당 신청일이 속하는 과세기간부터 총괄하여 납부한다(부령 92④).

주사업장총괄납부를 적용할 때 유의해야 할 것은 부가가치세는 사업장별 과세가 원칙이며, 주사업장총괄납부는 단지 납부에 한해 예외를 허용한 제도라는 점이다. 즉, 주사업장총괄납부사업자라도 부가가치세법상 납부를 제외한 다음의 납세협력의무 등에 관한 규정은 사업장별로 적용한다.

① 과세표준과 세액의 계산 및 신고
② 결정·경정 및 징수를 관할하는 세무서장
③ 사업자등록, 세금계산서 발급, 매출처별·매입처별세금계산서합계표 제출 등

따라서 주사업장총괄납부사업자가 예정 또는 확정신고를 함에 있어 주사업장 관할세무서장에게 종된 사업장분을 합산신고하고 종된 사업장 관할세무서장에게는 신고하지 않은 경우에 종된 사업장분은 무신고가 된다. 다만, 각 사업장별로 작성한 신고서를 관할세무서장 외의 세무서장에게 제출한 경우에는 무신고로 보지 않는다(부가통 48-90-1).

2) 재화의 간주공급 배제

사업장이 둘 이상인 사업자가 자기의 사업과 관련하여 생산 또는 취득한 재화를 판매할 목적으로 자기의 다른 사업장에 반출하는 것은 재화의 공급으로 보아 부가가치세를 과세한다. 다만, 사업자가 주사업장총괄납부의 적용을 받는 과세기간에 자기의 다른 사업장에 반출하는 경우(세금계산서를 발급하고 관할세무서장에게 신고한 경우 제외)에는 재화의 공급으로 보지 않는다(부법 10③ 단서, 제3장 제2절 Ⅲ-1 참고).

(5) 총괄납부의 변경

주사업장총괄납부사업자는 다음의 사유가 발생한 경우에는 각 관할세무서장에게 주사업장총괄납부변경신청서를 제출해야 한다. 이 경우 ①과 ③에 따라 신청서를 받은 종된 사업장의 관할세무서장은 주된 사업장의 관할세무서장에게 그 신청서를 지체 없이 보내야 한다. 주사업장총괄납부변경신청서를 제출하였을 때에는 그 변경신청서를 제출한 날이 속하는 과세기간부터 총괄하여 납부한다(부령 93).

사 유	관할세무서장
① 종된 사업장을 신설하는 경우	그 신설하는 종된 사업장 관할세무서장
② 종된 사업장을 주된 사업장으로 변경하려는 경우	주된 사업장으로 변경하려는 사업장 관할세무서장
③ 사업자등록사항의 변경사유가 발생한 경우(제5절 4 참고)	그 정정사유가 발생한 사업장 관할세무서장(법인의 대표자를 변경하는 경우에는 주된 사업장 관할세무서장)
④ 일부 종된 사업장을 총괄납부 대상 사업장에서 제외하려는 경우	주된 사업장 관할세무서장
⑤ 기존의 사업장을 총괄납부 대상 사업장에 추가하려는 경우	주된 사업장 관할세무서장

(6) 총괄납부의 적용제외 및 포기

1) 적용제외

주사업장총괄납부사업자가 다음 중 어느 하나에 해당하는 경우 주된 사업장 관할세무서장은 주사업장총괄납부를 적용하지 않을 수 있다(부령 94①).

① 사업내용의 변경으로 총괄납부가 부적당하다고 인정되는 경우
② 주된 사업장의 이동이 빈번한 경우
③ 그 밖의 사정변경으로 인하여 총괄납부가 적당하지 않게 된 경우

2) 포기

주사업장총괄납부사업자가 주사업장총괄납부를 포기할 때에는 각 사업장에서 납부하려는 과세기간 개시 20일 전에 주사업장총괄납부포기신고서를 주된 사업장 관할세무서장에게 제출해야 한다(부령 94②).

주사업장총괄납부를 적용하지 않게 되거나 포기한 경우에 주된 사업장 관할세무서장은 지체 없이 그 내용을 해당 사업자와 주된 사업장 외의 사업장 관할세무서장에게 통지해야 하며, 주사업장총괄납부사업자는 그 적용을 하지 않게 된 날 또는 포기한 날이 속하는 과세기간의 다음 과세기간부터 각 사업장에서 납부해야 한다(부령 94③,④).

 사업자단위과세

(1) 사업자단위과세의 개념

사업자는 여러 개의 사업장을 가진 경우에도 사업장별 과세의 원칙에 따라 사업장마다 부가가치세를 신고 및 납부해야 한다. 다만, 사업장이 둘 이상인 사업자(사업장이 하나이나 추가로 사업장을 개설하려는 사업자 포함)가 사업자단위로 사업자등록을 신청한 경우에는 사업장이 아닌 사업자단위로 부가가치세법상 신고·납부를 포함한 모든 납세협력의무를 이행할 수 있다. 이를 사업자단

위과세라고 하며, 사업자단위로 등록한 사업자를 사업자단위과세사업자라 한다.

사업장별 과세의 원칙은 여러 개의 사업장을 경영하는 사업자가 사업장별로 납세협력의무를 이행함에 따라 사업자에게 지나친 세무부담을 줄 있다는 단점이 있다. 특히 전산시스템이 발달한 요즘에는 여러 개의 사업장을 통합하여 관리하는 것이 어렵지 않기 때문에 사업자의 부담은 더욱 커질 것이다. 사업자단위과세는 이러한 사업자의 세무부담을 줄여주고 납세편의를 제공하며, 사업장별 세원관리에 따른 세무행정비용을 줄이기 위해 도입된 제도이다.

(2) 사업자단위과세의 등록신청

사업장이 둘 이상인 사업자는 사업자단위로 해당 사업자의 본점 또는 주사무소 관할세무서장에게 등록을 신청할 수 있다. 사업장단위로 등록한 사업자가 사업자단위과세사업자로 변경하려면 사업자단위과세사업자로 적용받으려는 과세기간 개시 20일 전까지 사업자의 본점 또는 주사무소 관할세무서장에게 변경등록을 신청해야 한다. 반대로 사업자단위과세사업자가 사업장단위로 등록을 하려는 경우에도 동일하다(부법 8③,④).

한편, 사업장이 하나인 사업자가 추가로 사업장을 개설하면서 추가사업장의 사업개시일이 속하는 과세기간부터 사업자단위과세사업자로 적용받으려는 경우에는 추가사업장의 사업개시일부터 20일 이내(추가사업장의 사업개시일이 속하는 과세기간 이내로 한정함)에 사업자의 본점 또는 주사무소 관할세무서장에게 변경등록을 신청해야 한다(부법 8⑤). 사업자단위로 등록신청을 한 경우에는 사업자단위과세 적용 사업장에 한 개의 등록번호를 부여한다(부령 12①).

(3) 사업자단위과세의 효과

1) 사업자단위과세

사업자단위과세사업자로 등록한 사업자는 각 사업장을 대신하여 사업자단위과세적용사업장의 소재지에서 사업자등록, 세금계산서 발급, 부가가치세 신고·납부, 경정 등 부가가치세법상 모든 납세협력의무를 이행하며, 해당 소재지를 관할하는 세무서장이 결정·경정 및 징수한다. 즉, 사업자단위과세사업자는 각 사업장을 대신하여 그 사업자의 본점 또는 주사무소의 소재지를 부가가치세 납세지로 한다(부법 6④).

2) 재화의 간주공급 배제

사업장이 둘 이상인 사업자가 자기의 사업과 관련하여 생산 또는 취득한 재화를 판매할 목적으로 자기의 다른 사업장에 반출하는 것은 재화의 공급으로 보아 부가가치세를 과세한다. 다만, 사업자가 사업자단위과세사업자로 적용을 받는 과세기간에 자기의 다른 사업장에 반출하는 경우에는 재화의 공급으로 보지 않는다(부법 10③ 단서, 제3장 제2절 Ⅲ-1 참고).

(4) 사업자단위과세의 포기

사업자단위과세사업자가 각 사업장별로 신고·납부하거나 주사업장총괄납부를 하려는 경우에는 그 납부하려는 과세기간 개시 20일 전에 사업자단위과세포기신고서를 사업자단위과세적용사업장 관할세무서장에게 제출해야 한다(부령 17①).

사업자단위과세적용사업장 관할세무서장은 사업자단위과세포기신고서의 처리결과를 지체 없이 해당 사업자와 종된 사업장의 관할세무서장에게 통지해야 한다. 사업자단위과세를 포기한 경우에는 그 포기한 날이 속하는 과세기간의 다음 과세기간부터 사업자단위과세포기신고서에 적은 내용에 따라 각 사업장별로 신고·납부하거나 주사업장총괄납부를 해야 한다(부령 17②,③).

주사업장총괄납부와 사업자단위과세의 효과 비교

효 과	주사업장총괄납부	사업자단위과세
① 납부(환급)	주된 사업장	사업자단위과세 적용 사업장
② ① 외의 납세협력의무(사업자등록, 세금계산서 발급, 부가가치세 신고 등)	각 사업장	
③ 결정·경정 관할세무서장		

5 재화를 수입하는 자의 납세지

재화를 수입하는 자의 부가가치세 납세지는 관세법에 따라 수입을 신고하는 세관의 소재지로 한다(부법 6⑥). 재화를 수입하는 자에 대한 부가가치세는 납세지를 관할하는 세관장이 과세한다(부법 7②).

제5절 사업자등록

 1 사업자등록의 개념

사업자등록이란 사업자의 성명, 주민등록번호, 사업장소재지, 업종 등을 관할세무서의 장부에 등록하는 것을 말한다. 사업자등록은 부가가치세법상 협력의무로서 납세의무자만 그 의무가 있으므로 납세의무자가 아닌 면세사업자는 사업자등록의무가 없다. 그러나 면세사업자는 소득세법 또는 법인세법상 납세의무자에 해당하기 때문에 해당 소득세법 또는 법인세법에 따른 사업자등록을 해야 한다. 따라서 모든 사업자는 부가가치세법, 소득세법 또는 법인세법에 따라 사업자등록을 하게 된다.

사업자등록은 과세당국이 사업자의 인적사항 및 사업내용 등을 파악하고 각 사업장에 부여된 등록번호를 모든 거래관련 서류에 기재하도록 함으로써 과세자료를 양성화시키고, 근거과세 및 공평과세를 실현하는 데에 그 의의가 있다. 특히 부가가치세는 사업자가 재화 또는 용역을 공급할 때 거래징수한 매출세액을 납부하고 공급받을 때 거래징수당한 매입세액을 공제받는 구조로 과세되며, 이러한 거래내용은 사업자등록정보를 기초로 작성된 세금계산서에 의해 확인된다. 따라서 사업자등록은 부가가치세 과세의 근거가 되는 사업자의 거래내용을 정확하게 파악하는 데에 있어 중요한 제도이다.

 2 사업자등록의 신청

(1) 개 요

사업자는 사업장마다 사업개시일부터 20일 이내에 사업장 관할세무서장에게 사업자등록을 신청해야 한다. 다만, 신규로 사업을 시작하려는 자는 사업개시일 이전이라도 사업자등록을 신청할 수 있다(부법 8①). 이는 사업을 시작하기 전에 거래징수한 매출세액은 없지만 준비기간에 거래징수당한 매입세액을 환급해줌으로써 신규사업자의 자금부담을 완화하기 위한 것이다. 한편, 부가가치세법은 사업자의 편의를 위해 사업자가 사업자등록의 신청을 사업장 관할세무서장이 아닌 다른 세무서장에게도 할 수 있도록 규정하고 있다. 이 경우 사업장 관할세무서장에게 사업자등록을 신청한 것으로 본다(부법 8②).

앞서 살펴본 것처럼 사업장이 둘 이상인 사업자(사업장이 하나이나 추가로 사업장을 개설하려는 사업자 포함)는 사업자단위로 해당 사업자의 본점 또는 주사무소 관할세무서장에게 등록을 신청할 수 있으며, 이 경우 등록한 사업자를 사업자단위과세사업자라 한다(부법 8③). 한편, 사업자등록은 사업자가 아닌 사업장을 기준으로 하므로 사업자단위과세사업자 외의 사업자는 사업장마다 사업자등록을 해야 한다. 즉, 사업자가 사업자등록을 한 사업장 외의 사업장을 신규로 개설하는 경우 해당 신규사업장도 사업자등록을 해야 하며, 주사업장총괄납부사업자의 경우에도 납부만 주된 사업장에서 총괄할 수 있을 뿐 사업자등록은 주된 사업장과 종된 사업장 모두에 대해 각각 이행해야 한다.

> **사업개시일**
>
> 사업개시일은 다음의 구분에 따른다. 다만, 해당 사업이 법령의 개정 등으로 면세사업에서 과세사업으로 전환되는 경우에는 그 과세전환일을 사업개시일로 한다(부령 6).
> ① 제조업: 제조장별로 재화의 제조를 시작하는 날
> ② 광업: 사업장별로 광물의 채취·채광을 시작하는 날
> ③ ①과 ② 외의 사업: 재화 또는 용역의 공급을 시작하는 날

(2) 사업자등록신청서 및 첨부서류의 제출

사업자등록을 하려는 사업자는 사업장마다 사업자등록신청서를 세무서장(관할세무서장 또는 그 밖의 세무서장 중 어느 한 세무서장을 말함)에게 제출해야 한다(부령 11①). 사업자단위과세사업자로 등록을 신청하려는 사업자는 사업자단위과세 적용 사업장인 본점 또는 주사무소에 대하여 사업자등록신청서를 사업자단위과세 적용 사업장 관할세무서장에게 제출해야 한다(부령 11②). 사업자등록신청서에는 다음의 구분에 따른 서류를 첨부해야 한다(부령 11③).

구 분	첨 부 서 류
① 법령에 따라 허가를 받거나 등록 또는 신고를 해야 하는 사업의 경우	사업허가증 사본, 사업등록증 사본 또는 신고확인증 사본주)
② 사업장을 임차한 경우	임대차계약서 사본
③ 상가건물 임대차보호법에 따른 상가건물의 일부분만 임차한 경우	해당 부분의 도면
④ 조세특례제한법에 따른 금지금 도매 및 소매업, 개별소비세법에 따른 과세유흥장소에서 영업을 경영하는 경우	사업자금명세 또는 재무상황 등을 확인할 수 있는 자금출처명세서
⑤ 사업자단위로 등록하려는 사업자	사업자단위과세 적용 사업장 외의 사업장에 대한 ①부터 ④까지의 규정에 따른 서류 및 사업장 소재지·업태·종목 등이 적힌 서류
⑥ 액체연료 및 관련제품 도매업, 기체연료 및 관련제품 도매업, 차량용 주유소 운영업, 차량용 가스 충전업, 가정용 액체연료 소매업과 가정용 가스연료 소매업, 재생용 재료 수집 및 판매업	사업자금명세 또는 재무상황 등을 확인할 수 있는 자금출처명세서

주) 다만, 신규로 사업을 시작하려는 자가 사업개시일 이전에 사업자등록을 신청하는 경우로서 해당 법인의 설립등기 전 또는 사업의 허가·등록이나 신고 전에 사업자등록을 할 때에는 법인 설립을 위한 사업허가신청서 사본, 사업등록신청서 사본, 사업신고서 사본 또는 사업계획서로 ①의 서류를 대신할 수 있다.

(3) 사업자등록신청서의 보정

사업장 관할세무서장은 사업자등록의 신청내용을 보정할 필요가 있다고 인정될 때에는 10일 이내의 기간을 정하여 보정을 요구할 수 있다. 이 경우 해당 보정기간은 사업자등록증 발급기간에 산입하지 않는다(부령 11⑬).

사업자등록증의 발급

(1) 발급기한

사업자등록신청을 받은 사업장 관할세무서장은 사업자의 인적사항과 그 밖에 필요한 사항을 적은 사업자등록증을 신청일부터 2일(토요일·공휴일·근로자의 날은 산정에서 제외) 이내에 신청자에게 발급해야 한다. 다만, 사업장시설이나 사업현황을 확인하기 위하여 국세청장이 필요하다고 인정하는 경우에는 발급기한을 5일 이내에서 연장하고 조사한 사실에 따라 사업자등록증을 발급할 수 있다(부령 11⑤).

(2) 등록번호 및 고유번호 부여

사업자등록신청을 받은 사업장 관할세무서장(사업자단위과세사업자의 경우 본점 또는 주사무소 관할세무서장)은 사업자등록을 하고, 등록된 사업자에게 등록번호가 부여된 사업자등록증을 발급해야 한다(부법 8⑦). 등록번호는 사업장마다 관할세무서장이 부여한다. 다만, 사업자단위로 등록신청을 한 경우에는 사업자단위과세 적용 사업장에 한 개의 등록번호를 부여한다(부령 12①). 관할세무서장은 과세자료를 효율적으로 처리하기 위하여 세관장, 국가, 지방자치단체, 지방자치단체조합, 면세사업자 중 소득세 또는 법인세의 납세의무가 있는 자, 비영리법인 등에게도 등록번호에 준하는 고유번호를 부여할 수 있다(부령 12②).

(3) 직권등록 및 등록거부

사업자가 사업자등록을 하지 않은 경우에는 사업장 관할세무서장이 조사하여 등록할 수 있다(부령 11⑥). 한편, 신규로 사업을 시작하려는 자로부터 사업개시일 이전에 사업자등록의 신청을 받은 사업장 관할세무서장은 신청자가 사업을 사실상 시작하지 않을 것이라고 인정될 때에는 등록을 거부할 수 있다(부령 11⑦).

 사업자등록의 관리

(1) 사업자등록사항의 변경

사업자가 다음 중 어느 하나에 해당하는 경우에는 지체 없이 사업자의 인적사항, 사업자등록의 변경사항 및 그 밖의 필요한 사항을 적은 사업자등록정정신고서를 세무서장에게 제출해야 한다(부령 14①). 이 경우 사업자등록정정신고서에는 사업자등록증을 첨부해야 하며, 사업자등록 신청 시 첨부한 서류의 내용이 변경된 사업자는 해당 첨부서류를 제출해야 한다(부령 14②).

① 상호를 변경하는 경우
② 사이버몰(부가통신사업을 하는 사업자가 컴퓨터 등과 정보통신설비를 이용하여 재화 등을 거래할 수 있도록 설정한 가상의 영업장을 말함)에 인적사항 등의 정보를 등록하고 재화 또는 용역을 공급하는 사업을 하는 사업자(통신판매업자)가 사이버몰의 명칭 또는 인터넷 도메인이름을 변경하는 경우

③ 법인 또는 법인으로 보는 단체 외의 단체로서 소득세법에 따라 1거주자로 보는 단체의 대표자를 변경하는 경우
④ 사업의 종류에 변동이 있는 경우
⑤ 사업장(사업자단위과세사업자의 경우에는 사업자단위과세 적용 사업장)을 이전하는 경우
⑥ 상속으로 사업자의 명의가 변경되는 경우
⑦ 공동사업자의 구성원 또는 출자지분이 변경되는 경우
⑧ 임대인, 임대차 목적물 및 그 면적, 보증금, 임차료 또는 임대차기간이 변경되거나 새로 상가건물을 임차한 경우 (상가건물의 임차인이 사업자등록 정정신고를 하려는 경우, 임차인이 확정일자를 신청하려는 경우 및 확정일자를 받은 임차인에게 변경 등이 있는 경우로 한정함)
⑨ 사업자단위과세사업자가 사업자단위과세 적용 사업장을 변경하는 경우
⑩ 사업자단위과세사업자가 종된 사업장을 신설하거나 이전하는 경우
⑪ 사업자단위과세사업자가 종된 사업장의 사업을 휴업하거나 폐업하는 경우

사업자등록정정신고를 받은 세무서장은 위 ①과 ②의 경우 신청일 당일, ③부터 ⑪까지의 경우 신청일부터 2일 이내에 변경내용을 확인하고 사업자등록증의 기재사항을 정정하여 재발급해야 한다(부령 14③). 한편, 사업자가 ⑤ 또는 ⑨에 따른 사유로 사업자등록정정신고를 한 경우 사업장 관할세무서장은 종전의 사업장 관할세무서장에게 지체 없이 사업장의 이전 또는 변경 사실을 통지해야 한다(부령 14④).

다만, 사업장과 주소지가 동일한 사업자가 사업자등록신청서 또는 사업자등록정정신고서를 제출하면서 주민등록법에 따른 주소가 변경되면 사업장의 주소도 변경되는 것에 동의한 경우에는 사업자가 주민등록법에 따른 전입신고를 하면 사업자등록정정신고서를 제출한 것으로 본다(부령 14⑤).

(2) 휴업 및 폐업신고

사업자등록을 한 사업자가 휴업 또는 폐업을 하거나 사업개시일 이전에 사업자등록을 한 자가 사실상 사업을 시작하지 않게 될 때에는 지체 없이 휴업(폐업)신고서를 세무서장에게 제출해야 한다(부법 8⑨, 부령 13①). 이 경우 폐업신고서에는 사업자등록증을 첨부해야 한다. 다만, 폐업을 하는 사업자가 부가가치세 확정신고서에 폐업연월일과 그 사유를 적고 사업자등록증을 첨부하여 제출하는 경우에는 폐업신고서를 제출한 것으로 본다(부령 13②,③).

휴업일 및 폐업일의 기준

① 휴업일: 사업장별로 그 사업을 실질적으로 휴업한 날(실질적으로 휴업한 날이 분명하지 않은 경우에는 휴업신고서의 접수일)로 한다. 휴업신고서에 적힌 휴업기간을 산정 때에는 계절적인 사업의 경우 그 계절이 아닌 기간은 휴업기간으로 본다(부령 13⑥,⑦).
② 폐업일: 사업장별로 그 사업을 실질적으로 폐업하는 날로 한다. 다만, 폐업한 날이 분명하지 않은 경우에는 폐업신고서의 접수일로 한다. 사업개시일 전에 사업자등록을 한 자로서 사업자등록을 한 날부터 6개월이 되는 날까지 재화와 용역의 공급실적이 없는 자에 대해서는 그 6개월이 되는 날을 폐업일로 본다. 다만, 사업장의 설치기간이 6개월 이상이거나 그 밖의 정당한 사유로 인하여 사업 개시가 지연되는 경우에는 그렇지 않다. 한편 합병으로 인한 소멸법인의 경우에는 합병법인의 변경등기일 또는 설립등기일을 폐업일로 하며, 분할로 인하여 사업을 폐업하는 경우에는 분할법인의 분할변경등기일(분할법인이 소멸하는 경우 분할신설법인의 설립등기일)을 폐업일로 한다(집행기준 5-7-1).

(3) 사업자등록의 말소

사업장 관할세무서장은 등록된 사업자가 폐업한 경우나 사업개시일 이전에 사업자등록을 신청하고 사실상 사업을 시작하지 않게 된 경우에는 지체 없이 사업자등록을 말소해야 한다. 이 경우 관할세무서장은 지체 없이 등록증을 회수해야 하며, 등록증을 회수할 수 없는 경우에는 등록말소사실을 공시해야 한다(부법 8⑧, 부령 15①).

(4) 사업자등록증의 갱신

사업장 관할세무서장은 부가가치세의 업무를 효율적으로 처리하기 위하여 필요하다고 인정되면 사업자등록증을 갱신하여 발급할 수 있다(부법 8⑩, 부령 16).

5 미등록 또는 타인명의등록에 대한 제재

사업자등록은 과세당국이 부가가치세 과세의 근거가 되는 사업자의 거래내용을 정확하게 파악하는 수단으로서 부가가치세법상 중요한 협력의무이다. 따라서 사업자등록을 하지 않거나 타인명의로 등록하는 경우 부가가치세법은 다음과 같은 가산세 등의 제재를 규정하고 있다.

(1) 사업자등록 불성실가산세

사업자가 사업자등록기한까지 등록을 신청하지 않은 경우에는 사업개시일부터 등록을 신청한 날의 직전일까지의 공급가액 합계액의 1%에 상당하는 금액을 미등록가산세로 부과하여 납부세액에 더하거나 환급세액에서 뺀다(부법 60① 제1호). 한편, 사업자가 타인의 명의로 사업자등록을 하거나 그 타인 명의의 사업자등록을 이용하여 사업을 하는 것으로 확인되는 경우 그 타인 명의의 사업개시일부터 실제 사업을 하는 것으로 확인되는 날의 직전일까지의 공급가액 합계액의 2%에 상당하는 금액을 타인명의등록가산세로 부과하여 납부세액에 더하거나 환급세액에서 뺀다(부법 60① 제2호, 제7장 제4절 Ⅱ-1 참고).

(2) 매입세액불공제

사업자등록을 신청하기 전의 매입세액은 매출세액에서 공제하지 않는다. 다만, 공급시기가 속하는 과세기간이 끝난 후 20일 이내에 등록을 신청한 경우 등록신청일부터 공급시기가 속하는 과세기간 기산일까지 역산한 기간 내의 매입세액은 매출세액에서 공제한다(부법 39①). 여기서 등록신청일은 사업자등록신청의 접수일을 의미하며, 과세기간 기산일은 일반과세자의 제1기 및 간이과세자의 경우 1월 1일 또는 일반과세자의 제2기의 경우 7월 1일을 말한다(부법 5①, 제5장 제3절 Ⅱ-2 참고)

조세법령 확인을 통해 기본개념 익히기

※ 다음 부가가치세 관련 조세법령의 빈 칸을 채우시오.

1. 부가가치세법 제1조(목적)

   이 법은 부가가치세의 □□(課稅) □□ 및 절차를 규정함으로써 부가가치세의 공정한 과세, 납세의무의 적정한 이행 확보 및 재정수입의 원활한 조달에 이바지함을 목적으로 한다.

   해답 과세 요건

2. 부가가치세법 제2조(정의)

   이 법에서 사용하는 용어의 뜻은 다음과 같다.
   1. "재화"란 재산 가치가 있는 □□ 및 □□를 말한다. 물건과 권리의 범위에 관하여 필요한 사항은 대통령령으로 정한다.
   2. "용역"이란 재화 외에 재산 가치가 있는 모든 □□(役務)와 그 밖의 행위를 말한다. 용역의 범위에 관하여 필요한 사항은 대통령령으로 정한다.
   3. "사업자"란 사업 목적이 영리이든 비영리이든 관계없이 □□상 □□적으로 재화 또는 용역을 공급하는 자를 말한다.
   4. "간이과세자"(簡易課稅者)란 제61조제1항에 따라 □□ 연도의 재화와 용역의 공급에 대한 대가(부가가치세가 포함된 대가를 말한다. 이하 "□□□□"라 한다)의 합계액이 대통령령으로 정하는 금액에 미달하는 사업자로서, 제7장에 따라 □□□ □□로 부가가치세를 신고·납부하는 개인사업자를 말한다.
   5. "□□과세자"란 간이과세자가 아닌 사업자를 말한다.
   6. "□□사업"이란 부가가치세가 과세되는 재화 또는 용역을 공급하는 사업을 말한다.
   7. "□□사업"이란 부가가치세가 면제되는 재화 또는 용역을 공급하는 사업을 말한다.

   해답
   1. 물건, 권리
   2. 역무
   3. 사업, 독립
   4. 직전, 공급대가, 간편한 절차
   5. 일반
   6. 과세
   7. 면세

3. 부가가치세법 제3조(납세의무자)

다음 각 호의 어느 하나에 해당하는 자로서 개인, 법인(□□·□□□□□□와 지방자치단체조합을 포함한다), 법인격이 없는 사단·재단 또는 그 밖의 단체는 이 법에 따라 부가가치세를 납부할 의무가 있다.
1. □□자
2. 재화를 □□하는 자

해답 국가·지방자치단체, 사업, 수입

4. 부가가치세법 제4조(과세대상)

부가가치세는 다음 각 호의 거래에 대하여 과세한다.
1. □□자가 행하는 재화 또는 용역의 □□
2. 재화의 □□

해답 사업, 공급, 수입

5. 부가가치세법 제5조(과세기간)

① 사업자에 대한 부가가치세의 과세기간은 다음 각 호와 같다.
1. □□과세자: 1월 1일부터 12월 31일까지
2. □□과세자

구분	과세기간
제1기	1월 1일부터 □월 □□일까지
제2기	□월 □일부터 12월 31일까지

② 신규로 사업을 시작하는 자에 대한 최초의 과세기간은 □□ □□일부터 그 날이 속하는 과세기간의 종료일까지로 한다. 다만, 제8조제1항 단서에 따라 □□□□일 이전에 사업자등록을 신청한 경우에는 그 신청한 날부터 □ □□□□ □□□ 과세기간의 종료일까지로 한다.

③ 사업자가 폐업하는 경우의 과세기간은 □□일이 속하는 과세기간의 개시일부터 □□일까지로 한다. 이 경우 폐업일의 기준은 대통령령으로 정한다.

해답 ① 간이, 일반, 6, 30, 7, 1   ② 사업 개시, 사업개시, 그 신청일이 속하는
③ 폐업, 폐업

6. 부가가치세법 제6조(납세지)

① 사업자의 부가가치세 납세지는 각 □□□의 소재지로 한다.
② 제1항에 따른 사업장은 사업자가 사업을 하기 위하여 □□의 □□ 또는 □□를 하는 □□된 장소로 하며, 사업장의 범위에 관하여 필요한 사항은 대통령령으로 정한다.
③ 사업자가 제2항에 따른 사업장을 두지 아니하면 사업자의 □□ 또는 □□(居所)를 사업장으로 한다.
④ 제1항에도 불구하고 제8조제3항 후단에 따른 사업자 단위 과세 사업자는 각 사업장을 대신하여 그 사업자의 □□ 또는 □□□□의 소재지를 부가가치세 납세지로 한다.
⑤ 다음 각 호의 장소는 사업장으로 보지 □□□□.
   1. 재화를 보관하고 관리할 수 있는 시설만 갖춘 장소로서 대통령령으로 정하는 바에 따라 □□□(荷置場)으로 신고된 장소
   2. 각종 경기대회나 박람회 등 행사가 개최되는 장소에 개설한 □□□□□으로서 대통령령으로 정하는 바에 따라 신고된 장소
⑥ 재화를 수입하는 자의 부가가치세 납세지는 「관세법」에 따라 □□을 신고하는 □□의 소재지로 한다.

해답
① 사업장
② 거래, 전부, 일부, 고정
③ 주소, 거소
④ 본점, 주사무소
⑤ 아니한다, 하치장, 임시사업장
⑥ 수입, 세관

7. 부가가치세법 제7조(과세 관할)

① 사업자에 대한 부가가치세는 제6조제1항부터 제5항까지의 규정에 따른 □□□를 관할하는 □□□□ 또는 □□□□□□이 과세한다.
② 재화를 수입하는 자에 대한 부가가치세는 제6조제6항에 따른 □□□를 관할하는 □□□이 과세한다.

해답
① 납세지, 세무서장, 지방국세청장
② 납세지, 세관장

8. 부가가치세법 제8조(사업자등록)

① 사업자는 □□□마다 대통령령으로 정하는 바에 따라 □□ □□일부터 □□ 이내에 □□□ 관할 세무서장에게 사업자등록을 신청하여야 한다. 다만, 신규로 사업을 시작하려는 자는 □□ □□□ □□이라도 사업자등록을 신청할 수 있다.

② 사업자는 제1항에 따른 사업자등록의 신청을 □□□ 관할 세무서장이 아닌 □□ 세무서장에게도 할 수 있다. 이 경우 사업장 관할 세무서장에게 사업자등록을 신청한 것으로 본다.

③ 제1항에도 불구하고 사업장이 □ 이상인 사업자(사업장이 하나이나 추가로 사업장을 개설하려는 사업자를 포함한다)는 □□□ □□로 해당 □□□의 □□ 또는 □□□□ 관할 세무서장에게 등록을 신청할 수 있다. 이 경우 등록한 사업자를 □□□ □□ □□ □□□□라 한다.

④ 제1항에 따라 사업장 단위로 등록한 사업자가 제3항에 따라 사업자 단위 과세 사업자로 변경하려면 사업자 단위 과세 사업자로 적용받으려는 □□□□ □□ □□ 전까지 □□□의 □□ 또는 □□□□ 관할 세무서장에게 변경등록을 신청하여야 한다. 사업자 단위 과세 사업자가 사업장 단위로 등록을 하려는 경우에도 또한 같다.

⑤ 제4항 전단에도 불구하고 사업장이 하나인 사업자가 추가로 사업장을 개설하면서 추가 사업장의 사업 개시일이 속하는 과세기간부터 사업자 단위 과세 사업자로 적용받으려는 경우에는 □□ 사업장의 □□ □□일부터 □□ 이내(추가 사업장의 사업 개시일이 속하는 과세기간 이내로 한정한다)에 사업자의 본점 또는 주사무소 관할 세무서장에게 변경등록을 신청하여야 한다.

⑥ 제1항부터 제5항까지의 규정에 따라 신청을 받은 사업장 관할 세무서장(제3항부터 제5항까지의 규정에서는 본점 또는 주사무소 관할 세무서장을 말한다. 이하 이 조에서 같다)은 사업자등록을 하고, 대통령령으로 정하는 바에 따라 등록된 사업자에게 □□□□가 부여된 등록증(이하 "□□□□□"이라 한다)을 발급하여야 한다.

⑦ 제6항에 따라 등록한 사업자는 휴업 또는 폐업을 하거나 등록사항이 변경되면 대통령령으로 정하는 바에 따라 □□ □□ 사업장 관할 세무서장에게 신고하여야 한다. 제1항 단서에 따라 등록을 신청한 자가 사실상 사업을 시작하지 아니하게 되는 경우에도 또한 같다.

⑧ 사업장 관할 세무서장은 제6항에 따라 등록된 사업자가 다음 각 호의 어느 하나에 해당하면 지체 없이 사업자등록을 말소하여야 한다.
  1. □□한 경우
  2. 제1항 단서에 따라 등록신청을 하고 □□□ 사업을 시작하지 아니하게 되는 경우

해답
① 사업장, 사업 개시, 20일, 사업장, 사업 개시일 이전
② 사업장, 다른
③ 둘, 사업자 단위, 사업자, 본점, 주사무소, 사업자 단위 과세 사업자
④ 과세기간 개시 20일, 사업자, 본점, 주사무소
⑤ 추가, 사업 개시, 20일 ⑥ 등록번호, 사업자등록증
⑦ 지체 없이 ⑧ 폐업, 사실상

연습문제

제2장 _ 부가가치세법 총칙

01 부가가치세법상 납세의무자에 관한 설명으로 옳지 않은 것은? [국가직 9급 2018]

① 부가가치세 납세의무자인 사업자란 사업상 독립적으로 재화 또는 용역을 공급하는 자로서 그 사업목적은 영리인 경우에 한한다.
② 위탁자의 채무이행을 담보할 목적으로 대통령령으로 정하는 신탁계약을 체결한 경우로서 수탁자가 그 채무이행을 위하여 신탁재산을 처분하는 경우에는 수탁자가 재화를 공급하는 것으로 본다.
③ 재화를 수입하는 자는 사업자가 아니어도 부가가치세의 납세의무자가 될 수 있다.
④ 위탁자를 알 수 있는 위탁매매의 경우에는 위탁자가 직접 재화를 공급하거나 공급받은 것으로 본다.

해설 부가가치세 납세의무자인 사업자란 사업 목적이 영리·비영리 관계없이 사업상 독립적으로 재화 또는 용역을 공급하는 자를 말한다(부법 2).

해답 ①

02 부가가치세법상 사업장에 대한 설명으로 옳지 않은 것은? [국가직 9급 2016]

① 무인자동판매기를 통하여 재화·용역을 공급하는 사업은 무인자동판매기가 설치된 장소를 사업장으로 한다.
② 사업장을 설치하지 아니하고 사업자등록도 하지 아니하는 경우에는 과세표준 및 세액을 결정하거나 경정할 당시의 사업자의 주소 또는 거소를 사업장으로 한다.
③ 사업자가 자기의 사업과 관련하여 생산한 재화를 직접 판매하기 위하여 특별히 판매시설을 갖춘 장소는 사업장으로 본다.
④ 재화를 보관하고 관리할 수 있는 시설만 갖춘 장소로서 법령이 정하는 바에 따라 하치장으로 신고된 장소는 사업장으로 보지 아니한다.

해설 무인자동판매기를 통하여 재화·용역을 공급하는 사업은 그 사업에 관한 업무를 총괄하는 장소를 사업장으로 한다(부령 8①).

해답 ①

03 부가가치세법상 사업장에 관한 설명으로 옳지 않은 것은? [세무사 2019 수정]

① 사업장은 사업자가 사업을 하기 위하여 거래의 전부 또는 일부를 하는 고정된 장소로 한다.
② 사업장을 설치하지 아니하고 사업자등록도 하지 아니한 경우에는 과세표준 및 세액을 결정하거나 경정할 당시의 사업자의 주소 또는 거소를 사업장으로 한다.
③ 광업의 경우 광업사무소의 소재지를 사업장으로 한다.
④ 제조업은 최종제품을 완성하는 장소를 사업장으로 한다. 다만, 따로 제품 포장만을 하거나 용기에 충전만 하는 장소는 제외한다.
⑤ 부동산상의 관리만 대여하는 부동산임대업의 경우에는 부동산의 등기부상 소재지를 사업장으로 하여야 한다.

해설 부동산상의 권리만을 대여하는 경우에는 그 사업에 관한 업무를 총괄하는 장소를 사업장으로 한다(부령 8②).

해답 ⑤

04 부가가치세법상 사업장에 대한 설명으로 옳지 않은 것은? [세무사 2021 수정]

① 부동산매매업을 영위하는 개인사업자의 사업장은 사업에 관한 업무를 총괄하는 장소를 말한다.
② 사업자가 사업장을 설치하지 아니하고 사업자등록도 하지 아니한 경우에는 과세표준 및 세액을 결정하거나 경정할 당시의 사업자의 주소 또는 거소를 사업장으로 한다.
③ 운수업의 사업장은 개인의 명의로 등록된 차량을 다른 개인이 운용하는 경우 그 등록된 개인이 업무를 총괄하는 장소이다.
④ 무인자동판매기를 통하여 재화·용역을 공급하는 사업의 경우에는 사업에 관한 업무를 총괄하는 장소 외의 장소를 추가로 사업장으로 등록할 수 있다.
⑤ 직매장은 사업자가 자기의 사업과 관련하여 생산하거나 취득한 재화를 직접 판매하기 위하여 특별히 판매시설을 갖춘 장소를 말하며, 사업장으로 본다.

해설 무인자동판매기를 통하여 재화·용역을 공급하는 사업은 사업에 관한 업무를 총괄하는 장소를 사업장으로 하며, 이 외의 장소는 신청에 따라 사업장으로 등록할 수 없다(부령 8①).

해답 ④

05 부가가치세법령상 사업자등록에 대한 설명으로 옳지 않은 것은? [국가직 9급 2023]

① 신규로 사업을 시작하려는 자는 사업 개시일 이전이라도 사업자등록을 신청할 수 있다.
② 사업장 관할 세무서장은 등록된 사업자가 폐업한 경우에는 지체 없이 사업자등록을 말소하여야 한다.
③ 사업장을 이전하는 경우는 사업자등록의 정정신고 사유이다.
④ 사업자는 사업자등록의 신청을 사업장 관할 세무서장에게만 할 수 있으며, 관할 세무서장이 아닌 다른 세무서장에게 한 사업자등록의 신청은 효력이 없다.

> **해설** 사업자는 제1항에 따른 사업자등록의 신청을 사업장 관할 세무서장이 아닌 다른 세무서장에게도 할 수 있다. 이 경우 사업장 관할 세무서장에게 사업자등록을 신청한 것으로 본다(부법 8②).

해답 ④

---

06 부가가치세법령상 사업자등록에 대한 설명으로 옳지 않은 것은? [국가직 7급 2023]

① 2025년 1월 1일 사업을 시작한 사업자가 2025년 2월 15일 사업자등록을 신청한 경우 등록신청일부터 공급시기가 속하는 과세기간 기산일까지 역산한 기간 내의 매입세액을 공제받을 수 없으며, 미등록가산세도 납부하여야 한다.
② 신규로 사업을 시작하려는 자는 사업개시일 전이라도 사업자등록신청을 할 수 있다.
③ 사업자 단위로 등록신청을 한 사업자에게는 사업자 단위 과세적용 사업장에 한 개의 등록번호를 부여한다.
④ 사업장 단위로 등록한 사업자가 사업자 단위 과세 사업자로 변경하려면 사업자 단위 과세 사업자로 적용받으려는 과세기간 개시 20일 전까지 사업자의 본점 또는 주사무소 관할 세무서장에게 변경등록을 신청해야 한다.

> **해설** 사업자등록을 신청하기 전의 매입세액은 매출세액에서 공제하지 않는다. 다만, 공급시기가 속하는 과세기간이 끝난 후 20일 이내에 등록을 신청한 경우 등록신청일부터 공급시기가 속하는 과세기간 기산일까지 역산한 기간 내의 매입세액은 매출세액에서 공제한다(부법 39① 제8호).

해답 ④

07 부가가치세법령상 납세지 및 사업자등록에 대한 설명으로 옳은 것만을 모두 고르면? [국가직 7급 2021 수정]

> ㄱ. 부동산 임대용역의 사업장은 그 부동산의 등기부상 소재지이다.
> ㄴ. 신규로 사업을 시작하는 자가 주된 사업장에서 총괄하여 납부하려는 경우에는 주된 사업장의 사업자등록증을 받은 날부터 20일까지 주사업장 총괄 납부 신청서를 주된 사업장의 관할 세무서장에게 제출하여야 한다.
> ㄷ. 무인자동판매기를 통하여 재화 또는 용역을 공급하는 사업에 있어서 사업장은 그 사업에 관한 업무를 총괄하는 장소이다. 다만, 그 이외의 장소도 사업자의 신청에 의하여 추가로 사업장으로 등록할 수 있다.
> ㄹ. 법인이 주사업장 총괄 납부의 신청을 하는 경우 주된 사업장은 본점 또는 주사무소를 말하며, 지점 또는 분사무소는 주된 사업장으로 할 수 없다.

① ㄴ   ② ㄱ, ㄴ   ③ ㄱ, ㄷ   ④ ㄷ, ㄹ

해설
ㄱ. 부동산 임대용역의 사업장은 사업에 관한 업무를 총괄하는 장소이다(부령 8①).
ㄷ. 무인자동판매기를 통하여 재화 또는 용역을 공급하는 사업에 있어서 사업장은 그 사업에 관한 업무를 총괄하는 장소이며, 이외의 장소를 신청하더라도 그 사업에 관한 업무를 총괄하는 장소만 사업장이다(부령 8①).
ㄹ. 법인이 주사업장 총괄 납부의 신청을 하는 경우 지점 또는 분사무소도 주된 사업장으로 할 수 있다(부령92①).

해답 ①

---

08 부가가치세 납세지 및 사업자등록에 관한 설명으로 옳은 것을 모두 고른 것은? [세무사 2013 수정]

> ㄱ. 사업자단위과세사업자는 그 사업자의 본점 또는 주사무소에서 총괄하여 신고·납부할 수 있다.
> ㄴ. 사업장단위로 등록한 사업자가 사업자단위과세사업자로 변경하려면 지체 없이 사업자의 본점 또는 주사무소 관할세무서장에게 변경등록을 신청해야 한다.
> ㄷ. 사업장이 하나인 사업자가 추가로 사업장을 개설하면서 추가사업장의 사업개시일이 속하는 과세기간부터 사업자단위과세사업자로 적용받으려는 경우에는 추가사업장의 사업개시일부터 20일 이내에 변경등록을 신청해야 한다.
> ㄹ. 법인이 주사업장총괄납부를 하는 경우 지점(분사무소)을 주된 사업장으로 할 수 있다.
> ㅁ. 신규로 사업을 개시하는 자가 주된 사업장에서 총괄하여 납부하려는 경우에는 사업개시일부터 20일 이내에 주사업장총괄납부신청서를 제출해야 한다.

① ㄱ, ㄴ, ㅁ   ② ㄱ, ㄷ, ㄹ   ③ ㄱ, ㄷ, ㅁ
④ ㄴ, ㄷ, ㄹ   ⑤ ㄴ, ㄹ, ㅁ

해설
ㄴ. 사업장단위로 등록한 사업자가 사업자단위과세사업자로 변경하려면 사업자단위과세사업자로 적용받으려는 과세기간 개시 20일 전까지 사업자의 본점 또는 주사무소 관할세무서장에게 변경등록을 신청해야 한다(부법 8④).
ㅁ. 신규로 사업을 시작하는 자가 주사업장총괄납부를 적용받으려는 경우에는 주된 사업장의 사업자등록증을 받은 날부터 20일 이내에 신청해야 한다(부령 92②).

해답 ②

09 부가가치세법상 사업장 및 사업자등록에 관한 설명이다. 옳지 않은 것은? [회계사 2022]

① 무인자동판매기를 통하여 재화·용역을 공급하는 사업의 경우에는 그 사업에 관한 업무를 총괄하는 장소 외의 장소를 추가로 사업장으로 등록할 수 없다.
② 법인의 경우에는 지점을 주된 사업장으로 하여 주사업장 총괄 납부를 신청할 수 있다.
③ 공급시기가 속하는 과세기간이 끝난 후 20일 이내에 사업자등록을 신청한 경우에는 사업개시일 이전 기간의 매입세액은 공제하지 않는다.
④ 사업자가 사업장을 설치하지 않고 사업자등록도 하지 아니한 경우에는 과세표준 및 세액을 결정하거나 경정할 당시 사업자의 주소 또는 거소를 사업장으로 한다.
⑤ 사업자 단위 과세 사업자는 각 사업장을 대신하여 그 사업자의 본점 또는 주사무소의 소재지를 부가가치세의 납세지로 한다.

> **해설** 사업자등록을 신청하기 전의 매입세액은 매출세액에서 공제하지 않는다. 다만, 공급시기가 속하는 과세기간이 끝난 후 20일 이내에 등록을 신청한 경우 등록신청일부터 공급시기가 속하는 과세기간 기산일까지 역산한 기간 내의 매입세액은 매출세액에서 공제한다(부법 39①).

해답 ③

---

10 부가가치세법상 주사업장총괄납부와 사업자단위과세에 관한 설명이다. 옳은 것은? [회계사 2023]

① 주된 사업장에서 총괄하여 납부하는 사업자가 되려는 자는 그 납부하려는 과세기간 개시 후 20일 이내에 주사업장총괄납부 신청서를 주된 사업장의 관할 세무서장에게 제출하여야 한다.
② 주사업장총괄납부 사업자가 종된 사업장을 신설하는 경우 주된 사업장 관할 세무서장에게 주사업장총괄납부 변경신청서를 제출하여야 한다.
③ 주사업장총괄납부 사업자가 세금계산서 발급 없이 재화를 판매목적으로 자기의 다른 사업장에 반출한 경우 재화의 공급으로 본다.
④ 사업자단위과세 사업자가 법인인 경우 지점소재지를 납세지로 할 수 있다.
⑤ 사업자단위과세 사업자가 사업자단위과세를 적법하게 포기한 경우 그 포기한 날이 속하는 과세기간의 다음 과세기간부터 각 사업장별로 신고·납부하거나 주사업장총괄납부를 해야 한다.

> **해설** ① 주된 사업장에서 총괄하여 납부하는 사업자가 되려는 자는 그 납부하려는 과세기간 개시 20일 전에 주사업장총괄납부 신청서를 주된 사업장의 관할 세무서장에게 제출하여야 한다(부령 92②).
> ② 주사업장총괄납부 사업자가 종된 사업장을 신설하는 경우 그 신설하는 종된 사업장 관할 세무서장에게 주사업장총괄납부 변경신청서를 제출하여야 한다(부령 93①1호).
> ③ 주사업장총괄납부 사업자가 세금계산서 발급 없이 재화를 판매목적으로 자기의 다른 사업장에 반출한 경우 재화의 공급으로 보지않는다(부법 10③1호 단서).
> ④ 사업자단위과세 사업자는 사업자의 본점 또는 주사무소 소재지를 부가가치세 납세지로 한다(부법 6④).

해답 ⑤

PART 03

과세거래

제1절 의 의
제2절 재화의 공급
제3절 용역의 공급
제4절 재화의 수입
제5절 부수 재화 및 용역의 공급
제6절 공급시기
제7절 공급장소
연습문제

제3장 과세거래

과세권자는 국민이 과세요건이 성립된 경우에만 조세를 부과할 수 있으며, 여기서 과세요건이란 납세의무자, 과세대상, 과세표준, 세율 4가지를 말한다. 이 중 납세의무자에 대해서는 제2장 제2절에서 살펴봤으며 본 장에서는 과세대상에 대해서 살펴보고자 한다.

제1절 의 의

과세대상이란 조세를 부담할 수 있는 경제적인 능력, 즉 담세력을 나타내는 물건을 말하며 과세물건 또는 과세객체라고도 한다. 이론적으로 부가가치세의 과세대상은 재화 또는 용역이 공급되는 각 거래단계에서 사업자가 창출한 부가가치이다. 그러나 앞서 살펴본 것처럼 부가가치세법은 부가가치세의 과세방법으로 전단계세액공제법을 채택하고 있어, 부가가치를 직접 측정하여 과세하는 것이 아니라 부가가치세를 통해 부가가치에 간접적으로 과세하는 방법을 취하고 있다.

즉, 납세의무자는 자신이 창출한 부가가치와 무관하게 재화 또는 용역을 공급하면서 거래징수한 매출세액에서 재화 또는 용역을 공급받으면서 거래징수당한 매입세액을 공제하여 남은 잔액을 부가가치세로 납부하게 되며, 이러한 원리로 과세된 부가가치세는 결국 부가가치에 세율을 적용한 금액과 같아진다. 따라서 부가가치세법은 부가가치세의 과세대상을 이론상 부가가치가 아니라 전단계세액공제법에 따라 납세의무자가 부가가치세를 거래징수해야 되는 거래, 즉 사업자가 행하는 재화 또는 용역의 공급과 재화의 수입으로 규정하고 있다(부법 4). 이들 과세대상 거래를 일컬어 과세거래라 한다.

부가가치세의 과세거래는 사업자가 행하는 재화 또는 용역의 공급과 재화의 수입으로 구분된다. 재화 또는 용역의 공급에 대한 부가가치세의 납세의무자는 사업자이며, 재화의 수입에 대한 부가가치세의 납세의무자는 재화를 수입하는 자이다. 재화 또는 용역의 공급은 그 공급자가 사업자인 경우에만 과세거래가 되며, 비사업자인 경우에는 세원의 포착이 어렵고 세무행정비용이 과다하게 발생하는 등 과세실익이 적기 때문에 과세거래가 되지 않는다. 한편, 재화의 수입은 그 수입자가 사업자인지 여부와 무관하게 과세거래가 된다. 이는 국가 간 이중과세를 방지하는 소비지국 과세원칙에 따라 모든 수입재화에 대해 국내에서 생산된 재화와 동일한 부가가치세를 부담하도록 하려는 조치이다.

제2절 재화의 공급

사업자가 행하는 재화의 공급은 부가가치세의 과세거래에 해당한다. 그 이유는 재화의 공급이 이론상 부가가치세의 과세대상인 부가가치를 창출하는 행위이기 때문이다. 부가가치세법상 재화의 공급이란 계약상 또는 법률상의 모든 원인에 따라 재화를 인도하거나 양도하는 것을 말한다(부법 9①). 이를 재화의 개념과 공급의 범위, 재화공급의 특례로 구분하여 자세히 살펴보면 다음과 같다.

Ⅰ. 재화의 개념

재화란 재산가치가 있는 물건 및 권리를 말한다(부법 2 제1호). 여기서 물건은 상품·제품·원료·기계·건물 등 모든 유체물과 전기·가스·열 등 관리할 수 있는 자연력으로 하며, 권리는 광업권·특허권·저작권 등 물건 외에 재산적 가치가 있는 모든 것으로 한다(부령 2). 물건은 민법상 물건의 개념과 유사한데, 민법에서는 물건을 유체물 및 전기 기타 관리할 수 있는 자연력으로 규정하고 있다(민법 98).

어떤 물건 또는 권리가 재화에 해당하기 위해서는 재산적 가치가 있어야 한다. 재산적 가치란 화폐단위로 측정이 가능한 경제적 교환가치를 말한다. 따라서 물·흙·퇴비 등은 재화의 범위에 포함하며, 재산 가치가 없는 것은 재화의 범위에 포함하지 않는다(부가통 2-2-1). 한편, 수표·어음 등의 화폐대용증권은 교환수단 내지 지불수단이지 그 자체가 소비의 대상이 아니므로 과세대상 재화에 해당하지 않는다(부가통 4-0-3).

Ⅱ. 공급의 범위

 재화공급의 개념

재화의 공급은 계약상 또는 법률상의 모든 원인에 따라 재화를 인도하거나 양도하는 것으로 한다(부법 9①). 재화의 인도나 양도가 재화의 공급에 해당하기 위해서는 그 원인이 계약 또는 법률에 의한 것이어야 한다. 계약상 원인이란 공급자와 공급받은 자 간의 매매계약 등에 따르는 것을 말하며, 법률상 원인이란 당사자 간의 의사표시와 무관하게 경매·수용·판결 등 법률의 규정에 따르는 것을 말한다. 따라서 수재·화재·도난·파손·재고감모손 등 계약상 또는 법률상 원인 외의 원인으로 인하여 재화를 잃어버리거나 재화가 멸실된 경우에는 재화의 공급으로 보지 않는다(부가통 9-18-5).

또한 재화의 인도나 양도가 재화의 공급에 해당하기 위해서는 그 결과 재화의 소유권이 이전되어야 한다. 재화의 소유권이 이전되지 않는다면 재화를 받은 자는 그 재화를 사용하거나 소비할 수 없기 때문에, 소비에 과세하는 부가가치세의 특징상 소유권 이전이 수반되지 않는 재화의 인도 또는 양도는 재화의 공급에 해당하지 않는다. 다만, 뒤에서 살펴볼 재화의 간주공급은 재화공급의 예외로서 소유권 이전이 수반되지 않더라도 재화의 공급에 해당한다.

재화공급의 범위

부가가치세법에 규정된 재화공급의 범위를 계약상 원인에 의한 것과 법률상 원인에 의한 것으로 구분하여 살펴보면 다음과 같다(부령 18).

(1) 계약상 원인에 의한 재화의 공급

계약상 원인에 의한 재화의 공급으로는 다음의 매매계약, 가공계약, 교환계약, 현물출자가 있으며, 이 외 법인이 출자지분을 현물로 반환하는 것과 같이 부가가치세법상 열거되지 않은 기타 계약상 원인에 의한 것도 재화의 공급에 포함한다(부령 18①).

구 분	내 용
① 매매계약[1]	현금판매, 외상판매, 할부판매, 장기할부판매, 조건부 및 기한부 판매, 위탁판매와 그 밖의 매매계약에 따라 재화를 인도하거나 양도하는 것
② 가공계약	자기가 주요자재의 전부 또는 일부를 부담하고 상대방으로부터 인도받은 재화를 가공하여 새로운 재화를 만드는 가공계약에 따라 재화를 인도하는 것[2]
③ 교환계약	재화의 인도 대가로서 다른 재화를 인도받거나 용역을 제공받는 교환계약에 따라 재화를 인도하거나 양도하는 것
④ 현물출자	법인 또는 공동사업체에 자본금 또는 출자금을 금전 외의 재산으로 출자하는 것

[1] 다만, 다음 중 어느 하나에 해당하는 것은 재화의 공급으로 보지 않는다(부령 18②).
  ① 임치물의 반환이 수반되지 않는 다음의 창고증권 양도
    ㉠ 보세구역에 있는 조달청 창고(조달청장이 개설한 것으로서 세관장의 특허를 받은 보세창고를 말함)에 보관된 물품에 대하여 조달청장이 발행하는 창고증권의 양도로서 임치물의 반환이 수반되지 않는 것(창고증권을 가진 사업자가 보세구역의 다른 사업자에게 인도하기 위하여 조달청 창고에서 임치물을 넘겨받는 경우 포함)
    ㉡ 보세구역에 있는 거래소의 지정창고에 보관된 물품에 대하여 같은 거래소의 지정창고가 발행하는 창고증권의 양도로서 임치물의 반환이 수반되지 않는 것(창고증권을 가진 사업자가 보세구역의 다른 사업자에게 인도하기 위하여 지정창고에서 임치물을 넘겨받는 경우 포함)
  ② 사업자가 위탁가공을 위하여 원자재를 국외의 수탁가공 사업자에게 대가 없이 반출하는 것(영세율이 적용되는 것 제외, 제4장 제1절 2 참고)
  ③ 한국석유공사가 비축한 석유를 수입통관하지 않고 보세구역에 보관하면서 국내사업장이 없는 비거주자 또는 외국법인과 무위험차익거래 방식으로 소비대차하는 것

[2] 다만 상대방으로부터 인도받은 재화에 주요 자재를 전혀 부담하지 않고 단순히 가공만 하여 인도하는 것은 용역의 공급으로 보며, 건설업의 경우 자재 부담 여부에 관계없이 용역의 공급에 해당한다(부령 25 제1호, 제2호).

(2) 법률상 원인에 의한 재화의 공급

법률상 원인에 의한 재화의 공급으로는 경매와 수용이 있으며, 이 외 부가가치세법상 열거되지 않은 기타 법률상 원인에 의한 것도 재화의 공급에 포함한다. 다만, 국세징수법에 따른 공매와 민사집행법에 따른 경매에 따라 재화를 인도하거나 양도하는 것은 재화의 공급으로 보지 않는다(부령 18③ 제1호, 제2호).

원래 공매나 경매에 따라 재화를 인도하거나 양도하는 것은 재화의 공급에 해당하므로 부가가치

세를 과세하는 것이 타당하다. 그러나 법원 등 공공기관에서 법률에 따라 진행되는 공매나 경매의 경우 재화를 공급하는 자는 사실상 폐업상태인 등을 이유로 매출세액을 납부하지 않고, 재화를 공급받는 자는 전단계세액공제법에 따라 매입세액공제를 받으므로 과세당국 입장에서는 과세실익이 없다. 이에 따라 부가가치세법은 법률에 따른 공매나 경매에 의한 재화의 인도나 양도는 재화공급의 범위에서 제외하는 것으로 규정하고 있다.

Ⅲ. 재화공급의 특례

 재화의 간주공급

재화의 간주공급이란 재화공급의 특례로, 어떤 행위가 재화공급의 요건을 갖추고 있지 않지만 재화의 공급으로 간주하는 것을 말한다. 재화의 간주공급은 원래 재화공급에 해당하지 않는 것을 재화공급의 개념에 포함시킴으로써 부가가치세의 과세범위를 확장시켜 공평과세 등 조세정책적인 목적을 달성하려는 데에 의의가 있다.

재화의 간주공급은 크게 판매목적 타사업장 반출과 자기생산·취득재화의 공급으로 구분되며, 자기생산·취득재화의 공급은 다시 면세사업 전용, 비영업용 소형자동차와 그 유지를 위한 사용, 개인적 공급, 사업상 증여, 그리고 폐업할 때 남아있는 재화로 나뉜다. 이를 자세히 살펴보면 다음과 같다.

(1) 판매목적 타사업장 반출

1) 개 념

사업장이 둘 이상인 사업자가 자기의 사업과 관련하여 생산 또는 취득한 재화를 판매할 목적으로 자기의 다른 사업장에 반출하는 것은 재화의 공급으로 본다(부법 10③). 대표적인 예로 직매장 반출을 들 수 있다. 사업자가 제조사업장에서 판매사업장으로 재화를 반출하는 경우 비록 소유권 이전 등 재화공급의 요건을 갖추고 있지 않지만 재화의 공급으로 보아 부가가치세를 과세한다.

2) 취 지

판매목적 타사업장 반출을 재화의 공급으로 보는 취지는 사업자의 자금부담을 완화하여 주기 위함이다. 원래 제조사업장에서 판매사업장으로 재화를 반출하는 것은 단순한 재화의 이동에 불과하므로 재화의 공급에 해당하지 않으며, 따라서 사업장별 과세의 원칙에 따라 제조사업장에서는 재화의 제조와 관련된 매입세액만 발생하고 판매사업장에서는 재화의 판매에 따른 매출세액만 발생한다. 즉, 제조사업장에서는 환급세액만 발생하고 판매사업장에서는 납부세액만 발생하는 것이다.

그런데 납부세액은 부가가치세 예정신고 또는 확정신고기한까지 납부해야 하지만 환급세액은 일반적인 경우 확정신고기한 후 30일 이내에 환급을 받게 되어, 제조사업장과 판매사업장을 모두 경영하는 사업자 입장에서는 납부시점과 환급시점의 차이로 인한 일시적인 자금부담이 생길 수밖에 없다. 이러한 자금부담을 덜어주기 위하여 부가가치세법은 판매목적 타사업장 반출을 재화의 공급으로 보아, 제조사업장에서는 매출세액을 발생시키고 판매사업장에서는 해당 매출세액만큼 매입세액을 발생시킴으로써 제조사업장의 환급세액과 판매사업장의 매출세액을 통산하도록 규정하고 있다.

3) 예 외

사업자가 사업자단위과세사업자로 적용을 받거나 주사업장총괄납부의 적용을 받는 과세기간에 자기의 다른 사업장에 반출하는 경우에는 재화의 공급으로 보지 않는다(부법 10③ 제1호 단서). 사업자단위과세사업자나 주사업장총괄납부사업자 모두 사업자단위과세 적용 사업장 또는 주된 사업장에서 부가가치세를 총괄하여 납부하므로 일시적인 자금부담이 발생하지 않기 때문이다.

한편, 주사업장총괄납부사업자가 자기의 다른 사업장에 반출하면서 세금계산서를 발급하고 관할 세무서장에게 예정신고 또는 확정신고한 경우에는 재화의 공급으로 본다(부법 10③ 제2호 단서). 주사업장총괄납부사업자의 타사업장 반출은 재화의 공급으로 보지 않기 때문에 세금계산서를 발급할 수 없고, 따라서 세금계산서를 발급하는 경우 가산세가 부과되는 것이 원칙이다. 그러나 사업자에게 납세편의를 제공하려는 규정의 취지상 가산세가 부과되는 것은 불합리하므로, 이를 해결하기 위해 부가가치세법은 주사업장총괄납부사업자가 타사업장 반출에 대해 세금계산서를 발급하고 신고한 경우 재화의 공급으로 보도록 하고 있다.

판매목적 타사업장 반출 예시

	→	제조 사업장	→	판매 사업장	→	최종 소비자
공급가액 부가가치세	2,000원 200원		2,000원 200원		3,000원 300원	

구분 (제1기, 원)	공급으로 보지 않는 경우			공급으로 보는 경우		
	매출세액	매입세액	납부세액	매출세액	매입세액	납부세액
제조사업장		200	(200)	200	200	-
판매사업장	300	-	300	300	200	100
결론	제조사업장 200 8/24 환급 판매사업장 300 7/25 납부 • 자금부담 발생 (판매사업장 300 먼저 납부, 제조사업장 200 나중에 환급)			제조사업장 납부(환급) 없음 판매사업장 100 7/25 납부 • 자금부담 완화 (제조사업장 환급세액 200, 판매사업장 매출세액 300 통산)		

재화의 간주공급에 해당되지 않는 경우

재화의 타사업장 반출이 재화의 간주공급에 해당되기 위해서는 그 목적이 판매를 위한 것이어야 한다. 따라서 사업자가 자기의 사업과 관련하여 생산하거나 취득한 재화를 자기의 과세사업을 위하여 다음의 예시와 같이 판매목적 외의 목적으로 사용하거나 소비하는 경우에는 재화의 공급으로 보지 않는다(부가통 10-0-1).

① 자기의 다른 사업장에서 원료·자재 등으로 사용하거나 소비하기 위해 반출하는 경우
② 자기사업상의 기술개발을 위하여 시험용으로 사용하거나 소비하는 경우
③ 수선비 등에 대체하여 사용하거나 소비하는 경우
④ 사후무료 서비스제공을 위하여 사용하거나 소비하는 경우
⑤ 불량품 교환 또는 광고선전을 위한 상품진열 등의 목적으로 자기의 다른 사업장으로 반출하는 경우

(2) 자기생산·취득재화의 공급

1) 개 념

자기생산·취득재화란 사업자가 자기의 과세사업과 관련하여 생산하거나 취득한 재화로서 다음 중 어느 하나에 해당하는 재화를 말한다(부법 10①, 21② 제3호).

① 매출세액에서 매입세액이 공제된 재화
② 재화의 공급으로 보지 않는 사업양도로 취득한 재화로서 사업양도자가 매출세액에서 매입세액을 공제받은 재화
③ 내국신용장 또는 구매확인서에 의하여 재화를 공급하는 것 등으로서 수출에 해당하여 영세율을 적용받는 재화

앞서 살펴본 판매목적 타사업장 반출 대상 재화와의 차이는 과세사업과의 관련성 여부, 매입세액 공제여부, 그리고 영세율 적용여부이다. 즉, 사업자가 자기의 사업과 관련하여 생산하거나 취득한 재화라도 과세사업과 관련이 없거나, 매입세액을 공제받지 못하였거나, 또는 영세율 적용대상이 아닌 재화는 자기생산·취득재화에 해당하지 않는다.

사업자가 자기생산·취득재화를 ① 면세사업에 전용하거나, ② 비영업용 소형자동차와 그 유지를 위해 사용하거나, ③ 개인적으로 공급하거나, ④ 사업상 증여하는 경우 재화의 공급으로 본다. 또한 사업자의 자기생산·취득재화 중 ⑤ 폐업할 때 남아있는 재화는 자기에게 공급한 것으로 본다.

2) 취 지

자기생산·취득재화의 공급을 재화의 공급으로 간주하는 이유는 부가가치세를 부담하지 않는 소비를 방지하여 조세의 중립성을 확보하기 위함이다. 부가가치세는 과세대상인 재화 또는 용역의 최종소비자가 부담하는 소비세이며, 부가가치세법은 그 과세방법으로 전단계세액공제법을 채택하고 있다. 이에 따라 각 거래단계의 사업자는 과세사업과 관련하여 재화를 생산하거나 취득한 경우 관련된 매입세액을 매출세액에서 공제받는 방법으로 부가가치세를 부담하지 않는데, 그 이유는 해당 재화를 과세사업에 사용하여 부가가치를 창출하고 매출세액을 거래징수함으로써 최종소비자에게 부가가치세의 부담을 전가시킬 것으로 기대하기 때문이다. 즉, 면세사업과 같이 애초부터 부가가치세 부담의 전가가 기대되지 않는 경우에는 매입세액을 공제받을 수 없다. 매입세액을 공제받을 수 없다는 것은 결국 사업자가 부가가치세를 부담해야 한다는 것을 의미한다.

그런데 사업자가 과세사업과 관련하여 재화를 생산하거나 취득하면서 매입세액을 공제받고, 이후 해당 재화를 과세사업에 사용하지 않고 면세사업에 전용하거나 가사용으로 소비한다면 사업자 자신이 부가가치세를 부담하지 않고 재화를 소비하게 된다. 또한 해당 재화를 사용인에게 무상으로 제공하거나 고객에게 무상으로 증여한다면 거래의 상대방도 부가가치세를 부담하지 않고 재화를 소비하게 된다. 이는 애초에 해당 용도로 재화를 생산하거나 취득하는 경우와 달리 부가가치세를 부담하지 않음으로써 조세의 중립성을 훼손하는 결과를 낳게 된다. 이러한 문제를 해결하기 위해 부가가치세법은 재화공급의 범위를 넓혀 자기생산·취득재화의 공급을 사업자가 자신에게 재화를 공급한 것으로 간주하여 부가가치세를 부담하도록 규정하고 있다.

3) 유 형

① 면세사업 전용

사업자가 자기생산·취득재화 자기의 면세사업을 위하여 직접 사용하거나 소비하는 것은 재화의 공급으로 본다(부법 10①). 면세사업 전용의 예로는 오피스텔 신축판매업(과세사업)을 경영하는 사업자가 완공한 오피스텔(자기생산·취득재화)을 임대한 경우로서 임차인이 이를 상시 주거용(면세사업)으로 사용하는 경우 등을 들 수 있다.

원래 면세사업과 관련하여 재화를 생산하거나 취득한 경우 해당 재화와 관련된 매입세액은 매출세액에서 공제되지 않으므로 사업자가 부가가치세를 부담해야 한다(부법 39① 제7호). 그런데 매입세액을 공제받은 재화를 면세사업에 전용하여 사용하거나 소비하는 데에 아무런 조치가 없다면, 사업자는 부가가치세를 부담하지 않고 재화를 소비하게 되므로 조세의 중립성을 훼손하게 된다. 이를 해결하기 위해 부가가치세법은 사업자가 자기생산·취득재화를 면세사업에 전용하는 경우 비록 내부거래에 해당하지만 자신에게 재화를 공급한 것으로 간주하여 부가가치세를 부담하도록 규정하고 있다.

② 비영업용 소형자동차와 그 유지를 위한 사용

다음 중 어느 하나에 해당하는 자기생산·취득재화의 사용 또는 소비는 재화의 공급으로 본다(부법 10②).

구 분		내 용
㉠ 자기생산·취득재화를 비영업용[1] 소형자동차[2]와 그 유지를 위해 사용한 경우	규정	사업자가 자기생산·취득재화를 부가가치세법상 매입세액이 매출세액에서 공제되지 않는 비영업용 소형자동차로 사용 또는 소비하거나 그 자동차의 유지를 위하여 사용 또는 소비하는 것
	사례	주유소운영업을 경영하는 사업자가 유류를 출퇴근용 소형자동차를 위해 사용하는 경우
㉡ 영업용 소형자동차와 그 유지를 위한 재화를 비영업용으로 사용한 경우	규정	운수업, 자동차 판매업 등의 사업을 경영하는 사업자가 자기생산·취득재화 중 소형자동차와 그 자동차의 유지를 위한 재화를 해당 업종에 직접 영업으로 사용하지 않고 다른 용도로 사용하는 것
	사례	운수업을 경영하는 사업자가 소형자동차를 운수업에 사용하지 않고 출퇴근용으로 사용하는 경우

[1] 영업용이란 다음의 업종에 직접 영업으로 사용되는 것을 말하며, 이 외의 용도로 사용되는 것은 비영업용에 해당한다(부법 39① 제5호, 부령 19, 부령 78).

① 운수업
② 자동차 판매업
③ 자동차 임대업
④ 운전학원업
⑤ 기계경비업무를 하는 경비업(출동차량에 한함)
⑥ ①부터 ⑤까지의 업종과 유사한 업종

[2] 소형자동차란 개별소비세 과세대상 자동차로서 다음 중 어느 하나에 해당하는 자동차를 말한다(개별소비세법 1② 제3호).

① 승용자동차와 전기승용자동차(정원 8명 이하로 한정, 배기량 1,000cc·길이 3.6m·폭 1.6m 이하인 것 제외)
② 캠핑용자동차(캠핑용 트레일러 포함)
③ 이륜자동차(배기량 125cc 초과하는 것만 해당)

원래 비영업용 소형자동차의 구입과 임차 및 유지에 관한 매입세액은 매출세액에서 공제되지 않으므로 사업자가 부가가치세를 부담해야 한다(부법 39① 제5호). 그런데 매입세액을 공제받은 재화를 비영업용 소형자동차와 그 유지를 위해 사용하는 데에 아무런 조치가 없다면, 사업자는 부가가치세를 부담하지 않고 재화를 소비하게 되므로 조세의 중립성을 훼손하게 된다. 이를 해결하기 위해 부가가치세법은 사업자가 자기생산·취득재화를 비영업용 소형자동차와 그 유지를 위해 사용하는 경우 비록 내부거래에 해당하지만 자신에게 재화를 공급한 것으로 간주하여 부가가치세를 부담하도록 규정하고 있다.

③ 개인적 공급

사업자가 자기생산·취득재화를 사업과 직접적인 관계없이 자기의 개인적인 목적이나 그 밖의 다른 목적을 위하여 사용·소비하거나 그 사용인 또는 그 밖의 자가 사용·소비하는 것으로서 사업자가 그 대가를 받지 않거나 시가보다 낮은 대가를 받는 경우는 재화의 공급으로 본다(부법 10④).

원래 사업과 직접 관련이 없는 지출에 대한 매입세액은 매출세액에서 공제되지 않으므로 사업자가 부가가치세를 부담해야 한다(부법 39① 제4호). 그런데 매입세액을 공제받은 재화를 사업과 무관하게 개인적인 목적으로 사용·소비하는 데에 아무런 조치가 없다면, 사업자나 사용인 등은 부가가치세를 부담하지 않고 재화를 소비하게 되므로 조세의 중립성을 훼손하게 된다. 또한 사업자가 매입세액을 공제받은 재화를 사용인 등에게 대가를 받고 사용·소비하게 하는 경우에도 그 대가가 시가보다 낮다면, 사용인 등은 그 차액에 상당하는 만큼의 낮은 부가가치세를 부담하게 된다. 이를 해결하기 위해 부가가치세법은 사업자가 자기생산·취득재화를 개인적 공급으로 사용·소비하는 경우 자신에게 재화를 공급한 것으로 간주하여 부가가치세를 부담하도록 규정하고 있다.

다만, 사업자가 실비변상적이거나 복리후생적인 목적으로 그 사용인에게 대가를 받지 않거나 시가보다 낮은 대가를 받고 제공하는 것으로서 다음 중 어느 하나에 해당하는 것을 그 사용인에게 제공하는 경우에는 재화의 공급으로 보지 않는다(부법 10④ 후단, 부령 19의2).

㉠ 사업을 위해 착용하는 작업복, 작업모 및 작업화
㉡ 직장연예 및 직장문화와 관련된 재화
㉢ 다음 중 어느 하나에 해당하는 재화를 제공하는 경우. 이 경우 각 ⓐ, ⓑ별로 각각 사용인 1명당 연간 10만원을 한도로 하며, 10만원을 초과하는 경우 해당 초과액에 대해서는 재화의 공급으로 본다.
ⓐ 경조사와 관련된 재화
ⓑ 설날·추석, 창립기념일 및 생일 등과 관련된 재화

④ 사업상 증여

사업자가 자기생산·취득재화를 자기의 고객이나 불특정다수에게 증여하는 경우는 재화의 공급으로 본다(부법 10⑤). 매입세액을 공제받은 재화를 대가없이 고객이나 불특정다수에게 증여하는 데에 아무런 조치가 없다면, 고객 등은 부가가치세를 부담하지 않고 재화를 소비하게 되므로 조세의 중립성을 훼손하게 된다. 이를 해결하기 위해 부가가치세법은 사업자가 자기생산·취득재화를 사업상 증여하는 경우 자신에게 재화를 공급한 것으로 간주하여 부가가치세를 부담하도록 규정하고 있다.

다만, 증여하는 재화의 대가가 주된 거래인 재화의 공급에 대한 대가에 포함되는 경우에는 재화의 공급으로 보지 않는다(부법 10⑤ 후단). 이 경우 증여재화는 주된 거래에 부수되는 재화로서 매출세액이 발생하여 증여받은 고객 등이 증여재화에 대한 부가가치세를 부담하였기 때문이다. 예를 들어, 사업자가 자기의 제품 또는 상품을 구입하는 자에게 구입당시 그 구입액의 비율에 따라 증여하는 기증품은 재화의 공급으로 보지 않는다(부가통 10-0-6).

한편, 사업자가 사업을 위하여 증여하는 것으로서 다음 중 어느 하나에 해당하는 것을 증여하는 것은 재화의 공급으로 보지 않는다(부령 20, 부가통 10-0-4).

㉠ 사업을 위하여 대가를 받지 않고 다른 사업자에게 인도하거나 양도하는 견본품
㉡ 재난 및 안전관리 기본법의 적용을 받아 특별재난지역에 공급하는 물품
㉢ 자기적립마일리지등^{주)}으로만 전부를 결제받고 공급하는 재화
㉣ 광고선전 목적으로 불특정 다수인에게 무상으로 배포하는 광고선전용 재화

^{주)} 자기적립마일리지등이란 당초 재화 또는 용역을 공급하고 마일리지등을 적립하여 준 사업자에게 사용한 마일리지등을 말한다(제5장 제2절 Ⅰ-2 참고).

⑤ 폐업할 때 남아있는 재화

사업자가 폐업할 때 자기생산·취득재화 중 남아 있는 재화는 자기에게 공급하는 것으로 본다. 사업개시일 이전에 사업자등록을 신청한 자가 사실상 사업을 시작하지 않게 되는 경우에도 또한 같다(부법 10⑥). 폐업할 때 남아있는 재화는 사업자의 지위를 상실한 자에 의해 직접 소비되거나 누군가에게 공급되어 소비될 것이다. 그런데 매입세액을 공제받은 재화를 사업자의 지위를 상실한 자 등이 사용·소비하는 데에 아무런 조치가 없다면, 사업자의 지위를 상실한 자 등은 부가가치세를 부담하지 않고 재화를 소비하게 되므로 조세의 중립성을 훼손하게 된다. 이를 해결하기 위해 부가가치세법은 사업자가 폐업할 때 남아있는 자기생산·취득재화를 자신에게 재화를 공급한 것으로 간주하여 부가가치세를 부담하도록 규정하고 있다.

다만, 다음의 경우에는 실질적인 폐업에 해당하지 않는 등의 이유로 폐업할 때 남아있는 재화로서 과세하지 않는다(부가통 10-0-7).

㉠ 사업자가 사업의 종류를 변경한 경우 변경 전 사업에 대한 잔존재화
㉡ 동일사업장내에서 2 이상의 사업을 겸영하는 사업자가 그 중 일부 사업을 폐지하는 경우 해당 폐지한 사업과 관련된 재고재화
㉢ 개인사업자 2인이 공동사업을 영위할 목적으로 한 사업자의 사업장을 다른 사업자의 사업장에 통합하여 공동명의로 사업을 영위하는 경우에 통합으로 인하여 폐지된 사업장의 재고재화
㉣ 폐업일 현재 수입신고(통관)되지 아니한 미도착재화
㉤ 사업자가 직매장을 폐지하고 자기의 다른 사업장으로 이전하는 경우 해당 직매장의 재고재화

매입세액이 공제되지 않은 재화의 간주공급에 대한 부가가치세 과세 여부

판매목적 타사업장 반출의 주된 취지는 사업자의 자금부담 완화이며, 자기생산·취득재화 공급의 취지는 부가가치세 부담 없는 소비의 방지이다. 따라서 판매목적 타사업장 반출의 경우에는 매입세액공제 여부와 관계없이 모든 재화를 과세대상으로 하며, 자기생산·취득재화 공급의 경우에는 매입세액을 공제받은 재화로서 부가가치세를 부담하지 않은 재화를 과세대상으로 한다. 즉, 매입세액을 공제받지 못한 재화는 사업자가 이미 부가가치세를 부담한 것이므로 자기생산·취득재화의 공급에 해당하더라도 부가가치세가 과세되지 않는다. 취득시 매입세액이 공제되지 않은 재화가 간주공급에 해당하는 경우 부가가치세의 과세여부는 다음과 같다(집행기준 10-0-1).

간주공급 유형	과세 여부
① 판매목적 타사업장 반출	과세 대상
② 자기생산·취득재화의 공급 　㉠ 면세사업 전용 　㉡ 비영업용 소형자동차와 그 유지를 위한 사용 　㉢ 개인적 공급 　㉣ 사업상 증여 　㉤ 폐업할 때 남아있는 재화	과세 안함

위탁매매 또는 대리인에 의한 매매

위탁매매 또는 대리인에 의한 매매를 할 때에는 위탁자 또는 본인이 직접 재화를 공급하거나 공급받은 것으로 본다. 다만, 위탁매매 또는 대리인에 의한 매매를 하는 해당 거래 또는 재화의 특성상 또는 보관·관리상 위탁자 또는 본인을 알 수 없는 경우에는 수탁자 또는 대리인에게 재화를 공급하거나 수탁자 또는 대리인으로부터 재화를 공급받은 것으로 본다(부법 10⑦, 부령 21).

신탁재산의 매매

(1) 개 념

신탁이란 신탁을 설정하는 자(위탁자)와 신탁을 인수하는 자(수탁자) 간의 신임관계에 기하여 위탁자가 수탁자에게 특정의 재산을 이전하거나 담보권의 설정 또는 그 밖의 처분을 하고 수탁자로 하여금 일정한 자(수익자)의 이익 또는 특정의 목적을 위하여 그 재산의 관리, 처분, 운용, 개발, 그 밖에 신탁 목적의 달성을 위하여 필요한 행위를 하게 하는 법률관계를 말한다(신탁법 2).

(2) 신탁재산의 매매에 관한 재화공급

신탁재산과 관련된 재화 또는 용역을 공급하는 때에는 수탁자가 신탁재산별로 각각 별도의 납세의무자로서 부가가치세를 납부할 의무가 있다. 여기서 신탁재산이란 신탁법 또는 다른 법률에 따른 신탁재산(해당 신탁재산의 관리, 처분 또는 운용 등을 통하여 발생한 소득 및 재산 포함)을 말한다(부법 10⑧, 부령 5의2①).

신탁재산에 둘 이상의 수탁자(공동수탁자)가 있는 경우 공동수탁자는 부가가치세를 연대하여 납부할 의무가 있다. 이 경우 공동수탁자 중 신탁사 업무를 주로 처리하는 수탁자(대표수탁자)가 부가가치세를 신고·납부하여야 한다.

다만, 다음의 어느 하나에 해당하는 경우에는 위탁자가 부가가치세를 납부할 의무가 있다.

① 신탁재산과 관련된 재화 또는 용역을 위탁자 명의로 공급하는 경우
② 위탁자가 신탁재산을 실질적으로 지배·통제하는 경우로서 다음 중 어느 하나에 해당 하는 경우
  ㉠ 수탁자가 위탁자로부터 부동산 또는 부동산 관련권리 등을 수탁받아 부동산개발 사업을 목적으로 하는 신탁계약을 체결한 경우로서 그 신탁계약에 의한 부동산개 발사업비의 조달의무를 수탁자가 부담하지 아니하는 경우
  ㉡ 수탁자가 「도시 및 주거환경정비법」 등에 따른 재개발사업·재건축사업 등의 사업 대행자인 경우
③ 그 밖에 신탁의 유형, 신탁설정의 내용, 수탁자의 임무 및 신탁사무 범위 등을 고려하여 대통령령으로 정하는 경우

(3) 신탁 관련 제2차 납세의무 및 물적납세의무

수탁자가 납부하여야 하는 다음 중 어느 하나에 해당하는 부가가치세 또는 강제징수비(부가가치세 등)를 신탁재산으로 충당하여도 부족한 경우에는 그 신탁의 수익자는 지급받은 수익과 귀속된 재산의 가액을 합한 금액을 한도로 하여 그 부족한 금액에 대하여 납부할 의무를 진다(부법 3의2, 부령 5의2).

① 신탁설정일^{주)} 이후에 국세기본법에 따른 법정기일이 도래하는 부가가치세로서 해당 신탁재산과 관련하여 발생한 것
② ①의 금액에 대한 강제징수 과정에서 발생한 강제징수비

주) 신탁설정일은 신탁법에 따라 해당 재산이 신탁재산에 속한 것임을 제3자에게 대항할 수 있게 된 날로 한다. 다만, 다른 법률에서 제3자에게 대항할 수 있게 된 날을 신탁법과 달리 정하고 있는 경우에는 그 달리 정하고 있는 날을 말한다.

4 재화의 공급으로 보지 않는 것

(1) 담보의 제공

재화를 담보로 제공하는 것은 재화의 공급으로 보지 않는다. 여기서 재화를 담보로 제공하는 것이란 질권, 저당권 또는 양도담보의 목적으로 동산, 부동산 및 부동산상의 권리를 제공하는 것을 말한다(부법 10⑨ 제1호, 부령 22). 이는 채무자가 채권자에게 채권담보의 목적으로 부동산 등을 점유하게 하거나 소유권을 이전함으로써 해당 재화가 형식적으로 인도 또는 양도되는 것일 뿐, 실질적인 사용·수익권 또는 소비할 권리가 이전되는 것은 아니므로 재화의 공급으로 보지 않는다.

 질권, 저당권 및 양도담보의 개념

① 질권: 채권자가 채무자가 채무의 담보로 제공한 부동산 등을 점유하고 그 부동산 등에 대하여 다른 채권자보다 우선변제를 받을 권리
② 저당권: 채권자가 채무자가 점유를 이전하지 않고 채무의 담보로 제공한 부동산 등에 대하여 다른 채권자보다 우선변제를 받을 권리
③ 양도담보: 채권자가 채무자로부터 채무의 담보로 부동산 등을 이전받고, 채무자가 기간 내에 채무를 변제하지 않을 때에 그 부동산 등으로 우선변제를 받는 방법에 의하는 담보

(2) 사업의 양도

1) 개 념

사업을 양도하는 것은 재화의 공급으로 보지 않는다. 재화의 공급으로 보지 않는 사업의 양도는 사업장별로 그 사업에 관한 모든 권리와 의무를 포괄적으로 승계시키는 것을 말하며, 양수자가 승계받은 사업 외에 새로운 사업의 종류를 추가하거나 사업의 종류를 변경한 경우를 포함한다. 사업의 양도는 사업장별로 판단하는 것이 원칙이나, 상법에 따라 분할하거나 분할합병하는 경우에는 같은 사업장 안에서 사업부문별로 양도하는 경우도 포함한다(부법 10⑨ 제2호, 부령 23).

재화의 공급으로 보지 않는 사업의 양도에 해당하기 위해서는 사업에 관한 모든 권리와 의무를 포괄적으로 승계시켜야 하나, 그 사업에 관한 권리와 의무 중 다음의 것을 포함하지 않고 승계시킨 경우에도 그 사업을 포괄적으로 승계시킨 것으로 본다(부령 23).

① 미수금에 관한 것[1]
② 미지급금에 관한 것[1]
③ 해당 사업과 직접 관련이 없는 토지·건물 등에 관한 것[2]

[1] 미수금 또는 미지급금은 그 명칭여하에 불구하고 사업의 일반적인 거래 이외에서 발생한 미수채권·미지급채무를 말하는 것이며, 미수금 또는 미지급금의 포함여부는 사업양도의 요건에 해당하지 않는다(부가통 10-23-2).
[2] 사업양도자가 법인인 경우에는 법인세법에 따른 업무와 관련이 없는 자산을 말하며, 사업양도자가 법인이 아닌 사업자인 경우에는 앞서 법인인 경우의 자산에 준하는 자산을 말한다(부칙 16).

2) 취 지

사업의 양도를 재화의 공급으로 보지 않는 이유는 첫째, 사업의 양도는 특정 재화의 개별적 공급을 과세요건으로 하는 부가가치세법상 재화공급의 성격과 다르기 때문이다. 사업의 양도에 있어서 공급의 대상은 사업 전체이지 사업을 구성하고 있는 개별 재화가 아니다.

둘째, 사업의 양도자가 양수자로부터 부가가치세를 거래징수하지 않더라도 양수자가 부가가치세를 부담하지 않고 소비할 가능성이 낮기 때문이다. 사업의 양도를 통해 경영주만 양도자에서 양수자로 바뀔 뿐 사업은 계속 유지되므로, 양수자가 매입세액을 공제받은 재화를 과세사업에 사용하여 매출세액을 거래징수함으로써 최종소비자에게 부가가치세의 부담이 전가된다.

셋째, 사업의 양도를 재화의 공급으로 보아 과세한다면 양수자 입장에서는 매입세액으로 공제나 환급이 가능하나 일반적으로 그 거래금액과 매입세액이 크기 때문에 불필요한 자금부담을 느낄 수밖에 없다. 또한 과세당국 입장에서도 양도자가 납부한 매출세액을 양수자에게 매입세액으로 환급해주기 때문에 국고에 도움이 되지 못할뿐더러 세무행정상 부담만 가중시킨다. 이러한 이유로 부가가치세법은 사업의 양도를 재화의 공급으로 보지 않도록 규정하고 있다.

3) 예 외

대리납부에 따라 그 사업을 양수받는 자가 대가를 지급하는 때에 그 대가를 받은 자로부터 부가가치세를 징수하여 납부한 경우에는 재화의 공급으로 본다(부법 10⑨ 제2호 단서, 제7장 제1절 Ⅲ -1 참고).

(3) 조세의 물납

법률에 따라 조세를 물납하는 것은 재화의 공급으로 보지 않는다. 재화의 공급으로 보지 않는 조세의 물납은 사업용 자산을 상속세 및 증여세법, 지방세법에 따라 물납하는 것을 말한다(부법 10⑨ 제3호, 부령 24). 조세의 물납을 재화의 공급으로 보아 과세한다면 납세의무자는 과세권자로부터 매출세액을 거래징수하여 이를 다시 과세권자에 납부해야하기 때문에 국고에 도움이 되지 못할 뿐더러 납세의무자의 불편만 초래한다. 이를 해결하기 위해 부가가치세법은 조세의 물납을 재화의 공급으로 보지 않도록 규정하고 있다.

(4) 신탁재산의 이전

신탁재산의 소유권 이전으로서 다음 중 어느 하나에 해당하는 것은 신탁계약의 이행 등을 위해 신탁재산의 소유권이 형식적으로 이전되는 것일 뿐 실질적으로 이전되는 것은 아니므로 재화의 공급으로 보지 않는다(부법 10⑨ 제4호).

① 위탁자로부터 수탁자에게 신탁재산을 이전하는 경우
② 신탁의 종료로 인하여 수탁자로부터 위탁자에게 신탁재산을 이전하는 경우
③ 수탁자가 변경되어 새로운 수탁자에게 신탁재산을 이전하는 경우

제3절 용역의 공급

사업자가 행하는 용역의 공급은 부가가치세의 과세거래에 해당한다. 그 이유는 용역의 공급이 이론상 부가가치세의 과세대상인 부가가치를 창출하는 행위이기 때문이다. 부가가치세법상 용역의 공급이란 계약상 또는 법률상의 모든 원인에 따른 것으로서 역무를 제공하는 것과 시설물, 권리 등 재화를 사용하게 하는 것을 말한다(부법 11①). 이를 용역의 개념과 공급의 범위, 용역공급의 특례로 구분하여 자세히 살펴보면 다음과 같다.

Ⅰ. 용역의 개념

용역이란 재화 외에 재산 가치가 있는 모든 역무와 그 밖의 행위를 말한다(부법 2 제2호). 여기서 역무란 인적용역 또는 서비스라고도 하는데, 사전적으로 노동력에 의한 활동을 의미한다. 용역은 재화와 달리 물적형태를 갖추고 있지 않은 행위이므로 생산과 동시에 소비되는 것이 그 특징이다.

부가가치세법은 용역의 개념이 다소 추상적이므로 이를 구체화하여 그 범위를 규정하고 있는데, 용역은 재화 외에 재산 가치가 있는 다음의 사업에 해당하는 모든 역무와 그 밖의 행위로 한다(부령 3①).

① 건설업
② 숙박 및 음식점업
③ 운수 및 창고업
④ 정보통신업(출판업과 영상·오디오 기록물 제작 및 배급업 제외)
⑤ 금융 및 보험업
⑥ 부동산업. 다만, 전·답·과수원·목장용지·임야 또는 염전 임대업과 공익사업과 관련하여 지역권·지상권(지하 또는 공중에 설정된 권리 포함)을 설정하거나 대여하는 사업은 제외한다.
⑦ 전문, 과학 및 기술 서비스업과 사업시설 관리, 사업지원 및 임대서비스업
⑧ 공공행정, 국방 및 사회보장 행정
⑨ 교육 서비스업
⑩ 보건업 및 사회복지 서비스업
⑪ 예술, 스포츠 및 여가관련 서비스업
⑫ 협회 및 단체, 수리 및 기타 개인서비스업과 제조업 중 산업용 기계 및 장비 수리업
⑬ 가구내 고용활동 및 달리 분류되지 않은 자가소비 생산활동
⑭ 국제 및 외국기관의 사업

다만, 건설업과 부동산업 중 ① 부동산 매매(주거용 또는 비거주용 건축물 및 그 밖의 건축물을 자영건설하여 분양·판매하는 경우 포함) 또는 그 중개를 사업목적으로 나타내어 부동산을 판매하는 사업과 ② 사업상 목적으로 1과세기간 중에 1회 이상 부동산을 취득하고 2회 이상 판매하는 사업은 재화를 공급하는 사업으로 본다(부령 3②, 부칙 2②).

사업의 구분

재화 또는 용역을 공급하는 사업의 구분은 통계청장이 고시하는 해당 과세기간 개시일 현재의 한국표준산업분류에 따른다. 다만, 용역을 공급하는 경우 앞서 살펴본 용역의 범위에 해당하는 사업과 유사한 사업은 한국표준산업분류에도 불구하고 용역의 범위에 해당하는 사업에 포함되는 것으로 본다(부령 4①,②).

Ⅱ. 공급의 범위

 용역공급의 개념

용역의 공급이란 계약상 또는 법률상의 모든 원인에 따른 것으로서 역무를 제공하는 것과 시설물, 권리 등 재화를 사용하게 하는 것을 말한다(부법 11①). 역무의 제공이란 인적용역을 제공하는 것을 말하며, 대표적인 예로는 개인서비스업이 있다. 앞서 용역의 범위에서 살펴본 건설업, 숙박 및 음식점업, 운수업, 방송통신 및 정보서비스업, 금융 및 보험업, 부동산임대업 등 거의 대부분의 사업이 역무의 제공에 해당된다.

시설물, 권리 등 재화를 사용하게 하는 것은 물적용역의 제공과 권리의 대여로 구분할 수 있다. 물적용역의 제공이란 테니스장·냉장창고·자동차정류장 등의 시설물과 부동산·기계장치 등의 재화를 사용하게 하고 그 대가를 받는 것을 말하며, 권리의 대여란 실용신안권·특허권 등의 권리를 사용하게 하고 그 대가를 받는 것을 말한다(부가통 11-0-1).

역무의 제공이나 시설물, 권리 등 재화를 사용하게 하는 것이 용역의 공급에 해당하기 위해서는 그 원인이 계약 또는 법률에 의한 것이어야 한다. 계약상 원인이란 공급자와 공급받는 자 간의 매매계약 등에 따르는 것을 말하며, 법률상 원인이란 당사자 간의 의사표시와 무관하게 경매·수용·판결 등 법률의 규정에 따르는 것을 말한다.

 용역공급의 범위

앞서 살펴본 것처럼 부가가치세법은 용역의 공급을 다소 추상적이고 포괄적으로 정의하고 있어, 이러한 정의만으로는 노하우(know-how)의 제공 등이 용역의 공급에 포함되는지 판단하기에는 한계가 있다. 또한 재화와 용역은 각각 독립적으로 공급되기도 하지만 함께 공급되기도 하는데, 이 경우 재화와 용역은 부가가치세법상 간주공급의 적용 등에 있어 차이가 있기 때문에 어느 것이 주된 공급의 대상인지 구분하여 판단하는 것이 중요하다. 따라서 부가가치세법은 다음과 같이 용역 공급의 범위를 구체적으로 규정하여 그 판단의 기준을 제시하고 있다.

1) 건설업

앞서 살펴본 것처럼 건설업에 해당하는 역무는 용역의 범위에 포함된다. 따라서 건설업의 경우 건설업자가 건설자재의 전부 또는 일부를 부담하는 것은 용역의 공급으로 본다. 즉, 건설자재를 일부만 부담하는 경우에도 건설업은 재화의 공급이 아닌 용역의 공급에 해당한다(부령 25 제1호).

2) 단순가공

자기가 주요자재를 전혀 부담하지 않고 상대방으로부터 인도받은 재화를 단순히 가공만 해 주는 것은 용역의 공급으로 본다(부령 25 제2호). 반면에 자기가 주요자재의 전부 또는 일부를 부담하고 상대방으로부터 인도받은 재화를 가공하여 새로운 재화를 만드는 가공계약에 따라 재화를 인도하는 것은 재화의 공급에 해당한다(부령 18① 제2호).

3) 노하우의 제공

산업상·상업상 또는 과학상의 지식·경험 또는 숙련에 관한 정보를 제공하는 것은 용역의 공급으로 본다(부령 25 제3호).

Ⅲ. 용역공급의 특례

 용역의 간주공급

용역의 간주공급이란 용역공급의 특례로, 어떤 행위가 용역공급의 요건을 갖추고 있지 않지만 용역의 공급으로 간주하는 것을 말한다. 용역의 간주공급은 재화의 간주공급과 동일하게 과세되는 용역공급의 범위를 확장시킴으로써 부가가치세를 부담하지 않는 소비를 방지하여 조세의 중립성을 확보하는 데에 의의가 있다.

부가가치세법은 용역의 자가공급만을 용역의 공급으로 간주하고 있는데, 사업자가 자신의 용역을 자기의 사업을 위하여 대가를 받지 않고 공급함으로써 다른 사업자와의 과세형평이 침해되는 경우에는 자기에게 용역을 공급하는 것으로 본다(부법 12①). 다만, 부가가치세법은 그 용역의 범위 등 필요한 사항을 시행령에 위임하고 있으나 아직 시행령에는 관련된 규정이 마련되지 않아, 현재까지 용역의 자가공급에 대한 과세는 이루어지지 않고 있다.

 용역의 공급으로 보지 않는 것

(1) 용역의 무상공급

사업자가 대가를 받지 않고 타인에게 용역을 공급하는 것은 용역의 공급으로 보지 않는다(부법 12②). 즉, 용역의 무상공급은 부가가치세가 과세되지 않는다. 그 이유는 용역의 무상공급이 재화의 무상공급과 달리 그 시가를 확인하기 어려워 부가가치세의 과세표준을 계산하기 어렵고, 대부분 인적용역으로 제공되는 용역의 무상공급의 특성상 이를 과세하는 경우 과다한 세무행정비용이 발생하기 때문이다.

다만, 사업자가 대가를 받지 않고 소득세법 또는 법인세법에 따른 특수관계인에게 사업용 부동산의 임대용역을 공급하는 것은 용역의 공급으로 본다(부법 12② 단서). 이는 부가가치세가 과세되는 용역의 저가공급과의 과세형평을 도모하기 위함이다.

(2) 근로의 제공

고용관계에 따라 근로를 제공하는 것은 용역의 공급으로 보지 않는다(부법 12③). 근로의 제공을 용역의 공급으로 보지 않는 이유는 근로의 제공으로 받는 대가는 인건비로서 이론상 부가가치의 투입요소(input)가 아닌 구성요소에 해당하기 때문이다. 또한 고용관계에 따라 근로를 제공하는 자는 부가가치세법상 납세의무자인 사업자의 요건 중 독립성을 갖추지 못하기 때문에 용역의 공급으로 볼 수 없다.

조출료와 체선료(부가통 4-0-7)

① 하역회사와 선주(선박주인) 간의 계약에 있어 하역용역의 공급자는 하역회사이고 공급받는 자는 선주이다. 따라서 하역회사가 조기선적을 하고 선주로부터 받는 조출료는 하역용역의 제공에 따른 대가이므로 과세대상이나, 지연선적으로 인하여 선주에게 지급하는 체선료는 과세대상이 아니다.
② 선주와 화주(화물주인) 간의 계약에 있어 항행용역의 공급자는 선주이고 공급받는 자는 화주이다. 따라서 선주가 화주의 지연선적으로 인하여 화주로부터 받는 체선료는 항행용역의 제공에 따른 대가이므로 과세대상이나, 화주의 조기선적으로 화주에게 지급하는 조출료는 과세대상이 아니다.

과세대상 여부 판정 사례

부가가치세 과세대상인 재화 또는 용역의 공급과 과세대상에 해당하지 않는 것을 예시하면 다음과 같다(집행기준 4-0-2).

과세대상에 해당하는 것	과세대상에 해당하지 않는 것
① 사업자가 과세사업에 사용하다 매각하는 개별소비세 과세대상 자동차	① 소유재화의 파손·훼손·도난 등으로 인하여 가해자로부터 받는 손해배상금
② 골프장·테니스장 경영자가 동 장소 이용자로부터 받는 입회금으로서 일정기간이 지난 후 반환하지 아니하는 입회금	② 도급공사 및 납품계약서상 납품기일의 지연으로 인하여 발주자가 받는 지체상금
③ 학원(면세사업)을 운영하는 자가 독립된 사업으로 다른 학원운영자에게 자기의 상호, 상표 등을 사용하게 하거나 자체개발한 교육프로그램, 학원경영 노하우를 제공하고 받는 대가	③ 공급받을 자의 해약으로 인하여 공급자가 재화 또는 용역의 공급없이 받는 위약금 또는 이와 유사한 손해배상금
④ 부동산임대업자가 임대차기간 만료 후 명도소송을 통하여 임차인으로부터 실질적인 임대용역의 대가로 받는 손해배상금 또는 부당이득금	④ 협회 등 단체가 재화의 공급 또는 용역의 제공에 따른 대가 관계없이 회원으로부터 받는 협회비·찬조비 및 특별회비
⑤ 재산적 가치가 있는 물건으로 거래되는 화폐, 물, 흙, 퇴비, 원석	⑤ 대여한 재화의 망실에 따라 받는 변상금
⑥ 공동사업자 구성원이 각각 독립적으로 사업을 영위하기 위하여 공동사업용 건물의 분할등기(출자지분의 현물반환)로 소유권이 이전되는 건축물	⑥ 수표·어음 등의 화폐대용증권, 유가증권, 상품권 및 가상자산
⑦ 과세사업에 사용하던 건축물·전세권(당초 전세보증금을 초과하여 받는 금액)·연구 중인 신제품 개발에 관한 권리를 양도하고 받는 대가	⑦ 재화 또는 용역에 대한 대가 관계없이 받는 이주보상비 및 영업손실보상금
⑧ 온라인 게임에 필요한 사이버 화폐인 게임머니를 계속적·반복적으로 판매하는 것	⑧ 외상매출채권의 양도
	⑨ 재공동사업에 출자한 후 받게되는 투자원금과 이익금
	⑩ 소득세가 과세되지 아니하는 농·어민의 농가부업은 사업을 구분할 때 독립된 사업으로 보지 아니한다. 다만, 민박, 음식물 판매, 특산물 제조, 전통차 제조 및 그 밖에 이와 유사한 활동은 독립된 사업으로 본다.

제4절 재화의 수입

재화의 수입은 부가가치세의 과세거래에 해당한다. 이는 재화를 수입하는 자가 직접 소비하는 경우 부가가치세를 부담하지 않는 소비를 방지하여 조세의 중립성을 확보하고, 소비지국 과세원칙에 따라 수입재화에 대하여 국내에서 생산된 재화와 동일한 부가가치세를 부과함으로써 국내산업과 외국산업 간의 공정한 경쟁을 유도하는 데에 그 의의가 있다.

 개 념

재화의 수입은 다음 중 어느 하나에 해당하는 물품을 국내에 반입하는 것(보세구역을 거치는 것은 보세구역에서 반입하는 것)으로 한다(부법 13). 여기서 보세구역이란 관세법에 따른 보세구역과 자유무역지역의 지정 및 운영에 관한 법률에 따른 자유무역지역을 말한다(부령 27).

① 외국으로부터 국내에 도착한 물품[1]으로서 수입신고가 수리되기 전의 것
② 수출신고가 수리된 물품[2]

[1] 물품에는 외국 선박에 의하여 공해에서 채집되거나 잡힌 수산물을 포함한다.
[2] 수출신고가 수리된 물품으로서 선적되지 않은 물품을 보세구역에서 반입하는 경우는 제외한다.

위 ②와 관련하여, 재화를 수출하는 경우 소비지국 과세원칙에 따라 우리나라에서 부과된 부가가치세를 제거하기 위해 영세율을 적용한다. 따라서 영세율이 적용된 재화를 다시 우리나라에 반입하는 경우에는 부가가치세를 과세하기 위해 재화의 수입으로 보는 것이다. 다만, 영세율의 적용시점은 수출하는 재화의 공급시기인 선적일이므로 수출신고만 수리되고 선적되지 않은 물품은 영세율이 적용되지 않아 이를 보세구역에서 반입하는 경우에는 재화의 수입으로 보지 않는다.

 보세구역에 대한 부가가치세 적용

보세구역에서 거래되는 재화 또는 용역에 대한 부가가치세법의 적용은 다음과 같이 한다(집행기준 13-0-2).

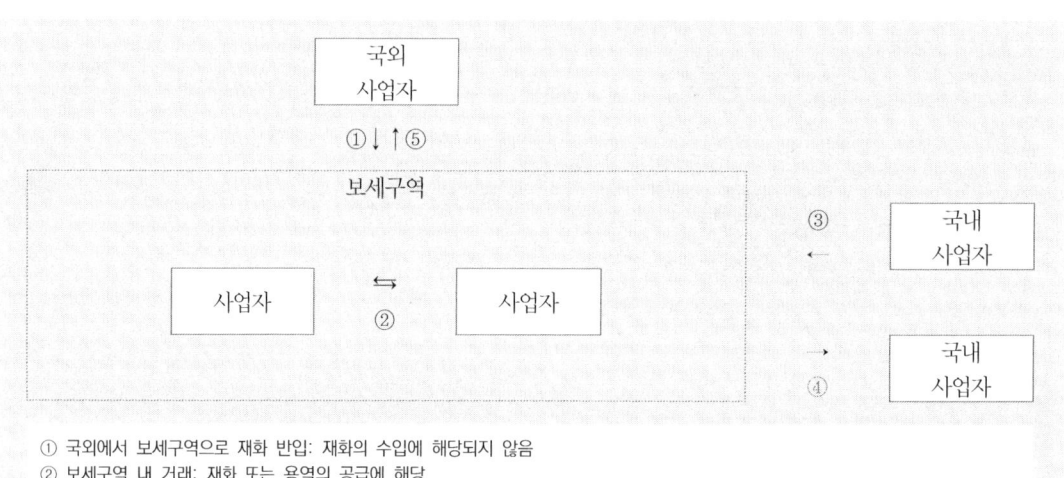

① 국외에서 보세구역으로 재화 반입: 재화의 수입에 해당되지 않음
② 보세구역 내 거래: 재화 또는 용역의 공급에 해당
③ 국내에서 보세구역으로 공급: 재화 또는 용역의 공급에 해당
④ 보세구역에서 국내로 공급: 재화의 수입에 해당
⑤ 보세구역에서 국외로 반출: 재화의 수출에 해당

제5절 부수 재화 및 용역의 공급

1 의 의

부가가치세법은 주된 재화 또는 용역의 공급에 부수되어 공급되는 재화 또는 용역은 그 주된 거래에 포함되는 것으로 보도록 규정하고 있으며, 주된 사업에 부수되는 재화 또는 용역의 공급의 경우에도 이를 별도의 공급으로 보되 과세 및 면세 여부 등에 있어서는 주된 사업의 과세 및 면세 여부 등을 따르도록 규정하고 있다(부법 14). 이는 민법에서 종물은 주물의 처분에 따른다고 규정하고 있는 것과 맥을 같이하는 것으로 볼 수 있다(민법 100②).

부가가치세법에서 이러한 규정을 두고 있는 이유는 부수 재화 또는 용역의 공급에 대한 과세의 판단기준을 정하기 위함이다. 예를 들어, 조경공사용역(과세대상)을 공급하면서 수목·화초(면세대상)를 제공하는 경우 수목·화초를 주된 거래인 조경공사용역에 포함하여 과세할지 별도의 거래로 보아 면세할지를 판단하기 위해서는 명확한 기준이 필요한 것이다.

주된 거래 또는 주된 사업에 부수되는 재화 또는 용역의 공급은 그 주된 거래에 포함되거나 그 주된 사업의 과세여부에 따른다. 만약 주된 거래에 부수되는 재화 또는 용역의 공급을 그 주된 거래와 구분하여 과세한다면, 부수 재화 또는 용역의 대가가 주된 거래의 대가에 포함되는 거래의 관행상 이를 구분하여 계산하는 것은 현실적으로 곤란할 수밖에 없다. 또한 주된 사업에 부수되는 재화 또는 용역의 공급을 그 주된 사업과 독립적으로 과세한다면, 일시적으로 발생하는 부수 재화 또는 용역의 공급에 대해 별도로 과세·면세여부를 판단해야 하는 불편함이 초래된다.

따라서 부가가치세법은 납세의무자의 납세협력비용을 줄이고 과세당국의 세무행정상 능률을 제고하기 위해 부수 재화 또는 용역을 주된 거래나 주된 사업에 따라 과세하도록 규정하고 있다.

2 주된 거래에 부수되는 재화 또는 용역

주된 재화 또는 용역의 공급에 부수되어 공급되는 것으로서 다음 중 어느 하나에 해당하는 재화 또는 용역의 공급은 주된 재화 또는 용역의 공급에 포함되는 것으로 본다(부법 14①).

① 해당 대가가 주된 재화 또는 용역의 공급에 대한 대가에 통상적으로 포함되어 공급되는 재화 또는 용역
② 거래의 관행으로 보아 통상적으로 주된 재화 또는 용역의 공급에 부수하여 공급되는 것으로 인정되는 재화 또는 용역

따라서 주된 거래에 부수되는 재화 또는 용역의 공급은 별도의 거래로 보지 않고 주된 거래인 재화 또는 용역의 공급에 포함되어 그 과세여부 등이 결정된다. 즉, 주된 거래가 면세대상인 경우에는 부수 재화 또는 용역의 공급이 과세대상에 해당하더라도 그 주된 거래에 포함되어 면세되며, 주된 거래가 과세대상인 경우에는 부수 재화 또는 용역의 공급이 면세대상에 해당하더라도 그 주된 거래에 포함되어 과세된다.

예를 들어, 조경공사용역을 공급하면서 수목·화초를 제공하는 경우 주된 거래인 조경공사용역의 공급은 과세대상이며 부수되는 수목·화초의 공급은 면세대상이다. 그러나 통상적으로 수목·화초의 공급대가는 조경공사용역의 공급대가에 포함되기 때문에, 수목·화초의 공급은 별도의 공급으로 보지 않고 조경공사용역의 공급에 포함되어 과세된다. 주된 거래에 부수되는 재화 또는 용역의 공급 사례를 살펴보면 다음과 같다(집행기준 14-0-1).

부수 재화 또는 용역의 범위	구체적 사례
① 해당 대가가 주된 재화 또는 용역의 공급에 대한 대가에 통상적으로 포함되어 공급되는 재화 또는 용역	㉠ 공급하는 재화의 포장용기 및 운반용역 ㉡ 조경공사용역을 공급하면서 제공하는 수목·화초
② 거래의 관행으로 보아 통상적으로 주된 재화 또는 용역의 공급에 부수하여 공급되는 것으로 인정되는 재화 또는 용역	㉠ 항공기 내에서 무상으로 제공되는 식사 ㉡ 가전제품 판매 후 일정기간 제공하는 사후무료서비스용역

3 주된 사업에 부수되는 재화 또는 용역

주된 사업에 부수되는 다음 중 어느 하나에 해당하는 재화 또는 용역의 공급은 별도의 공급으로 보되, 과세 및 면세 여부 등은 주된 사업의 과세 및 면세 여부 등을 따른다(부법 14②).

① 주된 사업과 관련하여 우연히 또는 일시적으로 공급되는 재화 또는 용역
② 주된 사업과 관련하여 주된 재화의 생산 과정이나 용역의 제공 과정에서 필연적으로 생기는 재화

따라서 주된 사업에 부수되는 재화 또는 용역의 공급은 주된 사업에 따라 그 과세 및 면세여부가 결정된다. 즉, 주된 사업이 면세사업인 경우에는 부수 재화 또는 용역의 공급이 과세대상에 해당하더라도 면세되며, 주된 사업이 과세사업인 경우에는 부수 재화 또는 용역의 공급이 면세대상에 해당하더라도 과세된다. 다만, 앞서 살펴본 주된 거래에 부수되는 재화 또는 용역의 공급과의 차이는 이를 별도의 독립된 거래로 본다는 점이다. 그 이유는 해당 재화 또는 용역의 공급이 주된 사업에 부수되기는 하나 어떤 거래에 포함되는 것은 아니기 때문이다.

예를 들어, 금융업자가 금융업에 사용하던 건물을 양도하는 경우 주된 사업인 금융업은 면세사업이며 건물의 공급은 과세대상이다. 그러나 금융업자에게 있어 건물의 공급은 주된 사업을 경영하면서 발생하는 일시적인 거래에 불과하므로 주된 사업에 부수되는 것으로 보아 면세된다. 주된 사업에 부수되는 재화 또는 용역의 공급사례를 살펴보면 다음과 같다(집행기준 14-0-1).

부수 재화 또는 용역의 범위	구체적 사례
① 주된 사업과 관련하여 우연히 또는 일시적으로 공급되는 재화 또는 용역	금융업자가 면세사업에 사용하던 건축물 양도
② 주된 사업과 관련하여 주된 재화의 생산 과정이나 용역의 제공 과정에서 필연적으로 생기는 재화	㉠ 복숭아 통조림을 제조하는 사업자가 판매하는 복숭아 씨 ㉡ 옥수수를 원료로 전분을 제조하는 과정에서 생산되는 옥피 등

제6절 공급시기

부가가치세는 일정한 과세기간의 재화 또는 용역의 공급, 재화의 수입에 대하여 과세하는 기간 과세세목이다. 따라서 특정 재화 또는 용역의 공급, 재화의 수입이 어느 과세기간에 귀속될 것인가를 판단하는 것이 중요한데, 그 시간적 판단기준이 바로 공급시기이다. 또한 공급시기는 부가가치세의 거래징수의무 및 세금계산서의 발급의무를 이행하는 기준으로서, 공급시기에 공급자는 공급받는 자로부터 부가가치세를 거래징수하면서 세금계산서를 발급해야 한다.

Ⅰ. 재화의 공급시기

부가가치세법은 일반적인 재화의 공급시기(부법 15①)를 규정함과 동시에 그 적용기준을 명확히 제시하기 위해 거래형태에 따른 재화의 공급시기(부령 28)를 구체적으로 마련하고 있다.

 일반적인 재화의 공급시기

재화가 공급되는 시기는 다음의 구분에 따른 때로 한다(부법 15①).

① 재화의 이동이 필요한 경우: 재화가 인도되는 때(인도기준)
② 재화의 이동이 필요하지 않은 : 재화가 이용가능하게 되는 때(이용가능기준)
③ ①과 ②를 적용할 수 없는 경우: 재화의 공급이 확정되는 때(공급확정기준)

인도기준을 적용하는 재화의 예로는 상품이나 제품 등 동산을 들 수 있는데, 이처럼 이동이 필요한 상품이나 제품 등을 공급하는 경우에는 인도기준에 따라 해당 재화를 인도하는 때를 공급시기로 한다. 이용가능기준을 적용하는 재화의 예로는 부동산이나 부동산에 관한 권리를 들 수 있으며, 이동이 필요하지 않은 부동산이나 부동산에 관한 권리를 공급하는 경우에는 이용가능기준에 따라 해당 재화를 이용가능하게 되는 때를 공급시기로 한다.

마지막으로 공급확정기준은 약정 등으로 인해 재화가 인도되는 때 또는 이용가능하게 되는 때에 공급이 확정된 것으로 볼 수 없거나 그 시점을 파악하기 어려운 경우에 적용되는 기준이다. 공급확정기준을 적용하는 재화공급의 예로는 뒤에서 살펴볼 조건부판매나 무인판매기를 이용한 공급 등이 있다.

 거래형태에 따른 재화의 공급시기

(1) 현금판매, 외상판매 또는 할부판매

현금판매, 외상판매 또는 할부판매의 경우에는 재화가 인도되거나 이용가능하게 되는 때를 공급시기로 한다(부령 28① 제1호). 즉, 재화의 공급에 대한 대가의 지급조건이나 수령여부는 원칙적으로 일반적인 재화의 공급시기에 영향을 주지 않는다. 따라서 현금판매·외상판매 또는 할부판매와 무관하게 이동이 필요한 재화를 공급하는 경우에는 인도기준을 따르며, 이동이 필요하지 않은 재화를 공급하는 경우에는 이용가능기준을 따른다.

(2) 상품권 등에 의한 판매

상품권 등을 현금 또는 외상으로 판매하고 그 후 그 상품권 등이 현물과 교환되는 경우에는 재화가 실제로 인도되는 때를 공급시기로 한다(부령 28① 제2호). 상품권 등은 화폐대용증권으로서 재화의 범위에 포함되지 않으므로 이를 판매한 것은 향후 교환되는 재화의 공급에 대한 대가를 미리 받은 것에 불과하다. 따라서 상품권 등에 의한 판매의 경우에는 상품권의 판매하는 때가 아닌 실제 재화를 인도하는 때가 공급시기가 된다.

참고 상품권 관련 부가가치세 납세의무(집행기준 15-28-2)

구 분	적용방법
① 상품권의 판매	과세대상 거래가 아님
② 상품권의 판매대리 및 발행대행	대행수수료 과세
③ 상품권 판매 관련 공급시기	재화가 실제로 인도되는 때
④ 상품권 판매시 세금계산서 등 발급	세금계산서·계산서 발급의무 없음

(3) 재화의 공급으로 보는 가공

재화의 공급으로 보는 가공의 경우에는 가공된 재화를 인도하는 때를 공급시기로 한다(부령 28① 제3호). 여기서 재화의 공급으로 보는 가공이란 자기가 주요자재의 전부 또는 일부를 부담하고 상대방으로부터 인도받은 재화를 가공하여 새로운 재화를 만드는 가공계약에 따라 재화를 인도하는 것을 말한다(부령 18① 제2호). 이 경우에는 재화의 이동이 필요하므로 인도기준에 따라 재화를 인도하는 때를 공급시기로 한다.

(4) 조건부판매 및 기한부판매

반환조건부판매, 동의조건부판매, 그 밖의 조건부판매 및 기한부판매의 경우에는 그 조건이 성취되거나 기한이 지나 판매가 확정되는 때를 공급시기로 본다(부령 28②). 조건부판매란 거래당사자 사이의 약정에 따라 재화를 인도한 후 조건이 충족되었을 때에 판매가 되는 것으로 하는 공급을 말하며, 기한부판매란 거래당사자 사이의 약정에 따라 재화를 인도한 후 일정한 기한까지 반환하지 않거나 동의·거절 등 의사표시를 하지 않으면 그 기한이 지났을 때에 판매가 되는 것으로 하는 공급을 말한다.

이러한 조건부판매나 기한부판매의 경우에는 조건이 충족되거나 기한이 지나기 전에는 재화가 인도되었다 하더라도 판매가 확정된 것으로 볼 수 없으므로, 공급확정기준을 적용하여 조건이 충족되거나 기한이 지나 판매가 확정되는 때를 공급시기로 규정하고 있다.

(5) 장기할부판매 등

1) 장기할부판매

장기할부판매의 경우에는 대가의 각 부분을 받기로 한 때를 재화의 공급시기로 본다. 여기서 장기할부판매란 재화를 공급하고 그 대가를 월부, 연부 또는 그 밖의 할부의 방법에 따라 받는 것 중 ① 2회 이상으로 분할하여 대가를 받고 ② 해당 재화의 인도일의 다음 날부터 최종 할부금 지급기일까지의 기간이 1년 이상인 것을 말한다(부령 28③ 제1호, 부칙 17).

2) 지급조건부 공급

완성도기준지급조건부나 중간지급조건부로 재화를 공급하는 경우에는 대가의 각 부분을 받기로 한 때를 재화의 공급시기로 본다. 다만, 이 경우 재화가 인도되거나 이용가능하게 되는 날 이후에 받기로 한 대가의 부분에 대해서는 일반적인 재화의 공급시기에 따라 재화가 인도되거나 이용가능하게 되는 날을 그 재화의 공급시기로 본다.

여기서 중간지급조건부로 재화를 공급하는 경우란 계약금을 받기로 한 날의 다음 날부터 재화를 인도하는 날 또는 재화를 이용가능하게 하는 날까지의 기간이 6개월 이상인 경우로서 그 기간 이내에 계약금 외의 대가를 분할하여 받는 경우를 말한다. 또한 국고금관리법에 따라 경비를 미리 지급받는 경우와 지방재정법에 따라 선급급을 지급받는 경우도 중간지급조건부 공급에 해당한다(부령 28③ 제2호, 제3호, 단서, 부칙 18).

3) 계속적 공급

전력이나 그 밖에 공급단위를 구획할 수 없는 재화를 계속적으로 공급하는 경우에는 대가의 각 부분을 받기로 한 때를 재화의 공급시기로 본다. 이러한 재화의 공급은 이동이 필요한 재화의 공급으로서 인도기준을 적용하는 것이 원칙이지만, 그 인도시점을 특정하기 어렵기 때문에 대가의 각 부분을 받기로 한 때를 공급시기로 하도록 규정하고 있다(부령 28③ 제4호).

(6) 무인판매기를 이용한 공급

무인판매기를 이용하여 재화를 공급하는 경우 해당 사업자가 무인판매기에서 현금을 꺼내는 때를 재화의 공급시기로 본다(부령 28⑤).

(7) 수출재화

수출재화의 경우 다음의 구분에 따른 때를 재화의 공급시기로 본다(부령 28⑥, 부가통 15-28-6).

구 분	공 급 시 기
① 내국물품을 외국으로 반출하는 것 또는 중계무역방식의 수출	수출재화의 선(기)적일
② 원양어업 또는 위탁판매수출	수출재화의 공급가액이 확정되는 때
③ 외국인도수출, 위탁가공무역 방식의 수출 또는 원료를 대가 없이 국외의 수탁가공 사업자에게 반출하여 가공한 재화를 양도하는 경우에 그 원료의 반출	외국에서 해당 재화가 인도되는 때
④ 내국신용장에 의한 재화의 공급	재화가 인도되는 때

(8) 재화의 간주공급

재화 공급의 특례 규정에 따라 재화의 공급으로 보는 경우에는 다음의 구분에 따른 때를 재화의 공급시기로 본다(부령 28④).

구 분	공 급 시 기
① 판매목적 타사업장 반출	재화를 반출하는 때
② 자기생산·취득재화의 공급	
㉠ 면세사업 전용 ㉡ 비영업용 소형자동차와 그 유지를 위한 사용 ㉢ 개인적 공급	재화를 사용하거나 소비하는 때
㉣ 사업상 증여	재화를 증여하는 때
㉤ 폐업할 때 남아있는 재화	폐업일

(9) 폐업 전 재화의 공급

재화의 공급시기는 앞서 살펴본 일반적인 재화의 공급시기를 따르는 것이 원칙이다. 다만, 사업자가 폐업 전에 공급한 재화의 공급시기가 폐업일 이후에 도래하는 경우에는 그 폐업일을 공급시기로 본다(부령 28⑨).

Ⅱ. 용역의 공급시기

부가가치세법은 일반적인 용역의 공급시기(부법 16①)를 규정함과 동시에 그 적용기준을 명확히 제시하기 위해 거래형태에 따른 용역의 공급시기(부령 29)를 구체적으로 마련하고 있다.

 일반적인 용역의 공급시기

용역이 공급되는 시기는 ① 역무의 제공이 완료되는 때(완성기준) 또는 ② 시설물, 권리 등 재화가 사용되는 때(사용기준)이다(부법 16①).

 거래형태에 따른 용역의 공급시기

(1) 장기할부조건부 공급 등

1) 장기할부조건부 공급

장기할부조건부 또는 그 밖의 조건부로 용역을 공급하는 경우에는 대가의 각 부분을 받기로 한 때를 용역의 공급시기로 본다. 여기서 장기할부조건부로 용역을 공급하는 경우란 용역을 공급하고 그 대가를 월부, 연부 또는 그 밖의 할부의 방법에 따라 받는 것 중 ① 2회 이상으로 분할하여 대가를 받고 ② 해당 용역의 제공이 완료되는 날의 다음 날부터 최종 할부금 지급기일까지의 기간이 1년 이상인 것을 말한다(부령 29① 제1호, 부칙 19).

   2) 지급조건부 공급

완성도기준지급조건부 또는 중간지급조건부로 용역을 공급하는 경우에는 대가의 각 부분을 받기로 한 때를 용역의 공급시기로 본다. 다만, 이 경우 역무의 제공이 완료되는 날 이후 받기로 한 대가의 부분에 대해서는 일반적인 용역의 공급시기에 따라 역무의 제공이 완료되는 날을 그 용역의 공급시기로 본다.

여기서 중간지급조건부로 용역을 공급하는 경우란 계약금을 받기로 한 날의 다음 날부터 용역의 제공을 완료하는 날까지의 기간이 6개월 이상인 경우로서 그 기간 이내에 계약금 외의 대가를 분할하여 받는 경우를 말한다. 또한 국고금 관리법에 따라 경비를 미리 지급받는 경우와 지방재정법에 따라 선급금을 지급받는 경우도 중간지급조건부 공급에 해당한다(부령 29① 제2호, 제3호, 단서, 부칙 20).

   3) 계속적 공급

공급단위를 구획할 수 없는 용역을 계속적으로 공급하는 경우에는 대가의 각 부분을 받기로 한 때를 용역의 공급시기로 본다(부령 29① 제4호).

(2) 부동산임대용역의 공급 등

   1) 부동산임대용역의 공급

사업자가 부동산 임대용역을 공급하는 경우로서 다음 중 어느 하나에 해당하는 경우에는 예정신고기간 또는 과세기간의 종료일을 공급시기로 한다(부령 29② 제2호).

① 사업자가 부동산임대용역을 공급하고 전세금 또는 임대보증금을 받는 경우
② 사업자가 둘 이상의 과세기간에 걸쳐 부동산 임대용역을 공급하고 그 대가를 선불 또는 후불로 받는 경우

   2) 선불로 받는 연회비 등

다음 중의 어느 하나에 해당하는 용역을 둘 이상의 과세기간에 걸쳐 계속적으로 제공하고 그 대가를 선불로 받는 경우에는 예정신고기간 또는 과세기간의 종료일을 공급시기로 한다(부령 29② 제3호).

① 헬스클럽장 등 스포츠센터를 운영하는 사업자가 연회비를 미리 받고 회원들에게 시설을 이용하게 하는 것
② 사업자가 다른 사업자와 상표권 사용계약을 할 때 사용대가 전액을 일시불로 받고 상표권을 사용하게 하는 것
③ 노인복지법에 따른 노인복지시설(유료인 경우만 해당함)을 설치·운영하는 사업자가 그 시설을 분양받은 자로부터 입주 후 수영장·헬스클럽장 등을 이용하는 대가를 입주 전에 미리 받고 시설 내 수영장·헬스클럽장 등을 이용하게 하는 것
④ 그 밖에 ①부터 ③까지의 규정과 유사한 용역

3) 사회기반시설의 이용용역

사업자가 사회기반시설에 대한 민간투자법에 따른 BOT(Build-Own-Transfer) 방식을 준용하여 설치한 시설에 대하여 둘 이상의 과세기간에 걸쳐 계속적으로 시설을 이용하게 하고 그 대가를 받는 경우에는 예정신고기간 또는 과세기간의 종료일을 공급시기로 한다(부령 29② 제4호). 여기서 BOT 방식이란 사회기반시설의 준공 후 일정기간 동안 사업시행자에게 해당 시설의 소유권이 인정되며 그 기간이 만료되면 시설소유권이 국가 또는 지방자치단체에 귀속되는 민간투자사업의 추진방식을 말한다(사회기반시설에 대한 민간투자법 4 제3호).

(3) 그 밖의 공급

역무의 제공이 완료되는 때 또는 대가를 받기로 한 때를 공급시기로 볼 수 없는 경우에는 역무의 제공이 완료되고 그 공급가액이 확정되는 때를 공급시기로 한다(부령 29② 제1호).

(4) 폐업 전 용역의 공급

용역의 공급시기는 앞서 살펴본 일반적인 용역의 공급시기를 따르는 것이 원칙이다. 다만, 사업자가 폐업 전에 공급한 용역의 공급시기가 폐업일 이후에 도래하는 경우에는 폐업일을 공급시기로 본다(부령 29③).

Ⅲ. 재화 및 용역의 공급시기 특례

세금계산서는 부가가치세 과세의 중요한 근거가 되는 제도이며, 사업자는 앞서 살펴본 재화 또는 용역의 공급시기에 공급받는 자에게 세금계산서를 발급해야 한다. 그러나 재화 또는 용역의 공급방식이나 대가의 지급조건, 거래의 관행 등으로 인해 재화 또는 용역의 공급시기와는 다른 시기에 세금계산서를 발급해야 되는 경우가 있다. 이러한 경우에도 세금계산서 제도를 안정적으로 유지하기 위해 부가가치세법은 재화 또는 용역의 공급시기에 대한 특례규정을 두고 있다.

1 공급시기 전에 대가를 받은 경우

사업자가 일반적인 재화 또는 용역의 공급시기가 되기 전에 재화 또는 용역에 대한 대가의 전부 또는 일부를 받고, 그 받은 대가에 대하여 세금계산서 또는 영수증을 발급하면 그 세금계산서 등을 발급하는 때를 각각 그 재화 또는 용역의 공급시기로 본다(부법 17①). 즉, 일반적인 재화 또는 용역의 공급시기가 되기 전이라도 그 대가를 받고 세금계산서를 발급한 경우에는 부가가치세가 거래징수되어 탈루의 위험이 낮고 거래의 사실이 인정되므로 해당 시점을 재화 또는 용역의 공급시기로 보는 것이다.

2 세금계산서 발급 후 대가를 받은 경우

사업자가 재화 또는 용역의 공급시기가 되기 전에 세금계산서를 발급하고 그 세금계산서 발급일부터 7일 이내에 대가를 받으면 해당 세금계산서를 발급한 때를 재화 또는 용역의 공급시기로 본다(부법 17②). 다만, 대가를 지급하는 사업자가 다음 중 어느 하나에 해당하는 경우에는 재화 또는 용역을 공급하는 사업자가 그 재화 또는 용역의 공급시기가 되기 전에 세금계산서를 발급하고 그 세금계산서 발급일부터 7일이 지난 후 대가를 받더라도 해당 세금계산서를 발급한 때를 재화 또는 용역의 공급시기로 본다(부법 17③).

① 거래당사자 간의 계약서·약정서 등에 대금청구시기(세금계산서 발급일을 말함)와 지급시기를 따로 적고, 대금청구시기와 지급시기 사이의 기간이 30일 이내인 경우
② 세금계산서 발급일이 속하는 과세기간(공급받는 자가 조기환급을 받은 경우에는 세금계산서 발급일부터 30일 이내)에 재화 또는 용역의 공급시기가 도래하고 세금계산서에 적힌 대금을 지급받은 것이 확인되는 경우

이는 거래의 관행상 세금계산서를 발급하기 전에 대가를 받기 어려운 현실을 반영한 규정으로서, 세금계산서를 발급한 후에 대가를 받았더라도 그 기간이 일정기간 내인 경우에는 특례를 적용받을 수 있도록 한 것이다.

 ## 3 장기할부 등의 공급시기 특례

사업자가 할부로 재화 또는 용역을 공급하는 경우 등으로서 다음 각 경우의 공급시기가 되기 전에 세금계산서 또는 영수증을 발급하는 경우에는 그 발급한 때를 각각 그 재화 또는 용역의 공급시기로 본다(부법 17④, 부령 30).

① 장기할부판매로 재화를 공급하거나 장기할부조건부로 용역을 공급하는 경우
② 전력이나 그 밖에 공급단위를 구획할 수 없는 재화를 계속적으로 공급하는 경우
③ 공급단위를 구획할 수 없는 용역을 계속적으로 공급하는 경우
④ 선하증권이 발행되어 거래사실이 확인되는 외국항행용역을 공급하는 경우

Ⅳ. 재화의 수입시기

재화의 수입시기는 관세법에 따른 수입신고가 수리된 때로 한다(부법 18). 재화를 수입하려면 관세법에 따라 해당 재화의 품명·규격·수량 및 가격 등을 세관장에게 신고해야 하며, 세관장은 수입신고가 적합하게 이루어졌을 때에는 이를 지체 없이 수리해야 한다(관세법 241①, 248①). 즉, 재화를 수입하기 위해서는 수입신고 및 그 수리가 반드시 필요하므로 수입신고가 수리되는 시점을 수입시기로 하는 것이다.

보세구역 안에서 보세구역 밖의 국내에 재화를 공급하는 경우

사업자가 보세구역 안에서 보세구역 밖의 국내에 재화를 공급하는 경우가 재화의 수입에 해당할 때에는 수입신고 수리일을 재화의 공급시기로 본다(부령 28⑦). 사업자가 보세구역 내에 보관된 재화를 다른 사업자에게 공급하고, 그 재화를 공급받은 자가 재화를 보세구역으로부터 반입하는 경우 이는 하나의 거래이나 각각 재화의 공급과 재화의 수입에 해당하게 된다. 이 때 재화의 공급에 대한 과세표준은 그 재화의 공급가액에서 세관장이 부가가치세를 징수하고 발급한 수입세금계산서에 적힌 공급가액을 뺀 금액으로 계산한다(부령 61② 제5호). 즉, 재화의 공급에 대한 과세표준을 계산하기 위해서는 재화의 수입에 대한 과세표준이 먼저 확정되어야 하므로 재화가 인도되는 때가 아닌 수입신고 수리일을 재화의 공급시기로 하는 것이다.

제7절 공급장소

 **공급장소의 의의**

공급장소란 재화 또는 용역이 공급되는 장소를 말한다. 부가가치세는 우리나라가 과세권을 행사할 수 있는 곳에서 이루어지는 거래에 대하여 과세하는 것이 원칙이다. 소비지국 과세원칙에 따라 재화 또는 용역의 공급이 국내에서 이루어진 경우에는 우리나라의 과세권이 미치지만, 국외에서 이루어진 경우에는 원칙적으로 우리나라의 과세권이 미치지 않는다. 즉, 공급장소는 재화 또는 용역이 국내에서 공급된 것인지 국외에서 공급된 것인지를 구분하여 부가가치세 과세여부를 판단하기 위한 기준이 된다는 점에서 그 의의가 있다(집행기준 19-0-1).

 재화의 공급장소

재화가 공급되는 장소는 다음의 구분에 따른 곳으로 한다(부법 19①, 집행기준 19-0-2).

구　　분	공급장소
① 재화의 이동이 필요한 경우	재화의 이동이 시작되는 장소
② 재화의 이동이 필요하지 않은 경우	재화가 공급되는 시기에 재화가 있는 장소

부가가치세의 납세의무는 우리나라의 주권이 미치는 범위 내에서 적용하므로 사업자가 우리나라의 주권이 미치지 않은 국외에서 재화를 공급하는 경우에는 납세의무가 없다. 이 경우 우리나라 국적의 항공기 또는 선박에서 이루어지는 거래는 국외거래로 보지 않는다. 다만, 중계무역 방식의 수출 등에 따른 수출의 방법으로 재화를 공급하는 경우에는 국외에서 재화를 공급하는 경우에도 부가가치세의 납세의무가 있다(부가통 3-0-3). 또한 비거주자 또는 외국법인으로부터 권리를 공급받는 경우에는 위 규정에도 불구하고 공급받는 자의 국내에 있는 사업장의 소재지 또는 주소지를 해당 권리가 공급되는 장소로 본다(부법 53②, 제7장 제1절 Ⅲ-2 참고).

 용역의 공급장소

용역이 공급되는 장소는 다음 중 어느 하나에 해당하는 곳으로 한다(부법 20①).

① 역무가 제공되거나 시설물, 권리 등 재화가 사용되는 장소^{주)}
② 국내 및 국외에 걸쳐 용역이 제공되는 국제운송의 경우 사업자가 비거주자 또는 외국법인이면 여객이 탑승하거나 화물이 적재되는 장소
③ 전자적 용역의 경우 용역을 공급받는 자의 사업장 소재지, 주소지 또는 거소지

주) 다음의 용역은 해당 부동산 또는 광고매체가 사용되는 장소가 국외이므로 부가가치세가 과세되지 않는다(부가통 20-0-1).
  ① 국외에 있는 부동산의 임대용역
  ② 외국의 광고매체에 광고게재를 의뢰하고 지급하는 광고료

조세법령 확인을 통해 기본개념 익히기

※ 다음 부가가치세 관련 조세법령의 빈 칸을 채우시오.

1. 부가가치세법 제9조(재화의 공급)

    ① 재화의 공급은 □□□ 또는 □□□의 모든 원인에 따라 재화를 □□(引渡)하거나 □□(讓渡)하는 것으로 한다.

    해답 ① 계약상, 법률상, 인도, 양도

2. 부가가치세법 시행령 제18조(재화 공급의 범위)

    ① 법 제9조제1항에 따른 재화의 공급은 다음 각 호의 것으로 한다.
    1. 현금판매, 외상판매, 할부판매, 장기할부판매, 조건부 및 기한부 판매, 위탁판매와 그 밖의 □□□□에 따라 재화를 인도하거나 양도하는 것
    2. 자기가 주요자재의 □□ 또는 □□를 부담하고 상대방으로부터 인도받은 재화를 가공하여 새로운 재화를 만드는 □□□□에 따라 재화를 인도하는 것
    3. 재화의 인도 대가로서 다른 재화를 인도받거나 용역을 제공받는 □□□□에 따라 재화를 인도하거나 양도하는 것
    4. □□, □□, □□□□와 그 밖의 계약상 또는 법률상의 원인에 따라 재화를 인도하거나 양도하는 것
    5. 국내로부터 □□□□에 있는 창고(제2항제1호 및 제2호에 따른 창고로 한정한다)에 임치된 임치물을 □□로 다시 반입하는 것

    ③ 제1항제4호에도 불구하고 다음 각 호의 어느 하나에 해당하는 것은 재화의 공급으로 보지 □□□□.
    1. 「□□□□□」 제66조에 따른 □□(같은 법 제67조에 따른 수의계약에 따라 매각하는 것을 포함한다)에 따라 재화를 인도하거나 양도하는 것
    2. 「□□□□□」에 따른 □□(같은 법에 따른 강제경매, 담보권 실행을 위한 경매와 「민법」·「상법」 등 그 밖의 법률에 따른 경매를 포함한다)에 따라 재화를 인도하거나 양도하는 것
    3. 「도시 및 주거환경정비법」, 「공익사업을 위한 토지 등의 취득 및 보상에 관한 법률」 등에 따른 수용절차에서 수용대상 재화의 소유자가 수용된 재화에 대한 대가를 받는 경우

    해답 ① 매매계약, 전부, 일부, 가공계약, 교환계약, 경매, 수용, 현물출자, 보세구역, 국내
    ③ 아니한다, 국세징수법, 공매, 민사집행법, 경매

3. 부가가치세법 제10조(재화 공급의 특례)

① 사업자가 자기의 □□□□과 관련하여 □□하거나 □□한 재화로서 다음 각 호의 어느 하나에 해당하는 재화(이하 이 조에서 "□□□□·□□□□"라 한다)를 자기의 □□□□을 위하여 직접 사용하거나 소비하는 것은 재화의 공급으로 본다.
  1. 제38조에 따른 매입세액, 그 밖에 이 법 및 다른 법률에 따른 매입세액이 □□된 재화
  2. 제9항제2호에 따른 □□□□로 취득한 재화로서 사업양도자가 제38조에 따른 매입세액, 그 밖에 이 법 및 다른 법률에 따른 매입세액을 공제받은 재화
  3. 제21조제2항제3호에 따른 □□에 해당하여 □(零) 퍼센트의 세율을 적용받는 재화

② 다음 각 호의 어느 하나에 해당하는 자기생산·취득재화의 사용 또는 소비는 재화의 공급으로 본다.
  1. 사업자가 자기생산·취득재화를 제39조제1항제5호에 따라 매입세액이 매출세액에서 공제되지 아니하는 「□□□□□법」 제1조제2항제3호에 따른 □□□로 □□ 또는 □□하거나 그 자동차의 □□를 위하여 사용 또는 소비하는 것
  2. □□□, □□□ □□□ 등 대통령령으로 정하는 업종의 사업을 경영하는 사업자가 자기생산·취득재화 중 「개별소비세법」 제1조제2항제3호에 따른 자동차와 그 자동차의 유지를 위한 재화를 해당 업종에 □□ □□으로 사용하지 아니하고 □□ □□로 사용하는 것

③ 사업장이 □ 이상인 사업자가 자기의 사업과 관련하여 생산 또는 취득한 재화를 □□할 목적으로 자기의 □□ 사업장에 반출하는 것은 재화의 공급으로 본다. 다만, 다음 각 호의 어느 하나에 해당하는 경우는 재화의 공급으로 보지 □□□□.
  1. 사업자가 제8조제3항 후단에 따른 □□□ □□ □□ 사업자로 적용을 받는 과세기간에 자기의 다른 사업장에 반출하는 경우
  2. 사업자가 제51조에 따라 □□□□ □□ □□의 적용을 받는 과세기간에 자기의 다른 사업장에 반출하는 경우. 다만, 제32조에 따른 세금계산서를 발급하고 제48조 또는 제49조에 따라 관할 세무서장에게 신고한 경우는 제외한다.

④ 사업자가 자기생산·취득재화를 사업과 직접적인 관계없이 자기의 □□□□ 목적이나 그 밖의 다른 목적을 위하여 사용·소비하거나 그 사용인 또는 그 밖의 자가 사용·소비하는 것으로서 사업자가 그 □□를 받지 아니하거나 시가보다 □□ □□를 받는 경우는 재화의 공급으로 본다. 이 경우 사업자가 □□□□적이거나 □□□□적인 목적으로 그 사용인에게 대가를 받지 아니하거나 시가보다 낮은 대가를 받고 제공하는 것으로서 대통령령으로 정하는 경우는 재화의 공급으로 보지 □□□□.

⑤ 사업자가 자기생산·취득재화를 자기의 □□이나 □□□ □□에게 □□하는 경우(증여하는 재화의 대가가 주된 거래인 재화의 공급에 대한 대가에 포함되는 경우는 제외한다)는 재화의 공급으로 본다. 다만, 사업자가 □□을 위하여 증여하는 것으로서 대통령령으로 정하는 것은 재화의 공급으로 보지 아니한다.

⑥ 사업자가 □□할 때 자기생산·취득재화 중 □□ □□ 재화는 자기에게 공급하는 것으로 본다. 제8조제1항 단서에 따라 사업 개시일 이전에 사업자등록을 신청한 자가 사실상 사업을 시작하지 아니하게 되는 경우에도 또한 같다.

⑦ 위탁매매 또는 대리인에 의한 매매를 할 때에는 □□□ 또는 □□이 직접 재화를 공급하거나 공급받은 것으로 본다. 다만, 위탁자 또는 본인을 알 수 없는 경우로서 대통령령으로 정하는 경우에는 □□□ 또는 □□□에게 재화를 공급하거나 수탁자 또는 대리인으로부터 재화를 공급받은 것으로 본다.

⑧ 「신탁법」 제10조에 따라 □□□의 지위가 이전되는 경우에는 기존 □□□가 새로운 □□□에게 신탁재산을 공급한 것으로 본다. 다만, 신탁재산에 대한 실질적인 소유권의 변동이 있다고 보기 어려운 경우로서 대통령령으로 정하는 경우에는 신탁재산의 공급으로 보지 아니한다.

⑨ 다음 각 호의 어느 하나에 해당하는 것은 재화의 공급으로 보지 아니한다.

1. 재화를 □□로 제공하는 것으로서 대통령령으로 정하는 것
2. □□을 □□하는 것으로서 대통령령으로 정하는 것. 다만, 제52조제4항에 따라 그 사업을 □□받는 자가 대가를 지급하는 때에 그 대가를 받은 자로부터 부가가치세를 징수하여 납부한 경우는 제외한다.
3. 법률에 따라 조세를 □□(物納)하는 것으로서 대통령령으로 정하는 것
4. □□□□의 소유권 이전으로서 다음 각 목의 어느 하나에 해당하는 것
    가. 위탁자로부터 수탁자에게 신탁재산을 이전하는 경우
    나. 신탁의 종료로 인하여 수탁자로부터 위탁자에게 신탁재산을 이전하는 경우
    다. 수탁자가 변경되어 새로운 수탁자에게 신탁재산을 이전하는 경우

해답
① 과세사업, 생산, 취득, 자기생산·취득재화, 면세사업, 공제, 사업양도, 수출, 영
② 개별소비세, 자동차, 사용, 소비, 유지, 운수업, 자동차 판매업, 직접 영업, 다른 용도
③ 둘, 판매, 다른, 아니한다, 사업자 단위 과세, 주사업장 총괄 납부
④ 개인적인, 대가, 낮은 대가, 실비변상, 복리후생, 아니한다
⑤ 고객, 불특정 다수, 증여, 사업
⑥ 폐업, 남아 있는
⑦ 위탁자, 본인, 수탁자, 대리인
⑧ 위탁자, 위탁자, 위탁자
⑨ 담보, 사업, 양도, 양수, 물납, 신탁재산

4. 부가가치세법 제11조(용역의 공급)

① 용역의 공급은 □□□ 또는 □□□의 모든 원인에 따른 것으로서 다음 각 호의 어느 하나에 해당하는 것으로 한다.
    1. □□를 제공하는 것
    2. □□□, □□ 등 재화를 □□하게 하는 것

해답 ① 계약상, 법률상
    1. 역무
    2. 시설물, 권리, 사용

5. 부가가치세법 시행령 제25조(용역 공급의 범위)

다음 각 호의 어느 하나에 해당하는 것은 법 제11조에 따른 용역의 공급으로 본다.
1. □□□의 경우 건설사업자가 건설자재의 □□ 또는 □□를 부담하는 것
2. 자기가 □□□□를 전혀 부담하지 □□□□ 상대방으로부터 인도받은 재화를 단순히 □□만 해 주는 것
3. 산업상·상업상 또는 과학상의 □□·□□ 또는 □□에 관한 정보를 제공하는 것

해답
1. 건설업, 전부, 일부
2. 주요자재, 아니하고, 가공
3. 지식, 경험, 숙련

6. 부가가치세법 제12조(용역 공급의 특례)

    ① 사업자가 □□의 용역을 □□의 사업을 위하여 □□를 받지 아니하고 공급함으로써 다른 사업자와의 과세형평이 침해되는 경우에는 자기에게 용역을 공급하는 것으로 본다. 이 경우 그 용역의 범위는 대통령령으로 정한다.
    ② 사업자가 □□를 받지 아니하고 □□에게 용역을 공급하는 것은 용역의 공급으로 보지 아니한다. 다만, 사업자가 대통령령으로 정하는 □□□□에게 사업용 부동산의 □□□□ 등 대통령령으로 정하는 용역을 공급하는 것은 용역의 공급으로 □□.
    ③ □□□□에 따라 □□를 제공하는 것은 용역의 공급으로 보지 아니한다.

    해답 ① 자신, 자기, 대가
    ② 대가, 타인, 특수관계인, 임대용역, 본다
    ③ 고용관계, 근로

7. 부가가치세법 제13조(재화의 수입)

    재화의 수입은 다음 각 호의 어느 하나에 해당하는 물품을 □□에 반입하는 것[대통령령으로 정하는 □□□□을 거치는 것은 □□□□에서 반입하는 것을 말한다]으로 한다.
    1. 외국으로부터 국내에 도착한 물품[외국 선박에 의하여 공해(公海)에서 채집되거나 잡힌 수산물을 포함한다]으로서 □□□□가 수리(受理)되기 □의 것
    2. □□□□가 수리된 물품[수출신고가 수리된 물품으로서 □□(船積)되지 아니한 물품을 보세구역에서 반입하는 경우는 제외한다]

    해답 국내, 보세구역, 보세구역, 수입신고, 전, 수출신고, 선적

8. 부가가치세법 제14조(부수 재화 및 부수 용역의 공급)

    ① □□ □□ 또는 □□의 □□에 □□되어 공급되는 것으로서 다음 각 호의 어느 하나에 해당하는 재화 또는 용역의 공급은 □□ 재화 또는 용역의 공급에 □□되는 것으로 본다.
    1. 해당 □□가 주된 재화 또는 용역의 공급에 대한 대가에 □□□으로 □□되어 공급되는 재화 또는 용역
    2. 거래의 □□으로 보아 □□□으로 주된 재화 또는 용역의 공급에 □□하여 공급되는 것으로 인정되는 재화 또는 용역
    ② □□ □□에 □□되는 다음 각 호의 어느 하나에 해당하는 재화 또는 용역의 공급은 □□의 공급으로 보되, 과세 및 면세 여부 등은 □□ 사업의 과세 및 면세 여부 등을 따른다.
    1. 주된 사업과 관련하여 □□□ 또는 □□□으로 공급되는 재화 또는 용역
    2. 주된 사업과 관련하여 □□ 재화의 생산 과정이나 용역의 제공 과정에서 □□□으로 생기는 재화

    해답 ① 주된 재화, 용역, 공급, 부수, 주된, 포함,
    1. 대가, 통상적, 포함,
    2. 관행, 통상적, 부수
    ② 주된 사업, 부수, 별도, 주된
    1. 우연히, 일시적
    2. 주된, 필연적

9. 부가가치세법 제15조(재화의 공급시기)

① 재화가 공급되는 시기는 다음 각 호의 구분에 따른 때로 한다. 이 경우 구체적인 거래 형태에 따른 재화의 공급시기에 관하여 필요한 사항은 대통령령으로 정한다.
  1. 재화의 □□이 필요한 경우: 재화가 □□되는 때
  2. 재화의 □□이 필요하지 아니한 경우: 재화가 □□□□하게 되는 때
  3. 제1호와 제2호를 적용할 수 없는 경우: 재화의 □□이 □□되는 때

해답 ① 이동, 인도, 이동, 이용가능, 공급, 확정

10. 부가가치세법 시행령 제28조(구체적인 거래 형태에 따른 재화의 공급시기)

① 법 제15조제1항 후단에 따른 구체적인 거래 형태별 재화의 공급시기는 다음 표에 따른다.

구분	공급시기
1. 현금판매, 외상판매 또는 할부판매의 경우	재화가 □□되거나 □□□□하게 되는 때
2. 상품권 등을 현금 또는 외상으로 판매하고 그 후 그 상품권 등이 현물과 교환되는 경우	□□가 실제로 인도되는 때
3. 재화의 공급으로 보는 가공의 경우	가공된 재화를 □□하는 때

② 반환□□□ 판매, 동의조건부 판매, 그 밖의 조건부 판매 및 기한부 판매의 경우에는 그 □□이 성취되거나 □□이 지나 □□가 확정되는 때를 공급시기로 본다.
③ 다음 각 호의 어느 하나에 해당하는 경우에는 □□의 각 부분을 받기로 한 때를 재화의 공급시기로 본다. 다만, 제2호와 제3호의 경우 재화가 인도되거나 이용가능하게 되는 날 이후에 받기로 한 대가의 부분에 대해서는 재화가 인도되거나 이용가능하게 되는 날을 그 재화의 공급시기로 본다.
  1. 기획재정부령으로 정하는 □□□□판매의 경우
  2. □□□□□□□조건부로 재화를 공급하는 경우
  3. 기획재정부령으로 정하는 □□□□조건부로 재화를 공급하는 경우
  4. □□이나 그 밖에 공급단위를 구획할 수 없는 재화를 □□□으로 공급하는 경우
⑤ 무인판매기를 이용하여 재화를 공급하는 경우 해당 사업자가 무인판매기에서 □□을 □□□ 때를 재화의 공급시기로 본다.
⑨ 제1항부터 제8항까지의 규정에도 불구하고 사업자가 폐업 전에 공급한 재화의 공급시기가 폐업일 이후에 도래하는 경우에는 그 □□□을 공급시기로 본다.

해답 ① 인도, 이용가능, 재화, 인도
② 조건부, 조건, 기한, 판매
③ 대가, 장기할부, 완성도기준지급, 중간지급, 전력, 계속적
⑤ 현금, 꺼내는
⑨ 폐업일

11. 부가가치세법 제16조(용역의 공급시기)

① 용역이 공급되는 시기는 다음 각 호의 어느 하나에 해당하는 때로 한다.
  1. 역무의 제공이 □□되는 때
  2. 시설물, 권리 등 재화가 □□되는 때

해답 ① 완료, 사용

12. 부가가치세법 시행령 제29조(할부 또는 조건부로 용역을 공급하는 경우 등의 용역의 공급시기)

① 다음 각 호의 어느 하나에 해당하는 경우에는 □□의 각 부분을 받기로 한 때를 법 제16조제2항에 따른 할부 또는 조건부로 용역을 공급하는 경우 등의 용역의 공급시기로 본다. 다만, 제2호와 제3호의 경우 역무의 제공이 완료되는 날 이후 받기로 한 대가의 부분에 대해서는 역무의 제공이 완료되는 날을 그 용역의 공급시기로 본다.
  1. 기획재정부령으로 정하는 □□□□조건부 또는 그 밖의 조건부로 용역을 공급하는 경우
  2. □□□□□□조건부로 용역을 공급하는 경우
  3. 기획재정부령으로 정하는 □□□□조건부로 용역을 공급하는 경우
  4. 공급단위를 구획할 수 없는 용역을 □□□으로 공급하는 경우

② 법 제16조제2항에 따른 용역의 공급시기는 다음 각 호의 구분에 따른다.
  1. 역무의 제공이 완료되는 때 또는 대가를 받기로 한 때를 공급시기로 볼 수 □□ 경우: 역무의 제공이 완료되고 그 □□□□이 확정되는 때
  2. 사업자가 부동산 □□□□을 공급하는 경우로서 다음 각 목의 어느 하나에 해당하는 경우: □□신고기간 또는 과세기간의 □□□
  3. 다음 각 목의 어느 하나에 해당하는 용역을 둘 이상의 과세기간에 걸쳐 □□□으로 제공하고 그 대가를 □□로 받는 경우: □□신고기간 또는 과세기간의 □□□
    가. 헬스클럽장 등 스포츠센터를 운영하는 사업자가 연회비를 미리 받고 회원들에게 시설을 이용하게 하는 것
    나. 사업자가 다른 사업자와 상표권 사용계약을 할 때 사용대가 전액을 일시불로 받고 상표권을 사용하게 하는 것
    다. 「노인복지법」에 따른 노인복지시설(유료인 경우에만 해당한다)을 설치·운영하는 사업자가 그 시설을 분양받은 자로부터 입주 후 수영장·헬스클럽장 등을 이용하는 대가를 입주 전에 미리 받고 시설 내 수영장·헬스클럽장 등을 이용하게 하는 것
    라. 그 밖에 가목부터 다목까지의 규정과 유사한 용역
  4. 사업자가 「사회기반시설에 대한 민간투자법」 제4조제3호의 방식을 준용하여 설치한 시설에 대하여 둘 이상의 과세기간에 걸쳐 계속적으로 시설을 이용하게 하고 그 대가를 받는 경우: □□신고기간 또는 과세기간의 □□□

③ 제1항과 제2항에도 불구하고 폐업 전에 공급한 용역의 공급시기가 폐업일 이후에 도래하는 경우에는 □□□을 공급시기로 본다.

해답 ① 대가, 장기할부, 완성도기준지급, 중간지급, 계속적
② 없는, 공급가액, 임대용역, 예정, 종료일, 계속적, 선불, 예정, 종료일, 예정, 종료일
③ 폐업일

13. 부가가치세법 제17조(재화 및 용역의 공급시기의 특례)

① 사업자가 제15조 또는 제16조에 따른 재화 또는 용역의 공급시기(이하 이 조에서 "재화 또는 용역의 공급시기"라 한다)가 되기 □에 재화 또는 용역에 대한 □□의 전부 또는 일부를 받고, 그 받은 대가에 대하여 제32조에 따른 □□□□ 또는 제36조에 따른 □□□을 발급하면 그 세금계산서 등을 □□하는 때를 각각 그 재화 또는 용역의 공급시기로 본다.

② 사업자가 재화 또는 용역의 공급시기가 되기 □에 제32조에 따른 세금계산서를 발급하고 그 세금계산서 □□□부터 □일 이내에 대가를 받으면 해당 세금계산서를 □□한 때를 재화 또는 용역의 공급시기로 본다.

③ 제2항에도 불구하고 다음 각 호의 어느 하나에 해당하는 경우에는 재화 또는 용역을 공급하는 사업자가 그 재화 또는 용역의 공급시기가 되기 □에 제32조에 따른 세금계산서를 발급하고 그 세금계산서 발급일부터 7일이 지난 □ 대가를 받더라도 해당 세금계산서를 □□한 때를 재화 또는 용역의 공급시기로 본다.
  1. 거래 당사자 간의 계약서·약정서 등에 대금 □□□□(세금계산서 발급일을 말한다)와 □□□□를 따로 적고, 대금 청구시기와 지급시기 사이의 기간이 □□일 이내인 경우
  2. 재화 또는 용역의 □□□□가 세금계산서 발급일이 속하는 □□□□ 내(공급받는 자가 제59조제2항에 따라 조기환급을 받은 경우에는 세금계산서 발급일부터 30일 이내)에 □□하는 경우

④ 사업자가 □□로 재화 또는 용역을 공급하는 경우 등으로서 대통령령으로 정하는 경우의 공급시기가 되기 전에 제32조에 따른 □□□□ 또는 제36조에 따른 □□□을 발급하는 경우에는 그 □□한 때를 각각 그 재화 또는 용역의 공급시기로 본다.

> **해답** ① 전, 대가, 세금계산서, 영수증, 발급
> ② 전, 발급일, 7일, 발급
> ③ 전, 후, 발급, 청구시기, 지급시기, 30일, 공급시기, 과세기간, 도래
> ④ 할부, 세금계산서, 영수증, 발급

14. 부가가치세법 제18조(재화의 수입시기)

재화의 수입시기는 「관세법」에 따른 □□□□가 수리된 때로 한다.

> **해답** 수입신고

15. 부가가치세법 제19조(재화의 공급장소)

① 재화가 공급되는 장소는 다음 각 호의 구분에 따른 곳으로 한다.
  1. 재화의 □□이 필요한 경우: 재화의 □□이 □□되는 장소
  2. 재화의 □□이 필요하지 아니한 경우: 재화가 □□ 시기에 □□가 있는 장소

> **해답** ① 이동, 이동, 시작, 이동, 공급, 재화

16. 부가가치세법 제20조(용역의 공급장소)

① 용역이 공급되는 장소는 다음 각 호의 어느 하나에 해당하는 곳으로 한다. 〈개정 2020. 12. 22.〉

1. 역무가 □□되거나 시설물, 권리 등 재화가 □□되는 장소
2. 국내 및 국외에 걸쳐 용역이 제공되는 □□□□의 경우 사업자가 비거주자 또는 외국법인이면 여객이 □□하거나 화물이 □□되는 장소
3. 제53조의2제1항에 따른 □□□ 용역의 경우 용역을 □□□□ 자의 사업장 소재지, 주소지 또는 거소지

해답 ① 제공, 사용, 국제운송, 탑승, 적재, 전자적, 공급받는

연습문제

제3장 _ 과세거래

01 부가가치세법령상 부가가치세가 과세되는 것만을 모두 고르면? [국가직 7급 2023]

> ㄱ. 개인 과세사업자가 특수관계인에게 사업용 부동산인 상가를 무상으로 임대하는 경우
> ㄴ. 과세사업자가 사업용 과세재화를 자기적립마일리지 외의 마일리지만으로 전부를 결제받고 공급하는 경우
> ㄷ. 과세사업자가 사업용 건물을 상속세 및 증여세법 및 지방세법 에 따라 물납하는 경우
> ㄹ. 부동산임대업자가 주택(국민주택규모 초과)을 유상으로 임대하는 경우

① ㄱ, ㄴ
② ㄱ, ㄹ
③ ㄴ, ㄷ
④ ㄷ, ㄹ

해설
ㄱ. 사업자가 특수관계인에게 사업용 부동산의 임대용역을 공급하는 것은 용역의 공급으로 본다(부법 12② 단서).
ㄴ. 과세사업자가 사업용 과세재화를 자기적립마일리지 외의 마일리지만으로 전부를 결제받고 공급하는 경우는 재화의 공급으로 본다.

해답 ①

02 부가가치세법상 재화의 공급으로 보는 것은? [세무사 2018]

① 사업자가 자기의 과세사업과 관련하여 생산한 재화로서 매입세액이 공제되지 않은 재화를 자기의 면세사업을 위하여 직접 사용하는 경우
② 사업장이 둘 이상인 사업자가 사업자단위과세사업자로 적용을 받는 과세기간에 자기의 사업과 관련하여 생산한 재화를 판매할 목적으로 자기의 다른 사업장에 반출하는 경우
③ 사업용 자산을 상속세 및 증여세법에 따라 물납하는 경우
④ 신탁의 종료로 인하여 수탁자로부터 위탁자에게 신탁재산을 이전하는 경우
⑤ 사업자가 자기의 과세사업과 관련하여 생산·취득한 재화로서 매입세액이 공제된 재화를 사업과 직접적인 관계 없이 자기의 개인적인 목적을 위하여 사용·소비하는 경우

해설
① 매입세액이 공제되지 않은 재화는 자기생산·취득재화에 해당하지 않으므로 재화의 간주공급을 적용하지 않는다(집행기준 10-0-1).
② 사업자단위과세사업자는 판매목적 타사업장 반출에 대하여 재화의 간주공급을 적용하지 않는다(부법 10③ 단서).
③ 법률에 따라 조세를 물납하는 것은 재화의 공급으로 보지 않는다(부법 10⑨ 제3호).
④ 신탁의 종료로 인하여 수탁자로부터 위탁자에게 신탁재산을 이전하는 것은 신탁재산의 소유권이 형식적으로 이전되는 것일 뿐 실질적으로 이전되는 것은 아니므로 재화의 공급으로 보지 않는다(부법 10⑨ 제4호).

해답 ⑤

03 부가가치세법상 재화와 용역의 공급에 관한 설명으로 옳은 것은? [회계사 2017]

① 사업자가 주사업장총괄납부의 적용을 받는 과세기간에 자기의 다른 사업장에 반출하는 경우에는 재화의 공급으로 본다.
② 사업자가 매입세액공제를 받은 취득재화를 사업과 직접적인 관계없이 자기의 개인적인 목적으로 사용·소비한 것으로서 사업자가 그 대가를 받지 아니한 경우 재화의 공급으로 본다.
③ 전기, 가스, 열 등 관리할 수 있는 자연력은 재화로 보지 아니한다.
④ 주된 사업에 부수된 거래로 주된 사업과 관련하여 우연히 또는 일시적으로 공급되는 재화 또는 용역의 공급은 별도의 공급으로 보며, 과세 및 면세 여부 등도 주된 사업과 별도로 판단하여야 한다.
⑤ 질권, 저당권 또는 양도담보의 목적이라고 하더라도 동산, 부동산 및 부동산상의 권리를 제공하는 것은 재화의 공급으로 본다.

> **해설** ① 주사업장총괄납부사업자는 판매목적 타사업장반출에 대하여 재화의 간주공급을 적용하지 않는다(부법 10③ 단서).
> ③ 재화란 재산가치가 있는 물건 및 권리를 말하며, 여기서 물건에는 상품·제품·원료·기계·건물 등 유체물 뿐만 아니라 전기·가스·열 등 관리할 수 있는 자연력도 포함된다(부법 2 제1호, 부령 2).
> ④ 주된 사업에 부수된 거래로 주된 사업과 관련하여 우연히 또는 일시적으로 공급되는 재화 또는 용역의 공급은 별도의 공급으로 보되, 과세 및 면세 여부 등에 있어서는 주된 사업의 과세 및 면세 여부 등에 따른다(부법 14②).
> ⑤ 재화를 담보로 제공하는 것, 즉 질권, 저당권 또는 양도담보의 목적으로 동산, 부동산 및 부동산상의 권리를 제공하는 것은 재화의 공급으로 보지 않는다(부법 10⑨ 제1호, 부령 22).

해답 ②

04 부가가치세법상 용역의 공급에 대한 설명으로 옳지 않은 것은? [국가직 9급 2012]

① 사업자가 법률상의 모든 원인에 의하여 역무를 제공하는 것은 용역의 공급으로 본다.
② 사업자가 거래상대방으로부터 인도받은 재화에 주요 자재를 전혀 부담하지 아니하고 단순히 가공만 하여 주는 것은 용역의 공급으로 본다.
③ 사업자가 대가를 받지 아니하고 특수관계자가 아닌 타인에게 용역을 공급하는 것은 용역의 공급으로 본다.
④ 고용관계에 의하여 근로를 제공하는 것은 용역의 공급으로 보지 아니한다.

> **해설** 사업자가 대가를 받지 아니하고 타인에게 용역을 공급하는 것은 용역의 공급으로 보지 아니한다. 다만, 특수관계인에게 사업용 부동산의 임대용역을 무상으로 공급하는 경우에는 용역의 공급으로 보아 과세한다(부법 12②).

해답 ③

05 부가가치세법령상 재화 또는 용역의 공급에 대한 설명으로 옳지 않은 것은? [국가직 9급 2019]

① 자기가 주요자재의 일부를 부담하고 상대방으로부터 인도받은 재화를 가공하여 새로운 재화를 만드는 가공계약에 따라 재화를 인도하는 것은 용역의 공급에 해당한다.
② 건설업의 경우 건설업자가 건설자재의 전부를 부담하더라도 용역의 공급으로 본다.
③ 사업자가 자신의 용역을 자기의 사업을 위하여 대가를 받지 아니하고 공급함으로써 다른 사업자와의 과세형평이 침해되는 경우에는 자기에게 용역을 공급하는 것으로 본다.
④ 고용관계에 따라 근로를 제공하는 것은 용역의 공급으로 보지 아니한다.

> **해설** 자기가 주요자재의 일부를 부담하고 상대방으로부터 인도받은 재화를 가공하여 새로운 재화를 만드는 가공계약에 따라 재화를 인도하는 것은 재화의 공급에 해당한다(부령 18① 제2호).

해답 ①

06 부가가치세법상 부가가치세 과세대상에 해당하는 것은? [세무사 2023]

① 사업자가 자기의 사업과 관련하여 사업장 내에서 그 사용인에게 음식용역을 무상으로 제공하는 경우
② 공급받을 자의 해약으로 인하여 공급할 자가 재화 또는 용역의 공급 없이 위약금 또는 이와 유사한 손해배상금을 받는 경우
③ 선주와 하역회사 간의 계약으로 하역회사의 선적지연으로 인하여 선주가 하역회사로부터 체선료를 받는 경우
④ 사업자가 자기의 사업과 관련하여 생산하거나 취득한 재화를 자기의 과세사업과 관련한 사후 무료서비스를 제공하기 위하여 사용·소비하는 경우
⑤ 사업자가 자기의 고객 중 추첨을 통하여 당첨된 자에게 자기생산·취득재화를 경품으로 제공하는 경우

> **해설** 사업자가 자기의 고객 중 추첨을 통하여 당첨된 자에게 자기생산·취득재화를 경품으로 제공하는 경우는 사업상 증여에 해당하여 부가가치세 과세대상이다(부법 10⑤).

해답 ⑤

07 부가가치세법상 재화의 공급시기(폐업 전에 공급한 재화의 공급시기가 폐업일 이후에 도래하는 경우에는 제외한다)로 옳지 않은 것은? [국가직 9급 2014]

① 현금판매, 외상판매 또는 할부판매의 경우에는 재화가 인도되거나 이용가능하게 되는 때
② 전력이나 그 밖에 공급단위를 구획할 수 없는 재화를 계속적으로 공급하는 경우에는 대가의 각 부분을 받기로 한 때
③ 재화의 공급으로 보는 가공의 경우에는 재화의 가공이 완료된 때
④ 무인판매기를 이용하여 재화를 공급하는 경우에는 해당 사업자가 무인판매기에서 현금을 꺼내는 때

해설 재화의 공급으로 보는 가공의 경우에는 가공된 재화를 인도하는 때가 공급시기이다(부령 28① 제3호).

해답 ③

08 부가가치세법상 공급시기에 관한 설명으로 옳지 않은 것은? [회계사 2017 수정]

① 반환조건부 판매, 동의조건부 판매, 그 밖의 조건부 판매 및 기한부 판매의 경우에는 그 조건이 성취되거나 기한이 지나 판매가 확정되는 때를 공급시기로 본다.
② 현금판매의 경우 재화가 인도되거나 이용가능하게 되는 때를 공급시기로 본다.
③ 무인판매기를 이용하여 재화를 공급하는 경우 해당 사업자가 무인판매기에서 현금을 꺼내는 때를 재화의 공급시기로 본다.
④ 장기할부판매의 경우에는 대가의 각 부분을 받기로 한 때를 공급시기로 본다.
⑤ 내국신용장에 의한 재화의 공급은 수출재화의 선적을 공급시기로 한다.

해설 내국신용장에 의한 재화의 공급은 재화가 인도되는 때를 공급시기로 한다(부령 28⑥).

해답 ⑤

09 부가가치세법령상 용역의 공급시기에 대한 설명으로 옳지 않은 것은? [국가직 9급 2021]

① 장기할부조건부로 용역을 공급하는 경우에는 대가의 각 부분을 받기로 한 때로 한다.
② 사업자가 부동산 임대용역을 공급하고 전세금 또는 임대보증금을 받는 경우(부가가치세법 시행령 제65조에 따라 계산한 금액을 공급가액으로 함)에는 예정신고기간 또는 과세기간의 종료일로 한다.
③ 중간지급조건부로 용역을 공급하는 경우 역무의 제공이 완료되는 날 이후 받기로 한 대가의 부분에 대해서는 역무의 제공이 완료되는 날 이후 그 대가를 받는 때로 한다.
④ 헬스클럽장 등 스포츠센터를 운영하는 사업자가 연회비를 미리 받고 회원들에게 시설을 이용하게 하는 것을 둘 이상의 과세기간에 걸쳐 계속적으로 제공하고 그 대가를 선불로 받는 경우에는 예정신고기간 또는 과세기간의 종료일로 한다.

> **해설** 중간지급조건부로 용역을 공급하는 경우 역무의 제공이 완료되는 날 이후 받기로 한 대가의 부분에 대해서는 역무의 제공이 완료되는 날을 용역의 공급시기로 한다(부령 29① 단서).

해답 ③

10 부가가치세법상 재화 또는 용역의 공급시기에 관한 설명으로 옳지 않은 것은? [국가직 7급 2014]

① 사업자가 재화 또는 용역의 공급시기가 되기 전에 재화 또는 용역에 대한 대가의 전부 또는 일부를 받고, 이와 동시에 그 받은 대가에 대하여 세금계산서를 발급하면 그 세금계산서를 발급하는 때를 재화 또는 용역의 공급시기로 본다.
② 사업자가 재화 또는 용역의 공급시기가 되기 전에 세금계산서를 발급하고 그 세금계산서 발급일부터 7일 이내에 대가를 받으면 해당 세금계산서를 발급한 때를 재화 또는 용역의 공급시기로 본다.
③ 사업자가 재화 또는 용역의 공급시기가 되기 전에 세금계산서를 발급하고 그 세금계산서 발급일부터 7일이 지난 후 대가를 받더라도 세금계산서 발급일이 속하는 과세기간에 재화 또는 용역의 공급시기가 도래하는 경우에는 해당 대가를 받은 때를 재화 또는 용역의 공급시기로 본다.
④ 공급단위를 구획할 수 없는 용역을 계속적으로 공급하는 경우에는 대가의 각 부분을 받기로 한 때를 용역의 공급시기로 본다.

> **해설** 대가를 받은 때가 아닌 세금계산서를 발급한 때이다. 즉, 대가를 지급하는 사업자가 다음 중 어느 하나에 해당하는 경우에는 재화 또는 용역을 공급하는 사업자가 그 재화 또는 용역의 공급시기가 되기 전에 세금계산서를 발급하고 그 세금계산서 발급일부터 7일이 지난 후 대가를 받더라도 해당 세금계산서를 발급한 때를 재화 또는 용역의 공급시기로 본다(부법 17③).
>
> ① 거래당사자 간의 계약서·약정서 등에 대금청구시기(세금계산서 발급일을 말함)와 지급시기를 따로 적고, 대금청구시기와 지급시기 사이의 기간이 30일 이내인 경우
> ② 재화 또는 용역의 공급시기가 세금계산서 발급일이 속하는 과세기간 내(공급받는 자가 조기환급을 받은 경우에는 세금계산서 발급일부터 30일 이내)에 도래하는 경우

해답 ③

11 부가가치세법상 공급시기에 관한 설명이다. 옳지 않은 것은? [회계사 2020]

① 사업자가 재화의 공급시기가 되기 전에 세금계산서를 발급하고, 그 세금계산서 발급일로부터 7일 이내에 대가를 받으면 해당 대가를 받은 때를 재화의 공급시기로 본다.

② 사업자가 재화의 공급시기가 되기 전에 재화에 대한 대가의 전부 또는 일부를 받고, 그 받은 대가에 대하여 세금계산서를 발급하면 그 세금계산서를 발급하는 때를 그 재화의 공급시기로 본다.

③ 사업자가 폐업 전에 공급한 재화의 공급시기가 폐업일 이후에 도래하는 경우에는 그 폐업일을 공급시기로 본다.

④ 사업자가 장기할부판매로 재화를 공급하는 경우 공급시기가 되기 전에 세금계산서를 발급하면 그 발급한 때를 그 재화의 공급시기로 본다.

④ 재화의 공급으로 보는 가공의 경우 가공된 재화를 인도하는 때를 공급시기로 본다.

> **해설** 사업자가 재화 또는 용역의 공급시기가 되기 전에 세금계산서를 발급하고 그 세금계산서 발급일부터 7일 이내에 대가를 받으면 해당 세금계산서를 발급한 때를 재화 또는 용역의 공급시기로 본다(부법 17②).

 ①

PART 04

영세율과 면세

제1절 영세율
제2절 면세
연습문제

제4장 영세율과 면세

제1절 영세율

영세율이란 그 적용대상이 되는 재화 또는 용역의 공급에 대하여 영의 세율(0%)을 적용하는 제도를 말한다. 영세율이 적용되는 경우 매출세액은 영(0)이 되며 그 이전 단계에서 과세된 부가가치세까지 환급되어, 최종소비자는 적용대상 재화 또는 용역을 소비함에 있어 부가가치세를 부담하지 않게 된다. 이러한 이유로 영세율을 완전면세라 한다. 영세율의 기초적인 내용에 대해서는 제2장 제1절을 참고하기 바란다.

1 영세율 적용사업자

(1) 영세율 적용사업자의 범위

1) 과세사업자

영세율을 적용받을 수 있는 자는 부가가치세의 납세의무가 있는 과세사업자이다. 영세율은 과세거래에 해당하는 재화 또는 용역의 공급에 단지 영의 세율(0%)을 적용하는 것일 뿐 부가가치세의 납세의무를 면제하는 것은 아니기 때문이다. 따라서 과세사업자에 해당하는 일반과세자와 간이과세자는 영세율을 적용받을 수 있으나, 면세사업자와 비사업자는 재화 또는 용역을 국외에 공급하더라도 영세율을 적용받을 수 없다. 다만, 면세사업자가 면세포기를 한 경우에는 부가가치세의 납세의무가 있으므로 영세율을 적용받을 수 있다(부법 28① 제1호).

2) 비거주자 또는 외국법인이 경우

영세율은 과세사업자가 거주자 또는 내국법인인 경우에 적용하는 것이 원칙이며, 비거주자 또는 외국법인인 경우에는 적용에 제한을 두어 상호주의를 따른다. 즉, 사업자가 비거주자 또는 외국법인이면 그 해당 국가에서 대한민국의 거주자 또는 내국법인에 대하여 동일하게 면세하는 경우에만 영세율을 적용한다(부법 25①). 여기서 동일하게 면세하는 경우는 해당 외국의 조세로서 우리나라의 부가가치세 또는 이와 유사한 성질의 조세를 면세하는 경우와 그 외국에 우리나라의 부가가치세 또는 이와 유사한 성질의 조세가 없는 경우로 한다(부법 25③).

(2) 영세율 적용사업자의 납세협력의무

영세율 적용사업자는 부가가치세법상 납세의무자이므로 각종 납세협력의무를 이행해야 한다. 우선 사업자등록을 해야 하며, 영세율이 적용되는 재화 또는 용역의 공급도 과세거래이므로 세금계산서를 발급해야 한다(부법 8, 32①). 다만, 영세율 적용대상거래 중 세금계산서 발급의무가 면제되는 거래에 대해서는 세금계산서를 발급하지 않을 수 있다(부법 33①, 부령 71①).

영세율 적용사업자는 일반적인 과세사업자와 마찬가지로 부가가치세 예정신고와 확정신고를 해야 하며, 매출처별세금계산서합계표와 매입처별세금계산서합계표를 해당 예정신고 또는 확정신고를 할 때 함께 제출해야 한다(부법 48, 49, 54①). 이 경우 재화 또는 용역을 공급받으면서 거래징수당한 매입세액을 공제 또는 환급을 받을 수 있는데, 매입처별세금계산서합계표를 제출하지 않은 경우에는 매입세액을 공제받을 수 없다(부법 39① 제1호).

영세율 적용사업자가 이와 같은 부가가치세법상 납세협력의무를 이행하지 않은 경우에는 각종 가산세의 제재를 받게 된다(부법 60). 이에 대해서는 제7장 제4절에서 자세히 살펴보기로 한다.

  영세율 적용대상거래

다음의 재화 또는 용역의 공급에 대해서는 영 퍼센트(0%)의 세율을 적용한다(부법 21①, 22, 23①, 24①, 조특법 105①).

(1) 재화의 수출
(2) 용역의 국외공급
(3) 외국항행용역의 공급
(4) 외화획득 재화 또는 용역의 공급 등
(5) 조세특례제한법상 영세율 적용대상거래

(1) 재화의 수출

재화의 공급이 수출에 해당하면 그 재화의 공급에 대하여는 영세율을 적용한다(부법 21①). 재화의 수출은 ① 일반적인 재화의 수출과 ② 재화의 수출로 보는 국내거래로 구분되는데, 이를 자세히 살펴보면 다음과 같다.

1) 일반적인 재화의 수출

일반적인 재화의 수출이란 다음의 것을 말한다(부법 21② 제1호, 제2호).

① 내국물품(대한민국 선박에 의하여 채집되거나 잡힌 수산물 포함)을 외국으로 반출하는 것
② 중계무역 방식의 거래 등주)으로서 국내사업장에서 계약과 대가 수령 등의 거래가 이루어지는 것

주) 중계무역 방식의 거래 등에 해당하는 재화의 수출은 다음과 같다(부령 31①).

① 중계무역 방식의 수출: 수출할 것을 목적으로 물품 등을 수입하여 관세법에 따른 보세구역 및 보세구역 외 장치의 허가를 받은 장소 또는 자유무역지역의 지정 및 운영에 관한 법률에 따른 자유무역지역 외의 국내에 반입하지 않는 방식의 수출
② 위탁판매수출: 물품 등을 무환으로 수출하여 해당 물품이 판매된 범위에서 대금을 결제하는 계약에 의한 수출
③ 외국인도수출: 수출대금은 국내에서 영수하지만 국내에서 통관되지 않은 수출물품 등을 외국으로 인도하거나 제공하는 수출
④ 위탁가공무역 방식의 수출: 가공임을 지급하는 조건으로 외국에서 가공(제조, 조립, 재생, 개조를 포함할) 원료의 전부 또는 일부를 거래상대방에게 수출하거나 외국에서 조달하여 가공한 후 가공물품 등을 외국으로 인도하는 방식의 수출
⑤ 원료를 대가 없이 국외의 수탁가공 사업자에게 반출하여 가공한 재화를 양도하는 경우에 그 원료의 반출
⑥ 관세법상 수입의 신고가 수리되기 전의 물품으로서 보세구역에 보관하는 물품을 외국으로 반출하는 것

일반적인 재화의 수출에 영세율을 적용하는 경우 내국물품의 국외반출에 대해서는 그 대가성 여부를 따지지 않는다. 즉, 사업자가 재화를 국외로 무상으로 반출하는 경우에도 영세율을 적용한다. 다만, 자기사업을 위하여 대가를 받지 않고 국외의 사업자에게 견본품을 반출하는 경우에는 재화의 공급으로 보지 않는다(부가통 21-31-4). 따라서 견본품의 국외무상반출에는 영세율을 적용하지 않는다.

2) 재화의 수출에 포함되는 국내거래

영세율은 일반적인 재화의 수출에 해당하는 내국물품의 국외반출에만 적용하는 것이 원칙이다. 다만, 수출과 관련된 재화의 가격경쟁력을 높여 수출을 지원하기 위해 내국물품의 국외반출을 위한 다음의 국내거래에 대해서도 재화의 수출로 보아 영세율을 적용하고 있다(부법 21② 제3호, 부령 31②).

① 사업자가 내국신용장 또는 구매확인서주)에 의하여 공급하는 재화(금지금 제외)
② 사업자가 한국국제협력단에 공급하는 재화(한국국제협력단이 개발도상국가을 위한 사업 등을 위하여 외국에 무상으로 반출하는 재화로 한정함)
③ 사업자가 한국국제보건의료재단에 공급하는 재화(한국국제보건의료재단이 개발도상국가 등의 보건의료수준의 향상사업 등을 위하여 외국에 무상으로 반출하는 재화로 한정함)
④ 사업자가 대한적십자사에 공급하는 재화(대한적십자사가 전시포로 및 무력충돌희생자 구호사업 등을 위하여 외국에 무상으로 반출하는 재화로 한정함)
⑤ 사업자가 다음의 요건에 따라 공급하는 재화
 ㉠ 국외의 비거주자 또는 외국법인과 직접 계약에 따라 공급할 것
 ㉡ 대금을 외국환은행에서 원화로 받을 것
 ㉢ 비거주자등이 지정하는 국내의 다른 사업자에게 인도할 것
 ㉣ 국내의 다른 사업자가 비거주자등과 계약에 따라 인도받은 재화를 그대로 반출하거나 제조·가공한 후 반출할 것

주) 여기서 내국신용장 또는 구매확인서란 각 다음의 것을 말한다(부칙 21).
 ① 내국신용장: 사업자가 국내에서 수출용 원자재, 수출용 완제품 또는 수출재화임가공용역을 공급받으려는 경우에 해당 사업자의 신청에 따라 외국환은행의 장이 재화 또는 용역의 공급시기가 속하는 과세기간이 끝난 후 25일(그 날이 공휴일 또는 토요일인 경우에는 바로 다음 영업일) 이내에 개설하는 신용장
 ② 구매확인서: 대외무역법에 따라 외국환은행의 장이나 전자무역기반사업자가 ①의 내국신용장에 준하여 재화 또는 용역의 공급시기가 속하는 과세기간이 끝난 후 25일(그 날이 공휴일 또는 토요일인 경우에는 바로 다음 영업일) 이내에 발급하는 확인서

내국신용장 및 구매확인서의 정의(집행기준 21-31-7)

① 내국신용장이란 한국은행총재가 정하는 바에 따라 외국환은행의 장이 발급하여 국내에서 통용되는 신용장으로 수출이행에 필요한 완제품 또는 원자재를 국내에서 조달하기 위하여 수입상으로부터 받은 원신용장을 담보로 원신용장의 개설 통지은행이 국내의 공급자를 수혜자로 하여 개설하는 제2의 신용장을 말한다.
② 구매확인서란 물품 등을 외화획득용 원료, 외화획득용 용역, 외화획득용 전자적 형태의 무체물 또는 물품으로 사용하기 위하여 국내에서 구매하려는 경우 외국환은행의 장이 내국신용장에 준하여 발급하는 증서를 말한다.

(2) 용역의 국외공급

국외에서 공급하는 용역에 대하여는 영세율을 적용한다(부법 22). 여기서 국외에서 공급하는 용역이란 국내에 사업장을 가지고 있는 거주자 또는 내국법인이 제공하는 경우를 말하며, 해당 용역을 제공받는 자나 대금결제수단에 관계없이 영세율이 적용된다(집행기준 22-0-1).

우리나라 부가가치세는 우리나라의 주권이 미치는 범위 내에서 과세되는 것이 원칙이나. 이러한 속지주의 과세방식에 따르면 우리나라의 주권이 미치지 않는 국외에서 용역을 공급하는 경우에는 부가가치세가 과세되지 않는다. 다만, 국내에 사업장이 있는 사업자가 국외에서 용역을 공급하는 경우에 한해서는 속인주의 과세방식을 적용하여 이를 과세거래 보되 소비지국 과세원칙에 따라 영세율을 적용한다. 이는 사업자가 국외에서 공급하는 용역에 사용하기 위해 국내에서 재화 또는 용역을 공급받는 경우 거래징수당한 매입세액을 환급함으로써 용역의 수출을 지원하고 소비지국 과세원칙을 구현하기 위함이다.

국외에서 공급하는 용역의 대표적인 예로는 국외건설용역 등이 있으며, 국외에 소재하는 부동산 임대용역의 경우에는 사업장이 국외이므로 부가가치세 납세의무가 없어 영세율을 적용받을 수 없다(집행기준 3-0-4).

(3) 외국항행용역의 공급

선박 또는 항공기에 의한 외국항행용역의 공급에 대하여는 영세율을 적용한다. 여기서 외국항행용역이란 선박 또는 항공기에 의하여 여객이나 화물을 국내에서 국외로, 국외에서 국내로 또는 국외에서 국외로 수송하는 것을 말하며, 대금결제수단에 관계없이 영세율이 적용된다(부법 23①,②, 집행기준 23-32-1).

외국항행용역은 그 공급장소가 국내외에 걸쳐 있는 것이 일반적이나 이의 구분이 어렵고, 국내에서 제공되는 용역이 국외에서 제공되는 용역에 부수된다는 점에서 국내외 구분 없이 전체 용역에 대하여 영세율을 적용하도록 하고 있다. 이 경우 외국항행용역에는 외국항행사업자가 자기의 사업에 부수하여 공급하는 재화 또는 용역으로서 다음의 것을 포함한다(부법 23②, 부령 32①, 집행기준 23-32-1).

① 다른 외국항행사업자가 운용하는 선박 또는 항공기의 탑승권을 판매하거나 화물운송계약을 체결하는 것
② 외국을 항행하는 선박 또는 항공기 내에서 승객에게 공급하는 것
③ 자기의 승객만이 전용하는 버스를 탑승하게 하는 것
④ 자기의 승객만이 전용하는 호텔에 투숙하게 하는 것

또한 ① 운송주선업자가 국제복합운송계약에 의하여 화주로부터 화물을 인수하고 자기 책임과 계산으로 타인의 선박 또는 항공기 등의 운송수단을 이용하여 화물을 운송하고 화주로부터 운임을 받는 국제운송용역과 ② 상업서류 송달용역도 외국항행용역에 포함된다(부령 32②, 집행기준 23-32-1).

(4) 외화획득 재화 또는 용역의 공급 등

영세율의 적용대상거래는 소비지국 과세원칙에 따라 우리나라 부가가치세의 완전한 제거가 필요한 재화 또는 용역의 국외공급이나 이와 관련된 거래에 한하는 것이 원칙이다. 다만, 영세율제도가 갖고 있는 완전면세효과를 이용하여 외화획득을 장려하기 위해 일정한 요건을 갖춘 국내거래에 대해서도 제한적으로 영세율의 적용을 허용하고 있다. 외화를 획득하기 위한 재화 또는 용역의 공급으로서 영세율이 적용되는 거래는 다음과 같다(부법 24①).

1) 외교공관 등에 공급하는 것
2) 외교관 면세카드에 의해 공급하는 것
3) 국내사업장이 없는 비거주자 또는 외국법인에게 공급하는 것
4) 국내사업장이 있는 비거주자 또는 외국법인에게 공급하는 것
5) 수출재화임가공용역
6) 외항선박 및 항공기 등에 공급하는 것
7) 국제연합군 등에 공급하는 것
8) 관광알선용역
9) 외국인전용판매장 등이 공급하는 것

1) 외교공관 등에 공급하는 것

우리나라에 상주하는 외교공관, 영사기관(명예영사관원을 장으로 하는 영사기관은 제외), 국제연합과 이에 준하는 국제기구(우리나라가 당사국인 조약과 그 밖의 국내법령에 따라 특권과 면제를 부여받을 수 있는 경우만 해당함) 등에 재화 또는 용역을 공급하는 경우에는 영세율을 적용한다(부법 24① 제1호).

2) 외교관 면세카드에 의해 공급하는 것

외교공관 등의 소속 직원으로서 해당 국가로부터 공무원 신분을 부여받은 자 또는 외교부장관으로부터 이에 준하는 신분임을 확인받은 자 중 내국인이 아닌 자에게 일정한 방법에 따라 재화 또는 용역을 공급하는 경우에는 영세율을 적용한다(부법 24① 제2호).

여기서 일정한 방법이란 국세청장이 정하는 바에 따라 관할세무서장으로부터 외교관면세점으로 지정받은 사업장에서 외교부장관이 발행하는 외교관 면세카드를 제시받아 다음 중 어느 하나에 해당하는 재화 또는 용역을 공급하는 경우로서 외교관 등의 성명, 국적, 외교관 면세카드 번호, 품명, 수량, 공급가액 등이 적힌 외교관면세 판매기록표에 의하여 외교관등에게 공급한 것이 확인되는 경우를 말한다(부령 33①).

① 음식·숙박 용역
② 개별소비세법에 따른 외교공관용 석유류 및 외국인전용판매장에서 판매하는 면세물품
③ 교통·에너지·환경세법에 따른 석유류
④ 주세법에 따른 주류
⑤ 전력
⑥ 외교부장관의 승인을 받아 구입하는 자동차

3) 국내사업장이 없는 비거주자 또는 외국법인에게 공급하는 것

국내에서 국내사업장이 없는 비거주자 또는 외국법인에 공급되는 다음 중 어느 하나에 해당하는 재화 또는 사업에 해당하는 용역으로서 그 대금을 외국환은행에서 원화로 받는 것은 영세율을 적용한다. 여기서 비거주자에는 국내에 거소를 둔 개인, 외교공관 등의 소속 직원, 우리나라에 상주하는 국제연합군 또는 미합중국군대의 군인 또는 군무원은 제외한다(부령 33② 제1호).

① 비거주자 또는 외국법인이 지정하는 국내사업자에게 인도되는 재화로서 해당 사업자의 과세사업에 사용되는 재화
② 전문, 과학 및 기술서비스업(수의업, 제조업 회사본부 및 기타 산업 회사본부 제외)
③ 사업지원 및 임대서비스업 중 무형재산권 임대업
④ 통신업
⑤ 컨테이너수리업, 보세구역 내의 보관 및 창고업, 해운법에 따른 해운대리점업, 해운중개업 및 선박관리업
⑥ 정보통신업 중 뉴스제공업, 영상·오디오 기록물 제작 및 배급업(영화관 운영업과 비디오물 감상실 운영업 제외), 소프트웨어개발업, 컴퓨터프로그래밍, 시스템통합관리업, 자료처리, 호스팅, 포털 및 기타 인터넷 정보매개서비스업, 기타 정보서비스업
⑦ 상품중개업 및 전자상거래 소매 중개업
⑧ 사업시설관리 및 사업지원서비스업(조경 관리 및 유지 서비스업, 여행사 및 기타 여행보조 서비스업 제외)
⑨ 투자자문업
⑩ 교육 서비스업(교육지원서비스업에 한함)
⑪ 보건업(임상시험용역을 공급하는 경우에 한함)
⑫ 그 밖에 위와 유사한 재화 또는 용역(보세운송업자가 제공하는 보세운송용역)

다만, 위 ② 중 전문서비스업과 ⑧ 및 ⑨에 해당하는 용역의 경우에는 해당 국가에서 우리나라의 거주자 또는 내국법인에 대하여 동일하게 면세하는 경우(우리나라의 부가가치세 또는 이와 유사한 성질의 조세가 없거나 면세하는 경우를 말함)에 한정한다(부령 33② 제1호 단서).

4) 국내사업장이 있는 비거주자 또는 외국법인에게 공급하는 것

비거주자 또는 외국법인의 국내사업장이 있는 경우에 국내에서 국외의 비거주자 또는 외국법인과 직접 계약하여 공급하는 재화 또는 용역 중 위의 ①부터 ⑫까지에 해당하는 재화 또는 사업(② 중 전문서비스업과 ⑧ 및 ⑨에 해당하는 용역의 경우에는 해당 국가에서 우리나라의 거주자 또는 내국법인에 대하여 동일하게 면세하는 경우에 한정함)에 해당하는 용역을 말한다. 다만, 그 대금을 다음 중 어느 하나의 방법으로 받는 경우로 한정한다(부령 33② 제2호).

① 국외의 비거주자 또는 외국법인으로부터 외화를 직접 송금받아 외국환은행에 매각하는 방법
② 국내사업장이 없는 비거주자 또는 외국법인에 재화를 공급하거나 용역을 제공하고 그 대가를 해당 비거주자 또는 외국법인에 지급할 금액에서 빼는 방법

5) 수출재화임가공용역

수출업자와 직접 도급계약에 의하여 수출재화를 임가공하는 수출재화임가공용역(수출재화염색임가공 포함)은 영세율을 적용한다. 다만, 사업자가 부가가치세를 별도로 적은 세금계산서를 발급한 경우는 제외한다(부령 33②. 제3호). 한편, 내국신용장 또는 구매확인서에 의하여 공급하는 수출재화임가공용역도 영세율을 적용한다(부령 33② 제4호).

6) 외항선박 및 항공기 등에 공급하는 것

외국을 항행하는 선박 및 항공기 또는 원양어선에 공급하는 재화 또는 용역은 영세율을 적용한다. 다만, 사업자가 부가가치세를 별도로 적은 세금계산서를 발급한 경우는 제외한다(부령 33② 제5호).

7) 국제연합군 등에 공급하는 것

우리나라에 상주하는 국제연합군 또는 미합중국군대(대한민국과 아메리카합중국간의 상호방위

조약에 의한 시설과 구역 및 대한민국에서의 합중국군대의 지위에 관한 협정에 따른 공인조달기관을 포함)에 직접 공급하는 재화 또는 용역은 영세율을 적용한다(부령 33② 제6호).

8) 관광알선용역

일반여행업자가 외국인 관광객에게 공급하는 관광알선용역은 영세율을 적용한다. 다만, 그 대가를 다음 중 어느 하나의 방법으로 받는 경우로 한정한다(부령 33② 제7호).

① 외국환은행에서 원화로 받는 것
② 외화 현금으로 받은 것 중 국세청장이 정하는 관광알선수수료명세표와 외화매입증명서에 의하여 외국인 관광객과의 거래임이 확인되는 것

9) 외국인전용판매장 등이 공급하는 것

다음 중 어느 하나에 해당하는 사업자가 국내에서 공급하는 재화 또는 용역은 영세율을 적용한다. 다만, 그 대가를 외화로 받고 그 외화를 외국환은행에서 원화로 환전하는 경우로 한정한다(부령 33② 제9호).

① 개별소비세법에 따른 지정을 받아 외국인전용판매장을 경영하는 자
② 조세특례제한법에 따른 주한외국군인 및 외국인선원 전용 유흥음식점업을 경영하는 자

(5) 조세특례제한법상 영세율 적용대상거래

영세율의 적용대상거래는 소비지국 과세원칙에 따라 우리나라 부가가치세의 완전한 제거가 필요한 재화 또는 용역의 국외공급이나 이와 관련된 거래에 한하는 것이 원칙이다. 다만, 영세율제도가 갖고 있는 완전면세효과를 이용하여 부가가치세의 부담을 줄여주기 위해 조세특례제한법상 다음의 국내거래에 대해서도 제한적으로 영세율의 적용을 허용하고 있다(조특법 105).

① 방산업체가 공급하는 방산물자와 중점 관리대상으로 지정된 자가 생산공급하는 시제품 및 자원 동원으로 공급하는 용역
② 설치된 부대 또는 기관에 공급(체육시설 중 군 골프장과 그 밖에 이와 유사한 시설에 공급하는 경우는 제외)하는 석유류
③ 국가 및 지방자치단체(민간투자법에 따른 사업시행자가 공급하는 경우 제외), 도시철도공사(지방자치단체의 조례에 따라 도시철도를 건설할 수 있는 경우로 한정함), 국가철도공단, 민간투자법에 따른 사업시행자, 한국철도공사에게 직접 공급하는 도시철도건설용역[1]
④ 사업시행자가 부가가치세가 과세되는 사업을 할 목적으로 국가 또는 지방자치단체에 공급하는 사회기반시설 또는 사회기반시설의 건설용역[1]
⑤ 장애인용 보장구, 장애인용 특수 정보통신기기 및 장애인의 정보통신기기 이용에 필요한 특수 소프트웨어
⑥ 농민 또는 임업에 종사하는 자에게 공급(국가 및 지방자치단체와 농업협동조합법 등에 따라 설립된 각 조합 및 이들의 중앙회와 농협경제지주회사 및 그 자회사를 통하여 공급하는 것 포함)하는 농업용·축산업용 또는 임업용 기자재[2]
⑦ 연근해 및 내수면어업용으로 사용할 목적으로 어민에게 공급(수산업협동조합법에 따라 설립된 각 조합 및 어촌계와 농업협동조합법에 따라 설립된 각 조합 및 이들의 중앙회를 통하여 공급하는 것 포함)하는 어업용 기자재[2]

[1] 2026년 12월 31일까지 공급한 것에 대해서만 영세율을 적용한다.
[2] 2025년 12월 31일까지 공급한 것에 대해서만 영세율을 적용한다.

영세율 첨부서류

영세율을 적용하여 재화 또는 용역을 공급한 경우에는 예정신고 및 확정신고를 할 때 영세율매출명세서를 제출해야 한다(부령 90③ 제9호, 91② 제12호). 또한 영세율이 적용되는 재화 또는 용역을 공급하는 사업자는 예정신고 및 확정신고를 할 때 예정신고서 및 확정신고서에 수출실적명세서 등 다음의 구분에 따른 서류를 첨부하여 제출해야 한다(부법 56①, 부령 101①).

구 분		제 출 서 류
① 일반적인 재화의 수출	㉠ 내국물품의 국외 반출	수출실적명세서(전자계산조직을 이용하여 처리된 테이프 또는 디스켓 포함). 다만, 소포우편을 이용하여 수출한 경우에는 해당 국장이 발행하는 소포수령증으로 한다.
	㉡ 중계무역방식의 거래 등	수출계약서 사본 또는 외국환은행이 발행하는 외화입금증명서. 이 경우 외국인도수출사업자가 위탁가공무역 방식의 수출사업자로부터 매입하는 경우는 매입계약서를 추가로 첨부한다.
② 용역의 국외공급		외국환은행이 발급하는 외화입금증명서 또는 국외에서 제공하는 용역에 관한 계약서
③ 외국항행용역의 공급		외국환은행이 발급하는 외화입금증명서. 다만, 항공기의 외국항행용역의 경우에는 공급가액확정명세서로 한다.

위 외의 영세율 적용대상거래에 대한 첨부서류는 다소 지엽적이므로 생략하기로 한다. 영세율 첨부서류를 첨부하지 않은 부분에 대하여는 예정신고 및 확정신고로 보지 않으며, 이 경우 국세기본법상 영세율과세표준에 대한 신고불성실가산세의 제재를 받게 된다(부법 56②, 국세기본법 47의2② 제2호, 47의3② 제2호, 제7장 제4절 Ⅲ-1 참고).

제2절 면세

면세란 그 적용대상이 되는 재화 또는 용역의 공급에 대하여 부가가치세의 납세의무를 면제하는 제도이다. 면세가 적용되는 경우 거래징수해야 할 매출세액은 없으므로 최종소비자가 적용대상 재화 또는 용역을 소비함에 있어 부가가치세를 부담하지 않는다. 다만, 영세율제도와 달리 그 이전 단계에서 과세된 부가가치세는 환급되지 않으므로, 사업자는 환급받지 못한 매입세액을 가격에 반영하여 최종소비자에게 그 부담을 전가한다. 이러한 이유로 면세를 부분면세라 한다. 면세의 기초적인 내용에 대해서는 제2장 제1절을 참고하기 바란다.

 재화 또는 용역의 공급에 대한 면세

다음의 재화 또는 용역의 공급에 대하여는 부가가치세를 면제한다. 면세되는 재화 또는 용역의 공급에 통상적으로 부수되는 재화 또는 용역의 공급은 그 면세되는 재화 또는 용역의 공급에 포함되는 것으로 본다(부법 26①, ②).

(1) 기초생활필수 재화·용역
(2) 국민후생 관련 재화·용역
(3) 문화 관련 재화·용역
(4) 부가가치의 구성요소에 해당하는 재화·용역
(5) 공공의 성격을 가진 재화·용역 등
(6) 조세특례제한법상 면세되는 재화·용역

(1) 기초생활필수 재화·용역

부가가치세법은 세부담의 역진성을 완화하기 위해 국민생활에 가장 필수적인 다음의 재화 또는 용역을 공급하는 것에 대하여 면세한다.

① 미가공식료품 등
② 수돗물
③ 연탄과 무연탄
④ 여성용 생리 처리 위생용품
⑤ 대중교통수단에 의한 여객운송용역
⑥ 주택과 주택부수토지의 임대용역
⑦ 공동주택 어린이집 임대용역

1) 미가공식료품 등

가공되지 않은 식료품(식용으로 제공되는 농산물, 축산물, 수산물과 임산물을 포함) 및 우리나라에서 생산되어 식용으로 제공되지 않는 농산물, 축산물, 수산물과 임산물을 공급하는 것은 면세한다(부법 26① 제1호). 여기서 가공되지 않은 식료품(미가공식료품)이란 다음의 것으로서 가공되지 않거나 탈곡·정미·정맥·제분·정육·건조·냉동·염장·포장이나 그 밖에 원생산물 본래의 성질이 변하지 않는 정도의 1차 가공을 거쳐 식용으로 제공하는 것을 말한다(부령 34①).

① 곡류, ② 서류, ③ 특용작물류, ④ 과실류, ⑤ 채소류, ⑥ 수축류, ⑦ 수육류, ⑧ 유란류(우유와 분유 포함), ⑨ 생선류(고래 포함), ⑩ 패류, ⑪ 해조류, ⑫ ①부터 ⑪까지의 것 외에 식용으로 제공되는 농산물, 축산물, 수산물 또는 임산물, ⑬ 소금(식품위생법에 따라 식품의약품안전처장이 정한 식품의 기준 및 규격에 따른 천일염 및 재제소금을 말함)

또한 미가공식료품에는 다음의 것을 포함하며, 미가공식료품의 범위는 부가가치세법 시행규칙 별표1의 면세하는 미가공식료품 분류표에 따른다(부령 34②, 부칙 24①).

① 김치, 두부 등 단순 가공식료품[1]
② 원생산물 본래의 성질이 변하지 않는 정도로 1차 가공을 하는 과정에서 필수적으로 발생하는 부산물
③ 미가공식료품을 단순히 혼합한 것
④ 쌀에 식품첨가물 등을 첨가 또는 코팅하거나 버섯균 등을 배양한 것[2]

[1] 데친 채소류·김치·단무지·장아찌·젓갈류·게장·두부·메주·간장·된장·고추장(제조시설을 갖추고 판매목적으로 독립된 거래단위로 관입·병입 또는 이와 유사한 형태로 포장하여 공급하는 것은 제외하되, 단순하게 운반편의를 위하여 일시적으로 관입·병입 등의 포장을 하는 경우 포함) (부칙 별표1 12⑥)
[2] 쌀에 인산추출물·아미노산 등 식품첨가물을 첨가·코팅하거나 버섯균 등을 배양시킨 것으로서 쌀의 원형을 유지하고 있어야 하고(쌀을 분쇄한 후 식품첨가물을 혼합하여 다시 알곡모양을 낸 것 제외), 쌀의 함량이 90% 이상인 것(부칙 별표1 12⑦)

2) 대중교통수단에 의한 여객운송용역

여객운송용역을 공급하는 것은 면세한다. 다만, 다음 중 어느 하나에 해당하는 여객운송용역을 공급하는 것은 면세하지 않는다(부법 26① 제7호, 부령 37).

① 항공기에 의한 여객운송용역
② 시외우등고속버스를 사용하는 시외버스운송사업
③ 수중익선, 에어쿠션선, 자동차운송 겸용 여객선, 항해시속 20노트 이상의 여객선에 의한 여객운송용역. 다만, 차도선형여객선에 의한 여객운송용역은 제외한다.
④ 고속철도에 의한 여객운송용역
⑤ 삭도에 의한 여객운송용역(예: 스키장, 관광지 등의 케이블카)
⑥ 관광유람선업, 관광순환버스업, 관광궤도업에 제공되는 운송수단에 의한 여객운송용역
⑦ 관광사업을 목적으로 운영하는 일반철도에 의한 여객운송용역(예: 바다열차 등)

따라서 시내버스, 시외버스, 지하철 등 통상적으로 그 요금이 비싸지 않은 대중교통수단에 의한 여객운송용역에 한해 면세를 적용한다.

3) 주택과 주택부수토지의 임대용역

주택과 이에 부수되는 토지의 임대용역을 공급하는 것은 면세한다(부법 26① 제12호). 여기서 주택이란 상시주거용으로 사용하는 건물을 말하며, 사업을 위한 주거용으로 사용하는 건물은 제외한다. 또한 면세되는 주택에 부수되는 토지의 임대란 다음의 면적 중 넓은 면적을 초과하지 않는 토지의 임대를 말하며, 이를 초과하는 부분은 토지의 임대로 보아 부가가치세를 과세한다(부령 41①).

① 주택의 연면적^{주)}
② 건물이 정착된 면적에 5배(도시지역 밖의 토지는 10배)를 곱하여 산정한 면적

주) 지하층의 면적, 지상층의 주차용으로 사용되는 면적 및 주민공동시설의 면적 제외

예를 들어, ㈜A가 공동주택 1동(6층, 바닥면적 1,500㎡)을 도시지역 내의 토지(10,000㎡)에 신축하여 임대하는 경우 주택에 부수되는 토지의 임대로 보는 면적은 다음과 같이 계산한다.

구 분		계 산 근 거
전체 토지 임대면적 10,000㎡	주택부수토지 임대면적 9,000㎡ (면세)	Min(①, ②) = 9,000㎡ ① 10,000㎡ ② Max(㉠, ㉡) = 9,000㎡ 　㉠ 주택연면적 기준: 1,500㎡ × 6층 × 1동 = 9,000㎡ 　㉡ 건물정착면적 기준: 1,500㎡ × 5배 × 1동 = 7,500㎡
	일반토지 임대면적 1,000㎡ (과세)	10,000㎡ − 9,000㎡ = 1,000㎡

임대주택에 부가가치세가 과세되는 사업용건물이 함께 설치되어 있는 경우에는 주택과 이에 부수되는 토지의 임대의 범위는 다음에 따른다(부령 41②).

① 주택부분의 면적이 사업용건물부분의 면적보다 큰 경우에는 그 전부를 주택의 임대로 본다. 이 경우 그 주택에 부수되는 토지임대의 범위는 앞서 살펴본 바와 같다.
② 주택부분의 면적이 사업용건물부분의 면적과 같거나 그보다 작은 때에는 주택 부분 외의 사업용건물부분은 주택의 임대로 보지 않는다. 이 경우 그 주택에 부수되는 토지의 면적은 총토지면적에 주택부분의 면적이 총건물면적에서 차지하는 비율을 곱하여 계산하며, 그 범위는 앞서 살펴본 바와 같다.

이 경우 부동산을 2인 이상의 임차인에게 임대한 경우에는 임차인별로 주택부분의 면적(사업을 위한 거주용인 경우 제외)이 사업용 건물부분의 면적보다 큰 때에는 그 전부를 주택의 임대로 본다(부가통 26-41-1).

주상겸용건물의 과세·면세 판단

구 분		① 주택면적 > 상가면적	② 주택면적 ≤ 상가면적
건물 임대	주택부분	전부 면세	면세
	상가부분		과세
토지 임대	주택부분[1]	전부 면세 (주택부수토지 임대범위[2] 내)	면세 (주택부수토지 임대범위[2] 내)
	상가부분[1]		과세

[1] 주택부분의 토지면적 = 총토지면적 × $\frac{주택부분면적}{총건물면적}$, 상가부분의 토지면적 = 총토지면적 − 주택부분의 면적

> 주택부수토지 임대범위란 주택연면적과 건물정착면적의 5배(도시지역 밖 10배) 중 넓은 면적 이하를 말하며, 여기서 건물 정착면적에서 말하는 건물이란 주택을 의미한다. 주택면적과 사업용건물면적의 크기에 따른 건물분 면세범위는 다음과 같다(집행기준 26-41-1).
>
> | 구 분 | 건물분 면세범위 |
> | --- | --- |
> | 주택면적 > 상가면적 | 주택면적 + 사업용건물면적 |
> | 주택면적 ≤ 상가면적 | 주택면적 |

4) 공동주택 어린이집 임대용역

관리규약에 따라 관리주체 또는 입주자대표회의가 제공하는 공동주택 어린이집의 임대용역을 공급하는 것은 면세한다(부법 26① 제13호). 그 취지는 공동주택 어린이집의 관리운영에 실질적인 세제지원을 하기 위함이다.

(2) 국민후생 관련 재화·용역

부가가치세법은 국민의 복리후생을 증진하고 교육수준을 향상하기 위하여 다음의 재화 또는 용역을 공급하는 것에 대하여 면세한다.

① 의료보건용역과 혈액
② 교육용역

1) 의료보건용역과 혈액

의료보건용역(수의사의 용역 포함)과 혈액(치료·예방·진단 목적으로 조제한 동물의 혈액을 포함)을 공급하는 것은 면세한다(부법 26① 제5호). 여기서 의료보건용역이란 다음의 용역(의료기관 또는 동물병원을 개설한 자가 제공하는 것 포함)을 말한다(부령 35).

① 의사, 치과의사, 한의사, 조산사 또는 간호사가 제공하는 용역. 다만, 요양급여의 대상에서 제외되는 다음의 진료용역은 제외한다.
  ㉠ 쌍꺼풀수술, 코성형수술, 유방확대·축소술(유방암 수술에 따른 유방 재건술 제외), 지방흡인술, 주름살제거술, 안면윤곽술, 치아성형(치아미백, 라미네이트와 잇몸성형술을 말함) 등 성형수술(성형수술로 인한 후유증 치료, 선천성 기형의 재건수술 및 종양 제거에 따른 재건수술 제외)과 악안면 교정술(치아교정치료가 선행되는 악안면 교정술 제외)
  ㉡ 색소모반·주근깨·흑색점·기미 치료술, 여드름 치료술, 제모술, 탈모치료술, 모발이식술, 문신술 및 문신제거술, 피어싱, 지방융해술, 피부재생술, 피부미백술, 항노화치료술 및 모공축소술
② 접골사, 침사, 구사 또는 안마사가 제공하는 용역
③ 임상병리사, 방사선사, 물리치료사, 작업치료사, 치과기공사 또는 치과위생사가 제공하는 용역
④ 약사가 제공하는 의약품의 조제용역
⑤ 수의사가 제공하는 용역. 다만, 동물의 진료용역은 다음 각 목의 어느 하나에 해당하는 진료용역으로 한정한다.
  ㉠ 가축에 대한 진료용역
  ㉡ 수산동물에 대한 진료용역
  ㉢ 장애인 보조견표지를 발급받은 장애인 보조견에 대한 진료용역
  ㉣ 수급자가 기르는 동물의 진료용역

⑬ 위 외에 질병 예방을 목적으로 하는 동물의 진료용역
⑥ 장의업자가 제공하는 장의용역
⑦ 사설묘지, 사설화장시설 또는 사설봉안시설을 설치한 자가 제공하는 화장, 묘지분양 및 관리업 관련 용역, 자연장지 분양 및 관리용역
⑧ 지방자치단체로부터 공설묘지, 공설화장시설 또는 공설봉안시설의 관리를 위탁받은 자가 제공하는 화장, 묘지분양 및 관리업 관련 용역
⑨ 응급환자이송업자가 제공하는 응급환자이송용역
⑩ 분뇨수집·운반업의 허가를 받은 사업자와 가축분뇨수집·운반업 또는 가축분뇨처리업의 허가를 받은 사업자가 공급하는 용역
⑪ 소독업의 신고를 한 사업자가 공급하는 소독용역
⑫ 생활폐기물 또는 의료폐기물의 폐기물처리업 허가를 받은 사업자가 공급하는 생활폐기물 또는 의료폐기물의 수집·운반 및 처리용역과 폐기물처리시설의 설치승인을 받거나 그 설치의 신고를 한 사업자가 공급하는 생활폐기물의 재활용용역
⑬ 보건관리전문기관으로 지정된 자 공급하는 보건관리용역 및 지정측정기관이 공급하는 작업환경측정용역
⑭ 장기요양기관이 장기요양인정을 받은 자에게 제공하는 신체활동·가사활동의 지원 또는 간병 등의 용역
⑮ 보호대상자에게 지급되는 사회복지서비스 이용권을 대가로 국가 및 지방자치단체 외의 자가 공급하는 용역
⑯ 산후조리원에서 분만 직후의 임산부나 영유아에게 제공하는 급식·요양 등의 용역
⑰ 사회적기업(사회적협동조합 포함)이 직접 제공하는 간병·산후조리·보육 용역
⑱ 국가 및 지방자치단체로부터 정신건강증진사업등을 위탁받은 자가 제공하는 정신건강증진사업등의 용역

2) 교육용역

교육용역을 공급하는 것은 면세한다(부법 26① 제6호). 여기서 교육용역이란 다음 중 어느 하나에 해당하는 시설 등에서 학생, 수강생, 훈련생, 교습생 또는 청강생에게 지식, 기술 등을 가르치는 것으로 한다(부령 36①).

① 주무관청의 허가 또는 인가를 받거나 주무관청에 등록되거나 신고된 학교, 학원, 강습소, 훈련원, 교습소 또는 그 밖의 비영리단체
② 청소년수련시설
③ 산학협력단
④ 사회적기업(사회적협동조합 포함)
⑤ 등록한 과학관
⑥ 등록한 박물관 및 미술관

다만, 무도학원과 자동차운전학원에서 가르치는 것은 면세하는 교육용역에서 제외한다. 즉, 무도학원과 자동차운전학원에서 교육용역을 공급하는 것은 부가가치세가 과세된다(부령 36②).

(3) 문화 관련 재화·용역

부가가치세법은 국민생활의 질을 향상하고 문화·예술을 지원하기 위하여 다음의 재화 또는 용역을 공급하는 것에 대하여 면세한다.

① 도서, 신문, 잡지, 관보, 뉴스통신 및 방송
② 예술창작품, 예술행사, 문화행사 또는 아마추어 운동경기
③ 도서관, 과학관, 박물관, 미술관, 동물원, 식물원 등에의 입장

1) 도서, 신문, 잡지, 관보, 뉴스통신 및 방송

도서(실내 도서열람 및 도서대여 용역 포함), 신문, 잡지, 관보, 뉴스통신 진흥에 관한 법률에 따른 뉴스통신 및 방송을 공급하는 것은 면세한다. 다만, 광고를 공급하는 것은 면세하지 않고 과세한다(부법 26① 제8호). 면세하는 도서, 신문, 잡지 등의 구체적인 범위는 다음과 같다(부령 38).

구 분	범 위
① 도서	도서에 부수하여 그 도서의 내용을 담은 음반, 녹음테이프 또는 비디오테이프를 첨부하여 통상 하나의 공급단위로 하는 것과 전자출판물^{주)} 포함
② 신문, 잡지	신문 및 인터넷 신문과 정기간행물
③ 관보	관보규정의 적용을 받는 것
④ 뉴스통신	뉴스통신(뉴스통신사업을 경영하는 법인이 특정회원을 대상으로 하는 금융정보 등 특정한 정보를 제공하는 경우는 제외)과 외국의 뉴스통신사가 제공하는 뉴스통신 용역으로서 뉴스통신과 유사한 것 포함

주) 전자출판물이란 도서나 간행물의 형태로 출간된 내용 또는 출간될 수 있는 내용이 음향이나 영상과 함께 전자적 매체에 수록되어 컴퓨터 등 전자장치를 이용하여 그 내용을 보고 듣고 읽을 수 있는 것으로서 문화체육관광부장관이 정하는 기준에 맞는 전자출판물을 말한다. 다만, 음악산업진흥에 관한 법률, 영화 및 비디오물의 진흥에 관한 법률 및 게임산업진흥에 관한 법률의 적용을 받는 것은 제외한다(부칙 26).

2) 예술창작품, 예술행사, 문화행사 또는 아마추어 운동경기

예술창작품, 예술행사, 문화행사 또는 아마추어 운동경기를 공급하는 것은 면세한다(부법 26① 제16호). 면세하는 예술창작품 등의 구체적인 범위는 다음과 같다(부령 43).

구 분	범 위
① 예술창작품	미술, 음악, 사진, 연극 또는 무용에 속하는 창작품. 다만, 골동품은 제외한다.
② 예술행사	영리를 목적으로 하지 않는 발표회, 연구회, 경연대회 또는 그 밖에 이와 유사한 행사
③ 문화행사	영리를 목적으로 하지 않는 전시회, 박람회, 공공행사 또는 그 밖에 이와 유사한 행사
④ 아마추어 운동경기	대한체육회 및 그 산하 단체와 태권도 진흥 및 태권도공원 조성 등에 관한 법률에 따른 국기원이 주최, 주관 또는 후원하는 운동경기나 승단·승급·승품 심사로서 영리를 목적으로 하지 않는 것

3) 도서관, 과학관, 박물관, 미술관, 동물원, 식물원 등에의 입장

도서관, 과학관, 박물관, 미술관, 동물원, 식물원, 민속문화자원을 소개하는 장소, 전쟁기념관에 입장하게 하는 것은 면세한다(부법 26① 제17호, 부령 44). 여기서 말하는 동물원·식물원에는 지식의 보급 및 연구에 그 목적이 있는 해양수족관 등을 포함하나, 오락 및 유흥시설과 함께 있는 동물원·식물원 및 해양수족관을 포함하지 않는다(부가통 26-0-5).

(4) 부가가치의 구성요소에 해당하는 재화·용역

부가가치세법은 부가가치세의 과세방법으로 전단계세액공제법을 채택하고 있으므로, 부가가치의 구성요소에 해당하는 다음의 재화 또는 용역을 공급하는 것에 대하여는 면세한다.

① 금융·보험용역
② 토지(단, 토지의 임대용역은 과세)
③ 근로용역과 유사한 인적용역

1) 금융·보험용역

금융·보험용역을 공급하는 것은 면세한다(부법 26① 제11호). 면세하는 금융·보험용역의 구체적인 범위는 다음과 같으며, 다음의 사업 외의 사업을 하는 자가 주된 사업에 부수하여 이와 같거나 유사한 용역을 제공하는 경우에도 면세하는 금융·보험 용역에 포함되는 것으로 본다(부령 40 ①,②).

① 은행업무 및 부수업무
② 집합투자업(집합투자업자가 투자자로부터 자금 등을 모아서 부동산, 실물자산 등에 운용하는 경우 제외), 신탁업(재산을 수탁받아 부동산, 실물자산 등에 운용하는 업무 제외), 투자매매업 및 투자중개업 등
③ 전문외국환업무취급업자의 외국환 업무용역
④ 상호저축은행업
⑤ 신용보증기금업
⑥ 주택도시보증공사의 보증업무 및 주택도시기금의 운용·관리 업무
⑦ 보험업(보험중개·대리와 보험회사에 제공하는 손해사정용역, 보험조사 및 보고용역을 포함하되, 보험계리용역 및 연금계리용역 제외)
⑧ 여신전문금융업
⑨ 유동화전문회사가 하는 자산유동화사업 및 자산관리자가 하는 자산관리사업
⑩ 금전대부업 등

다만, 다음 중 어느 하나에 해당하는 용역은 면세하는 금융·보험 용역으로 보지 않는다(부령 40 ④, 부칙 28). 즉, 다음의 용역을 공급하는 경우에는 부가가치세가 과세된다.

① 복권, 입장권, 상품권, 지금형주화 또는 금지금에 관한 대행용역. 다만, 수익증권 등 금융업자의 금융상품 판매 대행용역, 유가증권의 명의개서 대행용역, 수납·지급 대행용역 및 국가·지방자치단체의 금고대행용역은 제외한다.
② 기업합병 또는 기업매수의 중개·주선·대리, 신용정보서비스 및 은행업에 관련된 전산시스템과 소프트웨어의 판매·대여 용역
③ 위 ①과 ②에 따른 용역과 유사한 용역
④ 부동산 임대용역
⑤ 감가상각자산의 대여용역(시설대여업자가 제공하는 시설대여용역은 제외하되, 그 시설대여업자가 자동차를 대여하고 정비용역을 함께 제공하는 경우는 포함)

2) 근로용역과 유사한 인적용역

저술가·작곡가나 그 밖의 자가 직업상 제공하는 인적용역을 공급하는 것은 면세한다(부법 26①

제15호). 면세하는 인적용역은 독립된 사업으로 공급하는 다음의 용역으로 하며, 여러 개의 사업을 겸영하는 사업자가 과세사업에 필수적으로 부수되지 않는 다음의 용역을 독립하여 공급하는 경우를 포함한다(부령 42, 부칙 33).

구 분	범 위
① 개인이 물적시설㈜ 없이 근로자를 고용하지 않거나 근로자와 유사하게 노무를 제공하는 자를 사용하지 않고 독립된 자격으로 용역을 공급하고 대가를 받는 인적용역	㉠ 저술·서화·도안·조각·작곡·음악·무용·만화·삽화·만담·배우·성우·가수 또는 이와 유사한 용역 ㉡ 연예에 관한 감독·각색·연출·촬영·녹음·장치·조명 또는 이와 유사한 용역 ㉢ 건축감독·학술 용역 또는 이와 유사한 용역 ㉣ 음악·재단·무용(사교무용 포함)·요리·바둑의 교수 또는 이와 유사한 용역 ㉤ 직업운동가·역사·기수·운동지도가(심판 포함) 또는 이와 유사한 용역 ㉥ 접대부·댄서 또는 이와 유사한 용역 ㉦ 보험가입자의 모집, 저축의 장려 또는 집금 등을 하고 실적에 따라 보험회사 또는 금융기관으로부터 모집수당·장려수당·집금수당 또는 이와 유사한 성질의 대가를 받는 용역과 서적·음반 등의 외판원이 판매실적에 따라 대가를 받는 용역 ㉧ 저작자가 저작권에 의하여 사용료를 받는 용역 ㉨ 교정·번역·고증·속기·필경·타자·음반취입 또는 이와 유사한 용역 ㉩ 고용관계 없는 사람이 다수인에게 강연을 하고 강연료·강사료 등의 대가를 받는 용역 ㉪ 라디오·텔레비전 방송 등을 통하여 해설·계몽 또는 연기를 하거나 심사를 하고 사례금 또는 이와 유사한 성질의 대가를 받는 용역 ㉫ 작명·관상·점술 또는 이와 유사한 용역
② 개인, 법인 또는 법인격 없는 사단·재단, 그 밖의 단체가 독립된 자격으로 용역을 공급하고 대가를 받는 인적용역	㉠ 국선변호인의 국선변호와 국선대리인의 국선대리 및 법률구조 ㉡ 학술연구용역과 기술연구용역 ㉢ 직업소개소가 제공하는 용역 및 상담소 등을 경영하는 자가 공급하는 인생상담·직업재활상담 및 그 밖에 이와 유사한 상담용역(결혼상담 제외), 중소기업상담회사가 제공하는 창업상담용역 ㉣ 장애인보조견 훈련용역 ㉤ 가사근로자법에 따른 가사서비스 제공기관이 제공하는 가사서비스 용역 ㉥ 후견인과 후견감독인이 제공하는 후견사무용역 등 ㉦ 근로자 파견·공급용역 또는 다른 사업자의 사업장에서 그 사업자의 생산시설을 이용하여 제조·건설·수리 등을 제공하는 인적용역

㈜ 물적시설이란 계속적·반복적으로 사업에만 이용되는 건축물·기계장치 등의 사업설비(임차한 것 포함)를 말한다(부칙 29).

(5) 공공의 성격을 가진 재화·용역 등

부가가치세법은 사회 전체의 이익을 보호하기 위해 공공의 성격을 가진 다음의 재화 또는 용역의 공급에 대하여 면세한다.

① 우표(수집용 우표 제외), 인지, 증지, 복권 및 공중전화
② 특수용담배 등
③ 공익을 목적으로 하는 단체가 공급하는 재화 또는 용역
④ 국가가 공급하는 재화 또는 용역
⑤ 국가 또는 공익단체에 무상으로 공급하는 재화 또는 용역

1) 특수용담배 등

다음 중 어느 하나에 해당하는 담배를 공급하는 것은 면세한다(부법 26① 제10호, 부령 39). 즉, 다음의 범위에 해당하지 않는 담배를 공급하는 경우에는 면세하지 않고 과세한다.

① 판매가격이 200원(20개비 기준) 이하인 것
② 특수용담배 중 영세율이 적용되는 것을 제외한 것

2) 공익을 목적으로 하는 단체가 공급하는 재화 또는 용역

종교, 자선, 학술, 구호, 그 밖의 공익을 목적으로 하는 단체가 공급하는 재화 또는 용역에 대하여는 면세한다(부법 26① 제18호). 여기서 면세하는 재화 또는 용역의 구체적인 범위는 다음과 같다(부령 45).

① 주무관청의 허가 또는 인가를 받거나 주무관청에 등록된 단체로서 상속세 및 증여세법에 규정된 공익법인의 범위에 해당하는 사업^{주)} 등을 하는 단체가 그 고유의 사업목적을 위하여 일시적으로 공급하거나 실비 또는 무상으로 공급하는 재화 또는 용역
② 학술 및 기술 발전을 위하여 학술 및 기술의 연구와 발표를 주된 목적으로 하는 단체(학술등 연구단체)가 그 연구와 관련하여 실비 또는 무상으로 공급하는 재화 또는 용역
③ 지정문화재(지방문화재 포함, 무형문화재 제외)를 소유하거나 관리하고 있는 종교단체(주무관청에 등록된 종교단체로 한정함)의 경내지 및 경내지안의 건물과 공작물의 임대용역
④ 공익을 목적으로 기숙사를 운영하는 자가 학생이나 근로자를 위하여 실비 또는 무상으로 공급하는 음식 및 숙박 용역
⑤ 문화체육관광부장관의 허가를 받아 설립된 저작권위탁관리업자가 저작권자를 위하여 실비 또는 무상으로 공급하는 신탁관리 용역
⑥ 저작물 보상금수령단체가 실비 또는 무상으로 공급하는 보상금수령 관련 용역
⑦ 법인세법에 따른 비영리교육재단이 외국인학교의 설립·경영 사업을 하는 자에게 제공하는 학교시설 이용 등 교육환경 개선과 관련된 용역

주) 상속세 및 증여세법에 규정된 공익법인의 범위에 해당하는 사업이란 다음 중 어느 하나에 해당하는 사업을 말한다(상속세 및 증여세법 시행령 12).

① 종교의 보급 기타 교화에 현저히 기여하는 사업
② 학교, 유치원을 설립·경영하는 사업
③ 사회복지법인이 운영하는 사업
④ 의료법인이 운영하는 사업
⑤ 법인세법에 따른 기부금을 받는 자가 해당 기부금으로 운영하는 사업
⑥ 법인세법에 따른 지정기부금단체등 및 소득세법에 따른 기부금대상민간단체가 운영하는 고유목적사업
⑦ 법인세법에 따른 기부금을 받는 자가 해당 기부금으로 운영하는 사업

3) 국가가 공급하는 재화 또는 용역

국가, 지방자치단체 또는 지방자치단체조합이 공급하는 재화 또는 용역에 대하여는 다음의 재화 또는 용역을 제외하고는 면세한다(부법 26① 제19호, 부령 46). 즉, 국가나 지방자치단체 또는 지방자치단체조합이라 하더라도 다음의 재화 또는 용역을 공급하는 경우에는 부가가치세가 과세된다.

① 우정사업조직이 제공하는 다음의 용역
  ㉠ 소포우편물을 방문접수하여 배달하는 용역
  ㉡ 선택적 우편역무 중 우편주문판매를 대행하는 용역
② 고속철도에 의한 여객운송용역
③ 부동산임대업, 도매 및 소매업, 음식점업·숙박업, 골프장 및 스키장 운영업, 기타 스포츠시설 운영업. 다만, 다음 중 어느 하나에 해당하는 경우는 제외한다.
  ㉠ 국방부 또는 국군이 군인, 일반군무원, 그 밖에 이들의 직계존속·비속 등에게 제공하는 소매업, 음식점업·숙박업, 기타 스포츠시설 운영업(골프연습장 운영업 제외) 관련 재화 또는 용역
  ㉡ 국가, 지방자치단체 또는 지방자치단체조합이 그 소속 직원의 복리후생을 위하여 구내에서 식당을 직접 경영하여 음식을 공급하는 용역
  ㉢ 국가 또는 지방자치단체가 사업시행자로부터 BTO(Build-Transfer-Operate) 방식[1] 또는 BTL(Build-Transfer-Lease) 방식[2]에 따라 사회기반시설 또는 사회기반시설의 건설용역을 기부채납받고 그 대가로 부여하는 시설관리운영권
④ 다음 중 어느 하나에 해당하는 의료보건용역
  ㉠ 요양급여대상에서 제외되는 부가가치세 과세대상 진료용역
  ㉡ 부가가치세 면세대상에 해당하지 않는 동물의 진료용역

[1] BTO 방식이란 사회기반시설의 준공과 동시에 해당 시설의 소유권이 국가 또는 지방자치단체에 귀속되며, 사업시행자에게 일정기간의 시설관리운영권을 인정하는 민간투자사업의 추진방식을 말한다(사회기반시설에 대한 민간투자법 4 제1호).

[2] BTL 방식이란 사회기반시설의 준공과 동시에 해당 시설의 소유권이 국가 또는 지방자치단체에 귀속되며, 사업시행자에게 일정기간의 시설관리운영권을 인정하되, 그 시설을 국가 또는 지방자치단체 등이 협약에서 정한 기간 동안 임차하여 사용·수익하는 민간투자사업의 추진방식을 말한다(사회기반시설에 대한 민간투자법 4 제2호).

4) 국가 또는 공익단체에 무상으로 공급하는 재화 또는 용역

국가, 지방자치단체, 지방자치단체조합 또는 공익단체에 무상으로 공급하는 재화 또는 용역에 대하여는 면세한다(부법 26① 제20호). 따라서 국가, 지방자치단체, 지방자치단체 조합 또는 공익단체에 재화 또는 용역을 유상으로 공급하는 경우에는 부가가치세가 과세된다. 여기서 공익단체란 주무관청의 허가 또는 인가를 받거나 주무관청에 등록된 단체로서 앞서 살펴본 상속세 및 증여세법에 규정된 공익법인의 범위에 해당하는 사업을 하는 단체를 말한다(부령 47①). 또한 공익사업을 위하여 주무관청의 승인을 받아 금품을 모집하는 단체는 이에 해당하지 않더라도 공익단체로 본다(부령 47②).

(6) 조세특례제한법상 면세되는 재화·용역

조세특례제한법에서는 부가가치세가 지니는 세부담의 역진성을 완화하기 위해 다음의 재화 또는 용역의 공급에 대하여 부가가치세를 면제하도록 규정하고 있다(조특법 106, 106의2, 조특령 106, 조특칙48).

① 도서지방의 자가발전에 사용할 석유류: 전기사업자가 전기를 공급할 수 없거나 상당한 기간 전기공급이 곤란한 도서로서 산업통상자원부장관이 증명하는 도서지방의 자가발전에 사용할 목적으로 수산업협동조합중앙회에 직접 공급하는 석유류[1]
② 구내식당 등이 공급하는 급식용역(식사류에 한함)[2]
  ㉠ 공장, 광산, 건설사업현장 및 여객자동차운수사업법에 따른 노선 여객자동차운송사업장의 경영자가 그 종업원의 복리후생을 목적으로 해당 사업장의 구내에서 식당을 직접 경영하여 공급하는 음식용역

ⓒ 여객자동차 운수사업법에 따른 공동운수협정을 체결한 노선 여객자동차운송사업자로 구성된 조합이 그 사업자의 종업원에게 제공하기 위하여 대통령령으로 정하는 위탁계약을 통하여 공급받는 음식용역
ⓒ 초·중등교육법 및 고등교육법에 따른 학교의 경영자가 학생의 복리후생을 목적으로 학교 구내에서 식당을 직접 경영하여 공급하는 음식용역
ⓔ 학교급식법에 해당하는 학교의 장의 위탁을 받은 학교급식공급업자가 위탁급식의 방법으로 해당 학교에 직접 공급하는 음식용역
③ 농어업경영 및 농어작업의 대행용역: 영농조합법인 및 농업회사법인이 공급하는 농업경영 및 농작업의 대행용역과 영어조합법인 및 어업회사법인이 공급하는 어업경영 및 어작업의 대행용역[2]
④ 국민주택 및 그 주택의 건설용역(리모델링용역 포함): 주택법에 따른 국민주택 규모(주거전용면적이 1호 또는 1세대당 85제곱미터 이하) 이하의 주택과 그 주택의 건설용역 및 설계용역, 리모델링용역[1]
⑤ 공동주택에 공급하는 관리용역: 관리주체, 경비업자 또는 청소업자가 ㉠ 주택법에 따른 공동주택 중 국민주택을 제외한 주택으로서 ⓐ 수도권을 제외한 도시지역이 아닌 읍 또는 면 지역의 주택 또는 ⓑ 이 외의 주택으로서 1호 또는 1세대당 주거전용면적이 135제곱미터 이하인 주택, 그리고 ㉡ 공동주택 중 국민주택에 공급하는 일반관리용역·경비용역 및 청소용역[1]
⑥ 노인복지주택에 공급하는 관리용역: 노인복지주택의 관리·운영자, 경비업자 및 청소업자가 국민주택 규모 이하의 노인복지주택에 공급하는 일반관리용역·경비용역 및 청소용역
⑦ 임대주택에 공급하는 난방용역: 영구적인 임대를 목적으로 건설한 임대주택에 공급하는 난방용역[2]
⑧ 온실가스 배출권 등: 온실가스 배출권과 외부사업 온실가스 감축량 및 상쇄배출권[1]
⑨ 정부업무대행단체가 공급하는 재화 또는 용역: 별정우체국, 한국농어촌공사, 한국토지주택공사, 한국도로공사, 한국산업인력공단 등 정부업무를 대행하는 단체가 그 고유의 목적사업으로서 정부업무대행단체의 면세사업을 위하여 공급하는 재화 또는 용역
⑩ 한국철도시설공단이 국가에 공급하는 철도시설: 한국철도시설공단이 철도시설을 국가에 귀속시키고 철도시설관리권을 설정받는 방식으로 국가에 공급하는 철도시설
⑪ 민간투자법에 따른 사업시행자가 부가가치세가 면제되는 사업을 할 목적으로 민간투자사업의 추진방식(BTO 등)으로 국가 또는 지방자치단체에 공급하는 사회기반시설 또는 사회기반시설의 건설용역
⑫ 학교시설을 이용하여 제공하는 용역: 교육부장관의 추천이나 교육부장관이 지정하는 자의 추천을 받은 자가 BTO(Build-Transfer-Operate) 방식을 준용하여 건설한 학교시설에 대하여 학교가 제공하는 시설관리운영권 및 그 추천을 받은 자가 그 학교시설을 이용하여 제공하는 용역[3]
⑬ 기숙사를 이용하여 제공하는 용역
  ㉠ 한국사학진흥재단이 설립한 특수목적법인이 BTO(Build-Transfer-Operate) 방식을 준용하여 건설한 기숙사(사립민자기숙사 및 행복기숙사)에 대하여 국가 및 지자체가 제공하는 시설관리운영권 및 그 법인이 그 기숙사를 이용하여 제공하는 용역[3]
  ㉡ 한국사학진흥재단이 설립한 특수목적법인 또는 한국사학진흥재단과 학교가 공동으로 설립한 특수목적법인이 BTO(Build-Transfer-Operate) 방식을 준용하여 건설한 기숙사(행복기숙사)에 대하여 국가, 지방자치단체 또는 고등교육법에 따른 학교가 제공하는 시설관리운영권 및 그 법인이 그 기숙사를 이용하여 제공하는 용역[4]
⑭ 전기자동차 또는 수소전기자동차로서 시내버스 및 마을버스, 농어촌버스 운송사업용으로 공급하는 버스[1]
⑮ 간이과세자에게 공급하는 택시: 개인택시운송사업용으로 부가가치세법에 따른 간이과세자에게 공급하는 자동차[6]
⑯ 관세법에 따른 물품 중 희귀병 치료를 위한 치료제 등
⑰ 영유아용 기저귀와 분유(액상 형태의 분유 포함, 부가가치세가 면제되는 분유 제외)
⑱ 농민 또는 임업에 종사하는 자에게 난방용 또는 농업용·임업용으로 공급하는 목재펠릿[1]
⑲ 농업·임업·어업용 석유류[2] 및 연안여객선박용 석유류[1]

[1] 2025년 12월 31일까지 공급한 것에 대해서만 면세한다.
[2] 2026년 12월 31일까지 공급한 것에 대해서만 면세한다.
[3] 2014년 12월 31일까지 실시협약이 체결된 것에 대해서만 면세한다.
[4] 2015년 1월 1일부터 2025년 12월 31일까지 실시협약이 체결된 것에 대해서만 면세한다.
[5] 2023년 12월 31일까지 공급한 것에 대해서만 면세한다.
[6] 2024년 12월 31일까지 공급한 것에 대해서만 면세한다.

2 재화의 수입에 대한 면세

(1) 부가가치세법상 면세되는 재화의 수입

다음에 해당하는 재화의 수입에 대하여는 부가가치세를 면세한다(부법 27).

① 가공되지 않은 식료품(식용으로 제공되는 농산물, 축산물, 수산물 및 임산물 포함). 다만, 관세가 감면되지 않는 수입 미가공식료품으로서 커피 및 코코아두 등은 면세하지 않는다.
② 도서, 신문 및 잡지로서 인쇄한 서적, 신문, 잡지나 그 밖의 정기간행물, 수제문서 및 타자문서와 전자출판물
③ 학술연구단체, 교육기관, 한국교육방송공사 또는 문화단체가 과학용·교육용·문화용으로 수입하는 재화
④ 종교의식, 자선, 구호, 그 밖의 공익을 목적으로 외국으로부터 종교단체·자선단체 또는 구호단체에 기증되는 재화
⑤ 외국으로부터 국가, 지방자치단체 또는 지방자치단체조합에 기증되는 재화
⑥ 거주자가 받는 소액물품으로서 관세가 면제되는 재화
⑦ 이사, 이민 또는 상속으로 인하여 수입하는 재화로서 관세가 면제되거나 관세법에 따른 간이세율이 적용되는 재화
⑧ 여행자의 휴대품, 별송물품 및 우송물품으로서 관세가 면제되거나 관세법에 따른 간이세율이 적용되는 재화
⑨ 수입하는 상품의 견본과 광고용 물품으로서 관세가 면제되는 재화
⑩ 국내에서 열리는 박람회, 전시회, 품평회, 영화제 또는 이와 유사한 행사에 출품하기 위하여 무상으로 수입하는 물품으로서 관세가 면제되는 재화
⑪ 조약·국제법규 또는 국제관습에 따라 관세가 면제되는 재화로서 대한민국을 방문하는 외국의 원수와 그 가족 및 수행원이 사용하는 물품, 국내에 있는 외국의 대사관·공사관, 그 밖에 이에 준하는 기관의 업무용품 등
⑫ 수출된 후 다시 수입하는 재화로서 관세가 감면되는 것. 다만, 관세가 경감되는 경우에는 경감되는 비율만큼만 면제한다.
⑬ 다시 수출하는 조건으로 일시 수입하는 재화로서 관세가 감면되는 것. 다만, 관세가 경감되는 경우에는 경감되는 비율만큼만 면제한다.
⑭ 판매가격이 200원(20개비 기준) 이하인 담배 또는 특수용담배 중 영세율이 적용되는 것을 제외한 담배
⑮ ⑥부터 ⑬까지의 규정에 따른 재화 외에 관세가 무세이거나 감면되는 재화. 다만, 관세가 경감되는 경우에는 경감되는 비율만큼만 면제한다.

(2) 조세특례제한법상 면세되는 재화의 수입

다음 중 어느 하나에 해당하는 재화의 수입에 대해서는 부가가치세를 면제한다(조특법 106②).

① 무연탄
② 과세사업에 사용하기 위한 선박(제3자에게 판매하기 위하여 선박을 수입하는 경우는 제외)
③ 과세사업에 사용하기 위한 관세법에 따른 보세건설물품
④ 농민 또는 임업에 종사하는 자가 직접 수입하는 농업용·축산업용 또는 임업용 기자재와 어민이 직접 수입하는 어업용 기자재 중 일정한 것③
⑤ 2024 강원동계청소년올림픽대회 조직위원회 또는 지방자치단체가 2024 강원동계청소년올림픽대회의 경기시설 제작·건설 및 경기운영에 사용하기 위한 물품으로서 국내제작이 곤란한 것①

① 2024년 12월 31일까지 공급한 것에 대해서만 면세한다.
② 2025년 12월 31일까지 공급한 것에 대해서만 면세한다.

3 면세의 포기

(1) 면세포기의 의의

면세의 포기란 부가가치세가 면제되는 재화 또는 용역을 공급하는 사업자가 자유의사에 따라 면세적용을 받지 않고 과세적용을 선택할 수 있는 제도를 말한다. 따라서 면세포기를 한 사업자는 면세포기를 한 부분에 대해서는 과세사업자가 되므로 부가가치세법상 모든 납세협력의무를 이행해야 한다. 면세포기의 취지는 면세되는 재화 또는 용역을 수출하는 경우와 같이 영세율 적용대상이 되는 거래에 대하여 면세 대신 영세율을 적용받을 수 있게 함으로써, 사업자가 매입세액을 공제받지 못함으로 인해 겪는 가격경쟁력 약화 등의 어려움을 완화하기 위함이다.

(2) 면세포기의 대상

사업자는 부가가치세가 면제되는 재화 또는 용역의 공급으로서 다음에 해당하는 것에 대하여는 면세의 포기를 신고하여 부가가치세의 면제를 받지 않을 수 있다(부법 28①, 부령57).

① 영세율의 적용대상이 되는 재화 또는 용역
② 학술등 연구단체가 그 연구와 관련하여 실비 또는 무상으로 공급하는 재화 또는 용역
③ 주택과 주택부수토지의 임대용역[주)]
④ 근로용역과 유사한 인적용역[주)]

[주)] 부가가치세법은 이를 면세포기의 대상으로 규정하면서 그 절차를 시행령에 위임하고 있다. 그런데 시행령에는 아직까지 이에 대한 면세포기의 절차가 규정되어 있지 않아 현재로서는 면세포기를 할 수 없는 것으로 보인다(기본통칙 28-57-1).

위에 해당하지 않는 면세대상 재화 또는 용역은 면세포기를 할 수 없다. 면세포기의 대상을 제한하는 이유는 모든 면세거래에 대하여 면세포기를 허용할 경우 세부담의 역진성 완화 등 면세제도가 가지고 있는 원래의 취지가 훼손되기 때문이다.

한편, 면세되는 2 이상의 사업 또는 종목을 영위하는 사업자는 면세포기대상이 되는 재화 또는 용역의 공급 중에서 면세포기하고자 하는 재화 또는 용역의 공급만을 구분하여 면세포기할 수 있다(부가통 28-57-1).

(3) 면세포기의 절차

부가가치세의 면제를 받지 않으려는 사업자는 면세포기신고서를 관할세무서장에게 제출해야 하며, 지체 없이 사업자등록을 해야 한다(부령 57). 이 때 신규로 사업을 시작하는 경우에는 면세포기신고서를 사업자등록신청서와 함께 제출할 수 있다(부칙 4②). 사업자는 언제나 수시로 면세포기를 할 수 있으며, 면세포기는 신고한 날로부터 효력이 발생된다.

(4) 면세포기의 효력

면세포기를 한 사업자는 면세포기를 한 부분에 대해서는 과세사업자된다. 즉, 일반적인 과세사업자와 마찬가지로 부가치세 거래징수, 세금계산서 발급·수취, 부가가치세 예정신고·확정신고

등 부가가치세법상 모든 납세협력의무를 이행해야 한다. 또한 면세포기한 부분과 관련하여 거래징수당한 매입세액에 대하여는 세금계산서에 따라 공제 또는 환급이 가능하다.

면세의 포기를 신고한 사업자는 신고한 날부터 3년간 부가가치세를 면제받지 못한다(부법 28②). 즉, 신고한 날부터 3년 동안은 과세사업자의 지위에서 부가가치세법상 납세협력의무를 이행해야 한다. 이는 세무행정상의 안정성을 제고하기 위함이다. 면세의 포기를 신고한 사업자가 신고한 날부터 3년이 지난 뒤 부가가치세를 면제받으려면 면세적용신고서와 함께 사업자등록증을 제출해야 하며, 면세적용신고서를 제출하지 않으면 계속하여 면세를 포기한 것으로 본다(부법 28③).

조세법령 확인을 통해 기본개념 익히기

※ 다음 부가가치세 관련 조세법령의 빈 칸을 채우시오.

1. 부가가치세법 제21조(재화의 수출)

① 재화의 공급이 □□에 해당하면 그 재화의 공급에 대하여는 30조에도 불구하고 □(零) 퍼센트의 세율(이하 "영세율"이라 한다)을 적용한다.

② 제1항에 따른 수출은 다음 각 호의 것으로 한다.
   1. □□□□(대한민국 선박에 의하여 채집되거나 잡힌 수산물을 포함한다)을 외국으로 반출하는 것
   2. □□□□ 방식의 거래 등 대통령령으로 정하는 것으로서 □□ 사업장에서 계약과 대가 수령 등 □□가 이루어지는 것
   3. 기획재정부령으로 정하는 □□□□□ 또는 □□□□□에 의하여 재화[금지금(金地金)은 제외한다]를 공급하는 것 등으로서 대통령령으로 정하는 것

해답 ① 수출, 영
② 내국물품, 중계무역, 국내, 거래, 내국신용장, 구매확인서

2. 부가가치세법 시행령 제31조(수출의 범위)

① 법 제21조제2항제2호에서 "중계무역 방식의 거래 등 대통령령으로 정하는 것"이란 다음 각 호의 것을 말한다.
  1. ☐☐☐☐ 방식의 수출(수출할 것을 목적으로 물품 등을 수입하여 「관세법」제154조에 따른 보세구역 및 같은 법 제156조에 따라 보세구역 외 장치의 허가를 받은 장소 또는 「자유무역지역의 지정 및 운영에 관한 법률」제4조에 따른 자유무역지역 외의 국내에 반입하지 아니하는 방식의 수출을 말한다)
  2. ☐☐☐☐수출[물품 등을 무환(無換)으로 수출하여 해당 물품이 판매된 범위에서 대금을 결제하는 계약에 의한 수출을 말한다]
  3. ☐☐☐☐수출[수출대금은 국내에서 영수(領收)하지만 국내에서 통관되지 아니한 수출물품 등을 외국으로 인도하거나 제공하는 수출을 말한다]
  4. ☐☐☐☐☐☐ 방식의 수출[가공임(加工賃)을 지급하는 조건으로 외국에서 가공(제조, 조립, 재성, 개조를 포함한다. 이하 같다)할 원료의 전부 또는 일부를 거래 상대방에게 수출하거나 외국에서 조달하여 가공한 후 가공물품 등을 외국으로 인도하는 방식의 수출을 말한다]
  5. 원료를 ☐☐ 없이 국외의 수탁가공 사업자에게 반출하여 가공한 재화를 양도하는 경우에 그 원료의 반출
  6. 「관세법」에 따른 ☐☐☐☐ 수리 전의 물품으로서 보세구역에 보관하는 물품의 외국으로의 반출

② 법 제21조제2항제3호에서 "대통령령으로 정하는 것"이란 다음 각 호의 재화를 말한다.
  1. 사업자가 기획재정부령으로 정하는 ☐☐☐☐☐ 또는 ☐☐☐☐☐에 의하여 공급하는 재화(금지금은 제외한다)
  2. 사업자가 「한국국제협력단법」에 따른 한국국제협력단에 공급하는 재화(한국국제협력단이 같은 법 제7조에 따른 사업을 위하여 외국에 ☐☐으로 반출하는 재화로 한정한다)
  3. 사업자가 「한국국제보건의료재단법」에 따른 한국국제보건의료재단에 공급하는 재화(한국국제보건의료재단이 같은 법 제7조에 따른 사업을 위하여 외국에 ☐☐으로 반출하는 재화로 한정한다)
  4. 사업자가 「대한적십자사 조직법」에 따른 대한적십자사에 공급하는 재화(대한적십자사가 같은 법 제7조에 따른 사업을 위하여 외국에 ☐☐으로 반출하는 재화로 한정한다)
  5. 사업자가 다음 각 목의 요건에 따라 공급하는 재화
     가. 국외의 ☐☐☐☐ 또는 ☐☐☐☐(이하 이 호에서 "비거주자등"이라 한다)과 직접 계약에 따라 공급할 것
     나. 대금을 외국환은행에서 ☐☐로 받을 것
     다. 비거주자등이 지정하는 ☐☐의 다른 사업자에게 인도할 것
     라. 국내의 다른 사업자가 비거주자등과 계약에 따라 인도받은 재화를 그대로 ☐☐하거나 제조·가공한 후 ☐☐할 것

해답 ① 중계무역, 위탁판매, 외국인도, 위탁가공무역, 대가, 수입신고
② 내국신용장, 구매확인서, 무상, 무상, 무상, 비거주자, 외국법인, 원화, 국내, 반출, 반출

3. 부가가치세법 제22조(용역의 국외공급)

☐☐에서 공급하는 용역에 대하여는 제30조에도 불구하고 ☐☐☐을 적용한다.

해답 국외, 영세율

4. 부가가치세법 제23조(외국항행용역의 공급)

① □□ 또는 □□□에 의한 외국항행용역의 공급에 대하여는 제30조에도 불구하고 □□□을 적용한다.
② 제1항에 따른 외국항행용역은 선박 또는 항공기에 의하여 여객이나 화물을 □□에서 □□로, □□에서 □□로 또는 □□에서 □□로 수송하는 것을 말하며, 외국항행사업자가 자기의 □□에 부수하여 공급하는 재화 또는 용역으로서 대통령령으로 정하는 것을 포함한다.
③ 제1항에 따른 외국항행용역의 범위에 관하여 필요한 사항은 대통령령으로 정한다.

해답 ① 선박, 항공기, 영세율
② 국내, 국외, 국외, 국내, 국외, 국외, 사업

5. 부가가치세법 시행령 제32조(선박 또는 항공기에 의한 외국항행용역의 범위)

① 법 제23조제2항에서 "대통령령으로 정하는 것"이란 다음 각 호의 것을 말한다.
  1. 다른 외국항행사업자가 운용하는 선박 또는 항공기의 □□□을 판매하거나 □□□□□□을 체결하는 것
  2. 외국을 항행하는 선박 또는 항공기 □에서 □□에게 공급하는 것
  3. 자기의 승객만이 □□(專用)하는 □□를 탑승하게 하는 것
  4. 자기의 승객만이 □□하는 □□에 투숙하게 하는 것
② 다음 각 호의 어느 하나에 해당하는 용역은 법 제23조제3항에 따라 외국항행용역의 범위에 포함된다.
  1. 운송주선업자가 국제복합운송계약에 의하여 화주(貨主)로부터 화물을 인수하고 자기 책임과 계산으로 타인의 선박 또는 항공기 등의 운송수단을 이용하여 화물을 운송하고 화주로부터 운임을 받는 □□□□용역
  2. 「항공사업법」에 따른 □□□□ □□용역

해답 ① 탑승권, 화물운송계약, 내, 승객, 전용, 버스, 전용, 호텔
② 국제운송, 상업서류 송달

6. 부가가치세법 제24조(외화 획득 재화 또는 용역의 공급 등)

① 제21조부터 제23조까지의 규정에 따른 재화 또는 용역의 공급 외에 □□를 획득하기 위한 재화 또는 용역의 공급으로서 다음 각 호의 어느 하나에 해당하는 경우에는 제30조에도 불구하고 □□□을 적용한다.
  1. 우리나라에 상주하는 □□□□, □□□□(명예영사관원을 장으로 하는 영사기관은 제외한다), 국제연합과 이에 준하는 국제기구(우리나라가 당사국인 조약과 그 밖의 국내법령에 따라 특권과 면제를 부여받을 수 있는 경우만 해당한다) 등(이하 이 조에서 "외교공관등"이라 한다)에 재화 또는 용역을 공급하는 경우
  2. 외교공관등의 소속 □□으로서 해당 국가로부터 공무원 신분을 부여받은 자 또는 외교부장관으로부터 이에 준하는 신분임을 확인받은 자 중 내국인이 □□ 자에게 대통령령으로 정하는 방법에 따라 재화 또는 용역을 공급하는 경우
  3. 그 밖에 외화를 획득하는 재화 또는 용역의 공급으로서 대통령령으로 정하는 경우
② 제1항에 따른 외화 획득의 증명에 필요한 사항은 대통령령으로 정한다.

해답 ① 외화, 영세율
  1. 외교공관, 영사기관
  2. 직원, 아닌

7. 부가가치세법 제26조(재화 또는 용역의 공급에 대한 면세)
   ① 다음 각 호의 재화 또는 용역의 공급에 대하여는 부가가치세를 □□한다.
   1. □□되지 □□한 식료품[식용(食用)으로 제공되는 농산물, 축산물, 수산물과 임산물을 포함한다] 및 □□□□에서 생산되어 식용으로 제공되지 아니하는 농산물, 축산물, 수산물과 임산물로서 대통령령으로 정하는 것
   2. 수돗물
   3. 연탄과 무연탄
   4. 여성용 생리 처리 위생용품
   5. 의료보건 용역(□□□의 용역을 포함한다)으로서 대통령령으로 정하는 것과 혈액
   6. 교육 용역으로서 대통령령으로 정하는 것
   7. □□운송 용역. 다만, 다음 각 목의 어느 하나에 해당하는 여객운송 용역으로서 대통령령으로 정하는 것은 □□한다.
      가. □□□, 고속버스, 전세버스, □□, 특수자동차, 특종선박(特種船舶) 또는 □□□□에 의한 여객운송 용역
      나. 삭도, 유람선 등 관광 또는 유흥 목적의 운송수단에 의한 여객운송 용역
   8. 도서(□□□□ 용역을 포함한다), 신문, 잡지, 관보(官報), 「뉴스통신 진흥에 관한 법률」에 따른 뉴스통신 및 방송으로서 대통령령으로 정하는 것. 다만, □□는 제외한다.
   9. 우표(□□□ 우표는 제외한다), 인지(印紙), 증지(證紙), 복권 및 공중전화
   10. 「담배사업법」 제2조에 따른 담배로서 다음 각 목의 어느 하나에 해당하는 것
      가. 「담배사업법」 제18조제1항에 따른 판매가격이 대통령령으로 정하는 금액 이하인 것
      나. 「담배사업법」 제19조에 따른 특수용담배로서 대통령령으로 정하는 것
   11. 금융·보험 용역으로서 대통령령으로 정하는 것
   12. 주택과 이에 부수되는 토지의 □□ 용역으로서 대통령령으로 정하는 것
   13. 「공동주택관리법」 제18조제2항에 따른 관리규약에 따라 같은 법 제2조제1항제10호에 따른 관리주체 또는 같은 법 제2조제1항제8호에 따른 입주자대표회의가 제공하는 「주택법」 제2조제14호에 따른 복리시설인 공동주택 □□□□의 임대 용역
   14. 토지
   15. 저술가·작곡가나 그 밖의 자가 직업상 제공하는 □□(人的) 용역으로서 대통령령으로 정하는 것
   16. 예술창작품, 예술행사, 문화행사 또는 □□□□ 운동경기로서 대통령령으로 정하는 것
   17. 도서관, 과학관, 박물관, 미술관, 동물원, 식물원, 그 밖에 대통령령으로 정하는 곳에 입장하게 하는 것
   18. 종교, 자선, 학술, 구호(救護), 그 밖의 □□을 목적으로 하는 단체가 공급하는 재화 또는 용역으로서 대통령령으로 정하는 것
   19. □□, 지방자치단체 또는 지방자치단체조합이 공급하는 재화 또는 용역으로서 대통령령으로 정하는 것
   20. 국가, 지방자치단체, 지방자치단체조합 또는 대통령령으로 정하는 공익단체에 □□(無償)으로 공급하는 재화 또는 용역
   ② 제1항에 따라 면세되는 재화 또는 용역의 공급에 □□적으로 □□되는 재화 또는 용역의 공급은 그 면세되는 재화 또는 용역의 공급에 □□되는 것으로 본다.

해답 ① 면제
  1. 가공, 아니, 우리나라
  5. 수의사
  7. 여객, 제외, 항공기, 택시, 고속철도,
  8. 도서대여, 광고
  9. 수집용
  12. 임대
  13. 어린이집,
  15. 인적
  16. 아마추어
  18. 공익
  19. 국가
  20. 무상
② 통상, 부수, 포함

8. 부가가치세법 시행령 제41조(주택과 이에 부수되는 토지의 임대 용역으로서 면세하는 것의 범위)

① 법 제26조제1항제12호에 따른 주택과 이에 부수되는 토지의 임대는 □□□□□(사업을 위한 주거용의 경우는 제외한다)으로 사용하는 건물(이하"주택"이라 한다)과 이에 부수되는 토지로서 다음 각 호의 면적 중 넓은 면적을 초과하지 아니하는 토지의 임대로 하며, 이를 초과하는 부분은 □□의 임대로 본다.
  1. 주택의 □□□(지하층의 면적, 지상층의 주차용으로 사용되는 면적 및 「주택건설기준 등에 관한 규정」 제2조제3호에 따른 주민공동시설의 면적은 제외한다)
  2. 건물이 정착된 면적에 □배(「국토의 계획 및 이용에 관한 법률」 제6조에 따른 도시지역 밖의 토지의 경우에는 □□배)를 곱하여 산정한 면적
② 임대주택에 부가가치세가 과세되는 사업용 건물(이하 "사업용건물"이라 한다)이 함께 설치되어 있는 경우에는 주택과 이에 부수되는 토지의 임대의 범위는 다음 각 호에 따른다.
  1. 주택 부분의 면적이 사업용 건물 부분의 면적보다 □ 경우에는 그 전부를 □□의 임대로 본다. 이 경우 그 주택에 부수되는 토지임대의 범위는 제1항과 같다.
  2. 주택 부분의 면적이 사업용 건물 부분의 면적과 □□□ 그보다 □□ 때에는 주택 부분 외의 사업용 건물 부분은 주택의 임대로 보지 □□□□. 이 경우 그 주택에 부수되는 토지의 면적은 총토지면적에 주택 부분의 면적이 총건물면적에서 차지하는 □□을 곱하여 계산하며, 그 범위는 제1항과 같다.

해답 ① 상시주거용, 토지, 연면적, 5, 10
② 큰, 주택, 같거나, 작은, 아니한다, 비율

연습문제

제4장 _ 영세율과 면세

01 부가가치세법상 영세율을 적용하는 재화 또는 용역의 공급에 해당하는 것만을 모두 고르면? (단, 영세율에 대한 상호주의는 고려하지 않는다) [국가직 7급 2022]

> ㄱ. 내국물품을 외국으로 반출하는 것에 해당하는 재화의 공급
> ㄴ. 「부가가치세법 시행규칙」으로 정하는 내국신용장에 의한 금지금(金地金)의 공급
> ㄷ. 항공기에 의하여 여객이나 화물을 국외에서 국내로 수송하는 용역의 공급
> ㄹ. 외화를 획득하기 위한 용역의 공급으로서 우리나라에 상주하는 외교공관에 공급하는 용역

① ㄱ, ㄴ, ㄷ ② ㄱ, ㄴ, ㄹ
③ ㄱ, ㄷ, ㄹ ④ ㄴ, ㄷ, ㄹ

해설 ㄴ. 금지금을 내국신용장 또는 구매확인서에 의하여 공급하는 것은 영세율이 적용되는 수출로 보지 않는다 (부법 21② 제3호).

해답 ③

02 부가가치세법상 국내에 사업장이 있는 사업자가 행하는 재화 또는 용역의 공급에 대한 영세율 적용과 관련한 설명으로 옳지 않은 것은? [국가직 9급 2018]

① 외화를 획득하기 위한 것으로서 우리나라에 상주하는 국제연합과 이에 준하는 국제기구(우리나라가 당사국인 조약과 그 밖의 국내법령에 따라 특권과 면제를 부여받을 수 있는 경우에 한함)에 재화 또는 용역을 공급하는 것에 대해서는 영세율을 적용한다.
② 항공기에 의하여 여객을 국내에서 국외로 수송하는 것에 대해서는 영세율이 적용되지 않는다.
③ 국외에서 공급하는 용역에 대해서는 영세율이 적용된다.
④ 내국물품을 외국으로 반출하는 것에 대해서는 영세율이 적용된다.

해설 외국항행용역이란 선박 또는 항공기에 의하여 여객이나 화물을 국내에서 국외로, 국외에서 국내로 또는 국외에서 국외로 수송하는 것을 말한다(부법 23②).

해답 ②

03 부가가치세법상 영세율 적용에 관한 설명으로 옳은 것은? [세무사 2016]

① 금지금을 내국신용장 또는 구매확인서에 의하여 공급하는 것은 영세율이 적용되는 수출로 본다.
② 계약과 대가 수령 등 거래가 국외사업장에서 이루어지는 중계무역 방식의 수출은 영세율이 적용되는 수출에 속하는 것으로 본다.
③ 항공법에 따른 상업서류 송달용역의 공급에는 영세율이 적용되지 아니한다.
④ 대한민국 선박에 의하여 공해에서 잡힌 수산물을 외국으로 반출하는 것은 영세율이 적용되는 수출에 해당한다.
⑤ 비거주자인 사업자가 재화를 수출하는 경우, 비거주자의 해당 국가에서 대한민국의 거주자에 대하여 면세하는지 여부와 관계없이 영세율을 적용한다.

> **해설**
> ① 사업자가 내국신용장 또는 구매확인서에 의하여 공급하는 재화에 대하여는 영세율이 적용되나, 금지금은 제외된다. 즉, 금지금을 내국신용장 또는 구매확인서에 의하여 공급하는 것은 영세율이 적용되는 수출로 보지 않는다(부법 21② 제3호).
> ② 중계무역 방식의 수출이 영세율이 적용되기 위해서는 해당 계약과 대가 수령 등의 거래가 국내사업장에서 이루어져야 한다(부법 21② 제2호).
> ③ 선박 또는 항공기에 의한 외국항행용역의 공급에 대하여는 영세율을 적용하는데, 이러한 외국항행용역에는 상업서류 송달용역도 포함된다(부법 32②).
> ⑤ 사업자가 비거주자 또는 외국법인이면 그 해당 국가에서 대한민국의 거주자 또는 내국법인에 대하여 동일하게 면세하는 경우에만 영세율을 적용한다(부법 25①).
>
> **해답** ④

04 부가가치세법상 재화의 수출에 포함되지 않는 것은? [세무사 2020]

① 내국신용장 또는 구매확인서에 의하여 금지금(金地金)을 공급하는 것
② 원료를 대가 없이 국외의 수탁가공 사업자에게 반출하여 가공한 재화를 양도하는 경우에 그 원료의 반출
③ 수출대금은 국내에서 영수(領收)하지만 국내에서 통관되지 아니한 수출물품 등을 외국으로 인도하거나 제공하는 수출
④ 「관세법」에 따른 수입신고 수리 전의 물품으로서 보세구역에 보관하는 물품의 외국으로의 반출
⑤ 물품 등을 무환(無換)으로 수출하여 해당 물품이 판매된 범위에서 대금을 결제하는 계약에 의한 수출

> **해설** 내국신용장 또는 구매확인서에 의하여 금지금(金地金)을 공급하는 것은 재화의 수출에 해당하지 않음(부법 21② 제3호).
>
> **해답** ①

5 부가가치세법상 면세되는 재화 또는 용역에 해당하지 않는 것은? [국가직 7급 2018]

① 국가에 무상으로 공급하는 재화 또는 용역
② 미술관에 입장하게 하는 것
③ 생수·전기
④ 도서

해설 기초생활필수품 중 수돗물은 면세이나 생수·전기는 과세대상이다(부법 26①).

해답 ③

6 부가가치세법상 면세에 대한 설명으로 옳은 것만을 모두 고른 것은? [국가직 9급 2016 수정]

ㄱ. 면세사업만을 경영하는 자는 부가가치세법에 따른 사업자 등록의무가 없다.
ㄴ. 국가나 지방자치단체에 유상 또는 무상으로 공급하는 용역에 대하여는 부가가치세를 면제한다.
ㄷ. 유연탄의 공급은 과세되지만, 무연탄의 공급은 면세된다.
ㄹ. 부가가치세가 면세되는 미가공 식료품에는 김치, 두부 등 기획재정부령으로 정하는 단순가공식료품이 포함된다.

① ㄱ, ㄴ, ㄷ   ② ㄱ, ㄴ, ㄹ   ③ ㄱ, ㄷ, ㄹ   ④ ㄴ, ㄷ, ㄹ

해설 ㄴ. 국가나 지방자치단체에 유상으로 공급하는 용역에 대하여는 부가가치세를 과세한다.

해답 ③

7 부가가치세법령상 부가가치세가 면세되는 것만을 모두 고르면? [국가직 9급 2023]

ㄱ. 「우정사업 운영에 관한 특례법」에 따른 우정사업조직이 제공하는 「우편법」 제1조의2 제3호의 소포우편물을 방문접수하여 배달하는 용역의 공급
ㄴ. 거주자가 받는 소액물품으로서 관세가 면제되는 재화의 수입
ㄷ. 「협동조합기본법」 제85조 제1항에 따라 설립인가를 받은 사회적협동조합이 직접 제공하는 간병·산후조리·보육 용역의 공급

① ㄴ   ② ㄱ, ㄷ   ③ ㄴ, ㄷ   ④ ㄱ, ㄴ, ㄷ

해설 「우정사업 운영에 관한 특례법」에 따른 우정사업조직이 제공하는 「우편법」 제조의2 제3호의 소포우편물을 방문접수하여 배달하는 용역의 공급은 국가나 지방자치단체 또는 지방자치단체조합이라 하더라도 부가가치세가 과세되는 용역에 해당한다.

해답 ④

08 부가가치세법상 면세대상에 관한 설명으로 옳은 것은? [세무사 2021]

① 「항공사업법」에 따른 항공기에 의한 여객운송 용역은 면세한다.
② 면세되는 도서·신문·잡지 등의 인쇄·제본 등을 위탁받아 인쇄·제본 등의 용역을 제공하는 것에 대하여는 면세한다.
③ 피부과의원에 부설된 피부관리실에서 제공하는 피부관리용역은 면세한다.
④ 우리나라에서 생산되어 식용으로 제공되지 아니하는 관상용의 새에 대하여는 면세하지 아니한다.
⑤ 김치를 거래단위로서 포장하여 최종소비자에게 그 포장의 상태로 직접 공급하는 것에 대하여는 면세하지 아니한다.

해설
① 「항공사업법」에 따른 항공기에 의한 여객운송 용역은 과세대상이다.
② 면세되는 도서·신문·잡지 등의 인쇄·제본 등을 위탁받아 인쇄·제본 등의 용역을 제공하는 것에 대하여 과세한다.
③ 피부과의원에 부설된 피부관리실에서 제공하는 피부관리용역은 면세대상 의료보건용역이 아니므로 과세한다.
④ 우리나라에서 생산되어 식용으로 제공되지 아니하는 관상용의 새에 대하여 면세한다.

해답 ⑤

09 부가가치세법령상 면세제도에 대한 설명으로 옳지 않은 것은? [국가직 7급 2023]

① 기업매수의 중개 및 은행업에 관련된 전산시스템과 소프트웨어의 판매·대여 용역은 부가가치세 면세 용역이 아니다.
② 국가에 공급하는 재화 또는 용역에 대하여는 유상 또는 무상을 불문하고 부가가치세가 면제된다.
③ 면세재화의 공급이 영세율 적용 대상인 경우에는 면세의 포기를 신고하고 부가가치세법에 따른 사업자등록을 하여 영세율을 적용받을 수 있다.
④ 면세의 포기를 적법하게 신고한 사업자는 신고한 날부터 3년간 부가가치세를 면제받지 못한다.

해설 국가에 무상으로 공급하는 재화 또는 용역에 대하여 부가가치세가 면제된다(부법 26① 제20호).

해답 ②

10 부가가치세법상 면세에 관한 설명이다. 옳지 않은 것은? [회계사 2015]

① 면세의 포기를 신고한 사업자는 신고한 날부터 3년간 부가가치세를 면제받지 못한다.
② 국내에서 열리는 영화제에 출품하기 위하여 무상으로 수입한 물품으로서 관세가 면제되는 재화의 수입에 대하여는 부가가치세가 면제된다.
③ 면세를 포기하려는 사업자는 면세포기신고서를 관할세무서장에게 제출하고, 지체 없이 사업자등록을 하여야 한다.
④ 은행업에 관련된 소프트웨어의 판매·대여용역은 부가가치세가 면제된다.
⑤ 지방자치단체에 무상으로 공급하는 재화에 대하여는 부가가치세가 면제된다.

> **해설** 금융·보험용역을 공급하는 것은 면세하나, 기업합병 또는 기업매수의 중개·주선·대리, 신용정보서비스 및 은행업에 관련된 전산시스템과 소프트웨어의 판매·대여 용역은 면세하는 금융·보험 용역으로 보지 않는다(부령 40④ 제2호).
>
> **해답** ④

11 부가가치세법상 면세와 영세율에 관한 설명으로 옳지 않은 것은? [회계사 2017]

① 외국인도수출(수출대금을 국내에서 영수하지만 국내에서 통관되지 아니한 수출물품 등을 외국으로 인도하거나 제공하는 수출)로서 국내사업장에서 계약과 대가수령 등 거래가 이루어지는 것은 영세율을 적용하지 아니한다.
② 국내에 주소를 둔 거주자 갑이 국내 사업장이 없는 비거주자에게 법률자문(전문서비스)용역을 제공하는 경우 거래상대방의 해당 국가에서 우리나라의 거주자 또는 내국법인에 대하여 동일하게 면세하는 경우에만 영세율을 적용한다.
③ 면세의 포기를 신고한 사업자는 신고한 날부터 3년간 부가가치세를 면제받지 못한다.
④ 면세사업 등에 관련된 매입세액은 매출세액에서 공제하지 아니한다.
⑤ 규격단위로 포장하지 않고 판매하는 두부는 면세대상 재화이다.

> **해설** ① 외국인도수출로서 국내 사업장에서 계약과 대가 수령 등의 거래가 이루어지는 것은 영세율을 적용한다(부령 31①).
> ② 국내에서 국내사업장이 없는 비거주자 또는 외국법인에 공급되는 용역으로서 전문서비스업과 사업시설관리 및 사업지원서비스업의 경우에는 해당 국가에서 우리나라의 거주자 또는 내국법인에 대하여 동일하게 면세하는 경우에 한하여 영세율을 적용한다(부법 33② 제1호 단서).
>
> **해답** ①

12 부가가치세법령상 영세율과 면세에 관한 설명으로 옳지 않은 것은? [세무사 2022]

① 외국인도수출로서 국내 사업장에서 계약과 대가 수령 등 거래가 이루어지는 것은 영세율을 적용한다.
② 사업자가 비거주자 또는 외국법인이면 그 해당 국가에서 대한민국의 거주자 또는 내국법인에 대하여 동일하게 면세하는 경우에만 영세율을 적용한다.
③ 외국에서 생산되어 식용으로 제공되지 아니하는 수산물로서 원생산물의 수입에 대해서는 면세를 적용한다.
④ 수입하는 상품의 견본과 광고용 물품으로서 관세가 면제되는 재화의 수입에 대해서는 면세를 적용한다.
⑤ 부가가치세가 면제되는 재화 또는 용역의 공급이 영세율의 적용 대상이 되는 것인 경우 면세의 포기를 신고하여 부가가치세의 면제를 받지 아니할 수 있다.

해설 우리나라에서 생산되어 식용으로 제공되지 아니하는 농산물, 축산물, 수산물과 임산물을 공급하는 것은 면세한다 (부법 26① 제1호).

해답 ③

PART 05

과세표준과 세액의 계산

제1절 부가가치세 계산의 기본구조
제2절 과세표준의 계산
제3절 납부세액의 계산
연습문제

제5장 과세표준과 세액의 계산

제1절 부가가치세 계산의 기본구조

조세를 계산하는 기본구조는 과세표준에 세율을 적용하는 것이다. 여기서 과세표준이란 과세기간이 경과함으로써 추상적으로 발생한 납세의무를 구체화하기 위하여 해당 과세기간에 대한 세액계산의 기준이 되는 과세대상의 가액을 말한다. 이론상 부가가치세의 과세대상은 부가가치이므로 해당 과세기간의 부가가치 합계액을 과세표준으로 보아 여기에 세율을 적용하여 부가가치세를 계산하는 것이 타당하다.

그러나 부가가치세법은 부가가치세의 과세방법으로 전단계세액공제법을 채택함에 따라 재화 또는 용역의 공급을 그 과세대상으로 규정하고 있으며, 결과적으로 부가가치에 과세한 것과 같은 결과가 나오도록 해당 과세기간의 재화 또는 용역의 공급가액 합계액에 세율을 적용한 매출세액에서 세금계산서에 의한 매입세액을 공제하여 부가가치세를 계산하는 구조를 취하고 있다. 즉, 부가가치세법상 과세표준은 해당 과세기간의 부가가치 합계액이 아니라 재화 또는 용역의 공급가액 합계액을 의미한다. 여기서 부가가치세의 과세표준을 개별 재화 또는 용역의 공급가액이 아닌 공급가액의 합계액으로 하는 이유는 부가가치세가 일정한 과세기간의 재화 또는 용역의 공급에 대하여 과세하는 기간과세세목이기 때문이다.

한편, 재화 또는 용역의 공급에 있어 공급자의 매출세액은 곧 공급받는 자의 매입세액이 되기 때문에 매출세액에서 공제하는 매입세액은 별도로 계산하지 않는다. 공급자는 공급받는 자에게 공급가액에 세율을 적용하여 계산한 매출세액을 세금계산서상 세액 란에 기재하여 발급하며, 공급받는 자는 해당 세금계산서에 기재된 세액을 매입세액으로 하여 그 공제여부만 판단하면 된다. 따라서 부가가치세 계산의 핵심은 결국 ① 매출세액 계산의 기초가 되는 공급가액(과세표준)을 정확하게 계산하는 것과 ② 매입세액의 공제여부를 적정하게 판단하는 것이라 할 수 있다.

조세 계산의 기본구조	부가가치세 계산의 기본구조	
	이론적인 방법	전단계세액공제법
과세표준	부가가치 합계액	공급가액 합계액(①)
× 세율	× 세율	× 세율
		= 매출세액
		− 매입세액(②)
= 조세	= 부가가치세	= 부가가치세

제2절 과세표준의 계산

Ⅰ. 재화 또는 용역의 공급에 대한 과세표준

 일반적인 과세표준

재화 또는 용역의 공급에 대한 부가가치세의 과세표준은 해당 과세기간에 공급한 재화 또는 용역의 공급가액을 합한 금액으로 한다(부법 29①). 여기서 공급가액은 다음의 가액을 말하며, 이 경우 대금, 요금, 수수료, 그 밖에 어떤 명목이든 상관없이 재화 또는 용역을 공급받는 자로부터 받는 금전적 가치 있는 모든 것을 포함한다(부법 29③ 제1호, 제2호).

구 분	공급가액
① 금전으로 대가를 받는 경우	그 대가
② 금전 외의 대가를 받는 경우	자기가 공급한 재화 또는 용역의 시가^{주)}

^{주)} 시가는 다음의 가격으로 한다(부령 62).
① 사업자가 특수관계인이 아닌 자와 해당 거래와 유사한 상황에서 계속적으로 거래한 가격 또는 제3자 간에 일반적으로 거래된 가격
② ①의 가격이 없는 경우에는 사업자가 그 대가로 받은 재화 또는 용역의 가격(공급받은 사업자가 특수관계인이 아닌 자와 해당 거래와 유사한 상황에서 계속적으로 거래한 해당 재화 및 용역의 가격 또는 제3자 간에 일반적으로 거래된 가격을 말함)
③ ① 또는 ②에 따른 가격이 없거나 시가가 불분명한 경우에는 소득세법 및 법인세법에 따른 가격

공급가액에는 부가가치세를 포함하지 않는다(부법 29③). 만약 사업자가 재화 또는 용역을 공급하고 그 대가로 받은 금액에 부가가치세가 포함되어 있는지가 분명하지 않은 경우에는 그 대가로 받은 금액에 110분의 100을 곱한 금액을 공급가액으로 한다(부법 29⑦). 즉, 이 경우에는 재화 또는 용역의 공급대가에 부가가치세가 포함된 것으로 보아 이를 제외하여 공급가액을 계산한다.

재화 또는 용역을 공급하고 금전으로 대가를 받는 경우로서 그 대가를 외국통화나 그 밖의 외국환으로 받은 경우에는 다음의 구분에 따라 환산한 가액을 공급가액으로 한다(부법 29③ 제1호 단서, 부령 59).

구 분	공급가액
① 재화 또는 용역의 공급시기가 되기 전에 원화로 환가한 경우	환가한 금액
② 재화 또는 용역의 공급시기 이후에 외국통화나 그 밖의 외국환 상태로 보유하거나 지급받는 경우	재화 또는 용역의 공급시기의 외국환거래법에 따른 기준환율 또는 재정환율^①에 따라 계산한 금액^②

^① 기준환율이란 외국환은행이 고객과 원화와 미달러화를 매매할 때 기준이 되는 환율을 말하며 시장평균율이라고도 한다. 재정환율이란 기준환율을 이용하여 제3국의 환율을 간접적으로 계산한 환율을 말한다.
^② 재화 또는 용역의 공급시기 이후에 그 대가를 외국통화 또는 외국환으로 지급받는 경우 공급가액은 이에 따라 계산한 금액이므로 공급시기 이후에 환율변동으로 인하여 증감되는 금액은 해당 공급가액에 영향이 없다(부가통 29-59-1).

2 거래유형별 과세표준

(1) 외상거래 등

외상거래, 할부거래 등 그 밖의 방법으로 재화 또는 용역을 공급하는 경우에는 공급형태 등을 고려한 다음의 구분에 따른 가액을 공급가액으로 한다(부법 29③ 제6호, 부령 61②).

거 래 유 형	공 급 가 액
① 외상판매 및 할부판매의 경우	공급한 재화의 총가액
② ㉠ 장기할부판매의 경우, ㉡ 완성도기준지급조건부 또는 중간지급조건부로 재화 또는 용역을 공급하는 경우, ㉢ 계속적으로 재화 또는 용역을 공급하는 경우	계약에 따라 받기로 한 대가의 각 부분
③ 기부채납의 경우	해당 기부채납의 근거가 되는 법률에 따라 기부채납된 가액. 다만, 기부채납된 가액에 부가가치세가 포함된 경우 그 부가가치세는 제외한다.
④ 공유수면 관리 및 매립에 관한 법률에 따라 매립용역을 제공하는 경우	공유수면 관리 및 매립에 관한 법률에 따라 산정한 해당 매립공사에 든 총사업비
⑤ 사업자가 보세구역 내에 보관된 재화를 다른 사업자에게 공급하고, 그 재화를 공급받은 자가 그 재화를 보세구역으로부터 반입하는 경우	그 재화의 공급가액에서 세관장이 부가가치세를 징수하고 발급한 수입세금계산서에 적힌 공급가액을 뺀 금액[1]
⑥ 사업자가 둘 이상의 과세기간에 걸쳐 용역을 제공하고 그 대가를 선불로 받는 경우	해당 금액을 계약기간의 개월 수로 나눈 금액의 각 과세대상기간의 합계액[2]
⑦ 사업자가 둘 이상의 과세기간에 걸쳐 용역을 제공하는 경우	그 용역을 제공하는 기간 동안 지급받는 대가와 그 시설의 설치가액을 그 용역제공 기간의 개월 수로 나눈 금액의 각 과세대상기간의 합계액[2]
⑧ 위탁가공무역 방식으로 수출하는 경우	완성된 제품의 인도가액

[1] 다만, 세관장이 법 부가가치세를 징수하기 전에 같은 재화에 대한 선하증권이 양도되는 경우에는 선하증권의 양수인으로부터 받은 대가를 공급가액으로 할 수 있다.
[2] 이 경우 개월 수의 계산에 관하여는 해당 계약기간 또는 용역제공기간의 개시일이 속하는 달이 1개월 미만이면 1개월로 하고, 해당 계약기간 또는 용역제공기간의 종료일이 속하는 달이 1개월 미만이면 산입하지 않는다.

(2) 마일리지등으로 대금의 전부 또는 일부를 결제하는 거래

마일리지등으로 대금의 전부 또는 일부를 결제받은 경우에는 다음의 금액을 합한 금액을 공급가액으로 한다(부령 61② 제9호).

① 마일리지등[1] 외의 수단으로 결제받은 금액
② 자기적립마일리지등[2] 외의 마일리지등으로 결제받은 부분에 대하여 재화 또는 용역을 공급받는 자 외의 자로부터 보전받았거나 보전받을 금액

[1] 마일리지등이란 재화 또는 용역의 구입실적에 따라 마일리지, 포인트 또는 그 밖에 이와 유사한 형태로 별도의 대가 없이 적립받은 후 다른 재화 또는 용역 구입 시 결제수단으로 사용할 수 있는 것과 재화 또는 용역의 구입실적에 따라 별도의 대가 없이 교부받으며 전산시스템 등을 통하여 그 밖의 상품권과 구분 관리되는 상품권을 말한다(부령 61①).

② 마일리지등은 자기적립마일리지등과 그 외의 마일리지등으로 구분된다. 자기적립마일리지등이란 당초 재화 또는 용역을 공급하고 마일리지등을 적립(다른 사업자를 통하여 적립하여 준 경우 포함)하여 준 사업자에게 사용한 마일리지등을 말한다. 다만, 여러 사업자가 적립하여 줄 수 있거나 여러 사업자를 대상으로 사용할 수 있는 마일리지등의 경우 다음의 요건을 모두 충족한 경우로 한정한다(부가령 61②. 제9호 나목).

① 고객별·사업자별로 마일리지 등의 적립 및 사용 실적을 구분하여 관리하는 등의 방법으로 당초 공급자와 이후 공급자가 같다는 사실이 확인될 것
② 사업자가 마일리지 등으로 결제받은 부분에 대하여 재화 또는 용역을 공급받는 자 외의 자로부터 보전받지 않을 것

다만, 자기적립마일리지등 외의 마일리지등으로 대금의 전부 또는 일부를 결제받은 경우로서 다음 중 어느 하나에 해당하는 경우에는 공급한 재화 또는 용역의 시가를 공급가액으로 한다(부령 61② 제10호).

① 자기적립마일리지등 외의 마일리지등으로 결제받은 부분과 관련하여 그 금액을 보전받지 않고 자기생산·취득재화를 공급한 경우
② 자기적립마일리지등 외의 마일리지등으로 결제받은 부분과 관련하여 특수관계인으로부터 부당하게 낮은 금액을 보전받거나 아무런 금액을 받지 않아 조세의 부담을 부당하게 감소시킬 것으로 인정되는 경우

참고 마일리지등으로 대금의 전부 또는 일부를 결제받은 경우

대금의 구분		공급가액 포함여부
① 마일리지 등 외의 수단으로 결제받은 부분		포함
② 마일리지 등으로 결제받은 부분	㉠ 자기적립마일리지 등으로 결제받은 부분	불포함[1]
	㉡ 자기적립마일리지 등 외의 마일리지 등으로 결제받은 부분	불포함. 다만, 재화 또는 용역을 공급받는 자 외의 자로부터 보전받았거나 보전받을 금액은 포함한다.[2]

[1] 자기적립마일리지등으로만 전부를 결제받은 경우에는 재화의 공급으로 보지 않는다(부법 10⑤ 단서, 부령 20 제3호).
[2] 다만, 그 금액을 보전받지 않고 자기생산·취득재화를 공급한 경우 또는 특수관계인으로부터 부당하게 낮은 금액을 보전받거나 아무런 금액을 받지 않아 조세의 부담을 부당하게 감소시킬 것으로 인정되는 경우에는 공급한 재화 또는 용역의 시가를 공급가액으로 한다(부령 61② 제10호).

(3) 재화의 간주공급

재화의 간주공급에 해당하는 판매목적 타사업장 반출과 자기생산·취득재화의 공급의 경우에는 다음의 구분에 따른 가액을 공급가액으로 한다(부법 29③ 제3호, 제4호, 제5호).

구 분	공 급 가 액
① 판매목적 타사업장 반출	해당 재화의 취득가액
② 자기생산·취득재화의 공급	
㉠ 면세사업 전용 ㉡ 비영업용 소형자동차와 그 유지를 위한 사용 ㉢ 개인적 공급 ㉣ 사업상 증여	자기가 공급한 재화 또는 용역의 시가
㉤ 폐업할 때 남아있는 재화	폐업 시 남아 있는 재화의 시가

1) 판매목적 타사업장 반출

사업장이 둘 이상인 사업자가 자기의 사업과 관련하여 생산 또는 취득한 재화를 판매할 목적으로 자기의 다른 사업장에 반출하는 것으로서 재화를 공급하는 것으로 보는 경우에는 소득세법 또는 법인세법에 따른 해당 재화의 취득가액을 공급가액으로 한다. 다만, 취득가액에 일정액을 더하여 공급하여 자기의 다른 사업장에 반출하는 경우에는 그 취득가액에 일정액을 더한 금액을 공급가액으로 본다(부법 29③ 제5호, 부령 60①).

한편, 개별소비세, 주세 및 교통·에너지·환경세가 부과되는 재화에 대해서는 개별소비세, 주세 및 교통·에너지·환경세의 과세표준에 해당 개별소비세, 주세, 교육세, 농어촌특별세 및 교통·에너지·환경세 상당액을 합계한 금액을 공급가액으로 한다(부령 60②).

2) 자기생산·취득재화의 공급

사업자가 자기생산·취득재화를 ① 면세사업에 전용하거나, ② 비영업용 소형자동차와 그 유지를 위해 사용하거나, ③ 개인적으로 공급하거나, ④ 사업상 증여하는 경우로서 재화를 공급한 것으로 보는 경우에는 자기가 공급한 재화 또는 용역의 시가를 공급가액으로 한다(부법 29③ 제4호).

다만, 해당 재화가 소득세법 또는 법인세법에 따른 감가상각자산인 경우에는 다음의 구분에 따라 계산한 금액을 공급가액으로 한다(부법 29⑪, 부령 66①, ②).

구 분	공 급 가 액
① 건물 또는 구축물	해당 재화의 취득가액^{주)} × (1 - 5% × 경과된 과세기간의 수)
② 그 밖의 감가상각자산	해당 재화의 취득가액^{주)} × (1 - 25% × 경과된 과세기간의 수)

주) 매입세액을 공제받은 해당 재화의 가액(부령 66④)

이 경우 경과된 과세기간의 수는 과세기간 단위로 계산하되, 건물 또는 구축물의 경과된 과세기간의 수가 20을 초과할 때에는 20으로, 그 밖의 감가상각자산의 경과된 과세기간의 수가 4를 초과할 때에는 4로 한다(부령 66② 후단). 또한 경과된 과세기간의 수를 계산할 때 과세기간의 개시일 후에 감가상각자산을 취득하거나 해당 재화가 공급된 것으로 보게 되는 경우에는 그 과세기간의 개시일에 해당 재화를 취득하거나 해당 재화가 공급된 것으로 본다(부령 66⑤).

한편, 과세사업에 제공한 감가상각자산을 면세사업에 일부 사용하는 경우에는 위의 계산식에 다음의 면세공급가액비율을 곱한 금액을 공급가액으로 한다. 다만, 그 비율이 5% 미만인 경우에는 공급가액이 없는 것으로 본다(부령 66③).

$$\text{면세사업에 일부 사용한 날이 속하는 과세기간의 } \frac{\text{면세공급가액}}{\text{총공급가액}}$$

3) 폐업할 때 남아있는 재화

사업자가 폐업할 때 자기생산·취득재화 중 남아 있는 재화는 폐업 시 남아있는 재화의 시가를 공급가액으로 한다(부법 29③ 제3호).

제2절 과세표준의 계산

 공급가액에 포함하지 않는 것

공급가액에는 대금, 요금, 수수료, 그 밖에 어떤 명목이든 상관없이 재화 또는 용역을 공급받는 자로부터 받는 금전적 가치 있는 모든 것을 포함하나, 다음의 금액은 포함하지 않는다.(부법 29③,⑤).

① 재화 또는 용역을 공급할 때 그 품질이나 수량, 인도조건 또는 공급대가의 결제방법이나 그 밖의 공급조건에 따라 통상의 대가에서 일정액을 직접 깎아 주는 금액(에누리액)
② 환입된 재화의 가액
③ 공급받는 자에게 도달하기 전에 파손되거나 훼손되거나 멸실한 재화의 가액
④ 재화 또는 용역의 공급과 직접 관련되지 않는 국고보조금과 공공보조금
⑤ 공급에 대한 대가의 지급이 지체되었음을 이유로 받는 연체이자
⑥ 공급에 대한 대가를 약정기일 전에 받았다는 이유로 사업자가 당초의 공급가액에서 할인해 준 금액

다만, 실질적 대가관계에 있는 금전적 가치있는 것으로서 다음 중 어느 하나에 해당하는 것은 과세표준에 포함한다(부가통 29-61-2).

① 현물로 받는 경우에는 자기가 공급한 재화 또는 용역의 시가
② 장기할부판매 또는 할부판매 경우의 이자상당액
③ 대가의 일부로 받는 운송보험료·산재보험료 등
④ 대가의 일부로 받는 운송비·포장비·하역비 등
⑤ 개별소비세와 교통·에너지·환경세 및 주세가 과세되는 재화 또는 용역에 대하여는 해당 개별소비세와 교통·에너지·환경세 및 주세와 그 교육세 및 농어촌특별세상당액

 과세표준에서 공제하지 않는 것

사업자가 재화 또는 용역을 공급받는 자에게 지급하는 장려금이나 이와 유사한 금액 및 대손금액은 과세표준에서 공제하지 않는다(부법 29⑥). 사업자가 지급하는 장려금은 개별 재화 또는 용역의 공급과 무관하게 지급되므로 과세표준에서 공제하지 않으며, 사업자가 지급받는 장려금 역시 개별 재화 또는 용역의 공급에 대한 대가가 아니므로 과세하지 않는다(부가통 29-61-8). 즉, 재화 또는 용역을 공급받는 사업자의 경우 공급가액에 포함하지 않는다.

한편, 매출채권에 대한 대손금액을 과세표준에서 공제하지 않는 이유는 부가가치세법에서 대손금액에 대하여 과세표준이 아닌 매출세액 단계에서 대손세액공제로 조정하도록 규정하고 있기 때문이다(부법 45, 제3절 Ⅶ 참고).

 부당행위계산의 부인

특수관계인에게 공급하는 재화 또는 용역에 대한 조세의 부담을 부당하게 감소시킬 것으로 인정

139

되는 경우로서 다음 중 어느 하나에 해당하는 경우에는 공급한 재화 또는 용역의 시가를 공급가액으로 본다(부법 29④).

① 재화의 공급에 대하여 부당하게 낮은 대가를 받거나 아무런 대가를 받지 않은 경우
② 용역의 공급에 대하여 부당하게 낮은 대가를 받는 경우
③ 용역의 공급에 대하여 대가를 받지 않은 경우로서 특수관계인에게 사업용 부동산의 임대용역을 공급하는 경우

Ⅱ. 재화의 수입에 대한 과세표준

 일반적인 과세표준

부가가치세법은 소비지국 과세원칙에 따라 면세대상을 제외한 모든 재화의 수입에 대하여 부가가치세를 과세하고 있으며, 재화의 수입에 대한 부가가치세는 세관장이 관세법에 따라 징수하도록 규정하고 있다(부법 58②). 이 때 재화의 수입에 대한 부가가치세의 과세표준은 그 재화에 대한 관세의 과세가격과 관세, 개별소비세, 주세, 교육세, 농어촌특별세 및 교통·에너지·환경세를 합한 금액으로 한다(부법 29②). 이를 계산식으로 살펴보면 다음과 같다.

재화의 수입에 대한 부가가치세 과세표준 = 관세의 과세가격
　　　　　　　　　　　　　　　　　　　+관세
　　　　　　　　　　　　　　　　　　　+개별소비세와 주세
　　　　　　　　　　　　　　　　　　　+교육세와 농어촌특별세
　　　　　　　　　　　　　　　　　　　+교통·에너지·환경세

 보세구역에서 수입재화를 반입하는 경우

사업자가 보세구역 내에 보관된 재화를 다른 사업자에게 공급하고, 그 재화를 공급받은 자가 그 재화를 보세구역으로부터 반입하는 경우 재화의 공급에 대한 공급가액은 그 재화의 공급가액에서 세관장이 부가가치세를 징수하고 발급한 수입세금계산서에 적힌 공급가액을 뺀 금액으로 한다(부령 61② 제5호).

이 경우 공급가액 중 관세가 과세되는 부분에 대하여는 세관장이 부가가치세를 거래징수하고 수입세금계산서를 발급하며 공급가액 중 관세의 과세가격과 관세·개별소비세·주세·교육세·교통·에너지·환경세 및 농어촌특별세의 합계액을 뺀 잔액에 대하여는 재화를 공급하는 사업자가 부가가치세를 거래징수하고 세금계산서를 발급해야 한다(부가통 9-18-7 ① 제4호).

사업자가 보세구역 내에 보관된 재화를 다른 사업자에게 공급하고, 그 재화를 공급받은 자가 재화를 보세구역으로부터 반입하는 경우 이는 하나의 거래이나 각각 재화의 공급과 재화의 수입에

해당하게 된다. 이러한 거래에 아무런 조정 없이 부가가치세를 과세하는 경우 같은 공급가액에 대하여 부가가치세가 이중으로 과세되는 문제가 발생한다. 부가가치세법은 이를 해결하기 위해 재화의 공급에 대한 공급가액을 계산할 때 그 재화의 전체 공급가액에서 재화의 수입에 대한 공급가액을 제외하도록 하며, 재화의 수입에 대한 공급가액을 먼저 확정하기 위하여 해당 거래의 공급시기를 수입신고 수리일로 보도록 규정하고 있다.

다만, 세관장이 부가가치세를 징수하기 전에 같은 재화에 대한 선하증권이 양도되는 경우에는 선하증권의 양수인으로부터 받은 대가를 공급가액으로 할 수 있다(부령 61② 제5호 단서). 이 경우 그 선하증권의 공급가액 전체에 대하여 부가가치세를 거래징수하고 세금계산서를 발급할 수 있다(부가통 9-18-7① 제4호 단서).

Ⅲ. 공급가액 계산의 특례

 1 과세 및 면세사업에 공통으로 사용된 재화를 공급하는 경우

사업자가 과세사업과 면세사업 및 부가가치세가 과세되지 않는 재화 또는 용역을 공급하는 사업에 공통적으로 사용된 재화를 공급하는 경우에는 다음과 같이 계산한 금액을 공급가액으로 한다. 이 경우 휴업 등으로 인하여 직전 과세기간의 공급가액이 없을 때에는 그 재화를 공급한 날에 가장 가까운 과세기간의 공급가액으로 계산한다(부법 29⑧, 부령 63①).

$$공급가액 = 해당\ 재화의\ 공급가액 \times 직전\ 과세기간^{주)}의\ \frac{과세된\ 공급가액}{총공급가액}$$

주) 재화를 공급한 날이 속하는 과세기간의 직전 과세기간을 말한다.

다만, 다음 중 어느 하나에 해당하는 경우에는 위의 계산식과 같이 안분계산하지 않고 해당 재화의 공급가액 전부를 과세표준으로 한다(부령 63③).

① 재화를 공급하는 날이 속하는 과세기간의 직전 과세기간의 총공급가액 중 면세공급가액이 5% 미만인 경우. 다만, 해당 재화의 공급가액이 5,000만원 이상인 경우는 제외한다.
② 재화의 공급가액이 50만원 미만인 경우
③ 재화를 공급하는 날이 속하는 과세기간에 신규로 사업을 시작하여 직전 과세기간이 없는 경우

예제 5-1 과세·면세 공통사용재화의 공급

제조업을 영위하는 ㈜A는 과세사업과 면세사업에 공통으로 사용하던 재화를 2025년 제2기에 1,000,000원(부가가치세 불포함)에 공급하였다. 다음 ㈜A의 공급가액 내역을 이용하여 부가가치세 과세표준에 포함되는 해당 재화의 공급에 따른 공급가액을 계산하시오.

(단위: 원)

구 분	2025년 제1기	2025년 제2기
과세공급가액	18,000,000	24,000,000
면세공급가액	2,000,000	6,000,000
합 계	20,000,000	30,000,000

[해답]

공급가액: 해당 재화의 공급가액 × 직전 과세기간의 $\dfrac{\text{과세된 공급가액}}{\text{총공급가액}}$

= 1,000,000원 × $\dfrac{18,000,000원}{20,000,000원}$ = 900,000원

2 토지와 건물 등을 함께 공급하는 경우

토지의 공급은 면세거래에 해당하고 건물 등(건물 또는 구축물 등)의 공급은 과세거래에 해당한다. 따라서 사업자가 토지와 그 토지에 정착된 건물 등을 함께 공급하는 경우에는 건물 등의 실지거래가액을 공급가액으로 한다(부법 29⑨).

다만, ① 실지거래가액 중 토지의 가액과 건물 등의 가액의 구분이 불분명한 경우 또는 ② 사업자가 실지거래가액으로 구분한 토지와 건물 등의 가액이 다음의 구분에 따라 안분계산한 금액과 30% 이상 차이가 있는 경우에는 다음의 구분에 따라 안분계산한 금액을 공급가액으로 한다(부법 29⑨ 단서, 부령 64①).

구 분	공 급 가 액
① 토지와 건물 등에 대한 소득세법에 따른 기준시가가 모두 있는 경우	공급계약일 현재의 기준시가에 따라 계산한 가액에 비례하여 안분계산한 금액. 다만, 감정평가가액^{주)}이 있는 경우에는 그 가액에 비례하여 안분계산한 금액으로 한다
② 토지와 건물 등 중 어느 하나 또는 모두의 기준시가가 없는 경우로서 감정평가가액^{주)}이 있는 경우	그 가액에 비례하여 안분계산한 금액. 다만, 감정평가가액이 없는 경우에는 장부가액(장부가액이 없는 경우에는 취득가액)에 비례하여 안분계산한 후 기준시가가 있는 자산에 대해서는 그 합계액을 다시 기준시가에 의하여 안분계산한 금액으로 한다.
③ ①과 ②를 적용할 수 없거나 적용하기 곤란한 경우	국세청장이 정하는 바에 따라 안분하여 계산한 금액(2018. 8. 24. 국세청고시 제2018-36호)

주) 감정평가가액이란 공급시기(중간지급조건부 또는 장기할부판매의 경우는 최초 공급시기)가 속하는 과세기간의 직전 과세기간 개시일부터 공급시기가 속하는 과세기간의 종료일까지 감정평가 및 감정평가사에 관한 법률에 따른 감정평가업자가 평가한 감정평가가액을 말한다.

한편, 다른 법령에서 정한 토지 또는 건물의 양도가액을 따른 경우나 토지와 건물 등을 함께 공급받은 후 건물을 철거하고 토지만 사용하는 경우에는 건물 등의 실지거래가액을 공급가액으로 한다. 즉, 안분계산을 적용하지 않는다(부령 64②).

토지와 건물 등의 일괄공급

부동산임대사업자 ㈜A는 다음과 같이 임대용 부동산을 양도하였다. 부가가치세 과세표준에 포함되는 해당 부동산의 양도에 따른 공급가액을 계산하시오. 단, 아래에 제시된 금액들은 부가가치세를 포함하지 않은 것이다.

(1) ㈜A는 건물과 부수토지를 2025년 1월 1일에 200,000,000원을 받고 양도하였다. 양도가액 중 건물가액과 토지가액의 구분은 불분명하다.
(2) 양도한 부동산의 공급계약일 현재 가액

(단위: 원)

구 분	취득가액	장부가액	기준시가	감정평가액*
건 물	60,000,000	40,000,000	64,000,000	54,000,000
부수토지	40,000,000	40,000,000	96,000,000	126,000,000
합 계	100,000,000	80,000,000	160,000,000	180,000,000

*감정평가는 2024년 12월 31일에 감정평가업자에 의해 시행되었다.

과세표준에 포함되는 공급가액(건물): $200{,}000{,}000원 \times \dfrac{54{,}000{,}000원}{180{,}000{,}000원} = 60{,}000{,}000원$

① 위 사례는 실지거래가액 중 토지의 가액과 건물의 가액의 구분이 불분명한 경우로서 토지와 건물의 기준시가가 모두 있는 경우에 해당한다. 이 경우 기준시가에 비례하여 안분계산한 금액을 공급가액으로 보나, 적법한 감정평가액이 있는 경우에는 기준시가에 우선하여 그 가액에 비례하여 안분계산한다.
② 제시된 감정평가액은 공급시기가 속하는 과세기간(2025년 제1기)의 직전 과세기간 개시일(2024.07.01.)부터 공급시기가 속하는 과세기간의 종료일(2025.06.30.)까지의 기간 내에 감정평가업자가 평가한 가액이므로 적법한 감정평가액에 해당한다.
③ 건물의 공급은 과세거래에 해당하고 토지의 공급은 면세거래에 해당하므로 부가가치세 과세표준에 포함되는 공급가액은 건물의 공급가액이다.

부동산임대용역을 공급하는 경우

(1) 임대료를 선불 또는 후불로 받는 경우

사업자가 둘 이상의 과세기간에 걸쳐 부동산 임대용역을 공급하고 그 대가를 선불이나 후불로 받는 경우에는 해당 금액을 계약기간의 개월 수로 나눈 금액의 각 과세대상기간의 합계액을 공급가액으로 한다(부법 29⑩ 제3호, 부령 65⑤). 이 경우 개월 수의 계산에 관하여는 해당 계약기간의 개시일이 속하는 달이 1개월 미만이면 1개월로 하고, 해당 계약기간의 종료일이 속하는 달이 1개월 미만이면 산입하지 않는다(부령 61② 제6호 후단).

(2) 전세금 또는 임대보증금을 받는 경우

사업자가 부동산 임대용역을 공급하고 전세금 또는 임대보증금을 받는 경우에는 금전 외의 대가를 받는 것으로 보아 다음 계산식에 따라 계산한 금액을 공급가액으로 한다(부법 29⑩ 제1호, 부령 65①).

$$공급가액 = 해당\ 기간의\ 전세금\ 또는\ 임대보증금^{①} \times 과세대상기간의\ 일수 \times \frac{정기예금이자율^{②}}{365(윤년에는\ 366)}$$

① 사업자가 계약에 따라 전세금이나 임대보증금을 임대료에 충당하였을 때에는 그 금액을 제외한 가액을 전세금 또는 임대보증금으로 한다(부령 65③).
② 정기예금이자율은 해당 예정신고기간 또는 과세기간 종료일 현재 계약기간 1년의 정기예금이자율로 3.5%를 적용한다(부칙 47).

이러한 전세금 또는 임대보증금에 대한 공급가액을 간주임대료라 한다. 간주임대료는 임차인이 해당 부동산을 사용하거나 사용하기로 한 때를 기준으로 하여 계산한다(부가통 29-65-1).

사업자가 부동산임대용역을 공급하는 경우 통상 임대료와 임대보증금을 함께 받는다. 임대료는 용역공급의 대가이므로 공급가액에 포함되나, 임대보증금은 임대차계약이 종료될 때 반환해야 하는 부채이지 용역공급의 대가가 아니므로 공급가액에 포함될 수 없다. 그러나 이와 같이 공급가액을 계산하는 경우 임대료만 받는 사업자가 임대보증금을 함께 받는 사업자보다 높은 부가가치세를 부담하는 문제가 발생한다. 이에 부가가치세법은 세부담의 형평성을 제고하기 위해 임대보증금에 대한 정기예금이자 상당액을 임대료로 보아 부동산임대용역의 공급가액에 포함하도록 규정하고 있다.

(3) 과세되는 부동산임대용역과 면세되는 주택임대용역을 함께 공급하는 경우

부동산임대용역의 공급은 과세거래에 해당하고 주택임대용역은 면세거래에 해당한다. 부동산임대용역과 주택임대용역을 함께 공급하여 그 임대구분과 임대료 등의 구분이 불분명한 경우에는 다음과 같이 ① 토지 및 건물분에 대한 임대료상당액의 계산, ② 토지임대 및 건물임대에 대한 공급가액의 계산 순으로 부동산임대용역에 대한 공급가액을 계산한다(부법 29⑩ 제2호, 부령 65④).

토 지 임 대	건 물 임 대
① 토지분에 대한 임대료상당액[①] $= (임대료+간주임대료) \times \dfrac{토지가액}{(토지가액+정착된\ 건물가액)}$	① 건물분에 대한 임대료상당액[①] $= (임대료+간주임대료) \times \dfrac{건물가액}{(토지가액+정착된\ 건물가액)}$
② 토지임대 공급가액[②] $= 위\ ①의\ 금액 \times \dfrac{과세되는\ 토지임대면적}{총토지임대면적}$	② 건물임대 공급가액[②] $= 위\ ①의\ 금액 \times \dfrac{과세되는\ 건물임대면적}{총건물임대면적}$

① 토지분 또는 건물분에 대한 임대료상당액 계산식에 따른 토지가액 또는 건물가액은 예정신고기간 또는 과세기간이 끝난 날 현재의 소득세법에 따른 기준시가에 따른다.
② 토지임대 또는 건물임대 공급가액 계산식에 따른 토지임대면적 및 건물임대면적이 예정신고기간 또는 과세기간 중에 변동된 경우에는 그 예정신고기간 또는 과세기간 중의 해당 면적의 적수에 따라 계산한 면적으로 한다.

5-3 부동산임대용역의 공급

다음은 도시지역 내에 소재하는 1층 건물을 임대하고 있는 (주)A의 2025년 제1기 예정신고기간(1.1.~3.31.)에 대한 자료이다. (주)A의 2025년 제1기 예정신고기간의 부가가치세 과세표준을 계산하시오.

(1) 임대기간: 2025.1.1.~12.31.
(2) 임대보증금: 365,000,000원
(3) 임대료: 임대료 1년분 4,800,000원은 1월 1일에 모두 수령
(4) 임대현황(주택면적에는 지하층·지상주차장·주민공동시설면적 제외)

구 분		면 적
건 물	상 가	300㎡
	주 택	100㎡
토 지		1,200㎡

(5) 2025년 제1기 예정신고기간 종료일 현재 소득세법상 기준시가

구 분	기준시가
건 물	400,000,000원
토 지	100,000,000원

(6) 과세되는 상가임대용역과 면세되는 주택임대용역에 대한 임대료 등이 구분이 불분명함
(7) 예정신고기간 종료일 현재 계약기간 1년의 정기예금이자율: 3.5%

1. 전체 임대료의 계산: (1) + (2) = 4,350,000원
   (1) 임대료: 4,800,000원 × $\frac{3}{12}$ (2025.1.1.~3.31.) = 1,200,000원
   (2) 간주임대료: 365,000,000원 × 3.5% × $\frac{90}{365}$ = 3,150,000원
2. 과세표준의 계산
   (1) 과세·면세 판단: 주택면적(100㎡)이 상가면적(300㎡)보다 작으므로 상가부분의 건물 및 토지의 임대는 부가가치세를 과세한다.
   (2) 상가부분에 대한 과세표준의 계산

구분	(1) 과세비율	(2) 과세표준
건물임대	$\frac{300㎡}{400㎡}$ = 75%	4,350,000 × $\frac{4억 원}{5억 원}$ × 75% = 2,610,000원
토지임대	$\frac{1,200㎡ - 300㎡^①}{1,200㎡}$ = 75%	4,350,000 × $\frac{1억 원}{5억 원}$ × 75% = 652,500원
합 계		3,262,500원

① 주택부수토지의 임대면적: Min(㉠, ㉡) = 300㎡
  ㉠ 주택부수토지: 1,200㎡ × (1-75%) = 300㎡
  ㉡ Max(주택연면적 100㎡, 주택정착면적 100㎡ × 5배) = 500㎡

주상겸용건물의 과세·면세 판단[제4장 제2절 1-(1)-3) 참고]

구 분		① 주택면적 > 상가면적	② 주택면적 ≤ 상가면적
건물 임대	주택부분	전부 면세	면세
	상가부분		과세
토지 임대	주택부분[1]	전부 면세 (주택부수토지 임대범위[2] 내)	면세 (주택부수토지 임대범위[2] 내)
	상가부분[1]		과세

[1] 주택부분의 토지면적 = 총토지면적 × $\frac{주택부분면적}{총건물면적}$, 상가부분의 토지면적 = 총토지면적 - 주택부분의 면적

[2] 주택부수토지 임대범위란 주택연면적과 건물정착면적의 5배(도시지역 밖 10배) 중 넓은 면적 이하를 말하며, 여기서 건물정착면적에서 말하는 건물이란 주택을 의미한다. 주택면적과 사업용건물면적의 크기에 따른 건물분 면세범위는 다음과 같다(집행기준 26-41-1).

구 분	건물분 면세범위
주택면적 > 상가면적	주택면적 + 사업용건물면적
주택면적 ≤ 상가면적	주택면적

 과세표준의 계산

[유형 1] 다음 자료를 이용하여 재화의 공급에 대한 부가가치세 과세표준을 계산하시오.

(1) 제품가격		30,000,000원
(2) 개별소비세		2,500,000원
(3) 개별소비세에 대한 교육세		250,000원
(4) 개별소비세에 대한 농어촌특별세		450,000원
(5) 매출에누리		600,000원
(6) 매출환입액		1,200,000원

[유형 2] 사업자 甲은 2025년 제2기(2025.7.1.~12.31.) 상품의 수출대금 중 일부를 외국바이어로부터 달러로 지급받았다. 다음 자료를 이용하여 부가가치세 과세표준을 계산하시오.

1. 상품의 수출과 대금수령 등에 관한 자료는 다음과 같다.

구 분	공급가액	선적일	대금수령일	환가일	환가액
A 상품	$1,200	11월 15일	10월 15일	10월 20일	1,058,000원
B 상품	$4,500	10월 15일	10월 15일	10월 20일	4,445,000원
C 상품	$2,500	9월 15일	10월 15일	10월 20일	2,425,500원

2. 환율과 관련된 자료는 다음과 같다.

구 분	9월 15일	10월 15일	10월 20일	11월 15일
기 준 환 율	920/$	940/$	950/$	970/$

[유형 1]

구 분	금 액	비 고
(1) 제품가격	30,000,000원	
(2) 개별소비세	2,500,000원	
(3) 교육세	250,000원	
(4) 농어촌특별세	450,000원	
(5) 매출에누리	(600,000원)	공급가액에 포함하지 않음
(6) 매출환입액	(1,200,000원)	공급가액에 포함하지 않음
과 세 표 준	31,400,000원	

[유형 2]
(1) A상품: 실제환가액 1,058,000원 (∵ 공급시기 도래 전에 환가하였으므로)
(2) B상품: $4,500 × 940원/$(10월 15일 기준환율) = 4,230,000원
(3) C상품: $2,500 × 920원/$(9월 15일 기준환율) = 2,300,000원
(4) 과세표준: 1,058,000원 + 4,230,000원 + 2,300,000원 = 7,588,000원

제3절 납부세액의 계산

부가가치세법은 전단계세액공제법에 따라 납부세액을 다음과 같이 계산하도록 규정하고 있다. 즉, 납부세액은 매출세액에서 매입세액, 그 밖에 이 법 및 다른 법률에 따라 공제되는 매입세액을 뺀 금액으로 한다. 이 경우 매출세액을 초과하는 부분의 매입세액은 환급세액으로 한다. 한편, 납부세액을 기준으로 사업자가 최종 납부하거나 환급받을 세액은 납부세액 또는 환급세액에서 경감·공제세액과 기납부세액을 빼고 가산세를 더하여 계산한다(부법 37②,③).

	납부세액의 계산구조		
	매출세액	과세표준 × 세율	
		+ 예정신고 누락분	
		± 대손세액 가감	
−	매입세액	세금계산서 수취분 매입세액	
		+ 예정신고 누락분	
		+ 매입자발행세금계산서 매입세액	
		+ 그 밖의 공제매입세액	① 신용카드매출전표 등 매입세액
			② 과세사업 전환 매입세액
			③ 의제매입세액
			④ 재활용폐자원 등 매입세액
			⑤ 재고매입세액[1]
			⑥ 변제대손세액
		− 공제받지 못할 매입세액	① 공제받지 못할 매입세액
			② 공통매입세액 면세사업분
			③ 대손처분받은 세액
=	납부세액(환급세액)		
−	경감·공제세액	① 신용카드매출전표 등 발급세액공제	
		② 전자신고세액공제	
		③ 일반택시운송사업자 경감세액	
−	기납부세액	① 예정신고 미환급세액	
		② 예정고지세액	
		③ 사업양수자 대리납부 기납부세액	
+	가산세		
=	차가감납부세액(환급세액)	= 부가가치세(74.7%)+지방소비세(25.3%)[2]	

[1] 재고매입세액은 간이과세와 과세유형의 전환에 대한 이해가 필요하므로 제8장 제4절 I-4에서 자세히 살펴보기로 한다.
[2] 지방자치단체의 조세수입을 확보하고 지역경제를 활성화하기 위해 납부세액에서 감면세액 및 공제세액을 빼고 가산세를 더한 세액의 79%를 부가가치세로, 21%를 지방소비세로 한다(부법 72①).

Ⅰ. 매출세액의 계산

매출세액은 제2절에서 살펴본 과세표준에 세율을 적용하여 계산한 금액으로 한다(부법 37①). 우리나라 부가가치세의 세율은 10%이다(부법 30). 이는 모든 재화 또는 용역의 공급, 재화의 수입에 대하여 차등 없이 동일한 세율을 적용하는 단순비례세율이다. 다만 국가 간 이중과세를 방지하는 소비지국 과세원칙을 구현하기 위해 재화 또는 용역의 국외공급 등에 대해서는 영세율을 적용하고 있으며, 부가가치세가 지니는 세부담의 역진성을 완화하기 위해 기초생활필수 재화 또는 용역 등에 대해서는 면세를 적용하고 있다.

한편, 사업자는 부가가치세가 과세되는 재화 또는 용역을 공급하고 외상매출금이나 그 밖의 매출채권의 전부 또는 일부가 공급을 받은 자의 파산·강제집행이나 그 밖의 사유로 대손되어 회수할 수 없는 경우에는 대손세액을 그 대손이 확정된 날이 속하는 과세기간의 매출세액에서 뺄 수 있다. 다만, 그 사업자가 대손금액의 전부 또는 일부를 회수한 경우에는 회수한 대손금액에 관련된 대손세액을 회수한 날이 속하는 과세기간의 매출세액에 더한다(부법 45①, 본 절 Ⅶ 참고).

일반과세자 부가가치세 신고서상 과세표준 및 매출세액 기재란

구분		과세표준	세율	세액
① 과세	세금계산서 발급분	○○○	10%	×××
	매입자발행 세금계산서	○○○	10%	×××
	신용카드·현금영수증 발행분	○○○	10%	×××
	기타	○○○	10%	×××
② 영세율	세금계산서 발급분	○○○	0%	
	기타	○○○	0%	
③ 예정신고 누락분^{주)}		○○○		×××
④ 대손세액가감				×××
매출세액		① + ③ ± ④		×××

주) 예정신고 시 누락된 과세표준 및 매출세액이 있는 경우 확정신고 시 본 란에 기재하여 납부해야 한다.

Ⅱ. 매입세액의 계산

1 공제하는 매입세액

(1) 의 의

사업자가 재화 또는 용역을 공급받으면서 거래징수당한 매입세액이나 재화를 수입하면서 징수당한 매입세액은 납부세액을 계산할 때 매출세액에서 공제된다. 이는 우리나라 부가가치세법이 전단계세액공제법을 채택함에 따라 간접적으로 부가가치 합계액에 세율을 적용한 것과 같은 결과가 나오도록 하려는 조치이다.

이 때 매입세액은 직접 계산에 의해 공제되는 것이 아니라 재화 또는 용역을 공급받거나 재화를 수입하면서 발급받은 세금계산서 또는 이와 유사한 역할을 하는 신용카드매출전표 등에 의해 공제된다. 구체적으로 사업자는 재화 또는 용역의 공급시기에 매입세액을 부담하였음을 증명하는 세금계산서를 발급받아 매입처별세금계산서합계표를 관할세무서장에게 제출해야 하며, 세금계산서 대신 부가가치세액이 별도로 구분되는 신용카드매출전표 등을 발급받은 경우에는 신용카드매출전표 등수령명세서를 제출해야 한다(부법 54①, 46③).

따라서 재화 또는 용역을 공급받거나 재화를 수입하면서 세금계산서나 신용카드매출전표 등을 발급받는 것은 매입세액을 공제하는 데에 있어 필수적인 선행요건이며, 이를 발급받지 않은 매입세액은 다음에서 살펴볼 공제요건을 갖추었다 하더라도 매출세액에서 공제할 수 없다.

신용카드매출전표 등의 범위

신용카드매출전표 등이란 여신전문금융업법에 따른 신용카드매출전표, 조세특례제한법에 따른 현금영수증 또는 그 밖에 이와 유사한 것으로서 다음 중 어느 하나에 해당하는 것을 말한다(부법46①, 부령 88④).

① 여신전문금융업법에 직불카드영수증, 결제대행업체를 통한 신용카드매출전표, 선불카드영수증(실제 명의가 확인되는 것에 한함)
② 조세특례제한법에 따른 현금영수증(부가통신사업자가 통신판매업자를 대신하여 발급하는 현금영수증 포함)
③ 전자금융거래법에 따른 직불전자지급수단 영수증, 전자지급결제대행에 관한 업무를 하는 금융회사 또는 전자금융업자를 통한 신용카드매출전표, 선불전자지급수단 영수증(실제 명의가 확인되는 것에 한함)

(2) 공제요건 및 공제시기

매출세액에서 공제하는 매입세액은 다음의 금액을 말한다(부법 38①). 따라서 재화 또는 용역을 공급받거나 재화를 수입하면서 부담한 매입세액이라 하더라도 다음의 요건을 충족하지 않는 매입세액은 매출세액에서 공제할 수 없다.

① 사업자가 자기의 사업을 위하여 사용하였거나 사용할 목적으로 공급받은 재화 또는 용역에 대한 부가가치세액[주]
② 사업자가 자기의 사업을 위하여 사용하였거나 사용할 목적으로 수입하는 재화의 수입에 대한 부가가치세액

[주] 사업의 포괄양수 시 대리납부제도에 따라 사업의 양수자가 납부한 부가가치세액을 포함한다(제7장 제1절 Ⅲ-1 참고).

위 매입세액의 공제요건을 자세히 살펴보면 다음과 같다. 우선 공급받은 재화 또는 용역, 수입한 재화를 자기의 사업을 위해 사용해야 한다. 여기서 자기의 사업이란 자기의 계산에 의한 부가가치세법상 과세사업을 말한다. 따라서 위탁자나 본인을 위한 수탁매입·대리매입과 같이 타인의 계산에 의한 사업과 관련된 매입세액과 부가가치세법상 면세사업과 관련된 매입세액은 매출세액에서 공제할 수 없다. 또한 개인적인 사용·소비를 위해 재화 또는 용역을 구입하면서 부담한 매입세액은 사업을 위한 것이 아니므로 매출세액에서 공제할 수 없다.

한편, 사용한 재화 또는 용역뿐만 아니라 사용할 예정인 재화 또는 용역과 관련된 매입세액도 매출세액에서 공제할 수 있다. 이론상 매입세액은 해당 재화 또는 용역이 사업에 투입되어 부가가치 창출과정에 사용된 시점에 공제하는 것이 타당하나, 이 경우 사업자는 매입시점에서부터 사용시점까지의 기간만큼 불필요한 자금부담이 발생하게 된다. 이러한 자금부담을 완화하기 위해 부가가치세법은 매입세액을 다음에 따른 과세기간에 매출세액에서 공제하도록 규정하고 있다(부법 38②,③).

① 공급받은 재화·용역에 대한 매입세액: 재화·용역을 공급받는 시기가 속하는 과세기간
② 재화의 수입에 대한 매입세액: 재화의 수입시기가 속하는 과세기간

다만, 매입세액을 사용시점이 아닌 매입시점에 공제하는 경우 사업자가 추후 해당 재화 또는 용역을 사업을 위하여 사용하지 않게 되면 애초에 공제할 수 없는 매입세액까지 공제가 되는 불합리한 결과가 발생할 수 있다. 이를 방지하기 위해 부가가치세법은 다음과 같은 제도를 함께 운용하고 있다.

① 재화의 간주공급(자기생산·취득재화의 공급)
② 공통매입세액의 안분계산 후 재계산(본 절 Ⅳ 참고)

마지막으로 공제하는 매입세액은 공급받은 재화 또는 용역에 대한 부가가치세액 또는 수입하는 재화의 수입에 대한 부가가치세액을 그 대상으로 한다. 여기서 공급받은 재화 또는 용역에 대한 부가가치세액이란 사업자가 재화 또는 용역을 공급받으면서 거래상대방에게 거래징수당한 부가가치세액을 말하며, 수입하는 재화의 수입에 대한 부가가치세액이란 재화를 수입하면서 세관장에게 징수당한 부가가치세액을 말한다.

공제하지 않는 매입세액

앞서 살펴본 것처럼 매입세액은 일정한 요건을 갖춘 경우에 한해 매출세액에서 공제할 수 있다. 즉, 세금계산서 또는 신용카드매출전표 등을 발급받은 매입세액으로서 자기의 사업을 위하여 사용하였거나 사용할 목적으로 공급받은 재화 또는 용역에 대한 매입세액 또는 재화의 수입에 대한 매입세액이어야 한다.

그러나 이러한 매입세액의 공제요건을 충족함에도 불구하고 다음에 해당하는 매입세액은 매출세액에서 공제하지 않는다(부법 39①). 이는 부가가치세법상 협력의무를 성실하게 이행하지 않은 경우 이를 제재하고, 거래의 성격상 공제하는 것이 적절하지 않은 매입세액을 공제에서 배제하려는 데에 그 의의가 있다.

(1) 매입처별세금계산서합계표 미제출·부실기재 매입세액
(2) 세금계산서 미수취·부실기재 매입세액
(3) 사업과 직접 관련 없는 지출에 대한 매입세액
(4) 비영업용 소형자동차의 구입과 임차 및 유지에 관한 매입세액
(5) 접대비 및 이와 유사한 지출에 대한 매입세액
(6) 면세사업 및 토지와 관련된 매입세액
(7) 사업자등록 전 매입세액

(1) 매입처별세금계산서합계표 미제출·부실기재 매입세액

사업자는 세금계산서 또는 수입세금계산서를 발급받은 경우에는 공급하는 사업자 및 공급받는 사업자의 등록번호와 성명·명칭, 거래기간, 작성연월일, 거래기간의 공급가액의 합계액 및 세액의 합계액, 그 밖에 사항을 적은 매입처별세금계산서합계표를 해당 예정신고 또는 확정신고를 할 때 함께 제출해야 한다(부법 54①).

그러나 매입처별세금계산서합계표를 제출하지 않은 경우의 매입세액 또는 제출한 매입처별세금계산서합계표의 기재사항 중 거래처별 등록번호 또는 공급가액의 전부 또는 일부가 적히지 않았거나 사실과 다르게 적힌 경우 그 기재사항이 적히지 않은 부분 또는 사실과 다르게 적힌 부분의 매입세액은 매출세액에서 공제하지 않는다(부법 39① 제1호).

다만, 다음 중 어느 하나에 해당하는 경우의 매입세액은 매출세액에서 공제한다(부법 39① 제1호 단서, 부령 74).

① 발급받은 세금계산서에 대한 매입처별세금계산서합계표 또는 신용카드매출전표등수령명세서를 과세표준수정신고서와 함께 제출하는 경우
② 발급받은 세금계산서에 대한 매입처별세금계산서합계표 또는 신용카드매출전표등수령명세서를 경정청구서와 함께 제출하여 경정기관이 경정하는 경우
③ 발급받은 세금계산서에 대한 매입처별세금계산서합계표 또는 신용카드매출전표등수령명세서를 기한후과세표준신고서와 함께 제출하여 관할세무서장이 결정하는 경우
④ 발급받은 세금계산서에 대한 매입처별세금계산서합계표의 거래처별 등록번호 또는 공급가액이 착오로 사실과 다르게 적힌 경우로서 발급받은 세금계산서에 의하여 거래사실이 확인되는 경우
⑤ 납세지 관할세무서장 등이 경정을 하는 경우 사업자가 발급받은 세금계산서 또는 신용카드매출전표 등을 경정기관의 확인을 거쳐 해당 경정기관에 제출하는 경우[주]

[주] 이는 예정신고 또는 확정신고 시 누락된 세금계산서와 신용카드매출전표 등을 관할세무서장 등으로부터 경정을 받을 때 해당 경정기관의 확인을 거쳐 매입세액의 공제를 허용하는 규정이다. 따라서 이 경우에는 행정상의 제재로서 가산세(신용카드매출전표 등 매입세액공제 관련 가산세)가 부과되며, 이 외의 경우에는 가산세가 부과되지 않는다(부법 60⑤,⑦, 부령 108④,⑥).

(2) 세금계산서 미수취·부실기재 매입세액

세금계산서 또는 수입세금계산서를 발급받지 않은 경우 또는 발급받은 세금계산서 또는 수입세금계산서에 필요적 기재사항의 전부 또는 일부가 적히지 않았거나 사실과 다르게 적힌 경우의 매입세액(공급가액이 사실과 다르게 적힌 경우에는 실제 공급가액과 사실과 다르게 적힌 금액의 차액에 해당하는 세액을 말함)은 매출세액에서 공제하지 않는다(부법 39① 제2호). 여기서 필요적 기재사항이란 다음의 것을 말한다(부법 32① 제1호부터 제4호까지).

① 공급하는 사업자의 등록번호와 성명 또는 명칭
② 공급받는 자의 등록번호[주]
③ 공급가액과 부가가치세액
④ 작성연월일

[주] 공급받는 자가 사업자가 아니거나 등록한 사업자가 아닌 경우에는 고유번호 또는 공급받는 자의 주민등록번호

다만, 다음 중 어느 하나에 해당하는 경우의 매입세액은 매출세액에서 공제한다(부법 39① 제2호 단서, 부령 75).

① 사업자등록을 신청한 사업자가 사업자등록증 발급일까지의 거래에 대하여 해당 사업자 또는 대표자의 주민등록번호를 적어 발급받은 경우
② 발급받은 세금계산서의 필요적 기재사항 중 일부가 착오로 사실과 다르게 적혔으나 그 세금계산서에 적힌 나머지 필요적 기재사항 또는 임의적 기재사항으로 보아 거래사실이 확인되는 경우
③ 재화 또는 용역의 공급시기 이후에 발급받은 세금계산서로서 해당 공급시기가 속하는 과세기간에 대한 확정신고기한까지 발급받은 경우
④ 발급받은 전자세금계산서로서 국세청장에게 전송되지 않았으나 발급한 사실이 확인되는 경우
⑤ 전자세금계산서 외의 세금계산서로서 재화 또는 용역의 공급시기가 속하는 과세기간에 대한 확정신고기한까지 발급받았고, 그 거래사실도 확인되는 경우
⑥ 실제로 재화 또는 용역을 공급하거나 공급받은 사업장이 아닌 사업장을 적은 세금계산서를 발급받았더라도 그 사업장이 총괄하여 납부하거나 사업자 단위 과세 사업자에 해당하는 사업장인 경우로서 그 재화 또는 용역을 실제로 공급한 사업자가 납세지 관할세무서장에게 해당 과세기간에 대한 납부세액을 신고하고 납부한 경우
⑦ 재화 또는 용역의 공급시기가 속하는 과세기간에 대한 확정신고기한 이후 세금계산서를 발급받았더라도 그 세금계산서의 발급일이 재화 또는 용역의 공급시기가 속하는 과세기간에 대한 확정신고기한 다음 날부터 1년 이내이고 다음 중 어느 하나에 해당하는 경우
　㉠ 발급받은 세금계산서와 함께 과세표준수정신고서 및 경정청구서를 제출하는 경우
　㉡ 거래사실이 확인되어 납세지 관할세무서장, 납세지 관할지방국세청장 또는 국세청장(납세지 관할세무서장 등)이 결정 또는 경정하는 경우
⑧ 재화 또는 용역의 공급시기 이전에 세금계산서를 발급받았더라도 그 세금계산서의 발급일로부터 재화 또는 용역의 공급시기가 6개월 이내에 도래하고 거래사실이 확인되어 납세지 관할세무서장 등이 결정 또는 경정하는 경우
⑨ 거래의 실질이 위탁매매 또는 대리인에 의한 매매에 해당하나 거래당사자 간 계약에 따라 해당 거래를 위탁매매 또는 대리인에 의한 매매로 보지 않고 발급받은 세금계산서로서 그 계약에 따른 거래사실이 확인되고 거래당사자가 납세지 관할세무서장에게 해당 과세기간에 납부세액을 신고하고 납부한 경우
⑩ 거래의 실질이 위탁매매 또는 대리인에 의한 매매에 해당하지 않으나 거래당사자 간 계약에 따라 해당 거래를 위탁매매 또는 대리인에 의한 매매로 보고 발급받은 세금계산서로서 그 계약에 따른 거래사실이 확인되고 거래당사자가 납세지 관할세무서장에게 해당 과세기간에 납부세액을 신고하고 납부한 경우
⑪ 다른 사업자로부터 용역 공급사업을 위탁받아 수행하는 사업자가 위탁받은 사업의 수행에 필요한 비용을 사업을 위탁한 사업자로부터 지급받아 지출한 경우로서 해당 비용을 공급가액에 포함해야 함에도 불구하고 거래 당사자 간 계약에 따라 이를 공급가액에서 제외하여 세금계산서를 발급받은 경우
⑫ 다른 사업자로부터 용역 공급사업을 위탁받아 수행하는 사업자가 위탁받은 사업의 수행에 필요한 비용을 사업을 위탁한 사업자로부터 지급받아 지출한 경우로서 해당 비용을 공급가액에서 제외해야 함에도 불구하고 거래 당사자 간 계약에 따라 이를 공급가액에 포함하여 세금계산서를 발급받은 경우
⑬ 부가가치세를 납부해야 하는 수탁자가 위탁자를 재화 또는 용역을 공급받는 자로 하여 발급된 세금계산서의 부가가치세액을 매출세액에서 공제받으려는 경우로서 그 거래사실이 확인되고 재화 또는 용역을 공급한 자가 납세지 관할 세무서장에게 해당 납부세액을 신고하고 납부한 경우
⑭ 부가가치세를 납부해야 하는 위탁자가 수탁자를 재화 또는 용역을 공급받는 자로 하여 발급된 세금계산서의 부가가치세액을 매출세액에서 공제받으려는 경우로서 그 거래사실이 확인되고 재화 또는 용역을 공급한 자가 납세지 관할 세무서장에게 해당 납부세액을 신고하고 납부한 경우

(3) 사업과 직접 관련 없는 지출에 대한 매입세액

사업과 직접 관련이 없는 지출에 대한 매입세액은 매출세액에서 공제하지 않는다. 여기서 사업과 직접 관련이 없는 지출의 범위는 다음과 같다(부법 39① 제4호, 부령 77, 소령 78, 법령 48, 48③, 50).

① 소득세법에 따른 업무와 관련없는 지출
② 법인세법에 따른 다음의 지출
  ㉠ 법인이 해당 법인 외의 자와 동일한 조직 또는 사업 등을 공동으로 운영하거나 영위함에 따라 발생되거나 지출된 손비 중 일정기준에 따른 분담금액을 초과하는 금액
  ㉡ 업무와 관련이 없는 자산을 취득·관리함으로써 생기는 비용, 유지비, 수선비 및 이와 관련되는 비용
  ㉢ 업무와 관련이 없는 지출

(4) 비영업용 소형자동차의 구입과 임차 및 유지에 관한 매입세액

비영업용 소형자동차의 구입과 임차 및 유지에 관한 매입세액은 매출세액에서 공제하지 않는다(부법 39① 제5호). 즉, 소형자동차를 영업용으로 사용하는 경우에는 관련된 매입세액을 매출세액에서 공제할 수 있다. 여기서 영업용이란 다음의 업종에 직접 영업으로 사용되는 것을 말하며, 이 외의 용도로 사용되는 것은 비영업용에 해당한다(부령 78, 19). 따라서 출퇴근용, 출장용 등 업무용으로 사용되는 것이라도 다음의 업종에 직접 영업으로 사용되지 않는 것은 비영업용에 해당한다.

① 운수업
② 자동차 판매업
③ 자동차 임대업
④ 운전학원업
⑤ 기계경비업무를 하는 경비업(출동차량에 한함)
⑥ ①부터 ⑤까지의 업종과 유사한 업종

한편, 소형자동차란 개별소비세 과세대상 자동차로서 다음 중 어느 하나에 해당하는 자동차를 말한다(개별소비세법 1② 제3호).

① 승용자동차와 전기승용자동차(정원 8명 이하로 한정하되, 배기량 1,000cc·길이 3.6m·폭 1.6m 이하인 것 제외)
② 캠핑용자동차(캠핑용 트레일러 포함)
③ 이륜자동차(배기량 125cc 초과하는 것만 해당)

(5) 접대비 및 이와 유사한 지출에 대한 매입세액

접대비 및 이와 유사한 비용의 지출에 관련된 매입세액은 매출세액에서 공제하지 않는다(부법 39① 제6호). 여기서 접대비란 접대비 및 교제비, 사례금, 그 밖에 어떠한 명목이든 상관없이 이와 유사한 성질의 비용으로서 사업자가 업무와 관련하여 지출한 금액을 말한다. 접대비 및 이와 유사한 비용의 지출범위는 소득세법 및 법인세법에 따른다(부령 79, 소법 35, 법법 25).

(6) 면세사업 및 토지와 관련된 매입세액

면세사업에 관련된 매입세액(면세사업을 위한 투자에 관련된 매입세액 포함)은 매출세액에서 공제하지 않는다(부법 39① 제7호). 다만, 자기의 사업과 관련하여 생산하거나 취득한 재화를 국가·지방자치단체 등에 무상으로 공급하는 경우 해당 재화의 매입세액은 과세사업과 관련된 매입세액

으로 보아 매출세액에서 공제한다(부가통 38-0-6). 면세사업에는 부가가치세가 과세되지 않는 재화 또는 용역을 공급하는 사업(비과세사업)을 포함한다(집행기준 39-0-1 ① 제6호).

한편, 토지의 조성 등을 위한 자본적 지출에 관련된 매입세액으로서 다음 중 어느 하나에 해당하는 경우의 매입세액은 매출세액에서 공제하지 않는다(부법 39① 제7호, 부령 80).

① 토지의 취득 및 형질변경, 공장부지 및 택지의 조성 등에 관련된 매입세액
② 건축물이 있는 토지를 취득하여 그 건축물을 철거하고 토지만 사용하는 경우에는 철거한 건축물의 취득 및 철거비용과 관련된 매입세액
③ 토지의 가치를 현실적으로 증가시켜 토지의 취득원가를 구성하는 비용에 관련된 매입세액

(7) 사업자등록 전 매입세액

사업자등록을 신청하기 전의 매입세액은 매출세액에서 공제하지 않는다. 다만, 공급시기가 속하는 과세기간이 끝난 후 20일 이내에 등록을 신청한 경우 등록신청일부터 공급시기가 속하는 과세기간 기산일까지 역산한 기간 내의 매입세액은 매출세액에서 공제한다(부법 39① 제8호). 여기서 등록신청일은 사업자등록신청의 접수일을 의미하며, 과세기간 기산일은 일반과세자의 제1기 및 간이과세자의 경우 1월 1일 또는 일반과세자의 제2기의 경우 7월 1일을 말한다(부법 5①).

Ⅲ. 공통매입세액의 안분계산

 의 의

사업자가 과세사업과 면세사업(비과세사업 포함)을 겸영하는 경우 과세사업을 위한 재화 또는 용역에 대한 매입세액은 매출세액에서 공제하여 납부세액을 계산하지만, 면세사업을 위한 재화 또는 용역에 대한 매입세액은 공제하지 않는다. 따라서 과세사업과 면세사업을 겸영하는 사업자가 매입세액의 공제여부를 판단할 때는 그 실지귀속에 따르는 것이 원칙이다.

그런데 현실에서는 재화 또는 용역을 과세사업과 면세사업에 공통으로 사용하는 등의 이유로 해당 재화 또는 용역에 대한 매입세액의 실지귀속을 구분할 수 없는 경우가 종종 발생한다. 이에 부가가치세법은 그 실지귀속을 구분할 수 없는 매입세액(공통매입세액)을 일정한 기준에 따라 안분계산하도록 규정하고 있는데, 이를 공통매입세액의 안분계산이라 한다(부법 40).

 일반적인 경우의 안분계산방법

(1) 공급가액에 의한 안분계산

사업자가 과세사업과 면세사업을 겸영하는 경우로서 공통매입세액이 있는 경우 면세사업에 관련된 매입세액은 다음 계산식에 따라 안분하여 계산한다(부령 81①).

$$\text{면세사업에 관련된 매입세액} = \text{공통매입세액} \times \frac{\text{면세공급가액}^{①}}{\text{총공급가액}^{②}}$$

[1] 면세공급가액이란 면세사업에 대한 공급가액과 사업자가 해당 면세사업과 관련하여 받았으나 과세표준에 포함되지 않는 국고보조금과 공공보조금 및 이와 유사한 금액의 합계액을 말한다.
[2] 총공급가액이란 공통매입세액과 관련된 해당 과세기간의 과세사업에 대한 공급가액과 면세공급가액의 합계액을 말한다(부칙 54②).

다만, 예정신고를 할 때에는 예정신고기간에 있어서 총공급가액에 대한 면세공급가액의 비율에 따라 안분하여 계산하고, 확정신고를 할 때에 정산한다(부령 81① 단서).

(2) 공급받은 과세기간 중에 공급한 재화의 안분계산

과세사업과 면세사업에 공통으로 사용되는 재화를 공급받은 과세기간 중에 그 재화를 공급하여 직전 과세기간의 공급가액 비율에 따라 공급가액을 계산한 경우 그 재화에 대한 매입세액의 안분계산도 그 비율에 따라 계산한다(부칙 54③).

과세사업과 면세사업에 공통으로 사용된 재화를 공급하는 경우에 공급가액은 직전 과세기간의 공급가액을 기준으로 안분계산하는 것이 원칙이므로(부법 29⑧, 부령 63①), 이와 대응되도록 같은 과세기간에 공급받아 공급한 재화의 공통매입세액에 대해서는 공급가액을 안분계산할 때 사용한 기준에 따라 안분계산하는 것이다. 따라서 이 경우 면세사업에 관련된 매입세액은 다음의 계산식에 따라 안분하여 계산한다.

$$\text{면세사업에 관련된 매입세액} = \text{공통매입세액} \times \text{직전 과세기간}^{주)}\text{의} \frac{\text{면세공급가액}}{\text{총공급가액}}$$

주) 재화를 공급한 날이 속하는 과세기간의 직전 과세기간을 말한다.

(3) 안분계산의 생략

다음 중 어느 하나에 해당하는 경우에는 해당 재화 또는 용역의 매입세액은 공제되는 매입세액으로 한다(부령 81②). 즉, 이 경우에는 공통매입세액의 안분계산을 생략하고 매입세액 전액을 매출세액에서 공제한다.

① 해당 과세기간의 총공급가액 중 면세공급가액이 5% 미만인 경우의 공통매입세액. 다만, 공통매입세액이 500만원 이상인 경우는 제외한다.
② 해당 과세기간 중의 공통매입세액이 5만원 미만인 경우의 매입세액
③ 재화를 공급하는 날이 속하는 과세기간에 신규로 사업을 시작하여 직전 과세기간이 없는 경우 해당 재화에 대한 매입세액

위 ③과 관련하여 신규로 사업을 시작한 사업자가 해당 과세기간에 과세사업과 면세사업에 공통으로 사용된 재화를 공급하는 경우에 공급가액은 안분계산을 생략하는 것이 원칙이므로 (부령 63③ 제3호), 이와 대응되도록 해당 재화의 공통매입세액도 안분계산을 생략하고 전액 매출세액에서 공제하는 것이다.

3 예외적인 경우의 안분계산방법

(1) 공급가액이 없는 경우의 안분계산

공통매입세액을 안분계산함에 있어 해당 과세기간 중 과세사업과 면세사업의 공급가액이 없거나 그 어느 한 사업의 공급가액이 없는 경우에 해당 과세기간에 대한 안분계산은 다음의 순서에 따른다(부령 81④). 편의상 ①을 매입가액비율, ②를 예정공급가액비율, 그리고 ③을 예정사용면적비율이라 한다.

① 총매입가액(공통매입가액 제외)에 대한 면세사업에 관련된 매입가액의 비율
② 총예정공급가액에 대한 면세사업에 관련된 예정공급가액의 비율
③ 총예정사용면적에 대한 면세사업에 관련된 예정사용면적의 비율

(2) 공통매입세액의 정산

사업자가 예외적인 경우의 안분계산방법에 따라 매입세액을 안분하여 계산한 경우에는 해당 재화의 취득으로 과세사업과 면세사업의 공급가액, 과세사업과 면세사업의 사용면적이 확정되는 과세기간에 대한 납부세액을 확정신고할 때에 다음의 계산식에 따라 정산한다(부령 82).

1) 매입가액비율 또는 예정공급가액비율에 따라 안분계산한 경우

$$\text{가산되거나 공제되는 세액} = \text{총공통매입세액} \times \left(1 - \frac{\text{면세공급가액}^①}{\text{총공급가액}^②}\right) - \text{이미 공제한 세액}$$

① 과세사업과 면세사업의 공급가액이 확정되는 과세기간의 면세공급가액을 말한다.
② 과세사업과 면세사업의 공급가액이 확정되는 과세기간의 총공급가액을 말한다.

2) 예정사용면적비율에 따라 안분계산한 경우

$$\text{가산되거나 공제되는 세액} = \text{총공통매입세액} \times \left(1 - \frac{\text{면세사용면적}^①}{\text{총사용면적}^②}\right) - \text{이미 공제한 세액}$$

① 과세사업과 면세사업의 사용면적이 확정되는 과세기간의 면세사용면적을 말한다.
② 과세사업과 면세사업의 사용면적이 확정되는 과세기간의 총사용면적을 말한다.

다만, 예정신고를 할 때에는 예정신고기간에 있어서 총공급가액에 대한 면세공급가액의 비율 또는 총사용면적에 대한 면세사용면적의 비율에 따라 안분하여 계산하고 확정신고를 할 때에 정산한다(부령 82 단서).

(3) 예정면적이 구분되는 건물 또는 구축물의 안분계산 및 정산

건물 또는 구축물을 신축하거나 취득하여 과세사업과 면세사업에 제공할 예정면적을 구분할 수

있는 경우에는 예정사용면적비율을 매입가액비율 및 예정공급가액비율에 우선하여 적용한다(부령 81④ 단서).

토지를 제외한 건물 또는 구축물에 대하여 예정사용면적비율을 적용하여 공통매입세액 안분계산을 하였을 때에는 그 후 과세사업과 면세사업의 공급가액이 모두 있게 되어 일반적인 경우의 안분계산방법에 따라 공통매입세액을 계산할 수 있는 경우에도 과세사업과 면세사업의 사용면적이 확정되기 전의 과세기간까지는 예정사용면적비율을 적용하고, 과세사업과 면세사업의 사용면적이 확정되는 과세기간에 공통매입세액을 정산한다(부령 81⑤).

공통매입세액의 안분계산

과세사업과 면세사업을 겸영하는 ㈜A는 2025년 1월 1일에 과세사업과 면세사업에 공통으로 사용하기 위한 화물트럭을 100,000,000원(부가가치세 10,000,000원 별도)에 구입하였다. ㈜A의 공급가액이 다음과 같을 때 예정신고 및 확정신고시 부가가치세 납부세액에서 공제하지 않는 면세사업에 관련된 매입세액을 각각 계산하시오.

구 분	2024.7.1.~12.31.	2025.1.1.~3.31.	2025.4.1.~6.30.
과세사업	5억원	4억원	4억원
면세사업	5억원	4억원	8억원
합 계	10억원	8억원	12억원

1. 예정신고 시 면세사업에 관련된 매입세액
2. 확정신고 시 면세사업에 관련된 매입세액

1. 예정신고 시 면세사업에 관련된 매입세액

    $10,000,000원 \times \dfrac{4억원}{8억원} = 5,000,000원$

2. 확정신고 시 면세사업에 관련된 매입세액

    $10,000,000원 \times \dfrac{(4억원 + 8억원)}{(8억원 + 12억원)} - 5,000,000원 = 1,000,000원$

① 공통매입세액이 있는 경우 면세사업에 관련된 매입세액은 해당 과세기간의 총공급가액에 대한 면세공급가액의 비율로 안분계산한다.
② 예정신고를 할 때에는 예정신고기간에 있어서 총공급가액에 대한 면세공급가액의 비율에 따라 안분계산하고, 확정신고를 할 때에 정산한다.

Ⅳ. 공통매입세액의 재계산

 의 의

사업자가 재화 또는 용역을 과세사업과 면세사업(비과세사업 포함)에 공통으로 사용하는 경우로서 그 매입세액의 실지귀속을 구분할 수 없는 경우에는 공통매입세액의 안분계산방법에 따라 매출세액에서 공제하는 매입세액을 안분계산한다. 즉, 공통매입세액은 해당 과세기간의 총공급가액에 대한 면세공급가액의 비율(면세사업비율)을 적용하여 공제하는 매입세액과 공제할 수 없는 매입세액을 구분한다.

그런데 이후의 과세기간에 면세사업비율이 증가하거나 감소하게 되면 애초에 매출세액에서 공제받은 매입세액이 과대하거나 과소해지는 결과를 초래한다. 특히 이러한 현상은 여러 과세기간에 걸쳐 장기간 사용되는 감가상각자산에 있어 두드러지게 발생한다. 이에 부가가치세법은 감가상각자산에 대하여 면세사업비율의 변동으로 인해 공통매입세액의 안분계산방법에 따라 공제받은 매입세액이 과대(과소)해진 경우 이를 정산하여 납부세액에 가산(공제)하거나 환급세액에 공제(가산)하도록 규정하고 있는데, 이를 공통매입세액의 재계산이라 한다(부법 41).

 재계산의 요건

1) 감가상각자산일 것

공통매입세액의 재계산은 감가상각자산으로서 과세사업과 면세사업에 공통으로 사용되는 것에 한하여 적용한다(부법 41①). 따라서 감가상각자산 외의 재화에 대해서는 적용하지 않으며, 감가상각자산이라도 과세사업과 면세사업에 공통으로 사용되지 않는 것은 적용대상에서 제외된다. 여기서 감가상각자산이란 건물, 구축물, 차량운반구, 기계장치 등 소득세법 또는 법인세법에 따른 감가상각자산을 말한다(부령 66①).

2) 공통매입세액을 안분계산한 경우일 것

공통매입세액의 재계산은 사업자가 감가상각자산을 과세사업과 면세사업에 공통으로 사용하는 경우로서 그 실지귀속을 알 수 없는 매입세액을 공통매입세액의 안분계산방법에 따라 안분계산한 경우에 한하여 적용한다(부법 41①). 따라서 일반적인 경우의 안분계산방법 뿐만 아니라 공급가액이 없어 예외적인 경우의 안분계산방법에 따라 공통매입세액을 안분계산한 경우에도 재계산의 대상에 해당한다.

3) 면세사업비율이 5% 이상 증가 또는 감소한 경우일 것

공통매입세액의 재계산은 감가상각자산에 대하여 공통매입세액의 안분계산에 따라 매입세액을 공제한 후 면세사업비율과 감가상각자산의 취득일이 속하는 과세기간(그 후의 과세기간에 재계산 한 때는 그 재계산한 과세기간)에 적용되었던 면세사업비율이 5% 이상 차이가 나는 경우에 한하여 적용한다(부법 41①). 여기서 면세사업비율이란 총공급가액에 대한 면세공급가액의 비율 또는 총사용면적에 대한 면세사용면적의 비율을 말한다(부령 83①).

재계산의 방법

1) 재계산 세액의 계산

공통매입세액의 재계산에 따라 납부세액에 가산 또는 공제하거나 환급세액에 가산 또는 공제하는 세액은 다음의 계산식에 따라 계산한 금액으로 한다.

구 분	가산되거나 공제되는 세액
① 건물 또는 구축물	매입세액×(1-5%×경과된 과세기간 수)×증감 면세사업비율
② 그 밖의 감가상각자산	매입세액×(1-25%×경과된 과세기간 수)×증감 면세사업비율

여기서 경과된 과세기간의 수는 과세기간 단위로 계산하되, 건물 또는 구축물의 경과된 과세기간의 수가 20을 초과할 때에는 20으로, 그 밖의 감가상각자산의 경과된 과세기간의 수가 4를 초과할 때에는 4로 한다(부령 66② 후단). 이 때 과세기간의 개시일 후에 감가상각자산을 취득하거나 해당 재화가 재계산의 대상에 해당하게 된 경우에는 그 과세기간의 개시일에 해당 재화를 취득하거나 해당 재화가 재계산의 대상에 해당하게 된 것으로 본다(부령 83⑤).

한편, 증감된 면세사업비율을 적용할 때 해당 취득일이 속하는 과세기간의 총공급가액에 대한 면세공급가액의 비율로 안분하여 계산한 경우에는 증가되거나 감소된 면세공급가액의 비율에 따라 재계산하고, 해당 취득일이 속하는 과세기간의 총사용면적에 대한 면세사용면적의 비율로 안분하여 계산한 경우에는 증가되거나 감소된 면세사용면적의 비율에 따라 재계산한다(부령 83③).

2) 재계산 세액의 신고·납부

공통매입세액의 재계산은 과세기간 단위로 한다. 즉, 예정신고를 할 때에는 공통매입세액을 재계산할 필요가 없으며 확정신고를 할 때에만 재계산하여 해당 과세기간의 확정신고와 함께 관할세무서장에게 신고·납부해야 한다(부법 41).

 재계산의 적용배제

1) 재화의 간주공급에 해당하는 경우

과세사업에 사용하던 감가상각자산이 면세사업 전용, 비영업용 소형자동차와 그 유지를 위한 사용, 개인적 공급, 사업상 증여, 또는 폐업할 때 남아있는 재화에 해당하여 재화의 공급으로 간주되는 경우에는 공통매입세액을 재계산하지 않는다(부령 83④, 부령66). 이는 자기생산·취득재화의 공급을 재화의 공급으로 간주하는 것으로서 공통매입세액의 재계산과 같이 이미 공제받은 매입세액을 정산(회수)하는 역할을 하기 때문이다.

2) 공통사용 감가상각자산을 공급하는 경우

과세사업과 면세사업에 공통으로 사용하던 감가상각자산을 공급하게 되면 그 공급한 날이 속하는 과세기간의 직전 과세기간 공급가액의 비율에 따라 그 공급가액을 안분계산 한다(부령 63). 이 경우 감가상각자산과 관련된 매출세액에 적용된 비율과 직전 과세기간에 취득하였거나 재계산하여 공제받은 매입세액에 적용된 비율은 모두 해당 감가상각자산을 공급한 날이 속하는 직전 과세기간의 공급가액 기준으로 서로 대응하게 된다. 따라서 해당 감가상각자산을 공급하는 날이 속하는 과세기간에는 그 감가상각자산에 대한 공통매입세액의 재계산을 하지 않는다(부칙 55③).

납부세액 또는 환급세액의 재계산

과세사업과 면세사업을 겸영하는 ㈜A는 2025년 1월 1일에 과세사업과 면세사업에 공통으로 사용하기 위한 화물트럭을 100,000,000원(부가가치세 10,000,000원 별도)에 구입하였다. ㈜A의 공급가액이 다음과 같을 때 2025년 제1기 확정신고 시 납부세액에서 공제하지 않는 매입세액과 2025년 제2기, 2025년 제1기 및 제2기 확정신고시 납부세액에서 가산(공제)하거나 환급세액에서 공제(가산)할 세액을 각각 계산하시오.

구 분	2025.1.1.~6.30.	2025.7.1.~12.31.	2026.1.1.~6.30.	2026.7.1.~12.31.
과세사업	8억원	4억원	4.5억원	7억원
면세사업	12억원	16억원	15.5억원	13억원
합 계	20억원	20억원	20억원	20억원

1. 2025년 제1기 확정신고 시 납부세액에서 공제하지 않는 매입세액
2. 2025년 제2기 확정신고 시 납부세액에서 가산(공제)·환급세액에서 공제(가산)할 세액
3. 2026년 제1기 확정신고 시 납부세액에서 가산(공제)·환급세액에서 공제(가산)할 세액
4. 2026년 제2기 확정신고 시 납부세액에서 가산(공제)·환급세액에서 공제(가산)할 세액

1. 2025년 제1기 확정신고시 납부세액에서 공제하지 않는 매입세액
   (1) 면세사업비율: $\frac{12억원}{20억원}$ = 60%
   (2) 면세사업에 관련된 매입세액: 10,000,000원 × 60% = 6,000,000원
2. 2025년 제2기 확정신고시 납부세액에서 가산(공제)·환급세액에서 공제(가산)할 세액
   (1) 면세사업비율: $\frac{16억원}{20억원}$ = 80%
   (2) 면세사업비율의 증감: 80% - 60% = 20% → 재계산함(5% 이상 증가)
   (3) 납부세액에서 가산(공제)·환급세액에서 공제(가산)할 세액:
       10,000,000원 × (1-25%×1) × 20% = 1,500,000원 (납부세액 가산·환급세액 공제)
3. 2026년 제1기 확정신고시 납부세액에서 가산(공제)·환급세액에서 공제(가산)할 세액
   (1) 면세사업비율: $\frac{15.5억원}{20억원}$ = 77.5%
   (2) 면세사업비율의 증감: 77.5% - 80% = (2.5%) → 재계산하지 않음(5% 미만 감소)
   (3) 납부세액에서 가산(공제)·환급세액에서 공제(가산)할 세액: 없음
4. 2026년 제2기 확정신고시 납부세액에서 가산(공제)·환급세액에서 공제(가산)할 세액
   (1) 면세사업비율: $\frac{13억원}{20억원}$ = 65%
   (2) 면세사업비율의 증감: 65% - 80%[주] = (15%) → 재계산함(5% 이상 감소)
       [주] 직전 과세기간의 면세비율이 아니라 직전 재계산한 과세기간의 면세비율임에 유의해야 한다.
   (3) 납부세액에서 가산(공제)·환급세액에서 공제(가산)할 세액:
       10,000,000원 × (1-25%×3) × (15%) = (375,000원) (납부세액 공제·환급세액 가산)

V. 과세사업 전환 매입세액공제

 의 의

사업자가 면세사업(비과세사업 포함)을 위해 감가상각자산을 취득하는 경우 해당 감가상각자산에 대한 매입세액은 면세사업과 관련된 매입세액으로서 매출세액에서 공제하지 않는다. 그런데 면세사업에 사용하던 감가상각자산을 과세사업에 전용하는 경우에는 취득 당시에 공제받지 못한 매입세액 중 일부를 공제받을 수 있는데, 이를 과세사업 전환 매입세액공제라 한다. 이는 자기생산·취득재화를 면세사업에 전용하는 경우 재화의 공급으로 간주하여 과세하는 것에 대응하여 과세형평성을 제고하기 위한 제도이다(부법 43).

 공제되는 세액의 계산방법

(1) 과세사업에 사용하는 경우

사업자는 매입세액이 공제되지 않은 면세사업을 위한 감가상각자산을 과세사업에 사용하거나 소비하는 경우 다음의 계산식에 따라 계산한 금액을 그 과세사업에 사용하거나 소비하는 날이 속하는 과세기간의 매입세액으로 공제할 수 있다(부법 43, 부령 85①).

구 분	공제되는 세액
① 건물 또는 구축물	공제되지 않은 매입세액^{주)} × (1 - 5%×경과된 과세기간 수)
② 그 밖의 감가상각자산	공제되지 않은 매입세액^{주)} × (1 - 25%×경과된 과세기간 수)

주) 취득 당시 해당 재화의 면세사업과 관련하여 공제되지 않은 매입세액을 말한다.

이 경우 경과된 과세기간의 수는 과세기간 단위로 계산하되, 건물 또는 구축물의 경과된 과세기간의 수가 20을 초과할 때에는 20으로, 그 밖의 감가상각자산의 경과된 과세기간의 수가 4를 초과할 때에는 4로 한다(부령 66② 후단). 이 때 과세기간 개시일 후에 감가상각자산을 취득하는 경우에는 그 과세기간 개시일에 그 재화를 취득한 것으로 본다(부령 85⑥).

(2) 과세사업과 면세사업에 공통으로 사용하는 경우

1) 일반적인 경우의 안분계산방법

사업자는 매입세액이 공제되지 않은 면세사업을 위한 감가상각자산을 과세사업과 면세사업에 공통으로 사용하거나 소비하는 경우에 공제되는 세액은 위의 계산식에 다음의 과세공급가액비율을 곱한 금액으로 한다. 다만, 그 과세사업에 의한 과세공급가액이 총공급가액 중 5% 미만일 때에는 공제세액이 없는 것으로 본다(부법 43, 부령 85②).

$$\text{과세사업에 사용·소비한 날이 속하는 과세기간의 } \frac{\text{과세공급가액}}{\text{총공급가액}}$$

2) 예외적인 경우의 안분계산방법

일반적인 경우의 안분계산방법을 적용할 때 해당 과세기간 중 과세사업과 면세사업의 공급가액이 없거나 그 어느 한 사업의 공급가액이 없는 경우에 그 과세기간에 대한 안분계산은 다음의 순서에 따른다. 다만, 취득 시 면세사업과 관련하여 매입세액이 공제되지 않은 건물에 대하여 과세사업과 면세사업에 제공할 예정면적을 구분할 수 있는 경우에는 ③을 ① 및 ②에 우선하여 적용한다(부령 85③).

① 총매입가액에 대한 과세사업에 관련된 매입가액의 비율
② 총예정공급가액에 대한 과세사업에 관련된 예정공급가액의 비율
③ 총예정사용면적에 대한 과세사업에 관련된 예정사용면적의 비율

예외적인 경우의 안분계산방법에 따라 계산한 매입세액을 공제한 경우에는 면세사업용 감가상각자산의 과세사업용 사용 또는 소비로 과세사업과 면세사업의 공급가액 또는 과세사업과 면세사업의 사용면적이 확정되는 과세기간에 대한 납부세액을 확정신고할 때에 다음의 계산식에 따라 정산한다(부령 85④).

① 매입가액비율 또는 예정공급가액비율에 따라 안분계산한 경우

$$\text{가산되거나 공제되는 세액} = \text{위 (1)에 따른 세액} \times \frac{\text{과세공급가액}^{①}}{\text{총공급가액}^{②}} - \text{이미 공제한 매입세액}$$

① 과세사업과 면세사업의 공급가액이 확정되는 과세기간의 과세공급가액을 말한다.
② 과세사업과 면세사업의 공급가액이 확정되는 과세기간의 총공급가액을 말한다.

② 예정사용면적비율에 따라 안분계산한 경우

$$\text{가산되거나 공제되는 세액} = \text{위 (1)에 따른 세액} \times \frac{\text{과세사용면적}^{①}}{\text{총사용면적}^{②}} - \text{이미 공제한 매입세액}$$

① 과세사업과 면세사업의 사용면적이 확정되는 과세기간의 과세사용면적을 말한다.
② 과세사업과 면세사업의 사용면적이 확정되는 과세기간의 총사용면적을 말한다.

(3) 공통매입세액의 재계산

과세사업 전환 매입세액이 공제된 후 총공급가액에 대한 면세공급가액의 비율 또는 총사용면적에 대한 면세사용면적의 비율과 해당 감가상각자산의 취득일이 속하는 과세기간(그 후의 과세기간에 재계산하였을 때에는 그 재계산한 기간)에 적용되었던 비율 간의 차이가 5% 이상인 경우에는 공통매입세액의 재계산 규정을 준용하여 매입세액을 재계산한다(부령 85⑦, 부령 83).

과세사업 전환 감가상각자산의 신고

사업자가 매입세액이 공제되지 않은 감가상각자산을 과세사업에 사용하거나 소비할 때에는 그 과세사업에 사용하거나 소비하는 날이 속하는 과세기간에 대한 확정신고와 함께 과세사업전환감가상각자산신고서를 작성하여 각 납세지 관할세무서장에게 신고해야 한다(부령 85⑤).

 **예제 5-7 과세사업 전환 매입세액공제**

과세사업과 면세사업을 겸영하는 ㈜A는 2025년 1월 1일에 면세사업에만 사용하기 위한 화물트럭을 100,000,000원(부가가치세 10,000,000원 별도)에 구입하였다. ㈜A의 공급가액이 다음과 같을 때 2025년 7월 1일부터 위 화물트럭을 과세사업에만 사용하는 경우와 과세사업과 면세사업에 공통으로 사용하는 경우로 구분하여 2025년 제2기 과세기간에 공제할 수 있는 매입세액을 각각 계산하시오.

구 분	2025.1.1.~6.30.	2025.7.1.~12.31.
과세사업	8억원	4억원
면세사업	12억원	16억원
합 계	20억원	20억원

1. 과세사업에만 사용하는 경우 공제할 수 있는 매입세액
2. 과세사업과 면세사업에 공통으로 사용하는 경우 공제할 수 있는 매입세액

 해답

1. 과세사업에만 사용하는 경우 공제할 수 있는 매입세액
   10,000,000원 × (1-25%×1) = 7,500,000원
2. 과세사업과 면세사업에 공통으로 사용하는 경우 공제할 수 있는 매입세액
   10,000,000원 × (1-25%×1) × $\frac{4억원}{20억원}$ ^{주)} = 1,500,000원

   주) 과세사업에 사용한 날이 속하는 과세기간의 총공급가액에 대한 과세공급가액 비율로 안분계산한다.

Ⅵ. 의제매입세액공제

 의 의

사업자가 면세농산물 등을 원재료로 하여 제조·가공한 재화 또는 창출한 용역의 공급에 대하여 부가가치세가 과세되는 경우에는 면세농산물 등을 공급받거나 수입할 때 매입세액이 있는 것으로 보아 면세농산물 등의 가액 중 일정금액을 매입세액으로 공제할 수 있다(부법 42). 이는 일반적인 매입세액공제의 예외로서 면세농산물 등에 대하여 실제 거래상대방이나 세관장으로부터 거래징수당한 부가가치세 및 발급받은 세금계산서가 없음에도 그 가액의 일부를 매입세액으로 의제하여 공

제하는 것이기 때문에 이를 의제매입세액공제라 한다.

의제매입세액공제의 취지는 부가가치세의 환수효과와 누적효과를 완화하여 그로 인해 발생하는 시장경제의 왜곡을 줄이기 위한 것이다. 여기서 환수효과(catching-up effect)란 면세단계에서 과세하지 않았던 부가가치세가 그 다음단계의 과세로 인하여 다시 국고로 환수되는 것을 말하며, 누적효과(cascade effect)란 면세단계의 이전단계에서 이미 부가가치세가 과세된 부분에 대하여 이중으로 과세되는 것을 말한다. 즉, 환수효과와 누적효과는 '甲사업자(과세)→乙사업자(면세)→丙사업자(과세)→최종소비자'의 거래단계를 거쳐 재화가 공급되는 것과 같이 중간단계에서 면세가 적용되는 경우에 발생한다.

이러한 환수효과와 누적효과로 인해 면세단계의 다음단계 사업자(丙사업자)는 자신이 창출한 부가가치에 대한 부가가치세뿐만 아니라 면세단계의 사업자(乙사업자)가 창출한 부가가치 및 이전단계(甲사업자)에서 과세된 부가가치에 대한 부가가치세까지 최종소비자에게 전가하게 되며, 그 결과 최종소비자는 면세가 적용되지 않았을 때보다 지나치게 많은 부가가치세를 부담하게 된다. 부가가치세법은 이를 완화하는 제도로서 면세단계의 다음단계 사업자가 면세단계의 사업자로부터 거래징수당한 부가가치세 및 발급받은 세금계산서가 없음에도 매입세액공제를 받을 수 있도록 하는 의제매입세액공제를 규정하고 있다.

 공제요건

(1) 일반과세자일 것

의매입세액공제는 사업자등록을 한 부가가치세 과세사업자에 한하여 적용한다(부법 42①). 따라서 사업자등록을 하지 않은 미등록사업자나 면세사업자 및 간이사업자는 의제매입세액을 공제받을 수 없다.

여기에서의 일반과세자에는 영세율을 적용받는 사업자를 포함한다. 다만, 면세포기에 의해 영세율이 적용되는 사업자는 의제매입세액공제를 받을 수 없다(부법 42①).

(2) 농산물 등을 면세로 공급받을 것

의제매입세액공제는 면세농산물 등에 한하여 적용한다(부법 42①). 여기서 면세농산물 등이란 부가가치세를 면제받아 공급받거나 수입한 농산물·축산물·수산물 또는 임산물(1차 가공을 거친 것, 미가공식료품 및 소금 포함)을 말한다(부령 84①). 따라서 이에 해당하지 않는 재화는 의제매입세액공제의 대상이 되지 않는다.

(3) 면세농산물 등을 원재료로 하여 재화를 제조·가공 또는 용역을 창출할 것

의제매입세액공제는 면세농산물 등을 재화를 제조·가공 또는 용역을 창출하는 데에 원재료로 사용하는 경우에 한하여 적용한다(부법 42①). 의제매입세액공제의 대상이 되는 원재료의 범위는 다음과 같다(부가통 42-84-1).

① 재화를 형성하는 원료와 재료
② 재화를 형성하지는 않으나 해당 재화의 제조·가공에 직접적으로 사용되는 것으로서 화학반응을 하는 물품
③ 재화의 제조·가공과정에서 해당 물품이 직접적으로 사용되는 단용원자재
④ 용역을 창출하는 데 직접적으로 사용되는 원료와 재료

(4) 제조·가공한 재화 또는 창출한 용역의 공급이 과세될 것

의제매입세액공제는 면세농산물 등을 원재료로 하여 제조·가공한 재화 또는 창출한 용역의 공급이 과세되는 경우에 한하여 적용한다. 다만, 면세를 포기하고 영세율을 적용받는 경우에는 최종소비자가 부가가치세를 부담하지 않아 환수효과와 누적효과가 발생하지 않으므로 의제매입세액공제를 받을 수 없다(부법 42①).

(5) 증빙서류를 제출할 것

의제매입세액공제를 적용받으려는 사업자는 예정신고 및 확정신고와 함께 면세농산물 등을 공급받은 사실을 증명하는 서류를 납세지 관할세무서장에게 제출해야 한다(부법 42②). 즉, 의제매입세액공제를 받으려는 사업자는 의제매입세액공제신고서와 다음 중 어느 하나에 해당하는 서류를 관할세무서장에게 제출해야 한다(부령 84⑤).

① 소득세법 또는 법인세법에 따른 매입처별계산서합계표
② 신용카드매출전표등수령명세서

다만, 제조업을 경영하는 사업자가 농어민으로부터 면세농산물 등을 직접 공급받는 경우에는 의제매입세액공제신고서만 제출한다(부령 84⑤ 단서). 여기서 농어민은 통계청장이 고시하는 한국표준산업분류상의 농업 중 작물 재배업, 축산업, 작물재배 및 축산 복합농업에 종사하거나 임업, 어업 및 소금 채취업에 종사하는 개인을 말한다(부령 84⑥).

3 의제매입세액의 계산

의제매입세액은 다음과 같이 계산한다(부법 42①).

$$\text{의제매입세액} = (1)\ \text{면세농산물 등의 가액} \times (2)\ \text{공제율}$$

(1) 면세농산물 등의 가액

의제매입세액의 공제대상이 되는 원재료의 매입가액은 운임 등의 부수비용을 제외한 매입원가로 하며, 수입되는 면세농산물 등에 대하여 의제매입세액을 계산할 때 그 수입가액은 관세의 과세가격으로 한다(부가통 42-84-2, 부칙 56①). 다만, 이 경우 면세농산물 등의 가액은 다음의 금액을 한도로 한다(부령 84②).

$$\text{면세농산물 등의 가액 한도} = \text{면세농산물 등 관련 과세표준}^{①} \times \text{한도율}^{②}$$

① 해당 과세기간에 해당 사업자가 면세농산물등과 관련하여 공급한 과세표준을 말한다.
② 과세표준 및 업종 등에 따라 구분되는 다음의 율을 적용한다.

구분	과세표준	한도율		
		2025년 12월 31일까지		2026년 1월 1일 이후
		음식점업	음식점업 외	
개인사업자	1억원 이하	75%	65%	50%
	1억원 초과 2억원 이하	70%		
	2억원 초과	60%	55%	40%
법인사업자		50%		30%

(2) 공제율

구 분		공제율
① 음식점업	㉠ 과세유흥장소의 경영자	$\frac{2}{102}$
	㉡ ㉠ 외의 음식점업을 경영하는 개인사업자	$\frac{8}{108}$ ①
	㉢ ㉠ 외의 음식점업을 경영하는 ㉡ 외의 사업자(법인사업자)	$\frac{6}{106}$
② 제조업	㉠ 과자점업, 도정업, 제분업 및 떡류제조업 중 떡방앗간을 경영하는 개인사업자	$\frac{6}{106}$
	㉡ ㉠ 외의 제조업을 경영하는 사업자 중 중소기업② 및 개인사업자	$\frac{4}{104}$
	㉢ ㉠ 및 ㉡ 외의 사업자	$\frac{2}{102}$
③ ① 및 ② 외의 사업		$\frac{2}{102}$

①' 과세표준이 2억원 이하인 경우에는 2026년 12월 31일까지 $\frac{9}{109}$를 적용한다.
②' 조세특례제한법에 따른 중소기업을 말한다.

의제매입세액의 안분계산

사업자가 과세사업과 면세사업을 겸영하는 경우에는 면세농산물 등의 실지귀속에 따라 과세사업에 사용되는 부분에 한하여 의제매입세액공제를 적용하는 것이 원칙이다. 그런데 그 실지귀속이 불분명한 경우에는 공통매입세액의 안분계산 규정을 준용하여 다음과 같이 해당 과세기간의 공급가액비율을 기준으로 안분계산한 면세농산물 등의 가액에 대하여 의제매입세액공제를 적용한다(부칙 56④, 부령 81). 다만, 해당 과세기간의 총공급가액 중 면세공급가액이 5% 미만인 경우에는 안분계산을 생략하고 면세농산물 등의 가액 전체에 공제율을 적용하여 의제매입세액을 계산한다.

$$\text{의제매입세액} = \text{면세농산물 등의 가액} \times \text{해당 과세기간의} \frac{\text{과세공급가액}}{\text{총공급가액}} \times \text{공제율}$$

의제매입세액의 재계산

의제매입세액공제를 받은 면세농산물 등을 그대로 양도 또는 인도하거나 부가가치세가 면제되는 재화 또는 용역을 공급하는 사업, 그 밖의 목적에 사용하거나 소비할 때에는 그 공제한 금액을 납부세액에 가산하거나 환급세액에서 공제해야 한다(부령 84④). 의제매입세액의 공제시기는 면세농산물 등의 사용시점이 아닌 매입시점이다. 그런데 매입시점 이후에 면세농산물 등을 과세되는 재화의 제조·가공이나 용역의 창출에 원재료로 사용하지 않는다면 애초에 공제받을 수 없는 의제매입세액의 공제를 허용하는 결과를 낳게 된다. 의제매입세액의 재계산은 이러한 문제를 조정하는 제도로서 그 의의가 있다.

 의제매입세액의 공제시기

의제매입세액은 일반적인 매입세액과 마찬가지로 면세농산물 등을 공급받거나 수입하는 날이 속하는 과세기간의 예정신고 또는 확정신고 시에 공제된다(집행기준 42-84-10). 다만, 사업자가 면세원재료인 농산물 등을 직접 재배·사육 또는 양식을 하거나 타인이 재배·사육 또는 양식 중에 있는 농산물 등을 구입한 때의 의제매입세액 공제시기는 해당 농산물 등을 생산·채취 또는 벌목 등을 하여 과세재화의 제조·가공 또는 과세용역의 창출에 사용하거나 사용할 수 있는 때이다(부가통 42-84-5).

 **의제매입세액공제(1)**

다음은 과세사업만 경영하는 ㈜A의 2025년 제1기 부가가치세 과세기간(1.1.~6.30.)에 대한 자료이다. 다음 자료를 이용하여 의제매입세액을 계산하시오.
1. ㈜A가 면세로 공급받은 농산물의 매입가액은 680,000,000원(부대비용 30,000,000원 포함)이다.
2. ㈜A는 100여년만의 전국적인 대홍수로 농산물의 가격이 급등하자 부대비용을 제외한 매입가액 기준 100,000,000원에 해당하는 농산물을 230,000,000원에 그대로 양도하였다.
3. 매입가액 기준 80,000,000원에 상당하는 농산물이 과세기간 종료일 현재 재고자산에 계상되어 있다.
4. ㈜A의 업종은 제조업으로 중소기업에 해당하지 않는다.
5. 의제매입세액의 한도는 고려하지 않는다.

의제매입세액: 면세농산물 등의 매입가액 × 공제율

$$= (680{,}000{,}000원 - 30{,}000{,}000원 - 100{,}000{,}000원) \times \frac{2}{102}$$
$$= 10{,}784{,}313원$$

면세농산물 등의 매입가액은 부대비용을 제외한 매입원가를 말하며, 면세농산물 등의 양도와 같이 과세사업에 사용하지 않은 면세농산물 등은 의제매입세액의 대상거래가 아니므로 해당 매입가액은 제외한다. 한편, 의제매입세액은 매입시점을 기준으로 공제하므로 위의 과세기간 종료일 현재 사용하지 않고 보관하고 있더라도 공제가 가능하다.

의제매입세액공제(2)

다음은 과세사업과 면세사업을 겸영하는 ㈜A의 2025년 제1기 부가가치세 과세기간(1.1.~6.30.)에 대한 자료이다. 다음 자료를 이용하여 의제매입세액을 계산하시오.

1. 공급가액의 내역

구 분	2024년 제2기	2025년 제1기
과세사업	1,930,000,000원	1,140,000,000원
면세사업	1,245,000,000원	1,710,000,000원
합 계	3,175,000,000원	2,850,000,000원

2. ㈜A가 면세로 공급받은 농산물의 매입가액은 1,020,000,000원(부대비용 47,000,000원 제외)이다.
3. ㈜A는 부대비용을 제외한 매입가액기준 180,000,000원에 상당하는 농산물은 면세사업에 사용하였고, 705,000,000원에 상당하는 농산물은 과세사업에 사용하였다.
4. ㈜A에는 부대비용을 제외한 매입가액기준 135,000,000원에 상당하는 농산물이 과세기간 종료일 현재 재고자산에 계상되어 있다.
5. ㈜A의 업종은 제조업으로 중소기업에 해당하지 않는다.
6. 의제매입세액의 한도는 고려하지 않는다.

의제매입세액 공제액: ⑴ + ⑵ = 13,823,529원 + 1,058,823원 = 14,882,352원

⑴ 실지귀속에 따라 과세사업에 사용한 부분에 대한 의제매입세액

705,000,000원 × $\frac{2}{102}$ = 13,823,529원

⑵ 기말재고분에 대한 의제매입세액

135,000,000원 × $\frac{1,140,000,000원}{2,850,000,000원}$ × $\frac{2}{102}$ = 1,058,823원

겸영사업자의 경우 과세기간 종료일 현재 사용하지 않고 보관하고 있는 기말재고분에 대해서는 면세농산물 등의 매입가액을 해당 과세기간의 공급가액비율로 안분하여 의제매입세액을 계산한다.

재활용폐자원 등에 대한 부가가치세 매입세액 공제특례

재활용폐자원 및 중고자동차를 수집하는 사업자가 세금계산서를 발급할 수 없는 자 등으로서 부가가치세 과세사업을 영위하지 않는 자(면세사업과 과세사업을 겸영하는 경우 포함)와 간이과세자로부터 재활용폐자원을 및 중고자동차를 2025년 12월 31일까지 취득하여 제조 또는 가공하거나 이를 공급하는 경우에는 취득가액에 다음의 공제율을 곱하여 계산한 금액을 매출세액에서 매입세액으로 공제할 수 있다(조특법 108).

구 분	공제율
① 재활용폐자원	$\frac{3}{103}$
② 중고자동차	$\frac{10}{110}$

Ⅶ. 대손세액공제

 의 의

사업자는 부가가치세가 과세되는 재화 또는 용역을 공급하고 외상매출금이나 그 밖의 매출채권의 전부 또는 일부가 공급을 받은 자의 파산·강제집행이나 그 밖의 사유로 대손되어 회수할 수 없는 경우에는 대손세액을 그 대손이 확정된 날이 속하는 과세기간의 매출세액에서 뺄 수 있는데, 이를 대손세액공제라 한다(부법 45①).

반면에 재화 또는 용역을 공급받은 사업자는 대손세액에 해당하는 금액의 전부 또는 일부를 매입세액으로 공제받은 경우로서 그 사업자가 폐업하기 전에 재화 또는 용역을 공급하는 자가 대손세액공제를 받은 경우에는 관련 대손세액에 해당하는 금액을 대손이 확정된 날이 속하는 과세기간에 자신의 매입세액에서 뺀다(부법 45③).

재화 또는 용역을 공급하는 경우 부가가치세를 거래징수해야 하는 시기는 해당 재화 또는 용역을 공급하는 때, 즉 공급시기이다(부법 31). 따라서 공급자는 그 대가의 수령여부나 부가가치세의 실제 거래징수여부와 무관하게 그 공급시기가 속하는 과세기간에 거래징수해야 할 부가가치세를 매출세액으로 계상하고 이를 기준으로 납부세액을 계산하여 과세당국에 납부해야 한다. 이에 대응하여 해당 재화 또는 용역을 공급받은 자도 같은 시기에 해당 부가가치세를 매입세액으로 공제받는다.

그런데 공급받은 자의 파산·강제집행 등의 사유로 부가가치세를 포함한 외상매출금을 회수할 수 없어 대손처리된 경우에는 그 부가가치세가 공급받는 자에게 전가되지 않아 공급자가 부담해야 하고, 공급받는 자는 실제 부담하지도 않은 부가가치세를 매입세액으로 공제받게 되는 문제가 발생한다. 이에 부가가치세법은 이러한 문제를 해결하기 위하여 거래징수하지 못한 부가가치세를 공급자의의 매출세액에서 차감할 수 있도록 대손세액공제를 마련하고 있으며, 해당 대손세액을 공급받는 자의 매입세액에서 차감하도록 규정하고 있다.

2 공제요건

(1) 공제대상 매출채권의 범위에 해당할 것

대손세액공제의 대상이 되는 외상매출금 그 밖의 매출채권은 부가가치세가 과세되는 재화 또는 용역에 대한 것으로서 각 과세기간의 과세표준에 반영되어 있는 것을 말한다(부가통 45-87-1).

(2) 대손사유에 해당할 것

대손세액공제는 공제대상 매출채권이 공급받은 자의 파산·강제집행 등 다음의 사유로 대손되어 회수할 수 없는 경우 한하여 적용한다(부령 87①, 소령 55②, 법령 19의2①).

① 소득세법 및 법인세법에 따라 대손금으로 인정되는 경우
  ㉠ 민법, 상법, 어음법, 수표법에 따른 소멸시효가 완성된 채권
  ㉡ 채무자 회생 및 파산에 관한 법률에 따른 회생계획인가의 결정 또는 법원의 면책결정에 따라 회수불능으로 확정된 채권
  ㉢ 서민의 금융생활 지원에 관한 법률에 따른 채무조정을 받아 신용회복지원협약에 따라 면책으로 확정된 채권
  ㉣ 민사집행법에 따라 채무자의 재산에 대한 경매가 취소된 압류채권
  ㉤ 물품의 수출 또는 외국에서의 용역제공으로 발생한 채권으로서 무역에 관한 법령에 따라 기획재정부령으로 정하는 사유에 해당하여 무역보험법에 따른 한국무역보험공사로부터 회수불능으로 확인된 채권
  ㉥ 채무자의 파산, 강제집행, 형의 집행, 사업의 폐지, 사망, 실종 또는 행방불명으로 회수할 수 없는 채권
  ㉦ 부도발생일㈜부터 6개월 이상 지난 수표 또는 어음상의 채권 및 외상매출금(조세특례제한법에 따른 중소기업의 외상매출금으로서 부도발생일 이전의 것에 한함). 다만, 해당 법인이 채무자의 재산에 대하여 저당권을 설정하고 있는 경우는 제외한다.
  ㉧ 중소기업의 외상매출금 및 미수금으로서 회수기일이 2년 이상 지난 외상매출금 등. 다만, 특수관계인과의 거래로 인하여 발생한 외상매출금 등은 제외한다.
  ㉨ 민사소송법에 따른 화해 및 화해권고결정에 따라 회수불능으로 확정된 채권
  ㉩ 회수기일이 6개월 이상 지난 채권 중 채권가액이 30만원 이하(채무자별 채권가액의 합계액을 기준으로 함)인 채권 등
② 채무자 회생 및 파산에 관한 법률에 따른 법원의 회생계획인가의 결정에 따라 채무를 출자전환하는 경우. 이 경우 출자로 전환하는 시점의 출자전환된 매출채권 장부가액과 출자전환으로 취득한 주식 또는 출자지분의 시가와의 차액을 대손되어 회수할 수 없는 금액으로 본다.

㈜ 소지하고 있는 부도수표나 부도어음의 지급기일(지급기일 전에 해당 수표나 어음을 제시하여 금융회사 등으로부터 부도확인을 받은 경우에는 그 부도확인일)을 말한다(법령 19의2②).

(3) 대손세액공제의 시간적 범위 내일 것

대손세액공제는 사업자가 부가가치세가 과세되는 재화 또는 용역을 공급한 후 그 공급일부터 10년이 지난 날이 속하는 과세기간에 대한 확정신고기한까지 위 대손사유로 확정되는 대손세액(결정 또는 경정으로 증가된 과세표준에 대하여 부가가치세액을 납부한 경우 해당 대손세액 포함)으로 한다(부령 87②). 예컨대, 2015년 4월 20일이 공급일인 경우 10년이 지난 날은 2025년 4월 21일이며, 동 일자가 속하는 과세기간의 확정신고기한은 2025년 7월 25일이다.

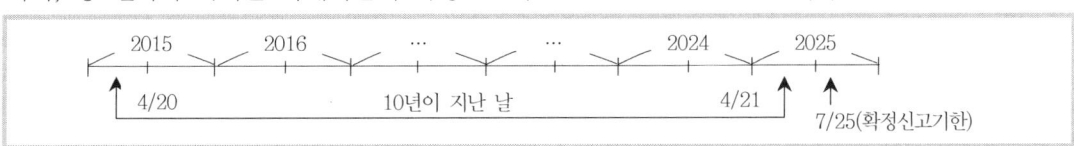

(4) 증빙서류를 제출할 것

대손세액공제를 적용받고자 하는 사업자는 확정신고와 함께 대손금액이 발생한 사실을 증명하는 서류를 제출해야 한다. 즉, 대손세액 공제를 받으려 하거나 대손세액을 매입세액에 더하려는 사업자는 부가가치세 확정신고서에 대손세액공제(변제)신고서와 대손사실 또는 변제사실을 증명하는 서류를 첨부하여 관할세무서장에게 제출해야 한다(부법 45②, 부령 87④).

대손세액의 계산

대손세액은 다음과 같이 계산한다(부법 45①).

$$대손세액 = 대손금액^{주)} \times \frac{10}{110}$$

주) 대손되어 회수할 수 없는 금액을 말하며, 부가가치세액을 포함한다.

공제방법

(1) 대손이 확정된 경우

재화 또는 용역의 공급자는 공제대상 매출채권이 공급받은 자의 파산·강제집행이나 그 밖에 사유로 대손되어 회수할 수 없는 경우에는 대손세액을 그 대손이 확정된 날이 속하는 과세기간의 매출세액에서 뺄 수 있다(부법 45①).

반면에 재화 또는 용역을 공급받은 자는 대손세액을 매입세액으로 공제받은 경우로서 자신이 폐업하기 전에 공급자가 대손세액공제를 받은 경우에는 관련 대손세액을 대손이 확정된 날이 속하는 과세기간에 자신의 매입세액에서 뺀다(부법 45③).

공급자가 대손세액을 매출세액에서 차감한 경우 공급자의 관할세무서장은 대손세액공제사실을 공급받는 자의 관할세무서장에게 통지해야 하며, 공급받은 자가 관련 대손세액에 해당하는 금액을 매입세액에서 차감하여 신고하지 않은 경우 결정하거나 경정해야 한다(부법 45① 단서, 부령 87③). 다만, 공급받은 자에 대해 관할세무서장이 결정 또는 경정하는 경우에는 신고불성실가산세 및 납부지연가산세를 부과하지 않는다(국기법 47의2④ 제2호, 47의3④ 제2호, 47의4③ 제2호).

(2) 대손금액이 회수된 경우

재화 또는 용역의 공급자는 대손금액의 전부 또는 일부를 회수한 경우 회수한 대손금액에 관련된 대손세액을 회수한 날이 속하는 과세기간의 매출세액에 더한다(부법 45① 단서).

반면에 매입세액에서 대손세액에 해당하는 금액을 뺀(관할세무서장이 결정 또는 경정한 경우 포함) 재화 또는 용역을 공급받은 자는 대손금액의 전부 또는 일부를 변제한 경우 변제한 대손금액에 관련된 대손세액에 해당하는 금액을 변제한 날이 속하는 과세기간의 매입세액에 더한다(부법 45④). 이 경우 대손세액을 매입세액에 더하려는 사업자는 부가가치세 확정신고서에 대손세액변제신고서와 변제사실을 증명하는 서류를 첨부하여 관할세무서장에게 제출해야 한다(부령 87④).

Ⅷ. 경감·공제세액

 신용카드 등의 사용에 따른 세액공제

(1) 신용카드매출전표 등 발급세액공제

일반과세자 중 주로 사업자가 아닌 자에게 재화 또는 용역을 공급하는 사업을 하는 사업자가 부가가치세가 과세되는 재화 또는 용역을 공급하고 세금계산서의 발급시기에 신용카드매출전표 등을 발급하거나 전자적 결제 수단에 의하여 대금을 결제받는 경우에는 다음의 금액을 납부세액에서 공제한다(부법 46①).

신용카드매출전표 등 발급세액공제액 = Min(①, ②)
① 발급금액 또는 결제금액 × 1.3%(2027년 1월 1일부터는 1%)
② 한도: 연간 1,000만원(2027년 1월 1일부터는 연간 500만원)

일반과세자 중 주로 사업자가 아닌 자에게 재화 또는 용역을 공급하는 사업을 하는 사업자란 소매업, 음식점업, 숙박업 등 주로 소비자를 대상으로 하는 사업을 하는 사업자로서 공급받는 자에게 세금계산서 대신 영수증을 발급해야 하는 영수증발급의무사업자를 말한다(부령 88①, 73①,②). 다만, 법인사업자와 직전 연도의 재화 또는 용역의 공급가액의 합계액이 사업장을 기준으로 10억원을 초과하는 개인사업자는 제외한다(부령 88②, 제6장 제2절 Ⅴ-2 참고).

신용카드매출전표 등 발급세액공제를 적용할 때 공제받는 금액이 그 금액을 차감하기 전의 납부할 세액을 초과하면 그 초과하는 부분은 없는 것으로 본다. 여기서 납부할 세액이란 납부세액에서 부가가치세법, 국세기본법 및 조세특례제한법에 따라 빼거나 더할 세액(가산세 제외)을 빼거나 더하여 계산한 세액을 말하며, 그 계산한 세액이 영(0)보다 작으면 영(0)으로 본다(부법 46②).

(2) 신용카드매출전표 등에 의한 매입세액공제

사업자가 일정한 사업자로부터 재화 또는 용역을 공급받고 부가가치세액이 별도로 구분되는 신용카드매출전표 등을 발급받은 경우로서 다음의 요건을 모두 충족하는 경우 그 부가가치세액은 공제할 수 있는 매입세액으로 본다(부법 46③, 부령 88⑥,⑦).

① 신용카드매출전표등수령명세서를 제출할 것
② 신용카드매출전표 등을 그 거래사실이 속하는 과세기간에 대한 확정신고기한 후 5년간 보관할 것
③ 영수증발급의무사업자에 해당하는 간이과세자가 영수증을 발급해야 하는 기간에 발급한 신용카드매출전표등이 아닐 것

여기서 일정한 사업자란 다음에 해당하지 않는 사업을 경영하는 사업자를 말한다(부령 88⑤).

① 일반과세자 및 간이과세자 중 다음에 해당하는 사업을 경영하는 사업자
  ㉠ 목욕·이발·미용업

ⓒ 여객운송업(여객자동차 운수사업법에 따른 전세버스운송사업 제외)
　　ⓒ 입장권을 발행하여 경영하는 사업
　　② 요양급여의 대상에서 제외되는 성형수술 진료용역 등을 공급하는 사업
　　⑩ 수의사가 제공하는 동물의 진료용역(면세되는 진료용역 제외)
　　ⓗ 무도학원 및 자동차운전학원에서 제공하는 교육용역을 공급하는 사업
② 간이과세자 중 다음 중 어느 하나에 해당하는 사업자
　　⊙ 직전 연도의 공급대가의 합계액(직전 과세기간에 신규로 사업을 시작한 개인사업자의 경우 사업개시일부터 과세기간 종료일까지의 공급대가 합계액을 12개월로 환산한 금액)이 4,800만원 미만인 자
　　ⓒ 신규로 사업을 시작하는 개인사업자로서 간이과세 적용신청에 관한 규정에 따라 간이과세자로 하는 최초의 과세기간 중에 있는 자

신용카드가맹점 등 가입대상자 지정

국세청장은 주로 사업자가 아닌 소비자에게 재화 또는 용역을 공급하는 사업자에 대하여 납세관리에 필요하다고 인정하면 여신전문금융업법에 따른 신용카드가맹점 가입대상자 또는 조세특례제한법에 따른 현금영수증가맹점 가입대상자로 지정하여 신용카드가맹점 또는 현금영수증가맹점으로 가입하도록 지도할 수 있다(부법 46④, 부령 88⑧).

(3) 전자세금계산서 발급 전송 세액공제

재화 및 용역의 공급가액 등을 고려하여 직전 연도의 사업장별 재화 및 용역의 공급가액(부가가치세 면세공급가액 포함)의 합계액이 3억원 미만인 개인사업자 또는 해당 연도에 신규로 사업을 개시한 개인사업자가 전자세금계산서를 2027년 12월 31일까지 발급하는 경우에는 다음의 금액을 해당 과세기간의 부가가치세 납부세액에서 공제할 수 있다(부법 47①, 부령 89). 여기서 전자세금계산서의 발급은 전자세금계산서 발급명세를 전송기한(전자세금계산서 발급일의 다음 날)까지 국세청장에게 전송한 경우를 말한다(부법 47①).

전자세금계산서 발급 전송 세액공제액 = Min(①, ②)
① 전자세금계산서 발급 건수 × 200원
② 한도: 연간 100만원

전자세금계산서 발급 전송 세액공제를 적용할 때 공제받는 금액이 그 금액을 차감하기 전의 납부할 세액을 초과하면 그 초과하는 부분은 없는 것으로 본다. 여기서 납부할 세액이란 납부세액에서 부가가치세법, 국세기본법 및 조세특례제한법에 따라 빼거나 더할 세액(가산세 제외)을 빼거나 더하여 계산한 세액을 말하며, 그 계산한 세액이 영(0)보다 작으면 영(0)으로 본다(부법 47②).

 조세특례제한법에 따른 경감·공제세액

(1) 전자신고 등에 대한 세액공제(전자신고세액공제)

납세자가 직접 전자신고의 방법으로 부가가치세 신고를 하는 경우에는 해당 납부세액에서 1만원

을 공제하거나 환급세액에 가산한다. 여기서 부가가치세 신고는 확정신고를 말하므로 일반과세자의 경우 제1기 및 제2기 확정신고에 대하여 각각 1만원(연간 2만원)의 전자신고세액공제를 받을 수 있다. 다만, 매출가액과 매입가액이 없는 일반과세자에 대하여는 적용하지 않는다(조특법 104의8②, 조특령 104의5④). 한편, 납세자가 국세기본법에 따른 전자송달의 방법으로 납부고지서의 송달을 신청한 경우 신청한 달의 다음다음 달 이후 송달하는 분부터 예정고지 및 예정부과에 관한 규정에 따라 결정·징수하는 부가가치세의 납부세액에서 납부고지서 1건당 1천원(납부세액에서 1만원을 차감한 금액을 한도로 함)을 공제한다(조특법 104의8⑤,⑥).

세무사법에 따른 세무사(세무사법에 따라 등록한 공인회계사, 세무법인 및 공인회계사법에 따른 회계법인 포함)가 납세자를 대리하여 전자신고의 방법으로 직전 과세기간 동안 부가가치세를 신고한 경우에는 당해 세무사의 부가가치세 납부세액에서 다음의 금액을 공제한다(조특법 104의8③).

세무사 등에 대한 전자신고세액공제액 = Min(①, ②)
① 전자신고건수 × 1만원
② 한도^{주)}: 300만원(세무법인 및 회계법인은 750만원)

주) 해당 세무사가 소득세 또는 법인세의 납부세액에서 공제받을 금액 및 부가가치세에서 공제받을 금액을 합한 금액을 기준으로 한도를 적용한다.

(2) 일반택시운송사업자의 납부세액 경감

여객자동차 운수사업법에 따른 일반택시운송사업자에 대해서는 부가가치세 납부세액의 99%를 2023년 12월 31일 이전에 끝나는 과세기간분까지 경감한다(조특법 106의7①). 이 경우 일반택시운송사업자는 국토교통부장관이 정하는 바에 따라 확정신고납부기한 종료일부터 1개월 이내에 경감세액 중 부가가치세 납부세액의 90%에 해당하는 금액을 일반택시운수종사자에게 현금으로 지급해야 하며, 경감세액 중 부가가치세 납부세액의 5%에 해당하는 금액을 택시감차보상의 재원으로 사용하기 위해 택시감차보상재원관리기관에 지급해야 한다. 또한 경감세액 중 부가가치세 납부세액의 4%에 해당하는 금액을 택시운수종사자 복지기금의 재원 마련을 위해 택시운송사업자단체에 지급해야 한다(조특법 106의7 ②, ③, ④).

(3) 전자세금계산서 발급 전송 세액공제

재화 및 용역의 공급가액 등을 고려하여 직전 연도의 사업장별 재화 및 용역의 공급가액(부가가치세 면세공급가액 포함)의 합계액이 3억원 미만인 개인사업자가 전자세금계산서를 2024년 12월 31일까지 발급하는 경우에는 다음의 금액을 해당 과세기간의 부가가치세 납부세액에서 공제할 수 있다(부법 47①, 부령 89). 여기서 전자세금계산서의 발급은 전자세금계산서 발급명세를 전송기한(전자세금계산서 발급일의 다음 날)까지 국세청장에게 전송한 경우를 말한다(부법 47①).

전자세금계산서 발급 전송 세액공제액 = Min(①, ②)
① 전자세금계산서 발급 건수 × 200원
② 한도: 연간 100만원

전자세금계산서 발급 전송 세액공제를 적용할 때 공제받는 금액이 그 금액을 차감하기 전의 납부할 세액을 초과하면 그 초과하는 부분은 없는 것으로 본다. 여기서 납부할 세액이란 납부세액에서 부가가치세법, 국세기본법 및 조세특례제한법에 따라 빼거나 더할 세액(가산세 제외)을 빼거나 더하여 계산한 세액을 말하며, 그 계산한 세액이 영(0)보다 작으면 영(0)으로 본다(부법 47②).

납부세액의 계산

다음은 음식점업(과세유흥장소 아님)을 경영하고 있는 일반과세자 甲의 2025년 제1기 부가가치세 과세기간(1.1.~6.30.)에 대한 자료이다. 다음 자료를 이용하여 2025년 제1기 부가가치세 차가감납부세액(지방소비세 차감 전 금액)을 계산하시오.

1. 신용카드매출전표 등 발행금액은 550,000,000원(부가가치세가 포함된 금액임)이다.
2. 세금계산서 등을 발급받은 매입세액은 30,000,000원(전액 매입세액공제대상임)이다.
3. 면세농산물 구입금액은 67,500,000원(계산서 등 법정증명서류를 수취함)이다.
4. 甲의 2024년 공급가액의 합계액은 10억원을 초과하지 않는다.
5. 甲은 2025년 제1기 부가가치세 확정신고를 직접 전자신고의 방법으로 할 예정이다.
6. 기납부세액과 가산세액은 없으며, 의제매입세액의 한도는 고려하지 않는다.

1. 매출세액: 550,000,000원 × $\frac{10}{110}$ = 50,000,000원
2. 매입세액: ⑴ + ⑵ = 30,000,000원 + 5,000,000원 = 35,000,000원
   ⑴ 세금계산서 등 매입세액 : 30,000,000원
   ⑵ 의제매입세액 : 67,500,000원 × $\frac{8}{108}$ = 5,000,000원
3. 납부세액: 매출세액 - 매입세액 = 50,000,000원 - 35,000,000원 = 15,000,000원
4. 경감·공제세액: ⑴ + ⑵ = 7,150,000원 + 10,000원 = 7,160,000원
   ⑴ 신용카드매출전표 등 발행세액공제 : Min(①, ②) = 7,150,000원
      ① 550,000,000원 × 1.3% = 7,150,000원
      ② 연간 한도 : 10,000,000원
   ⑵ 전자신고세액공제 : 10,000원
5. 차가감납부세액: 납부세액 - 경감·공제세액 = 15,000,000원 - 7,160,000원
   = 7,840,000원

1. 과세표준(500,000,000원)이 2억원을 초과하므로 의제매입세액공제율은 8/108을 적용한다.
2. 직전연도 공급가액 합계액이 10억원을 초과하지 않는 개인사업자이므로 신용카드매출전표 등 발행세액공제 적용이 가능하며, 공제대상금액은 부가가치세가 포함된 발행금액임에 유의해야 한다.

조세법령 확인을 통해 기본개념 익히기

※ 다음 부가가치세 관련 조세법령의 빈 칸을 채우시오.

1. 부가가치세법 제29조(과세표준)
   ① 재화 또는 용역의 공급에 대한 부가가치세의 과세표준은 해당 과세기간에 공급한 재화 또는 용역의 □□□□을 합한 금액으로 한다.
   ② 재화의 수입에 대한 부가가치세의 과세표준은 그 재화에 대한 □□의 과세가격과 □□, □□□□□, □□, □□□, □□□□□□ 및 □□·□□□·□□□를 합한 금액으로 한다.
   ③ 제1항의 공급가액은 다음 각 호의 가액을 말한다. 이 경우 대금, 요금, 수수료, 그 밖에 어떤 명목이든 상관없이 재화 또는 용역을 공급받는 자로부터 받는 □□□ 가치 있는 모든 것을 포함하되, □□□□□는 포함하지 아니한다.
      1. 금전으로 대가를 받는 경우: 그 □□. 다만, 그 대가를 외국통화나 그 밖의 외국환으로 받은 경우에는 대통령령으로 정한 바에 따라 환산한 가액
      2. 금전 외의 대가를 받는 경우: 자기가 □□□ 재화 또는 용역의 □□
      3. 폐업하는 경우: 폐업 시 남아 있는 재화의 □□
      4. 제10조제1항·제2항·제4항·제5항 및 제12조제1항에 따라 재화 또는 용역을 공급한 것으로 보는 경우: 자기가 공급한 재화 또는 용역의 시가
      5. 제10조제3항에 따라 재화를 공급하는 것으로 보는 경우: 해당 재화의 취득가액 등을 기준으로 대통령령으로 정하는 가액
      6. 외상거래, 할부거래, 대통령령으로 정하는 마일리지 등으로 대금의 전부 또는 일부를 결제하는 거래 등 그 밖의 방법으로 재화 또는 용역을 공급하는 경우: 공급 형태 등을 고려하여 대통령령으로 정하는 가액
   ④ 제3항에도 불구하고 특수관계인에게 공급하는 재화 또는 용역에 대한 조세의 부담을 부당하게 감소시킬 것으로 인정되는 경우로서 다음 각 호의 어느 하나에 해당하는 경우에는 □□□ 재화 또는 용역의 □□를 공급가액으로 본다.
      1. 재화의 공급에 대하여 부당하게 □□ 대가를 받거나 아무런 대가를 받지 아니한 경우
      2. 용역의 공급에 대하여 부당하게 □□ 대가를 받는 경우
      3. 용역의 공급에 대하여 대가를 받지 아니하는 경우로서 제12조제2항 단서가 적용되는 경우
   ⑤ 다음 각 호의 금액은 공급가액에 포함하지 □□□□.
      1. 재화나 용역을 공급할 때 그 품질이나 수량, 인도조건 또는 공급대가의 결제방법이나 그 밖의 □□□□에 따라 통상의 대가에서 일정액을 직접 □□ 주는 금액
      2. □□된 재화의 가액
      3. 공급받는 자에게 도달하기 □에 파손되거나 훼손되거나 멸실한 재화의 가액
      4. 재화 또는 용역의 공급과 직접 관련되지 아니하는 □□□□□과 공공보조금
      5. 공급에 대한 대가의 지급이 □□되었음을 이유로 받는 □□□□
      6. 공급에 대한 대가를 약정기일 □에 받았다는 이유로 사업자가 당초의 공급가액에서 □□해 준 금액
   ⑥ 사업자가 재화 또는 용역을 공급받는 자에게 지급하는 □□□이나 이와 유사한 금액 및 제45조제1항에 따른 □□□□(貸損金額)은 과세표준에서 공제하지 아니한다.

⑦ 사업자가 재화 또는 용역을 공급하고 그 대가로 받은 금액에 부가가치세가 포함되어 있는지가 분명하지 아니한 경우에는 그 대가로 받은 금액에 □□□분의 □□□을 곱한 금액을 공급가액으로 한다.

⑧ 사업자가 과세사업과 면세사업 및 부가가치세가 과세되지 아니하는 재화 또는 용역을 공급하는 사업(이하 "면세사업등"이라 한다)에 공통적으로 사용된 재화를 공급하는 경우에는 대통령령으로 정하는 바에 따라 계산한 금액을 공급가액으로 한다.

⑨ 사업자가 토지와 그 토지에 정착된 건물 또는 구축물 등을 함께 공급하는 경우에는 건물 또는 구축물 등의 □□□□□을 공급가액으로 한다. 다만, 다음 각 호의 어느 하나에 해당하는 경우에는 대통령령으로 정하는 바에 따라 □□□□한 금액을 공급가액으로 한다.
1. 실지거래가액 중 토지의 가액과 건물 또는 구축물 등의 가액의 구분이 불분명한 경우
2. 사업자가 실지거래가액으로 구분한 토지와 건물 또는 구축물 등의 가액이 대통령령으로 정하는 바에 따라 안분계산한 금액과 100분의 □□ 이상 차이가 있는 경우

해답　① 공급가액
　　② 관세, 관세, 개별소비세, 주세, 교육세, 농어촌특별세, 교통·에너지·환경세
　　③ 금전적, 부가가치세, 대가, 공급한, 시가, 시가
　　④ 공급한, 시가, 낮은, 낮은
　　⑤ 아니한다, 공급조건, 깎아, 환입, 전, 국고보조금, 지체, 연체이자, 전, 할인
　　⑥ 장려금, 대손금액
　　⑦ 110, 100
　　⑨ 실지거래가액, 안분계산, 30

2. 부가가치세법 제30조(세율)

부가가치세의 세율은 □□퍼센트로 한다.

해답　10

3. 부가가치세법 제37조(납부세액 등의 계산)

① 매출세액은 제29조에 따른 □□□□에 제30조의 □□을 적용하여 계산한 금액으로 한다.
② 납부세액은 제1항에 따른 매출세액(제45조제1항에 따른 □□□□을 뺀 금액으로 한다)에서 제38조에 따른 □□□□, 그 밖에 이 법 및 다른 법률에 따라 공제되는 매입세액을 뺀 금액으로 한다. 이 경우 매출세액을 초과하는 부분의 매입세액은 □□□□으로 한다.

해답　① 과세표준, 세율
　　② 대손세액, 매입세액, 환급세액

4. 부가가치세법 제38조(공제하는 매입세액)

① 매출세액에서 공제하는 매입세액은 다음 각 호의 금액을 말한다.
   1. 사업자가 자기의 사업을 위하여 사용하였거나 □□□ 목적으로 □□□□ 재화 또는 용역에 대한 부가가치세액(제52조제4항에 따라 납부한 부가가치세액을 포함한다)
   2. 사업자가 자기의 사업을 위하여 사용하였거나 □□□ 목적으로 □□□□수입하는 재화의 수입에 대한 부가가치세액
② 제1항제1호에 따른 매입세액은 재화 또는 용역을 □□□□ □□가 속하는 과세기간의 매출세액에서 공제한다.
③ 제1항제2호에 따른 매입세액은 재화의 □□□□가 속하는 과세기간의 매출세액에서 공제한다.

해답 ① 사용할, 공급받은, 사용할, 수입하는
② 공급받는 시기
③ 수입시기

5. 부가가치세법 제39조(공제하지 아니하는 매입세액)

① 제38조에도 불구하고 다음 각 호의 매입세액은 매출세액에서 공제하지 아니한다.
   1. 제54조제1항 및 제3항에 따라 □□□□ □□□□□□□□를 제출하지 아니한 경우의 매입세액 또는 제출한 매입처별 세금계산서합계표의 기재사항 중 거래처별 □□□□ 또는 □□□□의 전부 또는 일부가 적히지 아니하였거나 사실과 다르게 적힌 경우 그 기재사항이 적히지 아니한 부분 또는 사실과 다르게 적힌 부분의 매입세액. 다만, 대통령령으로 정하는 경우의 매입세액은 제외한다.
   2. □□□□ 또는 수입세금계산서를 발급받지 아니한 경우 또는 발급받은 세금계산서 또는 수입세금계산서에 제32조제1항제1호부터 제4호까지의 규정에 따른 기재사항(이하 "□□□ 기재사항"이라 한다)의 전부 또는 일부가 적히지 아니하였거나 사실과 다르게 적힌 경우의 매입세액(공급가액이 사실과 다르게 적힌 경우에는 실제 공급가액과 사실과 다르게 적힌 금액의 차액에 해당하는 세액을 말한다). 다만, 대통령령으로 정하는 경우의 매입세액은 제외한다.
   4. □□과 직접 관련이 없는 지출로서 대통령령으로 정하는 것에 대한 매입세액
   5. 「□□□□법」 제1조제2항제3호에 따른 □□□(□□□, □□□□□□ 등 대통령령으로 정하는 업종에 직접 영업으로 사용되는 것은 제외한다)의 구입과 임차 및 유지에 관한 매입세액
   6. □□□□□□□ 및 이와 유사한 비용으로서 대통령령으로 정하는 비용의 지출에 관련된 매입세액
   7. □□□□등에 관련된 매입세액(면세사업등을 위한 투자에 관련된 매입세액을 포함한다)과 대통령령으로 정하는 □□에 관련된 매입세액
   8. 제8조에 따른 □□□□□을 신청하기 전의 매입세액. 다만, 공급시기가 속하는 과세기간이 끝난 후 □□일 이내에 등록을 신청한 경우 □□□□□부터 공급시기가 속하는 과세기간 □□□(제5조제1항에 따른 과세기간의 기산일을 말한다)까지 역산한 기간 내의 것은 제외한다.

해답 1. 매입처별 세금계산서합계표, 등록번호, 공급가액
2. 세금계산서, 필요적
4. 사업
5. 개별소비세, 자동차, 운수업, 자동차판매업
6. 기업업무추진비
7. 면세사업, 토지
8. 사업자등록, 20, 등록신청일, 기산일

6. 부가가치세법 제40조(공통매입세액의 안분)

    사업자가 과세사업과 면세사업등을 □□(兼營)하는 경우에 과세사업과 면세사업등에 관련된 매입세액의 계산은 □□□□(實地歸屬)에 따라 하되, 실지귀속을 구분할 수 없는 매입세액(이하 "□□매입세액"이라 한다)은 총공급가액에 대한 면세공급가액의 비율 등 대통령령으로 정하는 기준(이하 "공통매입세액 안분기준"이라 한다)을 적용하여 대통령령으로 정하는 바에 따라 □□(按分)하여 계산한다.

    해답 겸영, 실지귀속, 공통, 안분

7. 부가가치세법 제41조(공통매입세액 재계산)

    □□□□에 대하여 공통매입세액의 안분계산에 따라 매입세액이 공제된 후 공통매입세액 안분기준에 따른 비율과 감가상각자산의 취득일이 속하는 과세기간(그 후의 과세기간에 재계산한 때는 그 재계산한 과세기간)에 적용되었던 공통매입세액 안분기준에 따른 비율이 □퍼센트 이상 차이가 나면 대통령령으로 정하는 바에 따라 □□□□ 또는 □□□□을 다시 계산하여 제49조에 따른 해당 과세기간의 □□신고와 함께 관할 세무서장에게 신고·납부하여야 한다.

    해답 감가상각자산, 5, 납부세액, 환급세액, 확정

8. 부가가치세법 제42조(면세농산물등 의제매입세액 공제특례)

    ① 사업자가 제26조제1항제1호 또는 제27조제1호에 따라 부가가치세를 □□받아 공급받거나 수입한 농산물·축산물·수산물 또는 임산물(이하 "□□농산물등"이라 한다)을 원재료로 하여 제조·가공한 재화 또는 창출한 용역의 공급에 대하여 부가가치세가 □□되는 경우(제28조에 따라 면세를 포기하고 □□□을 적용받는 경우는 제외한다)에는 면세농산물등을 □□□□ 수입할 때 매입세액이 있는 것으로 보아 면세농산물등의 가액(대통령령으로 정하는 금액을 한도로 한다)에 다음 표의 구분에 따른 율을 곱하여 계산한 금액을 매입세액으로 공제할 수 있다.

구분		율
1. 음식점업	가. 개별소비세법 제1조제4항에 따른 과세유흥장소의 경영자	102분의 2
	나. 가목 외의 음식점업을 경영하는 사업자 중 개인사업자	□□□분의 □ (과세표준 □□원 이하인 경우 2026년 12월 31일까지 □□□분의 □)
	다. 가목 및 나목 외의 사업자	□□□분의 □
2. 제조업	가. 과자점업, 도정업, 제분업 및 떡류 제조업 중 떡방앗간을 경영하는 개인사업자	106분의 6
	나. 가목 외의 제조업을 경영하는 사업자 중 조세특례제한법 제5조제1항에 따른 중소기업 및 개인사업자	□□□분의 □
	다. 가목 및 나목 외의 사업자	102분의 2
3. 제1호 및 제2호 외의 사업		□□□분의 □

② 제1항을 적용받으려는 사업자는 제48조 및 제49조에 따른 신고와 함께 대통령령으로 정하는 바에 따라 면세농산물등을 공급받은 사실을 □□하는 서류를 납세지 관할 세무서장에게 제출하여야 한다.

해답 ① 면제, 면세, 과세, 영세율, 공급받거나, 108, 8, 2억, 109, 9, 106, 6, 104, 4, 102, 2
② 증명

9. 부가가치세법 제43조(면세사업등을 위한 감가상각자산의 과세사업 전환 시 매입세액공제 특례)

   사업자는 제39조제1항제7호에 따라 매입세액이 공제되지 ☐☐ 면세사업등을 위한 ☐☐☐☐자산을 ☐☐사업에 사용하거나 소비하는 경우 대통령령으로 정하는 바에 따라 계산한 금액을 그 과세사업에 ☐☐하거나 ☐☐하는 날이 속하는 과세기간의 매입세액으로 공제할 수 있다.

   해답 아니한, 감가상각, 과세, 사용, 소비

10. 부가가치세법 제45조(대손세액의 공제특례)

    ① 사업자는 부가가치세가 ☐☐되는 재화 또는 용역을 공급하고 외상매출금이나 그 밖의 ☐☐☐☐(부가가치세를 ☐☐한 것을 말한다)의 전부 또는 일부가 공급을 받은 자의 파산·강제집행이나 그 밖에 대통령령으로 정하는 사유로 대손되어 회수할 수 없는 경우에는 다음의 계산식에 따라 계산한 금액(이하 "대손세액"이라 한다)을 그 대손이 ☐☐된 날이 속하는 과세기간의 ☐☐☐☐에서 뺄 수 있다. 다만, 그 사업자가 대손되어 회수할 수 없는 금액(이하 "대손금액"이라 한다)의 전부 또는 일부를 회수한 경우에는 회수한 대손금액에 관련된 대손세액을 ☐☐한 날이 속하는 과세기간의 ☐☐☐☐에 더한다.
    대손세액 = 대손금액 × ☐☐☐분의 ☐☐

    ② 제1항을 적용받고자 하는 사업자는 제49조에 따른 신고와 함께 대통령령으로 정하는 바에 따라 대손금액이 발생한 사실을 ☐☐하는 서류를 제출하여야 한다.

    ③ 제1항 및 제2항을 적용할 때 재화 또는 용역을 ☐☐☐☐ 사업자가 대손세액에 해당하는 금액의 전부 또는 일부를 제38조에 따라 매입세액으로 공제받은 경우로서 그 사업자가 폐업하기 전에 재화 또는 용역을 공급하는 자가 제1항에 따른 대손세액공제를 받은 경우에는 그 재화 또는 용역을 공급받은 사업자는 관련 대손세액에 해당하는 금액을 대손이 ☐☐확정된 날이 속하는 과세기간에 자신의 ☐☐☐☐에서 뺀다. 다만, 그 공급을 받은 사업자가 대손세액에 해당하는 금액을 빼지 아니한 경우에는 대통령령으로 정하는 바에 따라 그 사업자의 관할 세무서장이 빼야 할 매입세액을 ☐☐ 또는 ☐☐(更正)하여야 한다.

    ④ 제3항에 따라 매입세액에서 대손세액에 해당하는 금액을 뺀(관할 세무서장이 결정 또는 경정한 경우를 포함한다) 해당 사업자가 대손금액의 전부 또는 일부를 ☐☐한 경우에는 대통령령으로 정하는 바에 따라 변제한 대손금액에 관련된 대손세액에 해당하는 금액을 ☐☐한 날이 속하는 과세기간의 ☐☐☐☐에 더한다.

    해답 ① 과세, 매출채권, 포함, 확정, 매출세액, 회수, 매출세액, 110, 10
    ② 증명
    ③ 공급받은, 확정, 매입세액, 결정, 경정
    ④ 변제, 변제, 매입세액

11. 부가가치세법 제46조(신용카드 등의 사용에 따른 세액공제 등)

① 제1호에 해당하는 ☐☐☐가 부가가치세가 ☐☐되는 재화 또는 용역을 공급하고 제34조제1항에 따른 세금계산서의 ☐☐☐☐에 제2호에 해당하는 거래증빙서류(이하 이 조에서 "신용카드매출전표등"이라 한다)를 발급하거나 대통령령으로 정하는 전자적 결제수단에 의하여 대금을 결제받는 경우에는 제3호에 따른 금액을 ☐☐☐☐에서 공제한다.

1. 사업자: 다음 각 목의 어느 하나에 해당하는 사업자
   가. ☐☐과세자 중 주로 사업자가 ☐☐ 자에게 재화 또는 용역을 공급하는 사업으로서 대통령령으로 정하는 사업을 하는 사업자(☐☐사업자와 직전 연도의 재화 또는 용역의 공급가액의 합계액이 대통령령으로 정하는 금액을 초과하는 개인사업자는 제외한다)
   나. ☐☐과세자
2. 거래증빙서류: 다음 각 목의 어느 하나에 해당하는 서류
   가. 「여신전문금융업법」에 따른 ☐☐☐☐☐☐☐
   나. 「조세특례제한법」 제126조의3에 따른 ☐☐☐☐☐
   다. 그 밖에 이와 유사한 것으로 대통령령으로 정하는 것
3. 공제금액(연간 ☐☐☐만원을 한도로 하되, 2023년 12월 31일까지는 연간 ☐☐☐☐만원을 한도로 한다): 발급금액 또는 결제금액의 ☐퍼센트(2023년 12월 31일까지는 ☐☐☐퍼센트로 한다)

② 제1항을 적용할 때 공제받는 금액이 그 금액을 차감하기 전의 납부할 세액[제37조제2항에 따른 납부세액에서 이 법, 「국세기본법」 및 「조세특례제한법」에 따라 빼거나 더할 세액(제60조 및 「국세기본법」 제47조의2부터 제47조의4까지의 규정에 따른 가산세는 제외한다)을 빼거나 더하여 계산한 세액을 말하며, 그 계산한 세액이 "0"보다 작으면 "☐"으로 본다]을 초과하면 그 초과하는 부분은 ☐☐ 것으로 본다.

③ ☐☐☐가 대통령령으로 정하는 ☐☐과세자로부터 재화 또는 용역을 공급받고 부가가치세액이 별도로 구분되는 신용카드매출전표등을 발급받은 경우로서 다음 각 호의 요건을 모두 충족하는 경우 그 부가가치세액은 제38조제1항 또는 제63조제3항에 따라 공제할 수 있는 매입세액으로 본다.

1. 대통령령으로 정하는 신용카드매출전표등 ☐☐☐☐☐를 제출할 것
2. 신용카드매출전표등을 제71조제3항을 준용하여 보관할 것. 이 경우 대통령령으로 정하는 방법으로 증명자료를 보관하는 경우에는 신용카드매출전표등을 보관하는 것으로 본다.

④ 국세청장은 주로 사업자가 아닌 소비자에게 재화 또는 용역을 공급하는 사업자로서 대통령령으로 정하는 자에 대하여 납세관리에 필요하다고 인정하면 「여신전문금융업법」에 따른 ☐☐☐☐☐☐☐ 가입 대상자 또는 「조세특례제한법」 제126조의3에 따른 ☐☐☐☐☐☐☐☐ 가입 대상자로 지정하여 신용카드가맹점 또는 현금영수증가맹점으로 가입하도록 지도할 수 있다.

해답 ① 사업자, 과세, 발급시기, 납부세액, 일반, 아닌, 법인, 간이, 신용카드매출전표, 현금영수증, 500, 1000, 1, 1.3
② 0, 없는
③ 사업자, 일반, 수령명세서
④ 신용카드가맹점, 현금영수증가맹점

연습문제

제5장 _ 과세표준과 세액의 계산

01 부가가치세법상 과세표준에 관한 설명으로 옳지 않은 것은? [세무사 2017]

① 사업자가 법령에 따른 특수관계인에게 대가를 받지 않고 과세되는 사업용 부동산임대용역을 공급하는 경우 공급가액에 포함되지 아니한다.
② 완성도기준지급조건부로 용역을 공급하는 경우 계약에 따라 받기로 한 대가의 각 부분을 과세표준으로 한다.
③ 위탁가공무역 방식으로 수출하는 경우 완성된 제품의 인도가액을 과세표준으로 한다.
④ 기부채납의 경우 해당 기부채납의 근거가 되는 법률에 따라 기부채납된 가액을 과세표준으로 하되 기부채납된 가액에 부가가치세가 포함된 경우 그 부가가치세는 제외한다.
⑤ 재화의 공급과 직접 관련된 국고보조금과 공공보조금은 과세표준에 포함된다.

해설 ① 용역의 공급에 대하여 대가를 받지 않은 경우로서 특수관계인에게 사업용 부동산의 임대용역을 공급하는 경우에는 공급한 용역의 시가를 공급가액으로 본다(부법 29④).
⑤ 재화 또는 용역의 공급과 직접 관련되지 않는 국고보조금과 공공부조금은 공급가액(과세표준)에 포함하지 않으나, 직접 관련된 것은 공급가액에 포함한다(부법 29⑤).

해답 ①

02 부가가치세 과세표준의 계산에 관한 설명으로 옳지 않은 것은? (단, 모든 거래는 과세거래로 가정함) [국가직 7급 2011]

① 종업원에게 장부가액 1,200,000원, 시가 1,600,000원의 상품을 무상 제공한 경우 과세표준은 1,600,000원이다.
② 당해 과세기간 중에 매월 3,000,000원씩 24개월 동안 지급받는 조건의 장기할부매출에서 할부매출 후 4개월이 경과되었으나 대금은 8,000,000원만 수령한 경우 과세표준은 12,000,000원이다.
③ 당해 과세기간 중에 이루어진 공급가액 43,000,000원의 매출 중에서 매출환입 3,000,000원과 매출에누리 2,000,000원이 있는 경우 과세표준은 38,000,000원이다.
④ 장부가액 6,000,000원, 시가 7,200,000원의 보유 재고자산을 거래처의 장부가액 4,000,000원, 감정가액 7,000,000원인 기계설비와 교환한 경우 과세표준은 7,000,000원이다.

해설 재화 또는 용역의 공급과 관련하여 금전 외의 대가를 받는 경우에는 자기가 공급한 재화 또는 용역의 시가를 과세표준으로 한다(부법 29③ 제2호). 그러므로 과세표준은 7,200,000원이다.

해답 ④

03 부가가치세법령상 건축자재 판매업을 영위하는 내국법인 ㈜K가 2025년 제1기 부가가치세 확정신고 시 과세표준의 계산 내용으로 옳은 것은? (단, 거래금액은 부가가치세가 포함되지 않은 금액이다) [국가직 7급 2022]

① 2025년 5월 1일 지방자치단체에 원가 35,000,000원, 시가 43,000,000원인 축제 준비용 건축자재를 38,000,000원에 공급하고 43,000,000원을 과세표준에 포함하였다.

② 2025년 제1기 과세기간 최종 3개월 동안에 마일리지로 결제된 매출액은 15,000,000원으로 이 중 ㈜K가 적립해준 마일리지로 결제된 금액은 9,000,000원이고, 나머지는 신용카드사가 고객에게 적립해준 마일리지로 결제받고 추후 보전받는 것이기 때문에 마일리지로 결제된 매출액 중 6,000,000원만을 과세표준에 포함하였다.

③ 2025년 5월 20일 미국의 F사(특수관계인이 아님)와 $80,000의 수출계약을 체결하고 5월 25일 선수금 $20,000을 송금 받아 23,000,000원으로 환전하였고, 6월 1일 수출품 전부를 선적하고 6월 20일 잔금 $60,000을 송금받아 원화로 환가한 수출거래에 대하여 92,600,000원을 과세표준에 포함하였다. (기준환율: 5월 20일 1$당 1,100원, 6월 1일 1$당 1,130원, 6월 20일 1$당 1,160원)

④ 2025년 4월 1일 특수관계인인 甲에게 회사의 창고를 임대보증금 없이 월 임대료 600,000원(시가는 1,000,000원)에 1년간 임대하고, 그 대가로 받은 과세기간 최종 3개월의 임대료 1,800,000원을 과세표준에 포함하였다. (단, 월 임대료 600,000원은 부당하게 낮은 대가로서 조세의 부담을 부당하게 감소시킬 것으로 인정된다)

구 분	금 액	비 고
(1) 지방자치단체 공급	38,000,000원	
(2) 마일리지 결제	6,000,000원	= 15,000,000원 − 9,000,000원❶
(3) 수 출	90,800,000원	= 23,000,000원 + ($60,000 × 1,130원)
(4) 특수관계인 임대	3,000,000원	= 1,000,000원 × 3개월

❶ 자기적립마일리지 결제금액은 과세표준에 포함하지 않음(부령 61② 제9호 나목)

 ②

04 자동차용 배터리 소재 제조업을 영위하는 일반과세자인 ㈜세무의 2025년 제1기 예정신고기간(1.1.~3.31.) 자료이다. ㈜세무의 2025년 제1기 예정신고기간의 부가가치세 과세표준금액은? (단, 다음 자료의 금액에는 부가가치세가 포함되어 있지 않음) [세무사 2021]

> (1) 1월 30일: 재화의 공급으로 인하여 거래처로부터 매출할인과 에누리액 200,000원 차감 후, 연체이자 100,000원을 포함한 현금 5,000,000원을 받았다.
> (2) 2월 15일: 미국의 U사와 신용장(L/C)방식에 의한 수출계약을 하고 2월 15일에 선적하였으며, 수출계약금액은 $5,000이다. 2월 10일에 선수금 $2,000를 수령하여 2월 12일에 2,000,000원으로 환가하였으며, 나머지 금액인 $3,000은 2월 15일에 수령하여 2월 20일에 환가하였다.(기준환율 2월 10일 1,100원/$; 2월 15일 1,200원/$; 2월 20일 1,300원/$)
> (3) 3월 5일: 시가 4,000,000원의 제품을 판매하여 현금 3,800,000원과 자기적립마일리지 200,000원으로 결제 받았다.
> (4) 사업을 위하여 대가를 받지 않고 거래처 A사에게 제품(시가 1,000,000원, 원가 500,000원)을 견본품으로 제공하였다.

① 14,000,000원   ② 14,300,000원   ③ 14,500,000원
④ 14,800,000원   ⑤ 15,300,000원

구 분	금 액	비 고
(1) 1월 30일	4,900,000원	= 5,000,000원 − 100,000원
(2) 2월 15일	5,600,000원	= 2,000,000원 + ($3,000 × 1,200원)
(3) 3월 5일	3,800,000원	= 4,000,000원 − 200,000원
(4) 견본품 제공	−	견본품의 제공은 재화의 공급이 아님
과 세 표 준	14,300,000원	

❶ 자기적립마일리지 결제금액은 과세표준에 포함하지 않음(부령 61② 제9호 나목)

해답 ②

05 ㈜A의 부가가치세 관련 자료이다. 2025년 제1기 예정신고 시 부가가치세 과세표준으로 옳은 것은? 단, ㈜A는 주사업장 총괄 납부 사업자나 사업자 단위 과세 사업자가 아니며, 제시된 금액은 부가가치세를 포함하지 않은 금액이다. [회계사 2022]

> (1) 2025년 1월 5일에 상품을 거래처에 인도하였다. 판매대금 중 10,000,000원은 인도일에 수령하였고, 나머지는 2월 5일부터 매월 5일에 5,000,000원씩 8회에 걸쳐 분할하여 수령하기로 약정하였다. 판매대금 50,000,000원에는 할부이자 상당액인 500,000원이 포함되어 있다.
> (2) 2025년 2월 8일에 상품(취득가액 10,000,000원)을 판매하기 위하여 직매장으로 반출(반출가액 12,000,000원)하였다.
> (3) 2025년 4월 8일에 거래처에 인도할 예정인 상품의 판매대금 3,000,000원에 대한 세금계산서를 2025년 3월 27일에 발급하고, 2025년 4월 1일에 당해 판매대금 전액을 회수하였다.

① 20,000,000원 ② 39,500,000원 ③ 62,500,000원
④ 63,000,000원 ⑤ 65,000,000원

구 분	금 액	비 고
(1) 할부판매	50,000,000원	
(2) 판매목적 타사업장 반출	12,000,000원	
(3) 세금계산서 발급 후 대가수령	3,000,000원	
과 세 표 준	65,000,000원	

2회 이상(8회)으로 분할하여 대가를 받으나, 해당 재화의 인도일의 다음 날부터 최종 할부금 지급기일까지의 기간이 1년 미만이므로 장기할부판매에 해당하지 않는다. 따라서, 인도일에 판매대금 전액을 과세표준으로 인식하고, 할부이자 상당액도 과세표준에 포함한다(부법 29③ 제6호, 부령 61② 제1호).

 ⑤

06 다음은 제조업을 영위하는 일반과세자인 ㈜A의 2025년 제2기 과세기간(7.1.~12.31.)에 대한 자료이다. ㈜A의 2025년 제2기 과세기간의 부가가치세 과세표준은 얼마인가? (단, 다음 자료의 금액에는 부가가치세가 포함되지 않음) [세무사 2017]

> (1) 7월 20일: 기계를 15,000,000원에 판매하고 7월 20일부터 15개월 간 매달 20일에 1,000,000원씩 받기로 하였다.
> (2) 7월 25일: 기계유지보수 계약을 맺고 7월 25일부터 10개월 간 매달 25일에 200,000원씩 받기로 하였다.
> (3) 9월 25일: 증여세 20,000,000원을 사업용 건물로 물납하였다.
> (4) 10월 14일: 당사가 생산한 제품(매입세액공제분)을 거래처에 판매장려물품(제조원가: 800,000원, 시가: 1,000,000원)으로 기증하였다.
> (5) 11월 11일: 사업용으로 사용하던 화물자동차를 500,000원에 매각하였다.
> (6) 12월 5일: 공급에 대한 대가의 지급이 지체되어 거래처로부터 연체이자 800,000원을 수령하였다.

① 7,700,000원 ② 8,500,000원 ③ 8,700,000원
④ 9,500,000원 ⑤ 28,780,000원

해설

구 분	금 액	비 고
(1) 장기할부판매①	6,000,000원	= 1,000,000원 × 6개월
(2) 계속적 용역의 공급②	1,200,000원	= 200,000 × 6개월
(3) 조세의 물납	–	재화의 공급으로 보지 않음
(4) 사업상 증여	1,000,000원	공급한 재화의 시가
(5) 화물자동차의 매각	500,000원	
(6) 연체이자	–	공급가액에 포함하지 않음
과 세 표 준	8,700,000원	

① 2회 이상(15회)으로 분할하여 대가를 받고 해당 재화의 인도일의 다음 날부터 최종 할부금 지급기일까지의 기간이 1년 이상(15개월)이므로 장기할부판매에 해당한다. 장기할부판매의 경우에는 계약에 따라 받기로 한 대가의 각 부분을 공급가액으로 한다(부령 61② 제2호 가목).
② 기계유지보수용역의 공급은 공급단위를 구획할 수 없는 용역의 계속적 공급에 해당한다. 계속적으로 용역을 공급하는 경우에는 계약에 따라 받기로 한 대가의 각 부분을 공급가액으로 한다(부령 61② 제2호 다목).

해답 ③

07 과세사업을 영위하는 ㈜한국이 미국에 $20,000의 제품을 수출한 경우, 부가가치세법령상 ㈜한국의 2025년 제2기 과세기간의 부가가치세 과세표준은? [국가직 7급 2021]

> (1) 10월 1일 선수금으로 $10,000를 송금받아 당일에 1$당 1,000원에 환가하였다.
> (2) 10월 15일 수출물품을 선적하였고, 당일의 기준환율은 1$당 1,100원이다.
> (3) 10월 30일 수출대금 잔액 $10,000를 외화로 송금받아 1$당 1,200원에 환가하였다.

① 20,000,000원
② 21,000,000원
③ 22,000,000원
④ 24,000,000원

해설

일 자	금 액	근 거
10월 1일	10,000,000원	= $10,000 × 1,000원 공급시기전 원화로 환가한 경우는 환가한 금액(부령 59 제1호)
10월 15일	11,000,000원	= $10,000 × 1,100원 공급시기(선적일)의 기준환율로 계산한 금액(부령 59 제2호)
합 계	21,000,000원	

해답 ②

---

08 부가가치세법상 일반과세자의 과세표준으로 보는 공급가액에 대한 설명으로 옳지 않은 것은?
[국가직 9급 2016]

① 자기가 공급한 재화에 대해 금전 외의 대가를 받는 경우에는 부가가치세를 포함한 그 대가를 공급가액으로 한다.
② 폐업하는 경우에는 폐업 시 남아 있는 재화의 시가를 공급가액으로 한다.
③ 완성도기준지급조건부로 재화를 공급하는 경우에는 계약에 따라 받기로 한 대가의 각 부분을 공급가액으로 한다.
④ 조세의 부담을 부당하게 감소시킬 것으로 인정되는 경우로서 특수관계인에게 아무런 대가를 받지 아니하고 재화를 공급하는 경우에는 공급한 재화의 시가를 공급가액으로 본다.

해설 자기가 공급한 재화에 대해 금전 외의 대가를 받는 경우에는 자기가 공급한 재화의 시가를 공급가액으로 한다(부법 29③ 제4호).

해답 ①

09 부가가치세법상 납부세액을 계산할 때 매출세액에서 공제하지 아니하는 매입세액이 아닌 것은?

[국가직 7급 2018]

① 부가가치세법 제32조에 따라 발급받은 세금계산서의 필요적 기재사항 중 일부가 착오로 사실과 다르게 적혔으나 그 세금계산서에 적힌 나머지 필요적 기재사항으로 보아 거래사실이 확인되는 경우의 매입세액
② 사업과 직접 관련이 없는 지출로서 부가가치세법 시행령으로 정하는 것에 대한 매입세액
③ 기업업무추진비 및 이와 유사한 비용으로서 부가가치세법 시행령으로 정하는 비용의 지출에 관련된 매입세액
④ 면세사업 등에 관련된 매입세액

해설 세금계산서의 필요적 기재사항 중 일부가 착오로 사실과 다르게 적혔으나 그 세금계산서에 적힌 나머지 필요적 기재사항으로 보아 거래사실이 확인되는 경우의 매입세액은 이를 매출세액에서 공제받을 수 있다(부법 39① 제1호 단서, 부령 74 제4호).

해답 ①

10 다음은 과세사업자인 ㈜B의 2025년 제1기 과세기간의 부가가치세 신고자료이다. 2025년 제1기 과세기간의 부가가치세 과세표준은? (단, 제시된 금액은 부가가치세가 포함되지 않은 금액이다)

[국기직 9급 2017]

(1) 과세재화의 외상판매액 : 20,000,000원(매출에누리 1,000,000원이 차감되지 않은 금액임)
(2) 거래처로부터 받은 판매장려금: 500,000원
(3) 사업을 위하여 대가를 받지 아니하고 다른 사업자에게 인도한 견본품(원가) : 2,000,000원 (시가 2,500,000원)
(4) 업무용 소형승용차(매입세액을 공제받지 못함) 매각액 : 1,500,000원(장부가액 1,000,000원)
(5) 과세재화의 할부판매액: 10,000,000원(2024년 1월 31일에 제품을 인도하고, 대금은 2024년 1월 31일부터 10회로 분할하여 매월 말일에 1,000,000원씩 받기로 함)

① 26,500,000원
② 29,000,000원
③ 30,500,000원
④ 33,000,000원

해설

과 목	금 액	근 거
외상판매액	19,000,000원	= 20,000,000원 − 1,000,000원(매출에누리)
판매장려금	−	수령한 판매장려금은 과세표준에 포함하지 않음
견본품	−	대가를 받지않고 제공한 견본품은 과세하지 않음
소형승용차 매각	1,500,000원	실질공급이므로 매입세액공제와 관계없이 과세
할부판매	10,000,000원	장기할부판매가 아니므로 인도일에 과세표준 인식
합 계	30,500,000원	

해답 ③

11 과세사업과 면세사업을 겸영하는 일반과세자 甲이 두 사업에 공통으로 사용되는 차량운반구(화물운반용 트럭)을 매각하였다. 다음 자료에 의하여 차량운반구의 매각과 관련된 부가가치세 과세표준금액은? [세무사 2020]

(1) 2025년 제1기와 제2기 과세기간의 공급가액 내역

구 분	제1기	제2기
과세사업	50,000,000원	80,000,000원
면세사업	150,000,000원	120,000,000원

(2) 차량운반구의 취득일은 2023년 7월 30일이고 취득가액은 30,000,000원이다. (단, 취득가액은 매입세액을 공제받은 가액임)
(3) 차량운반구의 매각일은 2024년 8월 8일이고 매각금액은 22,000,000원(부가가치세가 포함되지 않음)이다.

① 3,750,000원　② 4,000,000원　③ 5,000,000원
④ 5,500,000원　⑤ 8,800,000원

과세표준	비 고
5,500,000원	= 22,000,000원 × 25%❶

❶ 직전 과세기간 과세공급가액 비율 (25% = $\frac{50,000,000원}{(150,000,000원 + 50,000,000원)}$)

 ④

12 2025년 제1기(1.1.~6.30.) 부가가치세 관련 자료이다. ㈜A의 부가가치세 과세표준에 포함될 재화의 공급가액을 모두 합한 것으로 옳은 것은? 단, 제시된 금액은 부가가치세를 포함하지 않은 금액이다. [회계사 2021 수정]

㈜A는 과세사업과 면세사업에 공통으로 사용하던 차량과 비품을 다음과 같이 매각하였다.

(1) 매각내역

구 분	취득일	취득가액	매각일	공급가액
차 량	2023.3.1.	40,000,000원	2024.4.1.	20,000,000원
비 품	2023.8.1.	1,000,000원	2024.5.1.	400,000원

(2) 과세사업과 면세사업의 공급가액비율

구 분	2023년 제1기	2023년 제2기	2024년 제1기
과세사업	53%	50%	60%
면세사업	47%	50%	40%

① 10,200,000원 ② 10,400,000원 ③ 12,200,000원
④ 12,400,000원 ⑤ 20,400,000원

해설

구 분	금 액	비 고
차 량	10,000,000원	20,000,000 × 50%(직전 과세사업 공급가액비율)
비 품	400,000원	공급가액 50만원 미만이므로 안분생략
합 계	10,400,000원	

해답 ②

13 부동산임대업을 영위하는 ㈜갑은 겸용주택A(도시지역 내 소재)를 을에게 일괄 임대하고 있으며, 그 내역은 다음과 같다. ㈜갑의 2025년 제2기 예정신고기간의 겸용주택A에 대한 부가가치세 과세표준으로 옳은 것은? 단, 제시된 금액은 부가가치세를 포함하지 아니한 금액이다. [회계사 2020]

(1) 건물(단층) 및 토지 면적

구 분	건 물	토 지
주택	200㎡	2,500㎡
상가	200㎡	

(2) 임대기간 : 2025년 9월 1일 ~ 2027년 8월 31일
(3) 임대조건 : 월임대료 3,000,000원(매월 말 지급), 임대보증금 없음
(4) 2025년 9월 30일 현재 감정가액 및 기준시가

구 분	감정가액	기준시가
토 지	480,000,000원	200,000,000원
건 물	320,000,000원	200,000,000원

① 1,320,000원 ② 1,350,000원 ③ 1,500,000원
④ 1,650,000원 ⑤ 1,680,000원

 1. 전체 임대료의 계산: (1) + (2) + (3) = 3,000,000원
  (1) 임대료: 3,000,000원 × 1개월(2024.9.1.~9.30.) = 3,000,000원
  (2) 간주임대료: 0원
  (3) 관리비: 0원

2. 과세표준의 계산
  (1) 과세·면세 판단: 주택면적(200㎡)이 상가면적(200㎡)과 같으므로 상가부분의 건물 및 토지의 임대는 부가가치세를 과세한다.
  (2) 상가부분에 대한 과세표준의 계산

구분	(1) 과세비율	(2) 과세표준
건물임대	$\frac{200㎡}{400㎡}$ = 50%	3,000,000 × $\frac{2억원}{4억원}$② × 50% = 750,000원
토지임대	$\frac{2,500㎡ - 1,000㎡①}{2,500㎡}$ = 60%	3,000,000 × $\frac{2억원}{4억원}$② × 60% = 900,000원
합 계		1,650,000원

① 주택부수토지의 임대면적: Min(㉠, ㉡) = 1,000㎡
  ㉠ 2,500㎡ × (1-50%) = 1,250㎡
  ㉡ Max(200㎡, 200㎡ × 5배) = 1,000㎡
② 토지분 또는 건물분에 대한 임대료상당액 계산식에 따른 토지가액 또는 건물가액은 예정신고기간 또는 과세기간이 끝난 날 현재의 소득세법에 따른 기준시가에 따른다(부령 64① 제1호).

 ④

14 다음은 도시지역 내에 소재하는 1층 건물을 임대하고 있는 ㈜A의 2025년 제1기 예정신고기간(1.1.~3.31.)에 대한 자료이다. ㈜A의 2025년 제1기 예정신고기간의 부가가치세 과세표준은 얼마인가? [세무사 2017]

> (1) 임대기간: 2024.7.1.~2025.6.30.
> (2) 임대보증금: 365,000,000원
> (3) 임대료 및 관리비: 임대료 1년분 4,800,000원은 2024.7.1.에 모두 수령, 관리비 월 100,000원(청소비 30,000원 포함)은 매월 말일 수령
> (4) 임대현황(주택면적에는 지하층·지상주차장·주민공동시설면적 제외)
>
> | 구 분 | | 면 적 |
> |---|---|---|
> | 건 물 | 상 가 | 300㎡ |
> | | 주 택 | 100㎡ |
> | 토 지 | | 1,200㎡ |
>
> (5) 2025년 제1기 예정신고기간 종료일 현재 소득세법상 기준시가
>
> | 구 분 | 기준시가 |
> |---|---|
> | 건 물 | 400,000,000원 |
> | 토 지 | 100,000,000원 |
>
> (6) 과세되는 상가임대용역과 면세되는 주택임대용역에 대한 임대료 등의 구분이 불분명함
> (7) 예정신고기간 종료일 현재 계약기간 1년의 정기예금이자율: 4.6%

① 846,000원　　② 3,384,000원　　③ 4,140,000원
④ 4,264,500원　　⑤ 8,494,500원

 1. 전체 임대료의 계산: (1) + (2) + (3) = 5,640,000원
　　(1) 임대료: 4,800,000원 × $\frac{3}{12}$(2025.1.1.~3.31.) = 1,200,000원
　　(2) 간주임대료: 365,000,000원 × $\frac{90일}{365일}$ × 4.6% = 4,140,000원
　　(3) 관리비: 100,000원 × 3개월 = 300,000원

　2. 과세표준의 계산
　　(1) 과세·면세 판단: 주택면적(100㎡)이 상가면적(300㎡)보다 작으므로 상가부분의 건물 및 토지의 임대는 부가가치세를 과세한다.
　　(2) 상가부분에 대한 과세표준의 계산

구분	(1) 과세비율	(2) 과세표준
건물임대	$\frac{300㎡}{400㎡}$ = 75%	5,640,000 × $\frac{4억원}{5억원}$ × 75% = 3,384,000원
토지임대	$\frac{1,200㎡ - 300㎡^{①}}{1,200㎡}$ = 75%	5,640,000 × $\frac{1억원}{5억원}$ × 75% = 846,000원
합 계		4,230,000원

① 주택부수토지의 임대면적: Min(㉠, ㉡) = 300㎡
　㉠ 1,200㎡ × (1-75%) = 300㎡
　㉡ Max(100㎡, 100㎡ × 5배) = 500㎡

 ④

15 부가가치세법상 매입세액공제에 대한 설명으로 옳지 않은 것은? [국가직 9급 2018]

① 세금계산서의 필요적 기재사항 중 일부가 착오로 사실과 다르게 적혔으나 그 세금계산서에 적힌 나머지 필요적 기재사항 또는 임의적 기재사항으로 보아 거래사실이 확인되는 경우의 매입세액은 매출세액에서 공제한다.
② 재화를 공급받고 실제로 그 재화를 공급한 사업장이 아닌 사업장을 적은 세금계산서를 발급받은 경우 그 사업장이 사업자 단위 과세 사업자에 해당하는 사업장인 경우로서 그 재화를 실제로 공급한 사업자가 부가가치세 확정신고를 통하여 해당 과세기간에 대한 납부세액을 신고하고 납부하였다면 그 매입세액은 매출세액에서 공제한다.
③ 토지의 조성 등을 위한 자본적 지출에 관련된 것으로서 토지의 가치를 현실적으로 증가시켜 토지의 취득원가를 구성하는 비용에 관련된 매입세액은 매출세액에서 공제하지 아니한다.
④ 부가가치세법 제8조에 따른 사업자등록을 신청하기 전의 매입세액은 그 공급시기가 속하는 과세기간이 끝난 후 30일 이내에 등록을 신청한 경우에는 해당 세액을 매출세액에서 공제할 수 있다.

해설 세금계산서의 필요적 기재사항 중 일부가 착오로 사실과 다르게 적혔으나 그 세금계산서에 적힌 나머지 필요적 기재사항으로 보아 거래사실이 확인되는 경우의 매입세액은 이를 매출세액에서 공제받을 수 있다(부법 39① 제1호 단서, 부령 74 제4호).

해답 ④

16 부가가치세법상 매입세액에 관한 설명으로 옳지 않은 것은? [세무사 2016]

① 건축물이 있는 토지를 취득하여 그 건축물을 철거하고 토지만 사용하는 경우에는 철거한 건축물의 취득 및 철거 비용과 관련된 매입세액은 매출세액에서 공제한다.
② 재화 또는 용역의 공급시기 이후에 발급받은 세금계산서라 하더라도 해당 공급시기가 속하는 과세기간에 대한 확정신고기한까지 세금계산서를 발급받는다면 당해 매입세액은 매출세액에서 공제한다.
③ 사업자가 그 업무와 관련 없는 자산을 취득 시 부담한 매입세액은 매출세액에서 공제하지 아니한다.
④ 면세사업을 위한 투자에 관련된 매입세액은 매출세액에서 공제하지 아니한다.
⑤ 공급시기가 속하는 과세기간이 끝난 후 20일 이내에 사업자등록을 신청한 경우 등록신청일부터 공급시기가 속하는 과세기간 기산일까지 역산한 기간 내의 매입세액은 매출세액에서 공제할 수 있다.

해설 건축물이 있는 토지를 취득하여 그 건축물을 철거하고 토지만 사용하는 경우 철거한 건축물의 취득 및 철거 비용과 관련된 매입세액은 토지의 조성 등을 위한 자본적 지출에 관련된 매입세액으로서 매출세액에서 공제하지 않는다(부법 39① 제7호, 부령 80 제2호).

해답 ①

17 부가가치세법상 매입세액공제에 관한 설명이다. 옳지 않은 것은? [회계사 2021]

① 법인사업자로부터 전자세금계산서를 발급받았으나 그 전자세금계산서가 국세청장에게 전송되지 아니한 경우 발급한 사실이 확인되더라도 매입세액을 공제할 수 없다.
② 재화의 공급시기 이후에 발급받은 세금계산서로서 해당 공급시기가 속하는 과세기간에 대한 확정신고기한까지 발급받은 경우 매입세액을 공제할 수 있다.
③ 사업자가 일반과세자로부터 재화를 공급받고 부가가치세액이 별도로 구분되는 신용카드매출전표를 발급받은 경우 법정요건을 모두 갖추면 매입세액을 공제할 수 있다.
④ 재화의 공급시기 전에 세금계산서를 발급받았더라도 재화의 공급시기가 그 세금계산서의 발급일부터 30일 이내에 도래하고 해당 거래사실이 확인되어 납세지 관할 세무서장이 경정하는 경우 매입세액을 공제할 수 있다.
⑤ 재화의 공급시기가 속하는 과세기간에 대한 확정신고기한이 지난 후 세금계산서를 발급받았더라도 그 세금계산서의 발급일이 확정신고기한 다음 날부터 1년 이내이고 과세표준수정신고서와 함께 세금계산서를 제출하는 경우 매입세액을 공제할 수 있다.

> **해설** 법인사업자로부터 전자세금계산서를 발급받았으나 그 전자세금계산서가 국세청장에게 전송되지 아니한 경우, 발급한 사실이 확인되는 경우 매입세액 공제가 가능하다(부법 39① 제2호 단서, 부령 75 제4호).

해답 ①

18 다음은 제조업을 영위하는 일반과세자 ㈜E의 2025년 제1기 부가가치세 과세기간 중의 거래내역이다. 2025년 제1기 부가가치세 납부세액을 계산할 때 공제 가능한 매입세액 총액은? (단, 거래대금을 지급하고 세금계산서를 적법하게 수취한 것으로 가정함) [국가직 9급 2016]

(1) 4월 18일: 배기량이 3,000cc인 승용자동차의 구입과 관련된 매입세액 100만원
(2) 4월 22일: 사업에 사용할 목적으로 매입한 원료 매입세액 100만원. 세금계산서의 필요적 기재사항 중 일부가 착오로 사실과 다르게 기재되었으나 그 세금계산서에 적힌 나머지 임의적 기재사항으로 보아 거래사실이 확인됨
(3) 5월 12일: 법인세법 제25조에 따른 기업업무추진비의 지출과 관련된 매입세액 100만원
(4) 6월 10일: 공장부지의 조성과 관련된 매입세액 100만원
(5) 6월 20일: 사업에 사용할 목적으로 매입하였으나 과세기간 말 현재 사용하지 않은 재료의 매입세액 100만원

① 100만원 ② 200만원
③ 300만원 ④ 400만원

> **해설** 100만원(4월 22일) + 100만원(6월 20일) = 200만원. 나머지 매입세액은 불공제 대상이다.

해답 ②

19 소매업을 영위하는 ㈜한국은 과세사업과 면세사업을 겸영하고 있다. 2025년 제1기 과세 및 면세사업의 공급가액과 매입세액이 다음과 같을 때, 확정신고 시 공제받을 수 없는 매입세액은? (단, 모든 거래에 대한 세금계산서 및 계산서는 적법하게 발급받았으며, 주어진 자료 이외의 다른 사항은 고려하지 않는다) [국가직 9급 2022]

구 분	공급가액	매입세액
과세사업	3,000,000원	250,000원
면세사업	2,000,000원	100,000원
과세, 면세공통(실지귀속 불분명)	-	200,000원
합 계	5,000,000원	550,000원

① 80,000원 ② 100,000원
③ 180,000원 ④ 300,000원

해설

구 분	금 액	비 고
면세관련 매입세액	100,000원	
공통매입세액 면세분	80,000원	200,000 × 40%*
합 계	180,000원	

* 해당 과세기간 면세공급가액 비율(40% = $\dfrac{2,000,000원}{(3,000,000원 + 2,000,000원)}$)

해답 ③

20
과세사업과 면세사업을 겸영하는 ㈜A의 자료이다. 2024년 제1기 부가가치세 확정신고시 매입세액공제액으로 옳은 것은? 단, 모든 거래에 대한 세금계산서 및 계산서는 적법하게 발급받았다.

[회계사 2021]

(1) 2025년 4월 1일부터 6월 30일까지의 매입세액

구 분	과세사업분	면세사업분	공통매입분
원재료	50,000,000원	30,000,000원	-
비품	10,000,000원	5,000,000원	2,000,000원*
기계장치	-	-	10,000,000원**

* 2025년 4월 20일 과세사업과 면세사업에 공통으로 사용하기 위하여 비품을 구입하였으며, 실지 귀속을 구분할 수 없다. 비품을 사업에 사용하던 중 2025년 6월 30일 16,500,000원(부가가치세 포함)에 매각하였다.

** 2025년 5월 20일 과세사업과 면세사업에 공통으로 사용하기 위하여 기계장치를 구입하였으며, 실지 귀속을 구분할 수 없다.

(2) 면세사업에만 사용하던 차량(트럭)을 2025년 4월 15일부터 과세사업과 면세사업에 함께 사용하기 시작하였다. 동 차량은 2023년 12월 10일에 44,000,000원(부가가치세 포함)에 구입하였다.

(3) 과세사업과 면세사업의 공급가액비율

구 분	2024년 제2기	2025년 제1기
과세사업	70%	80%
면세사업	30%	20%

① 67,200,000원 ② 67,400,000원 ③ 70,100,000원
④ 70,200,000원 ⑤ 70,400,000원

구 분	금 액	비 고
(1) 원재료	50,000,000원	
(2) 비품	11,400,000원	= 10,000,000원 + (2,000,000원 × 70%*)
(3) 기계장치	8,000,000원	= 10,000,000원 × 80%
(4) 트럭	800,000원	= 4,000,000원 × (1-25%×3) × 80%
매입세액 공제액	70,200,000원	

* 공급받은 과세기간 중에 공급한 재화의 매입세액 안분이므로, 공급가액 안분기준과 동일하게 직전 과세기간의 과세사업 비율로 안분함

 ④

21 과세사업과 면세사업을 겸영하고 있는 ㈜세무는 다음의 재화(기계장치, 건물, 원재료)를 취득하여 면세사업에만 사용하였다. ㈜세무가 면세사업에만 사용하던 아래의 모든 재화를 2025.4.5.부터 과세사업과 면세사업에 공통사용하는 경우, 2025년 제1기 부가가치세 확정신고시 매입세액으로 공제할 수 있는 금액은? (단, 취득당시 면세사업과 관련한 매입세액을 불공제 하였음) [세무사 2021]

구 분	취득일자	취득가액(부가가치세 불포함)
기계장치	2024.07.05.	40,000,000원
건 물	2022.04.15.	300,000,000원
원재료	2024.09.09.	100,000,000원

또한, ㈜세무의 공급가액은 다음과 같다.

과세기간	과세사업	면세사업	합 계
2025년 제1기 예정신고기간(1.1~3.31.)	15억원	5억원	20억원
2025년 제1기 확정신고기간(4.1~6.30.)	15억원	15억원	30억원

① 12,000,000원 ② 14,400,000원 ③ 15,750,000원
④ 18,900,000원 ⑤ 24,000,000원

구 분	금 액	비 고
기계장치	1,800,000원	40,000,000 × 10% × (1−25%×1) × 60%*
건 물	12,600,000원	300,000,000 × 10% × (1−5%×6) × 60%*
원재료	−	감가상각자산이 아니므로 공제대상 아님
합 계	14,400,000원	

* 해당 과세기간 과세공급가액 비율(60% = $\frac{(15억원 + 15억원)}{(20억원 + 30억원)}$)

  ②

22 과세사업과 면세사업을 겸영하는 ㈜A의 자료이다. 2025년 제1기 부가가치세 확정신고 시 납부세액 재계산으로 인하여 납부세액에 가산할 금액으로 옳은 것은? 단, 제시된 금액은 부가가치세를 포함하지 않은 금액이다. [회계사 2022]

(1) ㈜A는 2024년 4월 15일에 과세사업과 면세사업에 공통으로 사용하기 위하여 건물을 300,000,000원에 구입하고, 매입세액은 공급가액 비율로 안분하여 공제하였다.
(2) 과세사업과 면세사업의 공급가액비율

구 분	과세사업	면세사업
2024년 제1기	60%	40%
2024년 제2기	56%	44%
2025년 제1기	50%	50%

① 1,500,000원 ② 1,530,000원 ③ 1,620,000원
④ 2,550,000원 ⑤ 2,700,000원

> **해설** 30,000,000원 × (1−5%×2) × (50%−40%) = 2,700,000원
> 2024년 2기는 면세비율 증감액이 5% 미만이므로 공통매입세액을 재계산하지 않으며, 2025년 1기 공통매입세액 재계산 시 2024년 2기가 아닌 1기와의 면세비율 증감액을 기준으로 재계산함에 유의한다.

해답 ⑤

---

23 부가가치세법상 일반과세자(면세를 포기하고 영세율을 적용받는 경우는 제외)가 면세농산물 등에 대해 의제매입세액공제를 받는 것에 대한 설명으로 옳지 않은 것은? [국가직 7급 2015]

① 의제매입세액공제는 면세원재료를 사용하여 과세재화·용역을 공급하는 경우에 발생하는 누적효과를 제거하거나 완화시키기 위한 취지에서 마련된 제도이다.
② 의제매입세액은 면세농산물 등을 공급받은 날이 속하는 과세기간이 아니라, 그 농산물을 이용하여 과세대상 물건을 생산한 후 공급하는 시점이 속하는 과세기간의 매출세액에서 공제한다.
③ 의제매입세액의 공제를 받은 면세농산물 등을 그대로 양도 또는 인도하는 때에는 그 공제한 금액을 납부세액에 가산하거나 환급세액에서 공제하여야 한다.
④ 제조업을 경영하는 사업자가 법령에서 규정하는 농어민으로부터 면세농산물 등을 직접 공급받는 경우 의제매입세액공제를 받기 위해서는 세무서장에게 의제매입세액 공제신고서만 제출하면 된다.

> **해설** 의제매입세액은 면세농산물 등을 공급받은 날이 속하는 과세기간의 매출세액에서 공제한다.

해답 ②

24 다음은 과세사업과 면세사업을 겸영하는 ㈜A의 2025년 제1기 확정신고기간(2025.4.1.~6.30.)의 거래내역이다. 2025년 제1기 확정신고 시 매출세액에서 공제되는 매입세액은? (단, 주어진 자료 이외에는 고려하지 않음) [세무사 2022]

(1) 2025.4.20.에 법인사업자로부터 과세사업에 사용되는 재화를 매입하고 전자세금계산서 외의 세금계산서를 2025.7.5.에 발급받았고, 그 거래사실이 확인되는 것의 부가가치세 매입세액은 2,000,000원이다.
(2) 2025.5.10.에 법인사업자로부터 매입한 면세사업에 사용되는 재화의 매입세액은 1,000,000원이다.
(3) 2025.5.25.에 매입한 과세사업과 면세사업에 공통으로 사용될 기계설비의 매입세액은 5,000,000원이며, 과세사업과 면세사업의 공급가액(부가가치세 제외금액)은 다음과 같다.

과세기간	과세기간 공급가액	면세사업 공급가액	합 계
2025.1.1. ~ 2025.3.31.	160,000,000원	100,000,000원	260,000,000원
2025.4.1. ~ 2025.6.30.	330,000,000원	110,000,000원	440,000,000원
합 계	490,000,000원	210,000,000원	700,000,000원

① 2,500,000원 ② 4,500,000원 ③ 4,750,000원
④ 5,500,000원 ⑤ 5,750,000원

구 분	금 액	비 고
전자세금계산서 외 세금계산서 수취	2,000,000원	
면세사업 관련 매입세액	–	면세사업 관련 매입세액은 불공제
공통매입세액 과세분	3,500,000원	= 5,000,000 × 70%*
합 계	5,500,000원	

* 해당 과세기간 과세공급가액 비율(70% = $\frac{490,000,000원}{700,000,000원}$)

해답 ④

25 다음은 과세사업과 면세사업을 겸영하는 일반과세자 K(개인)의 2025년 제2기(2025.7.1.~ 12.31.) 부가가치세 관련 자료이다. 2025년 제2기에 매출세액에서 공제되는 매입세액은? (단, 모든 거래에 대한 세금계산서 및 계산서는 적법하게 발급받았다) [국가직 7급 2023]

(1) 매입세액

구 분	세액
과세사업	30,000,000원
면세사업	30,000,000원
과세·면세 공통(실지귀속 불분명)	10,000,000원*
합 계	70,000,000원

* 2025년 제2기에 구입하여 2025년 제2기에 전부 공급한 기계장치에 대한 매입세액임

(2) 공급가액

구 분	과세사업	면세사업	합 계
2025년 제1기	960,000,000원	40,000,000원	1,000,000,000원
2025년 제2기	800,000,000원	200,000,000원	1,000,000,000원

① 35,000,000원 ② 38,000,000원
③ 39,600,000원 ④ 40,000,000원

구 분	금 액	비 고
과세사업 매입세액	30,000,000원	
공통매입세액 안분계산	9,600,000원	$10,000,000 \times \dfrac{960,000,000원}{(1,000,000,000원)}$
합 계	39,600,000원	

해당 과세기간의 총공급가액 중 면세공급가액이 5% 미만인 경우 공통매입세액은 안분계산은 생략하나, 공통매입세액이 500만원 이상인 경우는 안분계산하여야 한다(부령 81②).

 ③

26 일반과세자 ㈜A의 2025년 제2기 예정신고기간(2025.7.1.~2025.9.30.) 세금계산서 및 신용카드매출전표 수취내역이다. 2025년 제2기 예정신고기간의 매입세액공제액으로 옳은 것은? [회계사 2023]

(1) 세금계산서 수취내역

일자	내역	공급가액	부가가치세
7.10.	원재료 구입	110,000,000원*	11,000,000원
7.12.	거래처 접대용 물품 구입	10,000,000원	1,000,000원
7.15.	생산직 직원들의 작업복 구입	20,000,000원	2,000,000원
8.10.	건물 구입*	500,000,000원	50,000,000원
	건물 철거비용**	30,000,000원	3,000,000원

* 실제 공급가액은 100,000,000원이나 착오로 110,000,000원으로 기재됨
** 토지와 건물을 일괄 구입 후 토지만 사용하기 위해 건물을 철거함

(2) 신용카드매출전표(부가가치세 구분표시) 수취내역

일자	내역	공급가액	부가가치세
9.10.	직원 추석선물(과세재화) 구입*	110,000,000원*	11,000,000원

* 2024년 신규로 사업을 시작한 간이과세자로부터 구입함

① 12,000,000원 ② 12,200,000원 ③ 63,000,000원
④ 63,200,000원 ⑤ 65,200,000원

구 분	금 액	비 고
(1) 원재료 구입	10,000,000원	
(2) 거래처 접대용 물품 구입	–	
(3) 작업복 구입	2,000,000원	
(4) 건물 구입 및 철거비용	–	토지관련 매입세액이므로 불공제
(5) 직원 추석선물 구입	–	계산서 수취가 불가하여 불공제
매입세액공제액	12,000,000원	

 ①

27 다음 자료는 제조업을 영위하는 일반과세자인 ㈜A가 2025년 제2기 확정신고기간(2025.10.1.~12.31.) 중에 공급받은 재화의 거래내역이다. ㈜A의 2025년 제2기 확정신고시 부가가치세 매출세액에서 공제하는 매입세액은? [세무사 2023]

(1) 국내거래처로부터 10.1.에 원자재를 구입하였으나 그에 대한 세금계산서(공급가액 60,000,000원, 부가가치세 6,000,000원)는 2024.1.10.에 발급받았다.
(2) 기념품을 구입하여 거래처의 창사기념일에 증정하였다. 기념품 구입 시 세금계산서(공급가액 3,000,000원, 부가가치세 300,000원)를 발급받았다.
(3) 생산직 직원들의 작업복을 구입하고 세금계산서(공급가액 5,000,000원, 부가가치세 500,000원)를 발급받았다.
(4) 종업원 명절선물을 구입하고 세금계산서(공급가액 4,000,000원, 부가가치세 400,000원)를 발급받았다.

① 900,000원　② 1,200,000원　③ 6,500,000원
④ 6,900,000원　⑤ 7,200,000원

해설

구 분	금 액	비 고
(1) 원자재	6,000,000원	
(2) 거래처 증정 기념품	–	
(3) 작업복	500,000원	
(4) 종업원 명절선물	400,000원	
매입세액공제액	6,900,000원	

해답 ④

입법 취지로 배우는 **부가가치세법**

28 다음의 거래에 대한 각 사업자의 부가가치세법상 처리를 설명한 것으로 옳은 것은? [회계사 2021]

(1) ㈜A는 2024년 11월 1일에 ㈜B에게 제품을 11,000,000원(부가가치세 포함)에 판매하고 약속어음을 받았다.
(2) ㈜B가 발행한 약속어음이 부도가 발생함에 따라 ㈜A는 2025년 1월 20일에 금융회사에서 부도확인을 받았다. ㈜A는 ㈜B의 재산에 대하여 저당권을 설정하고 있지 않다.
(3) ㈜A는 대손처리한 ㈜B에 대한 채권 중 5,500,000원(부가가치세 포함)을 2025년 3월 10일에 ㈜B로부터 회수하였다.

① ㈜A는 2025년 제1기 부가가치세 확정신고 시 1,000,000원을 대손세액공제 받을 수 있다.
② ㈜A는 2025년 제2기 부가가치세 예정신고 시 1,000,000원을 대손세액공제 받을 수 있다.
③ ㈜A는 2026년 제1기 부가가치세 예정신고 시 과세표준에 5,000,000원을 더한다.
④ ㈜B는 2025년 제1기 부가가치세 확정신고 시 1,000,000원을 매입세액에서 뺀다.
⑤ ㈜B는 2026년 제1기 부가가치세 확정신고 시 500,000원을 매입세액에 더한다.

과세기간	㈜A	㈜B
2025년 제2기 확정신고	1,000,000원 매출세액에서 차감	1,000,000원 매입세액에서 차감
2026년 제1기 확정신고	500,000원 매출세액에 가산	500,000원 매입세액에 가산

※ 주의사항
① 부도발생일로부터 6개월이 지난 날이 속하는 과세기간의 확정신고 시 대손세액공제를 받을 수 있다.
② 대손세액공제는 확정신고기간에만 공제 가능하다.

  ⑤

29 다음은 소시지제조업을 영위하는 일반과세자인 개인사업자 甲의 2025년 제1기 과세기간(1.1.~6.30.)에 대한 거래내역이다. 2025년 제1기 확정신고 시 공제가능한 매입세액은 얼마인가? (단, 다음 거래는 세법상 요구되는 의무를 모두 이행하였으며, 의제매입세액공제 대상액은 공제한도 내 금액인 것으로 가정함) [세무사 2017]

(1) 외국산 미가공식료품을 31,200,000원에 매입하여 소시지 제조에 전부 사용하였다.
(2) 소시지 배달을 위해 개별소비세가 과세되는 5인승 승용차를 22,000,000원(공급대가)에 구입하였다.
(3) 세금계산서 발급이 금지되지 않은 일반과세자로부터 사업용 냉장고를 2,200,000원(공급대가)에 구입하고 부가가치세가 별도로 구분되는 신용카드매출전표를 수령하였다.
(4) 2025년 제1기 예정신고 시 매입세액 500,000원이 신고누락되었다.
(5) 2023년 제1기 부가가치세 확정신고 시 매입세액에서 차감한 대손세액은 300,000원이었고 2025.3.10.에 관련 대손금액 전부를 변제하였다.

① 1,000,000원 ② 1,900,000원 ③ 2,200,000원
④ 3,200,000원 ⑤ 4,200,000원

구 분	금 액	비 고
(1) 의제매입세액공제	1,200,000원	= 31,200,000원 × 4/104
(2) 비영업용 소형승용차	–	
(3) 사업용 냉장고	200,000원	= 2,200,000원 × 10/110
(4) 예정신고 누락분	500,000원	
(5) 변제대손세액	300,000원	
매입세액공제액	2,200,000원	

해답 ③

거래징수와 세금계산서

제1절 거래징수
제2절 세금계산서
연습문제

제6장 거래징수와 세금계산서

제1절 거래징수

사업자가 재화 또는 용역을 공급하는 경우에는 공급가액에 세율을 적용하여 계산한 부가가치세를 재화 또는 용역을 공급받는 자로부터 징수해야 하는데, 이를 거래징수라 한다(부법 31). 이는 사업자가 재화 또는 용역을 공급받는 자로부터 그 대가 외에 부가가치세를 별도로 징수하여 납부하게 하는 것으로서, 사업자에게 부과되는 부가가치세를 공급받는 자에게 차례로 전가시켜 그 부담을 최종소비자에게 귀착시키려는 제도이다.

부가가치세법에서 거래징수에 관한 규정을 두고 있는 이유는 우리나라 부가가치세가 다단계거래세이면서 그 과세방법으로 전단계세액공제법을 채택하고 있기 때문이다. 부가가치세법은 모든 거래단계에서 과세된 부가가치세가 최종소비자에게까지 전가되도록 공급받는 자가 최종소비자인 경우뿐만 아니라 사업자인 경우에도 거래징수하도록 규정하고 있다.

또한 사업자는 전단계세액공제법에 따라 공급받는 자로부터 부가가치세(매출세액)를 거래징수하되 자신이 거래징수당한 부가가치세(매입세액)를 공제하여 납부한다. 이에 부가가치세법은 사업자가 창출한 부가가치에 대한 부가가치세가 아니라 재화 또는 용역의 공급가액에 대한 부가가치세를 거래징수하도록 규정하고 있다. 그 결과 사업자는 거래징수당한 부가가치세를 매출세액에서 공제받음으로써 그 부담에서 벗어나게 되며, 최종소비자는 재화 또는 용역이 생산되거나 유통되는 모든 거래단계에서 창출된 부가가치에 대한 부가가치세를 부담하게 된다.

한편, 재화를 수입하는 경우에는 세관장이 관세법에 따라 부가가치세를 징수하도록 함으로써 재화의 수입에 대한 부가가치세도 최종소비자에게 전가되어 그 부담을 지우도록 하고 있다(부법 58②).

제2절 세금계산서

I. 의 의

 의 의

세금계산서란 사업자가 재화 또는 용역을 공급하는 때에 그에 대한 부가가치세를 거래징수한 사실을 증명하기 위하여 그 공급받는 자에게 발급하는 세금영수증을 말한다. 부가가치세법은 사업자가 재화 또는 용역을 공급하는 경우에는 세금계산서를 그 공급을 받는 자에게 발급해야 한다고 규정하고 있다(부법 32①).

세금계산서는 거래징수와 함께 다단계거래세이면서 전단계세액공제법을 채택하고 있는 우리나라 부가가치세제의 근간을 이루는 제도이다. 재화 또는 용역의 공급자는 부가가치세를 거래징수하고 이를 증명하는 세금계산서를 발급함에 따라 그 공급받는 자에게 부가가치세를 전가하며, 공급받는 자는 발급받은 세금계산서에 기재되어 있는 부가가치세를 매입세액으로 공제받음에 따라 부가가치세가 이중으로 과세되지 않고 최종소비자에게 전가된다.

 세금계산서의 기능(집행기준 32-0-2)

구 분	내 용
① 세금영수증	사업자가 과세대상 거래에 대한 부가가치세를 징수하였음을 증명
② 청구서·영수증	외상거래에 따른 청구서, 현금거래에 따른 영수증 역할
③ 송장	사업자가 공급한 구체적인 재화 또는 용역을 표시
④ 증빙서류	사업자가 공급받은 재화 또는 용역을 확인할 수 있는 증빙자료
⑤ 과세자료	과세관청에 제출되어 근거과세 및 공평과세의 기초자료로 활용

 종 류

(1) 세금계산서

부가가치세법상 사업자가 재화 또는 용역을 공급(부가가치세가 면제되는 재화 또는 용역의 공급은 제외)하는 경우에는 원칙적으로 세금계산서를 발급한다(부법 32①). 사업자가 과세되는 재화 또는 용역을 공급할 때에는 세금계산서 2매를 작성하여 1매는 공급자가 보관하고 1매는 공급받는 자에게 발급한다. 사업자는 세금계산서를 발급하였거나 발급받은 경우 발급한 세금계산서를 집계한 매출처별세금계산서합계표와 발급받은 세금계산서를 집계한 매입처별세금계산서합계표를 제출해야 한다(부법 54①).

세금계산서는 다시 종이세금계산서와 전자세금계산서로 구분되며, 일반과세자 중 법인사업자와 일정규모 이상의 개인사업자는 종이세금계산서 대신 전자세금계산서를 발급하고 전자세금계산서 발급명세를 국세청장에게 전송해야 한다(부법32②,③, 본 절 Ⅱ-4 참고).

세금계산서의 기재사항은 다음과 같이 필요적 기재사항과 임의적 기재사항으로 구분된다(부법 32①, 부령 67②). 필요적 기재사항이란 세금계산서에 반드시 적어야 하는 사항으로, 그 전부 또는 일부가 적히지 않았거나 사실과 다르게 적힌 경우에는 매입세액을 공제받을 수 없다(부법 39① 제2호). 반면에 임의적 기재사항이란 필요적 기재사항 외의 기재사항으로, 그 전부 또는 일부가 적히지 않았거나 사실과 다르게 적힌 경우에도 세금계산서의 효력에 아무런 영향이 없다.

구 분	내 용
필요적 기재사항	① 공급하는 사업자의 등록번호와 성명 또는 명칭 ② 공급받는 자의 등록번호[주)] ③ 공급가액과 부가가치세액 ④ 작성연월일
임의적 기재사항	① 공급하는 자의 주소 ② 공급받는 자의 상호·성명·주소 ③ 공급하는 자와 공급받는 자의 업태와 종목 ④ 공급품목 ⑤ 단가와 수량 ⑥ 공급연월일 ⑦ 거래의 종류 ⑧ 사업자 단위 과세 사업자의 경우 실제로 재화 또는 용역을 공급하거나 공급받는 종된 사업장의 소재지 및 상호

주) 공급받는 자가 사업자가 아니거나 등록한 사업자가 아닌 경우에는 등록번호에 준하는 고유번호 또는 공급받는 자의 주민등록번호

부가가치세법 시행규칙 [별지 제14호 서식] (적색)

세금계산서(공급자보관용)

(2) 수입세금계산서

세관장은 수입되는 재화에 대하여 부가가치세를 징수할 때에는 수입된 재화에 대한 세금계산서를 수입하는 자에게 발급해야 하는데, 이 경우의 세금계산서를 수입세금계산서라 한다(부법 35①). 사업자는 수입세금계산서를 발급하였거나 발급받은 경우에도 매출처별세금계산서합계표와 매입처별세금계산서합계표를 제출해야 한다(부법 54①). 부가가치세법은 수입세금계산서를 발급할 때 세금계산서 발급에 관한 규정을 준용하도록 규정하고 있다(부령 72①). 이에 본 절에서는 세금계산서를 중심으로 살펴보기로 한다.

(3) 영수증

영수증이란 공급받는 자에 대한 정보와 부가가치세액을 별도로 기재하지 않고 공급가액에 부가가치세액이 포함된 공급대가를 기재하는 증명서류를 말한다(부령 73⑦). 영수증발급대상사업을 하는 사업자와 일정한 간이과세자의 경우 세금계산서를 발급하는 대신 영수증을 발급해야 한다(부법 36①). 부가가치세법은 세금계산서 제도의 예외로서 매입세액공제가 필요 없는 최종소비자를 상대로 하는 사업자와 영세한 간이과세자에 한해 간편한 방법으로 증명서류를 발급할 수 있는 영수증 제도를 마련하고 있다(본 절 Ⅴ 참고).

Ⅱ. 세금계산서의 발급

 **발급의무자**

부가가치세법은 세금계산서의 발급의무자를 부가가치세가 과세되는 재화 또는 용역을 공급하는 사업자로 규정하고 있다(부법 32①). 따라서 부가가치세가 면제되는 재화 또는 용역의 공급하는 면세사업자는 세금계산서를 발급할 수 없으며, 비사업자나 사업자등록을 하지 않은 사업자는 세금계산서의 필요적 기재사항인 공급하는 사업자의 등록번호가 없으므로 유효한 세금계산서를 발급할 수 없다.

한편, 주로 사업자가 아닌 자에게 재화 또는 용역을 공급하는 사업자로서 소매업·음식점업·숙박업 등 영수증발급대상사업을 하는 사업자와 일정한 간이과세자는 세금계산서를 발급하는 대신 영수증을 발급하는 것이 원칙이다(부법 36①). 여기서 일정한 간이과세자란 직전 연도 공급대가의 합계액이 4,800만원 미만인 사업자와 간이과세 적용신청을 한 신규사업자를 말한다.

2 발급대상

세금계산서의 발급대상은 과세거래에 해당하는 모든 재화 또는 용역의 공급이다(부법 32①). 따라서 면세되는 재화 또는 용역의 공급은 세금계산서의 발급대상이 아니지만, 영세율이 적용되는 재화 또는 용역의 공급은 부가가치세를 거래징수하지 않을 뿐 과세거래에 해당하므로 세금계산서의 발급대상이 되는 것이 원칙이다.

다만, 세금계산서를 발급하기 어렵거나 세금계산서의 발급이 불필요한 경우 등 다음 중 어느 하나에 해당하는 재화 또는 용역을 공급하는 경우에는 세금계산서를 발급하지 않을 수 있다(부법 33①, 부령 71①). 즉, 이 경우에는 세금계산서의 발급의무가 면제된다.

① 다음의 사업자가 공급하는 재화 또는 용역
  ㉠ 택시운송 사업자, 노점 또는 행상을 하는 사람
  ㉡ 무인자동판매기를 이용하여 재화 또는 용역을 공급하는 자
  ㉢ 전력이나 도시가스를 실제로 소비하는 자(사업자가 아닌 자에 한함)를 위하여 전기사업자 또는 도시가스사업자로부터 전력이나 도시가스를 공급받는 명의자
  ㉣ 도로 및 관련시설 운영용역을 공급하는 자[1]
② 소매업[1] 또는 미용, 욕탕 및 유사 서비스업을 경영하는 자가 공급하는 재화 또는 용역.
③ 자기생산·취득재화의 공급(면세사업 전용, 비영업용 소형자동차와 그 유지를 위한 사용, 개인적 공급, 사업상 증여, 폐업할 때 남아있는 재화)으로 재화의 간주공급에 해당하는 재화
④ 재화의 수출[2], 용역의 국외공급 및 외국항행용역의 공급[3]에 따른 재화 또는 용역
⑤ 다음의 외화획득 재화 또는 용역[4]
  ㉠ 국내사업장이 없는 비거주자 또는 외국법인에게 공급하는 재화 또는 용역
  ㉡ 국내사업장이 있는 비거주자 또는 외국법인에게 공급하는 재화 또는 용역
  ㉢ 외항선박 및 항공기 등에 공급하는 재화 또는 용역(공급받는 자가 국내에 사업장이 없는 비거주자 또는 외국법인인 경우에 한함)
  ㉣ 국제연합군 등에 공급하는 재화 또는 용역
  ㉤ 외국인관광객에게 공급하는 관광알선용역(일반여행업자인 경우에 한함)
  ㉥ 우리나라에 상주하는 외교공관 등에 공급하는 재화 또는 용역
⑥ 부동산 임대용역 중 간주임대료가 적용되는 부분
⑦ 공인인증기관이 공인인증서를 발급하는 용역[1]
⑧ 간편사업자등록을 한 전자적 용역을 공급하는 국외사업자가 국내에 공급하는 전자적 용역
⑨ 그 밖에 국내사업장이 없는 비거주자 또는 외국법인에 공급하는 재화 또는 용역[5]

[1] 공급받는 자가 세금계산서 발급을 요구하는 경우에는 세금계산서 발급의무가 면제되지 않는다.
[2] 원료를 대가 없이 국외의 수탁가공 사업자에게 반출하여 가공한 재화를 양도하는 경우에 그 원료, 내국신용장 또는 구매확인서에 의하여 공급하는 재화, 한국국제협력단·한국국제보건의료재단 및 대한적십자사에 공급하는 재화에 대해서는 세금계산서 발급의무가 면제되지 않는다.
[3] 공급받는 자가 국내에 사업장이 없는 비거주자 또는 외국법인인 경우와 항공기의 외국항행용역 및 항공사업법에 따른 상업서류 송달용역에 한하여 세금계산서 발급의무가 면제된다.
[4] 외화획득 재화 또는 용역 중 수출업자와 직접 도급계약에 의하여 수출재화를 임가공하는 수출재화임가공용역과 내국신용장 또는 구매확인서에 의하여 공급하는 수출재화임가공용역은 세금계산서 발급의무가 면제되지 않는다(제4장 제1절 2-(4) 참고).
[5] 그 비거주자 또는 외국법인이 해당 외국의 개인사업자 또는 법인사업자임을 증명하는 서류를 제시하고 세금계산서 발급을 요구하는 경우에는 세금계산서 발급의무가 면제되지 않는다.

한편, 일반과세자로서 다음에 해당하지 않는 사업을 경영하는 사업자가 신용카드매출전표 등을 발급한 경우에는 세금계산서를 발급하지 않는다(부법 33②, 부령 88⑤). 앞서 살펴본 것처럼 이 경우 공급받는 자는 신용카드매출전표 등에 의한 매입세액공제를 받을 수 있으므로 이중으로 매입세액공제를 받는 것을 방지하기 위해 세금계산서의 발급이 금지된다.

① 목욕·이발·미용업
② 여객운송업(여객자동차 운수사업법에 따른 전세버스운송사업 제외)
③ 입장권을 발행하여 경영하는 사업
④ 요양급여의 대상에서 제외되는 성형수술 진료용역 등을 공급하는 사업
⑤ 수의사가 제공하는 동물의 진료용역(면세되는 진료용역 제외)
⑥ 무도학원 및 자동차운전학원에서 제공하는 교육용역을 공급하는 사업

 발급시기

(1) 원 칙

세금계산서는 사업자가 재화 또는 용역의 공급시기에 재화 또는 용역을 공급받는 자에게 발급해야 한다(부법 34①). 다만, 사업자가 재화 및 용역의 공급시기 특례에 따라 그 공급시기가 되기 전에 대가의 전부 또는 일부를 받고 그 받은 대가에 대하여 세금계산서를 발급한 경우 해당 세금계산서는 적법한 시기에 발급한 것으로 본다(부법 34②, 17, 제3장 제6절 Ⅲ-2 참고).

(2) 특 례

다음 중 어느 하나에 해당하는 경우에는 재화 또는 용역의 공급일이 속하는 달의 다음 달 10일(그 날이 공휴일 또는 토요일인 경우에는 바로 다음 영업일)까지 세금계산서를 발급할 수 있다(부법 34③).

① 거래처별로 1역월의 공급가액을 합하여 해당 달의 말일을 작성연월일로 하여 세금계산서를 발급하는 경우
② 거래처별로 1역월 이내에서 사업자가 임의로 정한 기간의 공급가액을 합하여 그 기간의 종료일을 작성연월일로 하여 세금계산서를 발급하는 경우^{주)}
③ 관계 증명서류 등에 따라 실제거래사실이 확인되는 경우로서 해당 거래일을 작성연월일로 하여 세금계산서를 발급하는 경우

주) 1역월이란 달력에 의한 1개월을 의미한다. 예를 들어, 2월 16일부터 3월 15일까지의 기간은 1역월 이내의 기간이 아니므로 해당 거래분을 합하여 세금계산서를 발급할 수 없다.

이는 세금계산서 발급시기의 특례로서 사업자가 고정거래처와 빈번하게 거래하는 경우에 공급시기마다 세금계산서를 발급해야 하는 불편함을 줄여주기 위하여, 공급시기와 무관하게 월별로 일정 기간의 거래금액을 합하여 세금계산서를 발급할 수 있도록 허용한 것이다.

예를 들어, ① 1월 1일부터 1월 31일까지의 공급가액을 합하여 1월 31일을 작성연월일로 하여 발급하는 경우, ② 1월 1일부터 1월 15일까지의 공급가액을 합하여 1월 15일을 작성연월일로 하여 발급하는 경우, ③ 송장 등에 따라 실제거래사실이 확인되는 1월 7일자 매출에 대하여 1월 7일을 작성연월일로 하여 발급하는 경우에는 2월 10일까지 세금계산서를 발급할 수 있다.

세금계산서 발급시기보다 늦게 발급하는 경우 제재규정

구 분		공급자	공급받는 자
공급일이 속하는 과세기간의 확정신고기한 내에 발급된 경우		지연발급가산세 (해당 공급가액×1%)	합계표불성실가산세 (해당 공급가액×0.5%)
공급일이 속하는 과세기간의 확정신고기한 내에 발급되지 않은 경우	확정신고기한 다음 날부터 1년 이내 발급	미발급가산세 (해당 공급가액×2%)	매입세액불공제 (가산세 없음)
	확정신고기한 다음 날부터 1년 이후 발급		

4 전자세금계산서의 발급

(1) 의 의

전자세금계산서란 전자적 방법으로 발급한 세금계산서를 말한다(부법 32②). 종이세금계산서의 경우 납세의무자 입장에서는 그 작성, 신고 및 보관에 과도한 납세협력비용이 발생하고 과세당국 입장에서는 세금계산서의 진위파악 등에 막대한 세무행정비용이 발생하는 문제가 있다. 이러한 문제를 해결하기 위해 부가가치세법은 전자세금계산서 제도를 도입하였으며, 그 적용범위를 점차 확대하고 있다.

(2) 발급의무자

법인사업자와 직전연도의 사업장별 재화 및 용역의 공급가액의 합계액이 8천만원 이상인 개인사업자는 세금계산서를 발급하려면 전자세금계산서를 발급해야 한다. 개인사업자의 경우 직전연도의 사업장별 재화 또는 용역의 공급가액을 계산할 때에는 면세공급가액을 포함한다(부법 32②, 부령 68①). 전자세금계산서를 발급해야 하는 사업자가 아닌 사업자도 전자세금계산서를 발급할 수 있다(부법 32⑤).

전자세금계산서 의무발급 개인사업자가 전자세금계산서를 발급해야 하는 기간은 사업장별 재화 및 용역의 공급가액의 합계액이 8천만원 이상인 해의 다음 해 제2기 과세기간과 그 다음 해 제1기 과세기간으로 한다(부령 68②). 예를 들어, 2024년 1월 1일부터 12월 31일까지의 사업장별 재화 및 용역의 공급가액의 합계액이 8천만원 이상인 경우 2025년 제2기 과세기간과 2026년 제1기 과세기간(2025.7.1.~2026.6.30.)에는 전자세금계산서를 발급해야 한다.

다만, 사업장별 재화와 용역의 공급가액의 합계액이 국세기본법에 따른 수정신고 또는 결정과 경정으로 8천만원 이상이 된 경우 전자세금계산서를 발급해야 하는 기간은 수정신고 등을 한 날이 속하는 과세기간의 다음 과세기간과 그 다음 과세기간으로 한다(부령 68② 단서).

관할세무서장은 개인사업자가 전자세금계산서 의무발급 개인사업자에 해당하는 경우에는 전자세금계산서를 발급해야 하는 기간이 시작되기 1개월 전까지 그 사실을 해당 개인사업자에게 통지해야 한다(부령 68③). 만약 개인사업자가 전자세금계산서를 발급해야 하는 기간이 시작되기 1개월 전까지 통지를 받지 못한 경우에는 통지서를 수령한 날이 속하는 달의 다음 다음 달 1일부터 전자세금계산서를 발급해야 한다(부령 68④).

(3) 발급방법

전자세금계산서는 다음 중 어느 하나에 해당하는 방법으로 세금계산서의 기재사항을 계산서 작성자의 신원 및 계산서의 변경 여부 등을 확인할 수 있는 공인인증시스템을 거쳐 정보통신망으로 발급해야 한다(부법 32②, 부령 68⑤).

① 조세특례제한법에 따른 전사적 기업자원 관리설비로서 표준인증을 받은 설비를 이용하는 방법
② 재화 또는 용역을 실제 공급하는 사업자를 대신하여 전자세금계산서 발급업무를 대행하는 사업자의 전자세금계산서 발급 시스템을 이용하는 방법
③ 국세청장이 구축한 전자세금계산서 발급 시스템을 이용하는 방법
④ 전자세금계산서 발급이 가능한 현금영수증 발급장치 등을 이용하는 방법

(4) 발급명세의 전송

전자세금계산서를 발급하였을 때에는 전자세금계산서 발급일의 다음 날까지 전자세금계산서 발급명세를 국세청장에게 전송해야 한다. 여기서 전자세금계산서 발급명세란 세금계산서의 기재사항을 말한다(부법 32③, 부령 68⑦,⑧).

전자세금계산서 발급일의 다음 날이 지난 후 재화 또는 용역의 공급시기가 속하는 과세기간에 대한 확정신고기한까지 국세청장에게 전자세금계산서 발급명세를 전송하는 경우에는 그 공급가액의 0.3%에 상당하는 금액의 지연전송가산세를 부과하고, 그 과세기간에 대한 확정신고기한까지 국세청장에게 전자세금계산서 발급명세를 전송하지 않은 경우에는 그 공급가액의 0.5%에 상당하는 미전송가산세를 부과하여 납부세액에 더하거나 환급세액에서 뺀다(부법 60② 제3호, 제4호).

이와 같이 전자세금계산서 발급명세를 해당 재화 또는 용역의 공급시기가 속하는 과세기간(예정신고의 경우에는 예정신고기간) 마지막 날의 다음 달 11일까지 국세청장에게 전송한 경우에는 해당 예정신고 또는 확정신고 시 매출·매입처별 세금계산서합계표를 제출하지 않을 수 있고, 그 거래사실이 속하는 과세기간에 대한 확정신고 기한 후 5년간 보존해야 하는 세금계산서의 보관의무가 면제된다(부법 54②, 71③ 단서).

 위탁매매 시 세금계산서의 발급

위탁판매 또는 대리인에 의한 판매의 경우 수탁자 또는 대리인이 재화를 인도할 때에는 수탁자 또는 대리인이 위탁자 또는 본인의 명의로 세금계산서를 발급하며, 위탁자 또는 본인이 직접 재화를 인도하는 때에는 위탁자 또는 본인이 세금계산서를 발급할 수 있다. 이 경우 수탁자 또는 대리인의 등록번호를 덧붙여 적어야 한다(부법 32⑥, 부령 69①). 한편, 위탁매입 또는 대리인에 의한 매입의 경우에는 공급자가 위탁자 또는 본인을 공급받는 자로 하여 세금계산서를 발급한다. 이 경우 수탁자 또는 대리인의 등록번호를 덧붙여 적어야 한다(부령 69②).

다만, 위탁매매 또는 대리인에 의한 매매를 하는 해당 거래 또는 재화의 특성상 또는 보관·관리상 위탁자 또는 본인을 알 수 없는 경우에는 위탁자(본인)는 수탁자(대리인)에게, 수탁자(대리인)는 거래상대방에게 공급한 것으로 보아 각각 세금계산서를 발급한다(부령 69③, 부가통 32-69-5 단서).

그 밖의 세금계산서 발급특례

① 시설대여업자를 통한 시설의 공급
  납세의무가 있는 사업자가 여신전문금융업법에 따라 등록한 시설대여업자로부터 시설 등을 임차하고, 그 시설 등을 공급자 또는 세관장으로부터 직접 인도받는 경우에는 공급자 또는 세관장이 그 사업자에게 직접 세금계산서를 발급할 수 있다(부령 69⑧).
② 합병으로 소멸하는 법인의 재화·용역의 공급
  합병에 따라 소멸하는 법인이 합병계약서에 기재된 합병을 할 날부터 합병등기일까지의 기간에 재화 또는 용역을 공급하거나 공급받는 경우 합병 이후 존속하는 법인 또는 합병으로 신설되는 법인이 세금계산서를 발급하거나 발급받을 수 있다(부령 69⑲).

6 매입자발행세금계산서의 발행

(1) 의 의

납세의무자로 등록한 사업자로서 세금계산서 교부의무가 있는 사업자(영수증발급의무사업자 중 세금계산서 교부의무가 있는 사업자 포함)가 재화 또는 용역을 공급하고 세금계산서 발급시기에 세금계산서를 발급하지 않은 경우 그 재화 또는 용역을 공급받은 자는 관할세무서장의 확인을 받아 세금계산서를 발행할 수 있는데, 이 경우의 세금계산서를 매입자발행세금계산서라 한다. 매입자발행세금계산서를 발급할 수 있는 사유는 다음과 같다(부법 34의2①, 부령 71의2①).

매입자발행세금계산서 제도의 취지는 공급자가 경제적인 우위를 악용하여 세금계산서의 발급을 거부하는 경우를 사전에 방지함으로써 세금계산서의 수수질서를 정상화하고 세원을 투명하게 파악하기 위함이며, 공급자가 세금계산서의 발급을 거부한 경우에도 공급받는 자가 매입세액공제를 받을 수 있도록 하여 과도한 세부담으로부터 벗어나게 하려는 데에 있다.

① 사업자의 부도·폐업
② 공급계약의 해제·변경
③ 재화 또는 용역을 공급한 후 주소 등의 국외 이전 또는 행방불명
④ 그 밖의 이와 유사한 경우로서 공급자가 발급하기 어렵다고 인정되는 경우

(2) 매입자발행세금계산서의 발행절차

1) 거래사실의 확인신청

매입자발행세금계산서를 발행하려는 자(신청인)는 해당 재화 또는 용역의 공급시기가 속하는 과세기간의 종료일부터 1년(거래사실확인신청기간) 이내에 거래사실확인신청서에 거래사실을 객관적으로 입증할 수 있는 서류를 첨부하여 신청인 관할세무서장에게 거래사실의 확인을 신청해야 한다(부령 71의2②). 다만, 이에 따른 거래사실의 확인신청 대상이 되는 거래는 거래건당 공급대가가 5만원 이상인 경우에 한한다(부령 71의2③).

2) 확인신청의 보정요구

위 신청을 받은 관할세무서장은 신청서에 재화 또는 용역을 공급한 자의 인적사항이 부정확하거나 신청서 기재방식에 흠이 있는 경우에는 신청일부터 7일(보정기간) 이내에 일정한 기간을 정하여 보정요구를 할 수 있다(부령 71의2④).

신청인이 보정기간 이내에 보정요구에 응하지 않거나 ① 거래사실확인신청기간을 넘긴 것이 명백한 경우 또는 ② 신청서의 내용으로 보아 거래 당시 미등록사업자 또는 휴·폐업자와 거래한 것이 명백한 경우에는 신청인 관할세무서장은 거래사실의 확인을 거부하는 결정을 해야 한다(부령 71의2⑤).

3) 거래사실의 확인거부

신청인 관할세무서장은 확인을 거부하는 결정을 하지 않은 신청에 대해서는 거래사실확인신청서가 제출된 날(보정을 요구하였을 때에는 보정이 된 날)부터 7일 이내에 신청서와 제출된 증빙서류를 공급자 관할세무서장에게 송부해야 한다(부령 71의2⑥). 신청서를 송부받은 공급자 관할세무서장은 신청인의 신청내용, 제출된 증빙자료를 검토하여 거래사실여부를 확인해야 한다. 이 경우 거래사실의 존재 및 그 내용에 대한 입증책임은 신청인에게 있다(부령 71의2⑦).

4) 거래사실의 확인 또는 확인불가 통지

공급자 관할세무서장은 신청일의 다음 달 말일까지 거래사실여부를 확인한 후 다음의 구분에 따른 통지를 공급자와 신청인 관할세무서장에게 해야 한다. 다만, 공급자의 부도, 일시 부재 등 불가피한 사유가 있는 경우에는 거래사실 확인기간을 20일 이내의 범위에서 연장할 수 있다(부령 71의2⑧).

① 거래사실이 확인되는 경우: 공급자 및 공급받는 자의 사업자등록번호, 작성연월일, 공급가액 및 부가가치세액 등을 포함한 거래사실 확인 통지
② 거래사실이 확인되지 않는 경우: 거래사실 확인불가 통지

5) 매입자발행세금계산서의 발행

신청인 관할세무서장은 공급자 관할세무서장으로부터 위의 통지를 받은 후 즉시 신청인에게 그 확인결과를 통지해야 한다(부령 71의2⑨). 이에 따라 신청인 관할세무서장으로부터 거래사실 확인 통지를 받은 신청인은 공급자 관할세무서장이 확인한 거래일자를 작성일자로 하여 매입자발행세금계산서를 발행하여 공급자에게 교부해야 한다(부령 71의2⑩). 다만, 신청인 및 공급자가 관할세무서장으로부터 거래사실 확인 통지를 받은 때에는 신청인이 매입자발행세금계산서를 공급자에게 교부한 것으로 본다(부령 71의2⑪).

(3) 매입자발행세금계산서에 의한 매입세액공제

매입자발행세금계산서에 기재된 부가가치세액은 공제를 받을 수 있는 매입세액으로 본다(부법 34의2②). 즉, 매입자발행세금계산서를 공급자에게 교부하였거나 교부한 것으로 보는 경우로서 신청인은 예정신고, 확정신고 또는 국세기본법에 따른 경정청구를 할 때 매입자발행세금계산서합계표를 제출한 경우에는 매입자발행세금계산서에 기재된 매입세액을 해당 재화 또는 용역의 공급시기에 해당하는 과세기간의 매출세액에서 매입세액으로 공제받을 수 있다(부령 71의2⑫).

> **참고** 매입자발행세금계산서의 발행절차(집행기준 34의2-71의2-2)

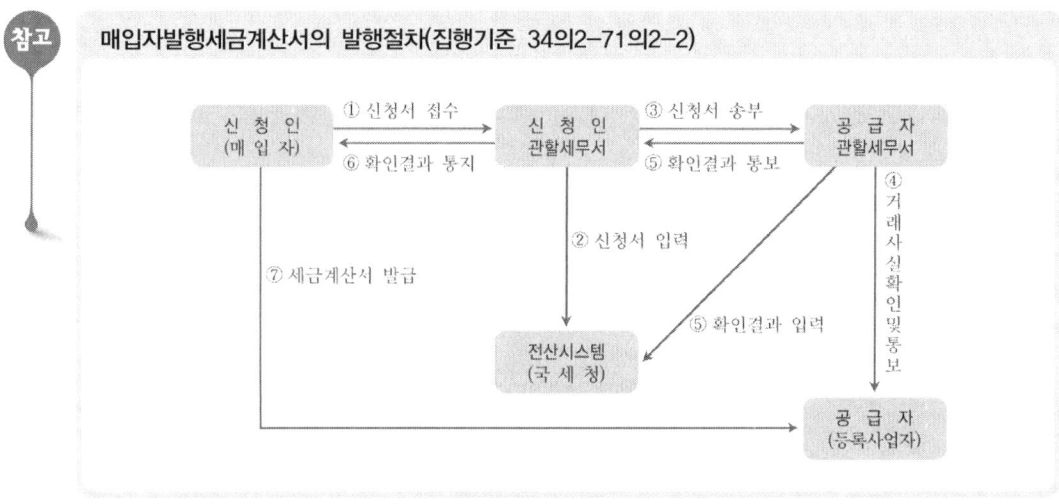

Ⅲ. 수정세금계산서의 발급

세금계산서 또는 전자세금계산서의 기재사항을 착오로 잘못 적거나 세금계산서 또는 전자세금계산서를 발급한 후 그 기재사항에 관하여 수정이 필요한 사유가 발생하면 수정한 세금계산서 또는 수정한 전자세금계산서를 발급할 수 있다(부법 32⑦). 이 경우의 수정한 세금계산서 또는 수정한 전자세금계산서를 수정세금계산서 또는 수정전자세금계산서라 한다.

수정세금계산서 또는 수정전자세금계산서는 다음의 구분에 따른 사유 및 절차에 따라 발급할 수 있다(부령 70①).

① 처음 공급한 재화가 환입된 경우: 재화가 환입된 날을 작성일로 적고 비고란에 처음 세금계산서 작성일을 덧붙여 적은 후 붉은색 글씨로 쓰거나 음(陰)의 표시를 하여 발급
② 계약의 해제로 재화 또는 용역이 공급되지 아니한 경우: 계약이 해제된 때에 그 작성일은 계약해제일로 적고 비고란에 처음 세금계산서 작성일을 덧붙여 적은 후 붉은색 글씨로 쓰거나 음의 표시를 하여 발급
③ 계약의 해지 등에 따라 공급가액에 추가되거나 차감되는 금액이 발생한 경우: 증감 사유가 발생한 날을 작성일로 적고 추가되는 금액은 검은색 글씨로 쓰고, 차감되는 금액은 붉은색 글씨로 쓰거나 음의 표시를 하여 발급
④ 재화 또는 용역을 공급한 후 공급시기가 속하는 과세기간 종료 후 25일(과세기간 종료 후 25일이 되는 날이 공휴일 또는 토요일인 경우에는 바로 다음 영업일) 이내에 내국신용장이 개설되었거나 구매확인서가 발급된 경우: 내국신용장 등이 개설된 때에 그 작성일은 처음 세금계산서 작성일을 적고 비고란에 내국신용장 개설일 등을 덧붙여 적어 영세율 적용분은 검은색 글씨로 세금계산서를 작성하여 발급하고, 추가하여 처음에 발급한 세금계산서의 내용대로 세금계산서를 붉은색 글씨로 또는 음의 표시를 하여 작성하고 발급
⑤ 필요적 기재사항 등이 착오로 잘못 적힌 경우(과세표준 또는 세액을 경정할 것을 미리 알고 있는 경우주) 제외): 처음에 발급한 세금계산서의 내용대로 세금계산서를 붉은색 글씨로 쓰거나 음의 표시를 하여 발급하고, 수정하여 발급하는 세금계산서는 검은색 글씨로 작성하여 발급
⑥ 필요적 기재사항 등이 착오 외의 사유로 잘못 적힌 경우(과세표준 또는 세액을 경정할 것을 미리 알고 있는 경우주) 제외): 재화 또는 용역의 공급일이 속하는 과세기간에 대한 확정신고기한 다음 날부터 1년 이내에 세금계산서를 작성하되, 처음에 발급한 세금계산서의 내용대로 세금계산서를 붉은색 글씨로 쓰거나 음의 표시를 하여 발급하고,

수정하여 발급하는 세금계산서는 검은색 글씨로 작성하여 발급
⑦ 착오로 전자세금계산서를 이중으로 발급한 경우: 처음에 발급한 세금계산서의 내용대로 음의 표시를 하여 발급
⑧ 면세 등 발급대상이 아닌 거래 등에 대하여 발급한 경우: 처음에 발급한 세금계산서의 내용대로 붉은색 글씨로 쓰거나 음의 표시를 하여 발급
⑨ 세율을 잘못 적용하여 발급한 경우(과세표준 또는 세액을 경정할 것을 미리 알고 있는 경우^{주)} 제외): 처음에 발급한 세금계산서의 내용대로 세금계산서를 붉은색 글씨로 쓰거나 음의 표시를 하여 발급하고, 수정하여 발급하는 세금계산서는 검은색 글씨로 작성하여 발급

^{주)} 과세표준 또는 세액을 경정할 것을 미리 알고 있는 경우란 다음 중 어느 하나에 해당하는 경우를 말한다(부령 70① 제5호).
㉠ 세무조사의 통지를 받은 경우
㉡ 세무공무원이 과세자료의 수집 또는 민원 등을 처리하기 위하여 현지출장이나 확인업무에 착수한 경우
㉢ 세무서장으로부터 과세자료 해명안내 통지를 받은 경우
㉣ 그 밖에 ㉠부터 ㉢까지의 규정에 따른 사항과 유사한 경우

Ⅳ. 세금계산서합계표의 제출

1 의 의

세금계산서합계표란 발급하였거나 발급받은 세금계산서에 대하여 과세기간 및 거래처별로 다음의 사항을 적은 표를 말한다(부법 54①, 부령 98). 발급한 세금계산서를 집계한 표를 매출처별세금계산서합계표라 하고, 발급받은 세금계산서를 집계한 표를 매입처별세금계산서합계표라 한다.

① 공급하는 사업자 및 공급받는 사업자의 등록번호와 성명 또는 명칭
② 거래기간
③ 작성연월일
④ 거래기간의 공급가액의 합계액 및 세액의 합계액
⑤ 거래처별 세금계산서 발행매수

세금계산서는 공급자와 공급받는 자 간의 재화 또는 용역의 거래내역을 보여주는 중요한 증빙서류이자 과세자료이다. 이에 부가가치세법은 과세당국이 공급자와 공급받는 자 모두로부터 세금계산서합계표를 제출받아 전산시스템을 이용한 상호검증을 하게 함으로써 공급가액 누락, 과다 매입세액공제 등의 탈세가능성을 줄이도록 하고 있다.

제출의무자

세금계산서합계표의 제출의무자는 세금계산서 또는 수입세금계산서를 발급하였거나 발급받은 사업자이다(부법 54①). 다만, 부가가치세법은 세금계산서합계표가 지니는 탈세방지기능을 강화하기 위하여 사업자 외에도 수입세금계산서를 발급한 세관장과 세금계산서를 발급받은 국가 등에 세금계산서합계표를 제출하도록 협력의무를 부여하고 있다.

수입세금계산서를 발급한 세관장은 매출처별세금계산서합계표를 해당 세관 소재지를 관할하는 세무서장에게 제출해야 하며, 세금계산서를 발급받은 국가 등은 매입처별세금계산서합계표를 해당 과세기간이 끝난 후 25일 이내에 납세지 관할세무서장에게 제출해야 한다(부법 54④,⑤). 여기서 국가 등이란 국가, 지방자치단체, 지방자치단체조합, 부가가치세가 면제되는 사업자 중 소득세 또는 법인세의 납세의무가 있는 자(조세특례제한법에 따라 소득세 또는 법인세가 면제되는 자 포함), 민법에 따라 설립된 법인, 특별법에 따라 설립된 법인, 각급학교 특별법에 따라 설립된 법인, 특별법에 따라 설립된 법인, 각급학교 기성회, 후원회 또는 이와 유사한 단체, 외국법인의 연락사무소를 말한다(부령 99).

 제출대상

세금계산서합계표의 제출대상은 발급하였거나 발급받은 세금계산서와 수입세금계산서이다(부법 54①). 영세율을 적용한 세금계산서는 제출대상이지만 영수증은 제출대상이 아니다. 한편, 전자세금계산서를 발급하거나 발급받고 전자세금계산서 발급명세를 해당 재화 또는 용역의 공급시기가 속하는 과세기간(예정신고의 경우에는 예정신고기간) 마지막 날의 다음 달 11일까지 국세청장에게 전송한 경우에는 해당 예정신고 또는 확정신고 시 매출·매입처별 세금계산서합계표를 제출하지 않을 수 있다(부법 54②).

 제출시기

세금계산서합계표는 해당 예정신고 또는 확정신고를 할 때 함께 제출해야 한다(부법 54①). 다만, 예정신고를 하는 사업자가 각 예정신고와 함께 매출·매입처별 세금계산서합계표를 제출하지 못하는 경우에는 해당 예정신고기간이 속하는 과세기간의 확정신고를 할 때 함께 제출할 수 있다(부법 54③).

V. 영수증

 개 념

영수증이란 다음의 사항이 기재된 증명서류를 말한다(부법 36①, 부령 73⑦).

① 공급자의 등록번호·상호·성명(법인의 경우 대표자의 성명)
② 공급대가
③ 작성연월일
④ 그 밖에 필요한 사항

이처럼 영수증은 세금계산서와 달리 공급받는 자에 대한 정보와 부가가치세액이 따로 기재되어 있지 않고 공급가액에 부가가치세액이 포함된 공급대가가 기재되어 있는 것이 특징이다. 따라서 공급받는 자가 영수증을 발급받은 경우에는 거래징수당한 부가가치세를 매입세액으로 공제받을 수 없다.

영수증은 다음 중 어느 하나에 해당하는 방법으로 발급할 수 있다(부령 73⑨).

① 신용카드단말기 또는 현금영수증발급장치 등을 통해 법 신용카드매출전표 등을 출력하여 공급받는 자에게 교부하는 방법
② 결제내역을 전자문서의 형태로 공급받는 자에게 송신하는 방법(공급받는 자가 동의한 경우에 한함). 다만, 전자적 방법으로 생성·저장된 결제내역을 국세기본법에 따른 정보통신망 등을 통하여 확인할 수 있는 경우에는 공급받는 자에게 송신한 것으로 본다.

 영수증발급의무사업자

다음 중의 어느 하나에 해당하는 자가 재화 또는 용역을 공급(부가가치세가 면제되는 재화 또는 용역의 공급은 제외)하는 경우에는 재화 또는 용역의 공급시기에 그 공급을 받은 자에게 세금계산서를 발급하는 대신 영수증을 발급해야 한다(부법 36①, 부법 36의2).

① (영수증발급대상사업을 하는 사업자) 주로 사업자가 아닌 자에게 재화 또는 용역을 공급하는 사업자로서 대통령령으로 정하는 사업자
② 간이과세자 중 다음의 어느 하나에 해당하는 자
  ㉠ 직전 연도의 공급대가의 합계액(직전 과세기간에 신규로 사업을 시작한 개인사업자의 경우 제61조 제2항에 따라 환산한 금액)이 4,800만원 미만인 자. 이 경우 영수증 발급에 관한 규정이 적용되거나 적용되지 않게 되는 기간은 1역년(歷年)의 공급대가의 합계액이 4천800만원에 미달하거나 그 이상이 되는 해의 다음 해의 7월 1일부터 그 다음 해의 6월 30일까지로 한다.
  ㉡ 신규로 사업을 시작하는 개인사업자로서 간이과세 적용신청에 관한 규정에 따라 간이과세자로 하는 최초의 과세기간 중에 있는 자. 이 경우 영수증 발급에 관한 규정이 적용되는 기간은 사업개시일부터 사업을 시작한 해의 다음 해의 6월 30일까지로 한다.

위 ①의 영수증발급대상사업을 하는 사업자란 다음의 사업을 하는 사업자를 말한다(부법 36① 제1호, 부령 73①, 부칙 53).

① 소매업①
② 음식점업(다과점업 포함)①
③ 숙박업①
④ 미용, 욕탕 및 유사 서비스업②
⑤ 여객운송업①②
⑥ 입장권을 발행하여 경영하는 사업②
⑦ 변호사업, 심판변론인업, 변리사업, 법무사업, 공인회계사업, 세무사업, 경영지도사업, 기술지도사업, 감정평가사업, 손해사정인업, 통관업, 기술사업, 건축사업, 도선사업, 측량사업, 공인노무사업, 의사업, 한의사업, 약사업, 한약사업, 수의사업과 그 밖에 이와 유사한 사업서비스업 및 행정사업(사업자에게 공급하는 것 제외)①
⑧ 우정사업조직이 선택적 우편업무 중 소포우편물을 방문접수하여 배달하는 용역을 공급하는 사업①
⑨ 요양급여의 대상에서 제외되는 성형수술 등의 진료용역을 공급하는 사업②
⑩ 부가가치세 면세대상에 해당하지 않는 것으로서 수의사가 제공하는 동물의 진료용역②
⑪ 무도학원 및 자동차운전학원에서 교육용역을 공급하는 사업②
⑫ 공인인증기관이 공인인증서를 발급하는 용역①
⑬ 간편사업자등록을 한 전자적 용역을 공급하는 국외사업자가 국내에 공급하는 전자적 용역
⑭ 주로 사업자가 아닌 소비자에게 재화 또는 용역을 공급하는 다음의 사업①
　㉠ 도정업과 떡류 제조업 중 떡방앗간
　㉡ 양복점업, 양장점업 및 양화점업
　㉢ 주거용 건물공급업(주거용 건물을 자영건설하는 경우 포함)
　㉣ 운수업과 주차장 운영업
　㉤ 부동산중개업
　㉥ 사회서비스업과 개인서비스업
　㉦ 가사서비스업
　㉧ 도로 및 관련시설 운영업
　㉨ 자동차 제조업 및 자동차 판매업
　㉩ 주거용 건물 수리·보수 및 개량업
　㉪ 그 밖에 ㉠부터 ㉩까지와 유사한 사업으로서 세금계산서를 발급할 수 없거나 발급하는 것이 현저히 곤란한 사업

① 해당 사업(⑤의 경우 전세버스운송사업에 한함)을 하는 일반과세자는 공급을 받는 사업자가 사업자등록증을 제시하고 세금계산서 발급을 요구할 때에는 세금계산서를 발급해야 한다(부령 73③). 다만, 신용카드매출전표 등을 발급한 경우에는 세금계산서를 발급하지 않는다(부법 33②, 부령 88⑤).
② 해당 사업(⑤의 경우 전세버스운송사업 제외)을 하는 일반과세자가 감가상각자산 또는 위 영수증 발급대상 역무(아래 3. 영수증 발급가능 사업자에 해당하는 역무 포함) 외의 역무를 공급하는 경우에 공급받는 사업자가 사업자등록증을 제시하고 세금계산서의 발급을 요구할 때에는 세금계산서를 발급해야 한다(부령 73④).

영수증발급대상사업을 하는 사업자가 앞서 살펴본 세금계산서 발급의무가 면제되는 재화 또는 용역을 공급하는 경우에는 영수증을 발급하지 않는다. 다만, 소매업 또는 미용, 욕탕 및 유사 서비스업을 경영하는 자가 재화 또는 용역을 공급하는 경우에는 공급받는 자가 영수증 발급을 요구하지 않는 경우에 한해 영수증 발급의무가 면제된다(부령 73⑥, 71①).

  영수증발급가능사업자

다음 중 어느 하나에 해당하는 사업자는 영수증을 발급할 수 있다. 이 경우 해당 사업자가 영수증을 발급하지 않으면 세금계산서를 발급해야 하며, 재화 또는 용역을 공급받는 자가 사업자등록

증을 제시하고 세금계산서의 발급을 요구하는 경우에는 세금계산서를 발급해야 한다(부법 36②, ③, 부령73②,③).

① 임시사업장을 개설한 사업자가 그 임시사업장에서 사업자가 아닌 소비자에게 재화 또는 용역을 공급하는 경우
② 전기사업자가 산업용이 아닌 전력을 공급하는 경우
③ 전기통신사업자가 전기통신역무를 제공하는 경우. 다만, 부가통신사업자가 통신판매업자에게 부가통신역무를 제공하는 경우는 제외한다.
④ 도시가스사업자가 산업용이 아닌 도시가스를 공급하는 경우
⑤ 집단에너지를 공급하는 사업자가 산업용이 아닌 열 또는 산업용이 아닌 전기를 공급하는 경우
⑥ 방송사업자가 사업자가 아닌 자에게 방송용역을 제공하는 경우
⑦ 인터넷멀티미디어방송제공사업자가 사업자가 아닌 자에게 방송용역을 제공하는 경우

 4 계산서 및 신용카드매출전표 등의 발급

영수증발급의무사업자 및 영수증발급가능사업자는 금전등록기를 설치하여 영수증을 대신하여 공급대가를 적은 계산서를 발급할 수 있다. 이 경우 사업자가 계산서를 발급하고 해당 감사테이프를 보관한 경우에는 영수증을 발급하고 장부의 작성을 이행한 것으로 보며, 현금수입을 기준으로 부가가치세를 부과할 수 있다(부법 36④).

한편, 신용카드매출전표 등은 영수증으로 본다(부법 36⑤, 46①, 부령 88①). 다만, 일반과세자로서 영수증발급의무사업자 및 영수증발급가능사업자가 신용카드기 또는 직불카드기 등 기계적 장치(금전등록기 제외)를 사용하여 영수증을 발급할 때에는 영수증에 공급가액과 세액을 별도로 구분하여 적어야 한다(부령 73⑧).

조세법령 확인을 통해 기본개념 익히기

※ 다음 부가가치세 관련 조세법령의 빈 칸을 채우시오.

1. 부가가치세법 제31조(거래징수)

    사업자가 재화 또는 용역을 ☐☐☐☐ 경우에는 제29조제1항에 따른 ☐☐☐☐에 제30조에 따른 세율을 적용하여 계산한 부가가치세를 재화 또는 용역을 ☐☐☐☐ 자로부터 징수하여야 한다.

    해답 공급하는, 공급가액, 공급받는

2. 부가가치세법 제32조(세금계산서 등)

    ① ☐☐☐가 재화 또는 용역을 공급(부가가치세가 ☐☐되는 재화 또는 용역의 공급은 제외한다)하는 경우에는 다음 각 호의 사항을 적은 계산서(이하 "☐☐☐☐☐"라 한다)를 그 공급을 받는 자에게 발급하여야 한다.
      1. 공급하는 사업자의 ☐☐☐☐와 ☐☐ 또는 명칭
      2. 공급받는 자의 ☐☐☐☐. 다만, 공급받는 자가 사업자가 아니거나 등록한 사업자가 아닌 경우에는 대통령령으로 정하는 고유번호 또는 공급받는 자의 ☐☐☐☐☐☐
      3. ☐☐☐☐과 ☐☐☐☐☐☐
      4. ☐☐ 연월일
      5. 그 밖에 대통령령으로 정하는 사항
    ② ☐☐사업자와 대통령령으로 정하는 개인사업자는 제1항에 따라 세금계산서를 발급하려면 대통령령으로 정하는 전자적 방법으로 세금계산서(이하 "☐☐세금계산서"라 한다)를 발급하여야 한다.
    ③ 제2항에 따라 전자세금계산서를 발급하였을 때에는 대통령령으로 정하는 기한까지 대통령령으로 정하는 전자세금계산서 ☐☐☐☐를 국세청장에게 전송하여야 한다.
    ⑤ ☐☐세금계산서를 발급하여야 하는 사업자가 ☐☐ 사업자도 제2항 및 제3항에 따라 전자세금계산서를 발급하고 전자세금계산서 발급명세를 전송할 수 ☐☐.
    ⑥ ☐☐판매 또는 ☐☐☐에 의한 판매 등 대통령령으로 정하는 경우에는 제1항에도 불구하고 해당 재화 또는 용역을 공급하는 자이거나 공급받는 자가 ☐☐ 경우에도 대통령령으로 정하는 바에 따라 세금계산서 또는 전자세금계산서를 발급하거나 발급받을 수 ☐☐.
    ⑦ 세금계산서 또는 전자세금계산서의 기재사항을 ☐☐로 잘못 적거나 세금계산서 또는 전자세금계산서를 발급한 후 그 기재사항에 관하여 대통령령으로 정하는 사유가 발생하면 대통령령으로 정하는 바에 따라 수정한 세금계산서(이하 "☐☐세금계산서"라 한다) 또는 수정한 전자세금계산서(이하 "☐☐☐☐세금계산서"라 한다)를 발급할 수 있다.

    해답 ① 사업자, 면제, 세금계산서, 등록번호, 성명, 등록번호, 주민등록번호, 공급가액, 부가가치세액, 작성
    ② 법인, 전자　　　　　　　③ 발급명세
    ⑤ 전자, 아닌, 있다　　　　⑥ 판매, 대리인, 아닌, 있다
    ⑦ 착오, 수정, 수정전자

3. 부가가치세법 제34조(세금계산서 발급시기)

① 세금계산서는 사업자가 제15조 및 제16조에 따른 재화 또는 용역의 □□□□에 재화 또는 용역을 공급받는 자에게 발급하여야 한다.

② 제1항에도 불구하고 사업자는 제15조 또는 제16조에 따른 재화 또는 용역의 공급시기가 되기 □ 제17조에 따른 때에 세금계산서를 발급할 수 □□.

③ 제1항에도 불구하고 다음 각 호의 어느 하나에 해당하는 경우에는 재화 또는 용역의 공급일이 속하는 달의 다음 달 □□일(그 날이 공휴일 또는 토요일인 경우에는 바로 다음 영업일을 말한다)까지 세금계산서를 발급할 수 있다.

1. 거래처별로 □□□(1曆月)의 공급가액을 합하여 해당 달의 □□을 작성 연월일로 하여 세금계산서를 발급하는 경우
2. 거래처별로 1역월 이내에서 사업자가 □□□ 정한 기간의 공급가액을 합하여 그 기간의 □□□을 작성 연월일로 하여 세금계산서를 발급하는 경우
3. 관계 증명서류 등에 따라 □□□□□이 확인되는 경우로서 해당 □□□을 작성 연월일로 하여 세금계산서를 발급하는 경우

해답 ① 공급시기
② 전, 있다
③ 10, 1역월, 말일, 임의로, 종료일, 실제거래사실, 거래일

4. 부가가치세법 제34조의2(매입자발행세금계산서에 따른 매입세액 공제 특례)

① 제32조에도 불구하고 납세의무자로 등록한 사업자로서 대통령령으로 정하는 사업자(이하 이 항에서 "사업자"라 한다)가 재화 또는 용역을 공급하고 제34조에 따른 세금계산서 발급 시기에 세금계산서를 발급하지 □□□ 경우(사업자의 부도·폐업 등으로 사업자가 수정세금계산서 또는 수정전자세금계산서를 발급하지 아니한 경우를 포함한다) 그 재화 또는 용역을 □□□□ 자는 대통령령으로 정하는 바에 따라 관할 □□□□의 확인을 받아 세금계산서를 발행할 수 있다.

② 제1항에 따른 세금계산서(이하 "매입자발행세금계산서"라 한다)에 기재된 부가가치세액은 대통령령으로 정하는 바에 따라 제37조, 제38조 및 제63조제3항에 따른 공제를 받을 수 □□ 매입세액으로 본다.

해답 ① 아니한, 공급받은, 세무서장
② 있는

5. 부가가치세법 제36조(영수증 등)

① 제32조에도 불구하고 다음 각 호의 어느 하나에 해당하는 자가 재화 또는 용역을 공급(부가가치세가 □□되는 재화 또는 용역의 공급은 제외한다)하는 경우에는 제15조 및 제16조에 따른 재화 또는 용역의 공급시기에 대통령령으로 정하는 바에 따라 그 공급을 받은 자에게 세금계산서를 발급하는 대신 □□□을 발급하여야 한다.
  1. □□과세자
  2. □□과세자 중 주로 사업자가 □□ 자에게 재화 또는 용역을 공급하는 사업자로서 대통령령으로 정하는 사업자
③ 제1항 및 제2항에도 불구하고 재화 또는 용역을 공급받는 자가 □□□□□□을 제시하고 세금계산서의 발급을 요구하는 경우로서 대통령령으로 정하는 경우에는 □□□□□를 발급하여야 한다.
④ 제1항 및 제2항에도 불구하고 영수증을 발급하는 사업자는 □□□□를 설치하여 영수증을 대신하여 제61조제1항에 따른 공급대가를 적은 계산서를 발급할 수 있다. 이 경우 사업자가 계산서를 발급하고 해당 감사테이프를 보관한 경우에는 제1항에 따른 영수증을 발급하고 제71조에 따른 장부의 작성을 이행한 것으로 보며, 현금수입을 기준으로 부가가치세를 부과할 수 있다.
⑤ 제46조제1항에 따른 □□□□□□□등은 제1항에 따른 영수증으로 본다.

해답 ① 면제, 영수증, 간이, 일반, 아닌
③ 사업자등록증, 세금계산서
④ 금전등록기
⑤ 신용카드매출전표

연습문제

제6장 _ 거래징수와 세금계산서

01 부가가치세법상 세금계산서 등에 관한 설명으로 옳은 것을 모두 고른 것은? [세무사 2018]

> ㄱ. 착오로 전자세금계산서를 이중으로 발급한 경우에는 처음에 발급한 세금계산서의 내용대로 음(陰)의 표시를 하여 수정전자세금계산서를 발급한다.
> ㄴ. 세금계산서를 발급한 후 처음 공급한 재화가 환입된 경우, 재화를 처음 공급한 날을 작성일로 적고 비고란에 환입일을 덧붙여 적은 후 붉은색 글씨로 쓰거나 음(陰)의 표시를 하여 수정세금계산서를 발급한다.
> ㄷ. 관할세무서장은 개인사업자가 전자세금계산서 의무발급 개인사업자에 해당하는 경우에는 전자세금계산서를 발급하여야 하는 기간이 시작되기 1개월 전까지 그 사실을 해당 개인사업자에게 통지하여야 한다.

① ㄱ   ② ㄴ   ③ ㄱ, ㄷ
④ ㄴ, ㄷ   ⑤ ㄱ, ㄴ, ㄷ

해설 처음 공급한 재화가 환입된 경우에는 재화가 환입된 날을 작성일로 적고 비고란에 처음 세금계산서 작성일을 덧붙여 적은 후 붉은색 글씨로 쓰거나 음(陰)의 표시를 하여 수정세금계산서를 발급한다(부령 70① 제1호).

해답 ③

02 부가가치세법상 수정세금계산서를 발급할 수 있는 경우를 모두 고른 것은? [세무사 2017]

> ㄱ. 세율을 잘못 적용하여 세금계산서를 발급하였으나 세무조사의 통지를 받은 경우로서 과세표준을 경정할 것을 미리 알고 있는 경우
> ㄴ. 재화를 공급한 후 공급시기가 속하는 과세기간 종료 후 25일(25일이 되는 날은 영업일임) 이내에 내국신용장이 개설된 경우
> ㄷ. 계약의 해지에 따라 공급가액에 추가되는 금액이 발생한 경우
> ㄹ. 면세 등 발급대상이 아닌 거래에 대하여 발급한 경우
> ㅁ. 계약의 해제로 재화 또는 용역이 공급되지 아니한 경우

① ㄱ   ② ㄴ, ㄷ   ③ ㄱ, ㄹ, ㅁ
④ ㄴ, ㄷ, ㄹ, ㅁ   ⑤ ㄱ, ㄴ, ㄷ, ㄹ, ㅁ

해설 필요적 기재사항 등이 착오로 잘못 적힌 경우에는 수정세금계산서를 발급할 수 있으나, 세무조사의 통지를 받은 경우로서 과세표준을 경정할 것을 미리 알고 있는 경우에는 수정세금계산서를 발급할 수 없다(부령 70① 제9호).

해답 ④

03 부가가치세법상 세금계산서에 관한 설명이다. 옳지 않은 것은? [회계사 2020]

① 자기생산·취득재화가 공급의제되는 경우 세금계산서 발급의무가 없으나, 판매목적 타사업장 반출로서 공급의제되는 경우에는 세금계산서를 발급하여야 한다.
② 부동산임대용역 중 간주임대료에 해당하는 부분에 대하여는 세금계산서를 발급하지 않는다.
③ 내국신용장에 의하여 영세율이 적용되는 재화의 공급은 세금계산서 발급의무가 있다.
④ 직전 연도 공급가액이 과세 2억원, 면세 2억원이며 사업장이 하나인 개인사업자가 당해 연도 제2기 과세기간에 세금계산서를 발급하려면 전자세금계산서를 발급하여야 한다.
⑤ 세금계산서를 발급한 후 계약의 해제로 재화가 공급되지 않아 수정세금계산서를 작성하고자 하는 경우 그 작성일에는 처음 세금계산서 작성일을 기입한다.

해설 계약의 해제로 재화 또는 용역이 공급되지 아니한 경우: 계약이 해제된 때에 그 작성일은 계약해제일로 적고 비고란에 처음 세금계산서 작성일을 덧붙여 적은 후 붉은색 글씨로 쓰거나 음의 표시를 하여 발급한다(부령 70①).

해답 ⑤

04 부가가치세법상 세금계산서에 관한 설명으로 옳은 것은? [세무사 2023 수정]

① 처음 공급한 재화가 환입된 경우 수정세금계산서 또는 수정 전자세금계산서의 작성일에는 처음 세금계산서 작성일을 적고 붉은색 글씨를 쓰거나 음(陰)의 표시를 하여 수정세금계산서 또는 수정 전자세금계산서를 발급할 수 있다.
② 관할 세무서장은 개인사업자가 전자세금계산서 의무발급 개인사업자에 해당하는 경우에는 전자세금계산서를 발급하여야 하는 기간이 시작되기 전까지 그 사실을 해당 개인사업자에게 통지하여야 한다.
③ 자동차운전학원 사업을 하는 일반과세자가 감가상각자산을 공급하는 경우에 그 공급받는 사업자가 사업자등록증을 제시하고 세금계산서의 발급을 요구하면 세금계산서를 발급해야 한다.
④ 법인사업자가 전자세금계산서를 발급하였을 때에는 전자세금계산서 발급일의 다음 달 10일까지 전자세금계산서 발급명세를 국세청장에게 전송하여야 한다.
⑤ 매입자발행세금계산서를 발행하려는 자는 해당 재화 또는 용역의 공급시기가 속하는 과세기간의 종료일부터 6개월 이내에 거래사실확인신청서에 거래사실을 객관적으로 입증할 수 있는 서류를 첨부하여 신청인 관할 세무서장에게 거래사실의 확인을 신청하여야 한다.

해설 ① 처음 공급한 재화가 환입된 경우 수정세금계산서 또는 수정 전자세금계산서의 작성일에는 재화가 환입된 날을 적고 붉은색 글씨를 쓰거나 음(陰)의 표시를 하여 수정세금계산서 또는 수정 전자세금계산서를 발급할 수 있다(부령 70①).
② 관할 세무서장은 개인사업자가 전자세금계산서 의무발급 개인사업자에 해당하는 경우에는 전자세금계산서를 발급하여야 하는 기간이 시작되기 1개월 전까지 그 사실을 해당 개인사업자에게 통지하여야 한다(부령 68③).
④ 법인사업자가 전자세금계산서를 발급하였을 때에는 전자세금계산서 발급일의 다음 날까지 전자세금계산서 발급명세를 국세청장에게 전송하여야 한다(부법 32③, 부령 68⑦).
⑤ 매입자발행세금계산서를 발행하려는 자는 해당 재화 또는 용역의 공급시기가 속하는 과세기간의 종료일부터 1년 이내에 거래사실확인신청서에 거래사실을 객관적으로 입증할 수 있는 서류를 첨부하여 신청인 관할 세무서장에게 거래사실의 확인을 신청하여야 한다(부령 71의2②).

해답 ②

신고와 납부 등

제1절 신고와 납부
제2절 결정·경정 및 징수
제3절 환급
제4절 가산세
연습문제

제7장 신고와 납부 등

제1절 신고와 납부

Ⅰ. 예정신고납부와 확정신고납부

 예정신고납부와 예정고지납부

(1) 예정신고와 납부

사업자는 각 과세기간 중 다음의 구분에 따른 예정신고기간이 끝난 후 25일 이내에 각 예정신고기간에 대한 과세표준과 납부세액 또는 환급세액을 납세지 관할세무서장에게 신고해야 하는데, 이를 예정신고라 한다(부법 48①).

구 분	예정신고기간
제1기	1월 1일부터 3월 31일까지
제2기	7월 1일부터 9월 30일까지

다만, 신규로 사업을 시작하거나 시작하려는 자에 대한 최초의 예정신고기간은 사업개시일(사업개시일 이전에 사업자등록을 신청한 경우에는 그 신청일)부터 그 날이 속하는 예정신고기간의 종료일까지로 한다(부법 48① 단서).

사업자는 예정신고를 할 때 그 예정신고기간의 납부세액을 부가가치세 예정신고서와 함께 각 납세지 관할세무서장(주사업장총괄납부의 경우에는 주된 사업장의 관할세무서장)에게 납부하거나 국세징수법에 따른 납부서를 작성하여 한국은행(그 대리점 포함) 또는 체신관서에 납부해야 한다(부법 48②).

부가가치세의 예정신고와 납부를 할 때에는 가산세에 관한 부가가치세법 및 국세기본법의 규정은 적용하지 않고, 공제세액 중 신용카드매출전표 등 발급세액공제에 관한 규정은 적용한다(부령 90①). 다만, 조기환급에 따른 신고를 할 때 이미 신고한 내용은 예정신고대상에서 제외한다(부령 90② 단서).

(2) 예정고지와 납부

납세지 관할세무서장은 개인사업자와 직전 과세기간 공급가액의 합계액이 1억 5,000만원 미만인 법인사업자에 대하여는 각 예정신고기간마다 직전 과세기간에 대한 납부세액의 50%(1,000원 미만일 단수가 있을 때에는 그 단수금액은 버린다)로 결정하여 해당 예정신고기간이 끝난 후 25일까지 징수한다. 다만, 징수해야 할 금액이 50만원 미만이거나 간이과세자에서 해당 과세기간 개시일 현재 일반과세자로 변경된 경우에는 징수하지 않는다(부법 48③, 부령 90④).

여기서 직전 과세기간에 대한 납부세액은 신용카드매출전표 등 발급세액공제, 전자세금계산서 발급 전송에 대한 세액공제 특례, 전자신고세액공제, 일반택시운송사업자의 납부세액 경감에 따라 납부세액에서 공제하거나 경감한 세액이 있는 경우에는 그 세액을 뺀 금액으로 하고, 결정 또는 경정과 국세기본법에 따른 수정신고 및 경정청구에 따른 결정이 있는 경우에는 그 내용이 반영된 금액으로 한다(부법 48③).

관할세무서장은 예정고지에 따른 부가가치세액에 대하여 다음의 구분에 따른 기간 이내에 납부고지서를 발부해야 한다(부령 90④).

구 분	기 간
제1기분 예정신고기간분	4월 1일부터 4월 10일까지
제2기분 예정신고기간분	10월 1일부터 10월 10일까지

한편, 휴업 또는 사업부진으로 인하여 사업실적이 악화된 경우 등 다음 중 어느 하나에 해당하는 사유가 있는 개인사업자와 직전 과세기간 공급가액의 합계액이 1억 5,000만원 미만인 법인사업자는 예정신고를 하고 예정신고기간의 납부세액을 납부할 수 있다. 이 경우 예정고지에 따른 결정은 없었던 것으로 본다(부법 48④, 부령 90⑤).

① 휴업 또는 사업 부진 등으로 인하여 각 예정신고기간의 공급가액 또는 납부세액이 직전 과세기간의 공급가액 또는 납부세액의 3분의 1에 미달하는 자
② 각 예정신고기간분에 대하여 조기환급을 받으려는 자

 확정신고와 납부

사업자는 각 과세기간에 대한 과세표준과 납부세액 또는 환급세액을 그 과세기간이 끝난 후 25일(폐업하는 경우 폐업일이 속한 달의 다음 달 25일) 이내에 납세지 관할세무서장에게 신고해야 하는데, 이를 확정신고라 한다. 다만, 예정신고를 한 사업자 또는 조기에 환급을 받기 위하여 신고한 사업자는 이미 신고한 과세표준과 납부한 납부세액 또는 환급받은 환급세액은 신고하지 않는다(부법 49①).

사업자는 확정신고를 할 때 다음의 금액을 확정신고 시의 납부세액에서 빼고 부가가치세 확정신고서와 함께 각 납세지 관할세무서장(주사업장총괄납부의 경우에는 주된 사업장 소재지의 관할세무서장)에게 납부하거나 국세징수법에 따른 납부서를 작성하여 한국은행(그 대리점 포함) 또는 체신관서에 납부해야 한다(부법 49②).

① 조기환급을 받을 환급세액 중 환급되지 않은 세액
② 예정고지에 따라 징수되는 금액

Ⅱ. 재화의 수입에 대한 신고·납부 및 납부유예

 재화의 수입에 대한 신고·납부

납세의무자에 해당하는 재화를 수입하는 자가 재화의 수입에 대하여 관세법에 따라 관세를 세관장에게 신고하고 납부하는 경우에는 재화의 수입에 대한 부가가치세를 함께 신고하고 납부해야 한다(부법 50).

 재화의 수입에 대한 부가가치세 납부유예

(1) 의 의

사업자가 재화를 수입하는 경우에는 세관장에게 부가가치세를 납부한 후 예정신고 또는 확정신고를 할 때 해당 부가가치세를 매입세액공제로 환급받아야 하므로, 납부시점부터 환급시점까지 자금부담이 발생할 수 있다. 특히 이러한 자금부담은 불필요한 금융비용의 발생으로 이어져 수출 사업자에 있어 가격경쟁력을 저하하는 요인으로 작용한다. 이에 부가가치세법은 재화의 수입에 대한 부가가치세 납부유예 제도를 도입하여 일정한 요건을 갖춘 수출 중소·중견사업자가 재화를 수입하는 경우에는 해당 부가가치세의 납부를 유예한 후 예정신고 또는 확정신고를 할 때 이를 정산 및 납부할 수 있도록 하였다(부법 50의2).

(2) 납부유예요건

세관장은 매출액에서 수출액이 차지하는 비율 등 다음의 요건을 모두 충족하는 중소·중견사업자가 물품을 제조·가공하기 위한 원재료 등 자기의 과세사업에 사용하기 위한 재화(매출세액에서 공제되지 않는 매입세액과 관련된 재화는 제외)의 수입에 대하여 부가가치세의 납부유예를 미리 신청하는 경우에는 해당 재화를 수입할 때 부가가치세의 납부를 유예할 수 있다(부법 50의2①, 부령 91의2①,②).

① 직전 사업연도에 조세특례제한법에 따른 중소기업(조특령 2) 또는 중견기업(조특령 6의4①)에 해당하는 법인(제조업을 주된 사업으로 경영하는 기업에 한정함)일 것
② 직전 사업연도에 영세율을 적용받은 재화의 공급가액의 합계액(수출액)이 다음에 해당할 것
  ㉠ 직전 사업연도에 중소기업인 경우: 직전 사업연도에 공급한 재화 또는 용역의 공급가액의 합계액에서 수출액이 차지하는 비율이 30% 이상이거나 수출액이 50억원 이상일 것
  ㉡ 직전 사업연도에 중견기업인 경우: 직전 사업연도에 공급한 재화 또는 용역의 공급가액의 합계액에서 수출액이 차지하는 비율이 30% 이상일 것
③ 납부유예요건 충족여부의 확인요청일 현재 다음의 요건에 모두 해당할 것
  ㉠ 최근 3년간 계속하여 사업을 경영하였을 것
  ㉡ 최근 2년간 국세(관세 포함) 체납한 사실이 없을 것. 다만, 납부고지서에 따른 납부기한의 다음 날부터 15일

이내에 체납된 국세를 모두 납부한 경우는 제외한다.
ⓒ 최근 3년간 조세범처벌법 또는 관세법 위반으로 처벌받은 사실이 없을 것
ⓔ 최근 2년간 납부유예가 취소된 사실이 없을 것

(3) 납부유예의 절차

중소·중견사업자는 ① 직전 사업연도에 대한 법인세 과세표준 신고기한과 ② 부가가치세 확정신고기한의 만료일 중 늦은 날부터 3개월 이내에 관할세무서장에게 납부유예요건의 충족여부의 확인을 요청할 수 있다(부령 91의2③). 이 경우 관할세무서장은 해당 중소·중견사업자가 납부유예요건에 해당하는지 여부를 확인한 후 요청일부터 1개월 이내에 확인서를 해당 중소·중견사업자에게 발급해야 한다(부령 91의2④).

부가가치세의 납부를 유예받으려는 중소·중견사업자는 관할세무서장으로부터 발급받은 확인서를 첨부하여 부가가치세 납부유예 적용 신청서를 관할 세관장에게 제출해야 한다(부령 91의2⑤). 신청을 받은 관할 세관장은 신청일부터 1개월 이내에 납부유예의 승인 여부를 결정하여 해당 중소·중견사업자에게 통지해야 한다(부령 91의2⑦).

중소·중견사업자는 부가가치세 예정신고, 확정신고 또는 조기환급신고를 할 때 해당 재화에 대하여 매출세액에서 공제하는 매입세액으로서 사업자가 자기의 사업을 위하여 사용하였거나 사용할 목적으로 수입하는 재화의 수입에 대한 부가가치세액과 납부가 유예된 세액을 정산하여 납부해야 한다. 이 경우 납세지 관할세무서장에게 납부한 세액은 세관장에게 납부한 것으로 본다(부법 50의2②, 부령 91의2⑨).

이러한 납부유예는 관세법에 따른 납세신고를 할 때 납부해야 하는 부가가치세에 한정하여 적용하며, 납부유예를 승인하는 경우 그 유예기간은 1년으로 한다(부령 91의2⑥,⑧).

(4) 납부유예의 취소

세관장은 부가가치세의 납부가 유예된 중소·중견사업자가 국세를 체납하는 등 다음의 사유에 해당하는 경우에는 그 납부의 유예를 취소할 수 있다. 이 경우 세관장은 해당 중소·중견사업자에게 그 취소사실을 통지해야 한다(부법 50의2③, 부령 91의2⑩).

① 해당 중소·중견사업자가 국세를 체납한 경우
② 해당 중소·중견사업자가 조세범처벌법 또는 관세법 위반으로 국세청장·지방국세청장·세무서장 또는 관세청장·세관장으로부터 고발된 경우
③ 납부유예요건을 충족하지 않은 중소·중견사업자에게 납부유예를 승인한 사실을 관할세관장이 알게 된 경우

국세청장, 지방국세청장, 세무서장은 해당 중소·중견사업자가 위 사유 중 어느 하나에 해당하는 사실을 알게 되었을 때에는 지체 없이 그 사실을 관세청장에게 통보해야 한다(부령 91의2⑪). 한편, 이러한 납부유예 취소는 중소·중견사업자가 부가가치세 납부를 유예받고 수입한 재화에 대해서는 영향을 미치지 않는다(부령 91의2⑫).

Ⅲ. 대리납부

 사업을 양수받는 경우의 대리납부

(1) 의 의

재화의 공급으로 보지 않는 사업의 양도(이에 해당하는지 여부가 분명하지 않은 경우 포함)에 따라 그 사업을 양수받는 자는 그 대가를 지급하는 때에 그 대가를 받은 자로부터 부가가치세를 징수하여 그 대가를 지급하는 날이 속하는 달의 다음 달 25일까지 사업장 관할세무서장에게 납부할 수 있는데, 이를 사업을 양수받는 경우의 대리납부라 한다(부법 52④).

여기서 재화의 공급으로 보지 않는 사업의 양도란 사업장별로 그 사업에 관한 모든 권리와 의무를 포괄적으로 승계시키는 것을 말한다(부법 10⑨ 제2호, 부령 23). 이러한 사업의 양도는 과세거래가 아니므로 부가가치세 신고·납부의무가 없는 것이 원칙이나, 그동안 예외적으로 사업양도자가 그에 대한 부가가치세를 신고·납부한 경우에 한해 사업양수자의 매입세액공제를 허용하는 모순이 있었다. 이에 부가가치세법은 이러한 모순을 해소하고 사업양수자의 자유의사에 따라 매입세액공제를 안전하게 받을 수 있도록 대리납부를 도입하였다.

(2) 대리납부의 절차

사업을 양수받는 자가 그 대가를 받은 자로부터 징수한 부가가치세는 부가가치세 대리납부신고서와 함께 사업장 관할세무서장에게 납부하거나 국세징수법에 따른 납부서를 작성하여 한국은행 또는 체신관서에 납부해야 한다(부령 95⑤). 사업의 양도는 재화의 공급으로 보지 않는 것이 원칙이나, 대리납부에 따라 그 사업을 양수받는 자가 대가를 지급하는 때에 그 대가를 받은 자로부터 부가가치세를 징수하여 납부한 경우는 재화의 공급으로 보아 과세한다(부법 10⑨ 제2호 단서).

이 경우 사업양도자는 부가가치세 확정신고를 할 때 해당 과세기간의 매출세액에 대리납부에 따라 사업양수자로부터 징수당한 세액을 포함하되, 해당 대리납부세액은 사업양수자에 의해 과세당국에 납부되었으므로 기납부세액으로 공제한다(제5장 제3절 납부세액의 계산구조 참고). 한편, 사업양수자는 대리납부에 따라 사업양도자로부터 징수하여 납부한 세액을 매입세액으로 보아 매출세액에서 공제한다.

 국외사업자로부터 용역 등을 공급받는 경우의 대리납부

(1) 의 의

국외사업자로부터 국내에서 용역 또는 권리(용역 등)를 공급받는 자는 국외사업자를 대리하여 그 대가를 지급하는 때에 그 대가를 받은 자로부터 부가가치세를 징수하고 납부해야 하는데, 이를 국외사업자로부터 용역 등을 공급받는 경우의 대리납부라 한다(부법 52①).

이는 소비지국 과세원칙에 따라 국외사업자로부터 공급받는 용역에 대하여 국내사업자로부터 공급받는 용역과 같은 부가가치세를 부담하게 함으로써 과세형평성을 제고하고 가격중립성을 확보하는 데에 그 의의가 있다.

(2) 대리납부의무자

대리납부의무자는 국외사업자로부터 국내에서 용역 등을 공급받는 자이다. 따라서 과세사업자뿐만 아니라 면세사업자나 비사업자도 국외사업자로부터 용역 등을 공급받는 경우에는 대리납부의무가 있다. 여기서 국외사업자란 다음 중 어느 하나에 해당하는 자를 말한다(부법 52①, 부령 95④).

① 국내사업장이 없는 비거주자 또는 외국법인
② 국내사업장이 있는 비거주자 또는 외국법인. 다만, 비거주자 또는 외국법인의 국내사업장과 관련 없이 용역 등을 공급하는 경우로서 다음의 경우만 해당한다.
  ㉠ 해당 용역 등의 제공이 국내사업장과 실질적으로 관련되지 않은 경우
  ㉡ ㉠ 외의 경우로서 해당 용역 등의 제공이 국내사업장에 귀속되지 않는 경우

다만, 과세사업자가 공급받은 용역 등을 과세사업에 제공하는 경우에는 대리납부의무가 없다. 그 이유는 과세사업자가 해당 대리납부세액을 매입세액으로 공제받게 되어 조세수입의 증가 없이 세무행정비용만 늘어나기 때문이다. 반면에 과세사업자라 하더라도 매입세액이 공제되지 않는 용역 등을 공급받는 경우에는 조세수입의 증가를 수반하므로 대리납부의무가 있다.

(3) 대리납부의 대상

대리납부의 대상은 국내에서 공급받는 용역 또는 권리이다(부법 52①). 즉 비거주자 또는 외국법인의 재화·시설물 또는 권리를 우리나라에서 사용하고 그 대가를 지급하는 자는 공급받은 해당 용역을 과세사업에 사용하여 매입세액공제를 받는 경우를 제외하고는 대리납부를 해야 하나, 부가가치세가 면제되는 용역은 대리납부의 대상이 되지 않는다(부가통 52-95-1).

이 경우 재화·시설물 또는 권리란 부동산, 부동산상의 권리, 광업권, 조광권, 채석권, 선박, 항공기, 자동차, 건설기계, 기계, 설비, 장치, 운반구, 공구, 학술 또는 예술상의 저작물(영화필름 포함)의 저작권, 특허권, 상표권, 의장, 모형, 도면, 비밀의 공식 또는 공정, 라디오·텔레비전·방송용 필름 및 테이프, 산업상·상업상 또는 과학상의 지식·경험 또는 숙련에 관한 정보, 우리나라 법에 따른 면허·허가 또는 이와 유사한 처분에 의하여 설정된 권리 그 밖의 이와 유사한 재화 시설물 또는 권리를 말한다(부가통 52-95-1).

한편, 대리납부의 대상에는 국내에 반입하는 것으로서 관세와 함께 부가가치세를 신고·납부해야 하는 재화의 수입에 해당하지 않는 경우를 포함한다(부법 52①).

(4) 대리납부의 절차

국외사업자로부터 국내에서 용역 등을 공급받는 자는 국외사업자를 대리하여 그 대가를 지급하는 때에 그 대가를 받은 자로부터 부가가치세를 징수해야 한다. 용역 등을 공급받는 자가 대리징수한 부가가치세는 예정신고납부 및 확정신고납부의 규정을 준용하여 부가가치세 대리납부신고서와

함께 부가가치세를 징수한 사업장 또는 주소지 관할세무서장에게 납부하거나 국세징수법에 따른 납부서를 작성하여 한국은행 또는 체신관서에 납부해야 한다(부법 52②, 부령 95①).

신용카드 등 결제금액에 대한 부가가치세 대리납부

신용카드업자는 일반유흥주점업 및 무도유흥주점업을 영위하는 특례사업자(간이과세자 제외)가 부가가치세가 과세되는 재화 또는 용역을 공급하고 그 신용카드업자로부터 공급대가를 받는 경우에는 해당 공급대가를 특례사업자에게 지급하는 때에 공급대가의 110분의 4에 해당하는 금액을 부가가치세로 징수하여 매 분기가 끝나는 날의 다음 달 25일까지 신용카드업자의 관할세무서장에게 납부해야 한다(조특법 106의10). 이는 부가가치세 체납률이 높은 특례사업자에 대하여 신용카드업자가 대리납부하게 함으로써 부가가치세의 체납을 방지하려는 데에 그 의의가 있다.

Ⅳ. 국외사업자의 용역 등 공급에 관한 특례

 위탁매매인 등을 통하여 공급하는 경우

국외사업자가 사업자등록의 대상으로서 위탁매매인 등을 통하여 국내에서 용역 또는 권리(용역 등)를 공급하는 경우에는 해당 위탁매매인 등이 해당 용역 등을 공급한 것으로 본다. 여기서 국외사업자는 앞서 대리납부에서 살펴본 국외사업자와 그 범위가 같으며, 위탁매매인 등이란 다음 중 어느 하나에 해당하는 자를 말한다(부법 53①).

① 위탁매매인
② 준위탁매매인
③ 대리인
④ 중개인(구매자로부터 거래대금을 수취하여 판매자에게 지급하는 경우에 한정함)

국외사업자로부터 용역 등을 공급받는 자는 사업자인지 여부와 무관하게 대리납부에 따라 부가가치세를 징수하여 납부하는 것이 원칙이다. 그러나 현실적으로 부가가치세 납세의무가 없는 면세사업자나 비사업자가 이러한 대리납부의무를 이행하는 데에는 한계가 있다. 이를 반영하여 부가가치세법은 국외사업자가 위탁매매인 등을 통해 국내에서 용역 등을 공급하는 경우 해당 위탁매매인 등을 납세의무자로 하여 그 용역 등을 공급받는 자로부터 부가가치세를 거래징수하여 납부하도록 규정하고 있다.

한편, 국외사업자로부터 권리를 공급받는 경우에는 공급받는 자의 국내에 있는 사업장의 소재지 또는 주소지를 해당 권리가 공급되는 장소로 본다(부법 53②). 재화의 공급장소에 관한 규정에 따르면 국외사업자로부터 공급받는 권리의 공급장소는 국외이므로 대리납부 등을 통해 우리나라의 부가가치세를 과세할 수 없는 문제가 발생한다. 이를 해결하기 위해 부가가치세법은 재화의 공급장소의 특례로서 해당 권리의 공급장소를 국내의 공급받는 자를 기준으로 정하도록 규정하고 있다.

전자적 용역을 공급하는 경우

(1) 의 의

국외사업자가 국내에 전자적 용역을 공급하는 경우(사업자등록을 한 자의 과세사업 또는 면세사업에 대하여 용역을 공급하는 경우는 제외)에는 국내에서 해당 전자적 용역이 공급되는 것으로 본다. 여기서 전자적 용역이란 정보통신망을 통하여 이동통신단말장치 또는 컴퓨터 등으로 국내에 제공하는 용역으로서 다음 중 어느 하나에 해당하는 용역을 말한다(부법 53의2①, 부령 96의2①).

① 이동통신단말장치 또는 컴퓨터 등에 저장되어 구동되거나, 저장되지 않고 실시간으로 사용할 수 있는 것으로서 다음 중 어느 하나에 해당하는 것
  ㉠ 게임·음성·동영상 파일, 전자 문서 또는 소프트웨어와 같은 저작물 등으로서 광(光) 또는 전자적 방식으로 처리하여 부호·문자·음성·음향 및 영상 등의 형태로 제작 또는 가공된 것
  ㉡ 위 ㉠에 따른 전자적 용역을 개선시키는 것
② 광고를 게재하는 용역
③ 클라우드컴퓨팅서비스
④ 재화 또는 용역을 중개하는 용역으로서 다음 중 어느 하나에 해당하는 것. 다만, 재화 또는 용역의 공급에 대한 대가에 중개 용역의 대가가 포함되어 납세의무자가 부가가치세를 신고하고 납부하는 경우는 제외한다.
  ㉠ 국내에서 물품 또는 장소 등을 대여하거나 사용·소비할 수 있도록 중개하는 것
  ㉡ 국내에서 재화 또는 용역을 공급하거나 공급받을 수 있도록 중개하는 것
⑤ 그 밖에 위 ①부터 ④까지와 유사한 용역으로서 대통령령으로 정하는 용역

그동안 국외사업자가 해외오픈마켓 등을 통해 국내에 전자적 용역을 공급하는 경우에는 국내사업자와 달리 부가가치세를 과세하지 않아 과세형평이 침해되는 문제가 발생하였다. 이에 부가가치세법은 국외사업자가 해외오픈마켓 등을 통해 국내소비자에게 전자적 용역을 공급하는 경우 간편하게 사업자등록을 하여 부가가치세를 신고·납부할 수 있도록 하는 특례를 마련하였다.

(2) 전자적 용역의 공급유형

국외사업자가 전자적 용역을 공급하는 유형은 국외사업자가 직접 용역을 공급하거나 제3자를 통하여 용역을 공급하는 것으로 나뉜다.

국외사업자가 직접 용역을 공급하는 것은 국외사업자가 정보통신망을 통하여 전자적 용역을 국내에 제공하는 경우를 말한다(부법 53의2①.)

제3자를 통하여 전자적 용역을 공급하는 경우는 다음 중 어느 하나에 해당하는 제3자를 통하여 국내에 전자적 용역을 공급하는 경우에는 그 제3자가 해당 전자적 용역을 국내에서 공급한 것으로 본다(부법 53의2②).

① 정보통신망 등을 이용하여 전자적 용역의 거래가 가능하도록 오픈마켓이나 그와 유사한 것을 운영하고 관련 서비스를 제공하는 자
② 전자적 용역의 거래에서 중개에 관한 행위 등을 하는 자로서 구매자로부터 거래대금을 수취하여 판매자에게 지급하는 자
③ 그 밖에 ① 및 ②와 유사하게 전자적 용역의 거래에 관여하는 자

이 경우 제3자에는 해외오픈마켓과 같은 국외사업자를 포함한다. 다만, 제3자가 사업자등록의 대상인 위탁매매인 등에 해당하여 앞서 살펴본 위탁매매인 등을 통하여 공급하는 경우로서 국내사업자의 용역 등 공급 특례가 적용되는 경우에는 위 규정이 적용되지 않는다.

(3) 국외사업자의 간편사업자등록

국내에 전자적 용역을 공급하는 자(국외사업자로 한정함)는 간편사업자등록을 해야 하며, 그 사업의 개시일부터 20일 이내에 간편사업자등록을 신청해야 한다(부법 53의2 ③). 여기서 간편사업자등록이란 국세정보통신망에 접속하여 다음의 사항을 입력하는 방식으로 국세청장에게 간편한 방법으로 사업자등록을 하는 것을 말한다(부령96의2②).

① 사업자 및 대표자의 이름과 전화번호, 우편주소, 이메일 주소 및 웹사이트 주소 등의 연락처. 이 경우 법인인 사업자가 법인 이름과 다른 이름으로 거래하는 경우 거래이름을 포함한다.
② 등록국가·주소 및 등록번호 등 용역을 제공하는 사업장이 소재하는 국외사업자 등록 관련 정보
③ 제공하는 전자적 용역의 종류, 국내에 전자적 용역을 공급하는 사업개시일 및 그 밖에 간편사업자등록을 위하여 필요한 사항

제3자를 통하여 전자적 용역을 공급하는 경우는 제3자가 해당 전자적 용역을 공급한 것으로 보며, 그 제3자는 사업의 개시일부터 20일 이내에 간편사업자등록을 하여야 한다(부법 53의2②).
국세청장은 간편사업자등록을 한 자에 대하여 간편사업자등록번호를 부여하고, 사업자(납세관리인이 있는 경우 납세관리인 포함)에게 통지해야 한다(부령 96의2④).

(4) 전자적 용역의 공급시기와 세금계산서 발급

국내로 공급되는 전자적 용역의 공급시기는 다음의 시기 중 빠른 때로 한다(부령 96의2⑪).

① 구매자가 공급하는 자로부터 전자적 용역을 제공받은 때
② 구매자가 전자적 용역을 구매하기 위하여 대금의 결제를 완료한 때

한편, 간편사업자등록을 한 사업자가 국내에 전자적 용역을 공급하는 경우에는 세금계산서를 발급하지 않을 수 있다(부법 33①, 부령 71① 제8호).

(5) 국외사업자의 과세표준과 세액의 계산

외화의 환산에 관한 규정에도 불구하고 간편사업자등록자가 국내에 공급한 전자적 용역의 대가를 외국통화나 그 밖의 외국환으로 받은 경우에는 과세기간 종료일(예정신고 및 납부에 대해서는 예정신고기간 종료일)의 기준환율을 적용하여 환가한 금액을 과세표준으로 할 수 있다. 이 경우 국세청장은 정보통신망을 이용하여 통지하거나 국세정보통신망에 고시하는 방법 등으로 사업자(납세관리인이 있는 경우 납세관리인 포함)에게 기준환율을 알려야 한다(부령 96의2⑦).
한편, 간편사업자등록을 한 자는 해당 전자적 용역의 공급과 관련하여 공제되는 매입세액 외에는 매출세액 또는 납부세액에서 공제하지 않는다(부법 53의2⑤).

(6) 국외사업자의 신고·납부

간편사업자등록을 한 자로서 부가가치세를 신고하려는 사업자는 국세정보통신망에 접속하여 다음의 사항을 입력하는 방식으로 부가가치세 예정신고 및 확정신고를 해야 한다(부법 53의2④, 부령 96의2⑤).

① 사업자이름 및 간편사업자등록번호
② 신고기간 동안 국내에 공급한 전자적 용역의 총 공급가액, 공제받을 매입세액 및 납부할 세액
③ 그 밖에 필요한 사항

이러한 국외사업자의 예정신고 및 확정신고에 따른 납부는 국세청장이 정하는 바에 따라 외국환은행의 계좌에 납입하는 방식으로 한다(부령 103②, 제6장 제2절 Ⅴ-2 참고).

제2절 결정·경정 및 징수

Ⅰ. 결정과 경정

 개 념

부가가치세는 납세의무자가 스스로 부가가치세법이 정하는 바에 따라 과세표준과 세액을 과세당국에 신고함으로써 그 납세의무가 확정되는 신고납세제도에 의한 조세이다. 그런데 납세의무자가 이러한 신고를 하지 않거나 그 신고내용에 오류·누락 등이 있는 경우에는 과세당국이 2차적인 확정권자가 되어 과세표준과 세액을 확정한다.

이 때 납세의무자 스스로 과세표준과 세액의 신고가 없는 경우 과세당국이 개입하여 그 과세표준과 세액을 확정하는 절차를 결정이라 하며, 납세의무자가 신고한 내용 또는 과세당국이 결정한 내용에 오류가 있을 때 과세당국이 이를 시정하기 위하여 행하는 행정처분을 경정이라 한다.

 결정·경정의 기관

부가가치세의 과세표준과 납부세액 또는 환급세액의 결정·경정은 각 납세지 관할세무서장이 한다. 다만, 국세청장이 특히 중요하다고 인정하는 경우에는 납세지 관할지방국세청장 또는 국세청장이 결정하거나 경정할 수 있다(부령 102①).

주사업장총괄납부를 하는 경우 각 납세지 관할세무서장, 납세지 관할지방국세청장 또는 국세청장이 과세표준과 납부세액 또는 환급세액을 결정하거나 경정하였을 때에는 지체 없이 납세지 관할세무서장 또는 총괄납부를 하는 주된 사업장의 관할세무서장에게 통지해야 한다(부령 102②).

 결정·경정의 사유

납세지 관할세무서장, 납세지 관할지방국세청장 또는 국세청장(납세지 관할세무서장 등)은 사업자가 다음 중 어느 하나에 해당하는 경우에만 해당 예정신고기간 및 과세기간에 대한 부가가치세의 과세표준과 납부세액 또는 환급세액을 조사하여 결정 또는 경정한다(부법 57①, 부령 103①).

① 예정신고 또는 확정신고를 하지 않은 경우
② 예정신고 또는 확정신고를 한 내용에 오류가 있거나 내용이 누락된 경우
③ 확정신고를 할 때 매출처별세금계산서합계표 또는 매입처별세금계산서합계표를 제출하지 않거나 제출한 매출처별세금계산서합계표 또는 매입처별세금계산서합계표에 기재사항의 전부 또는 일부가 적혀 있지 않거나 사실과 다르게 적혀 있는 경우
④ 그 밖에 다음의 사유로 부가가치세를 포탈할 우려가 있는 경우

㉠ 사업장의 이동이 빈번한 경우
㉡ 사업장의 이동이 빈번하다고 인정되는 지역에 사업장이 있을 경우
㉢ 휴업 또는 폐업 상태에 있을 경우
㉣ 신용카드가맹점 또는 현금영수증가맹점 가입 대상자로 지정받은 사업자가 정당한 사유 없이 신용카드가맹점 또는 현금영수증가맹점으로 가입하지 않은 경우로서 사업규모나 영업상황으로 보아 신고 내용이 불성실하다고 판단되는 경우
㉤ 조기환급 신고의 내용에 오류가 있거나 내용이 누락된 경우

만약 납세지 관할세무서장 등이 결정하거나 경정한 과세표준과 납부세액 또는 환급세액에 오류가 있거나 누락된 내용이 발견되면 즉시 다시 경정한다(부법 57③).

한편, 영수증발급대상사업 중 국세청장이 정하는 업종을 경영하는 사업자로서 같은 장소에서 계속하여 5년 이상 사업을 경영한 자에 대해서는 객관적인 증명자료로 보아 과소하게 신고한 것이 분명한 경우에만 경정할 수 있다(부령 103②, 제6장 제2절 Ⅴ 참고).

 결정·경정의 방법

(1) 실지조사

납세지 관할세무서장 등은 각 예정신고기간 및 과세기간에 대한 과세표준과 납부세액 또는 환급세액을 조사하여 결정 또는 경정하는 경우에는 세금계산서, 수입세금계산서, 장부 또는 그 밖의 증명자료를 근거로 해야 한다(부법 57②).

(2) 추계조사

1) 개 념

부가가치세 과세표준과 세액을 결정 또는 경정하는 경우에는 실지조사에 의하는 것이 원칙이다. 그러나 실지조사를 함에 있어서 필요한 세금계산서, 장부 등 증빙서류가 없거나 중요한 부분이 미비 또는 허위인 때에는 부득이 과세표준과 세액을 합리적인 방법으로 추정하여 결정 또는 경정할 수밖에 없는데, 이를 추계조사라 한다.

2) 추계사유

다음 중 어느 하나에 해당하면 추계할 수 있다(부법 57②).

① 과세표준을 계산할 때 필요한 세금계산서, 수입세금계산서, 장부 또는 그 밖의 증명 자료가 없거나 그 중요한 부분이 갖추어지지 않은 경우
② 세금계산서, 수입세금계산서, 장부 또는 그 밖의 증명 자료의 내용이 시설규모, 종업원 수와 원자재·상품·제품 또는 각종 요금의 시가에 비추어 거짓임이 명백한 경우
③ 세금계산서, 수입세금계산서, 장부 또는 그 밖의 증명 자료의 내용이 원자재 사용량, 동력 사용량이나 그 밖의 조업 상황에 비추어 거짓임이 명백한 경우

3) 추계방법

추계는 다음의 방법에 따른다(부령 104①).

① 같은 업종·현황의 다른 사업자와 권형에 따른 방법: 장부의 기록이 정당하다고 인정되고 신고가 성실하여 경정을 받지 않은 같은 업종과 같은 현황의 다른 사업자와 권형에 따라 계산하는 방법
② 생산수율에 의한 방법: 국세청장이 업종별로 투입원재료에 대하여 조사한 생산수율이 있을 때에는 생산수율을 적용하여 계산한 생산량에 그 과세기간 중에 공급한 수량의 시가를 적용하여 계산하는 방법
③ 영업효율에 의한 방법: 국세청장이 사업의 종류·지역 등을 감안하여 사업과 관련된 종업원, 객실, 사업장, 차량, 수도, 전기 등 인적·물적 시설의 수량 또는 가액과 매출액의 관계를 정한 영업효율이 있을 때에는 영업효율을 적용하여 계산하는 방법
④ 국세청장이 사업의 종류별·지역별로 정한 다음 중 어느 하나에 해당하는 기준(원단위투입량, 비용관계비율, 상품회전율, 매매총이익률, 부가가치율)에 따라 계산하는 방법
  ㉠ 생산에 투입되는 원재료, 부재료 중에서 일부 또는 전체의 수량과 생산량의 관계를 정한 원단위투입량
  ㉡ 인건비, 임차료, 재료비, 수도광열비, 그 밖의 영업비용 중에서 일부 또는 전체의 비용과 매출액의 관계를 정한 비용관계비율
  ㉢ 일정기간 동안의 평균재고금액과 매출액 또는 매출원가의 관계를 정한 상품회전율
  ㉣ 일정기간 동안의 매출액과 매출총이익의 비율을 정한 매매총이익률
  ㉤ 일정기간 동안의 매출액과 부가가치액의 비율을 정한 부가가치율
⑤ 추계 경정·결정 대상 사업자에 대하여 ②부터 ④까지의 비율을 계산할 수 있는 경우에는 그 비율을 적용하여 계산하는 방법
⑥ 입회조사기준에 의한 방법: 주로 최종소비자를 대상으로 거래하는 음식 및 숙박업과 서비스업에 대해서는 국세청장이 정하는 입회조사기준에 따라 계산하는 방법

한편, 추계에 따라 납부세액을 계산할 때 공제하는 매입세액은 발급받은 세금계산서를 관할세무서장에게 제출하고 그 기재내용이 분명한 부분으로 한정한다. 다만, 재해 또는 그 밖의 불가항력으로 인하여 발급받은 세금계산서가 소멸되어 세금계산서를 제출하지 못하게 되었을 때에는 해당 사업자에게 공급한 거래상대방이 제출한 세금계산서에 의하여 확인되는 것을 납부세액에서 공제하는 매입세액으로 한다(부령 104②).

Ⅱ. 징수

부가가치세의 납세의무자는 예정신고 및 확정신고를 할 때, 재화의 수입에 대하여 관세를 신고·납부할 때 각각 그에 대한 부가가치세를 함께 납부해야 한다. 그런데 납세의무자가 부가가치세를 납부하지 않거나 적게 납부한 경우에는 과세당국이 이미 확정된 납세의무의 이행을 납세의무자에게 요구하여 그 부가가치세를 받아들이는 절차를 밟는데, 이를 징수라 한다.

납세지 관할세무서장은 사업자가 예정신고 또는 확정신고를 할 때에 신고한 납부세액을 납부하지 않거나 납부해야 할 세액보다 적게 납부한 경우에는 그 세액을 국세징수법에 따라 징수하고, 결정 또는 경정을 한 경우에는 추가로 납부해야 할 세액을 국세징수법에 따라 징수한다(부법 58①). 재화의 수입에 대한 부가가치세는 세관장이 관세법에 따라 징수한다(부법 58②).

제3절 환급

 **1 일반환급**

부가가치세의 환급이란 납부세액의 계산 결과 매출세액을 초과하는 매입세액이 발생하는 경우 그 초과하는 금액을 납세의무자에게 돌려주는 것을 말한다. 납세지 관할세무서장은 각 과세기간별로 그 과세기간에 대한 환급세액을 확정신고한 사업자에게 그 확정신고기한이 지난 후 30일 이내에 환급해야 하는데, 이를 일반환급이라 한다(부법 59①).

일반환급에 따라 환급해야 할 세액은 예정신고 및 확정신고에 관한 규정에 따라 제출한 신고서 및 이에 첨부된 증명서류와 세금계산서합계표의 제출에 관한 규정에 따라 제출한 매입처별세금계산서합계표, 신용카드매출전표등수령명세서에 의하여 확인되는 금액으로 한정한다(부령 106①).

 2 조기환급

(1) 의 의

조기환급이란 영세율이 적용되거나 사업설비를 신설·취득하는 경우 또는 재무구조개선계획을 이행 중인 경우에 한해 부가가치세법상 환급세액이 확정되기 전에 미리 환급하는 것을 말한다. 즉, 확정신고에 의하여 환급세액이 확정될 때 정산할 것을 전제로 확정신고가 있기 전에 예정신고기간 또는 조기환급기간 단위로 법정요건을 충족하고 이를 신고한 사업자에게 미리 예정액으로서 환급세액을 환급하는 것이다. 이는 영세율거래나 사업설비투자거래의 공급받는 사업자 또는 재무구조개선계획 이행 사업자에게 거래징수당한 부가가치세액을 조기에 환급함으로써 자금부담을 줄이고 재무구조개선을 지원하는 데에 그 취지가 있다.

(2) 조기환급의 대상

납세지 관할세무서장은 다음 중 어느 하나에 해당하여 환급을 신고한 사업자에게 환급세액을 조기에 환급할 수 있다(부법 59②).

① 사업자가 영세율을 적용받는 경우
② 사업자가 사업설비[1]를 신설·취득·확장 또는 증축하는 경우
③ 사업자가 재무구조개선계획[2]을 이행 중인 경우

[1] 건물, 구축물, 차량운반구, 기계장치 등 소득세법 및 법인세법에 따른 감가상각자산을 말한다(부령 107②).
[2] 조기환급기간, 예정신고기간 또는 과세기간의 종료일 현재 조세특례제한법에 따른 재무구조개선계획승인권자가 승인한 기업개선계획 또는 회생계획을 이행 중인 경우를 말한다(부령 107⑦).

(3) 예정신고기간 또는 확정신고기간에 대한 조기환급신고

사업자는 예정신고기간 또는 확정신고기간에 대하여 조기환급을 받을 수 있다. 조기환급의 대상

에 해당하는 경우 납세지 관할세무서장은 각 예정신고기간별로 그 예정신고기한이 지난 후 15일 이내에 예정신고한 사업자에게 환급해야 하며, 각 과세기간별로 그 과세기간에 대한 환급세액을 확정신고한 사업자에게 그 확정신고기한이 지난 후 15일 이내에 환급해야 한다(부법 59①, 부령 107①).

조기환급을 받으려는 사업자가 예정신고 또는 확정신고에 따른 신고서를 제출한 경우에는 조기환급을 신고한 것으로 본다. 다만, 사업자가 사업설비를 신설·취득·확장 또는 증축하는 경우에는 건물 등 감가상각자산 취득명세서를, 사업자가 재무구조개선계획을 이행 중인 경우에는 재무구조개선계획서를 각각 그 신고서에 첨부해야 한다(부령 107③).

(4) 조기환급기간에 대한 조기환급신고

사업자는 조기환급기간에 대하여도 조기환급을 받을 수 있다. 여기서 조기환급기간이란 예정신고기간 중 또는 과세기간 최종 3개월 중 매월 또는 매 2월을 말한다. 조기환급의 대상에 해당하는 사업자가 조기환급기간이 끝난 날부터 25일 이내(조기환급신고기한)에 조기환급기간에 대한 과세표준과 환급세액을 관할세무서장에게 신고하는 경우에는 조기환급기간에 대한 환급세액을 각 조기환급기간별로 해당 조기환급신고기한이 지난 후 15일 이내에 사업자에게 환급해야 한다(부령 107④).

조기환급을 신고할 때에는 영세율 등 조기환급신고서에 해당 과세표준에 대한 영세율 첨부서류 서류와 매출·매입처별세금계산서합계표를 첨부하여 제출해야 한다. 다만, 사업자가 사업설비를 신설·취득·확장 또는 증축하거나 재무구조개선계획을 이행 중인 경우에는 건물 등 감가상각자산 취득명세서 또는 재무구조개선계획서를 그 신고서에 첨부해야 한다(부령 107⑤).

(5) 조기환급세액

조기환급에 따라 환급해야 할 세액은 예정신고 및 확정신고 또는 조기환급신고에 관한 규정에 따라 제출한 신고서 및 이에 첨부된 증명서류와 세금계산서합계표의 제출에 관한 규정에 따라 제출한 매입처별세금계산서합계표, 신용카드매출전표등수령명세서에 의하여 확인되는 금액으로 한정한다(부령 106①). 이 때 조기환급세액은 영세율이 적용되는 공급분에 관련된 매입세액·시설투자에 관련된 매입세액 또는 국내공급분에 대한 매입세액을 구분하지 않고 사업장별로 해당 매출세액에서 매입세액을 공제하여 계산한다(부가통 59-107-2).

제4절 가산세

I. 의 의

가산세란 세법에서 규정하는 의무의 성실한 이행을 확보하기 위하여 세법에 따라 산출한 세액에 가산하여 징수하는 금액을 말한다(국기법 2 제4호). 가산세는 납세협력의무 위반에 대한 행정벌적 성격을 그 본질로 보나, 세금의 형식으로 부과되기 때문에 조세벌과는 구별된다. 즉, 가산세는 각 가산세의 부과를 규정하고 있는 세법에 의해 징수되는 세금에 부가하여 징수되기 때문에 같은 의무 위반에 대하여 가산세와 조세벌이 중복적으로 부과되어도 이는 이중처벌이 아니라고 본다.

부가가치세와 관련된 가산세는 부가가치세법과 국세에 관한 기본적이고 공통적인 사항을 규정하고 있는 국세기본법에 규정되어 있다. 부가가치세법과 국세기본법은 신고납부제도의 효율적인 운영과 과세당국의 과세권행사 및 조세채권의 실현을 용이하게 하기 위해 일반과세자의 납세협력의무 위반에 대하여 다음과 같은 가산세를 부과하도록 하고 있다.

구 분	가산세의 종류
부가가치세법	1. 사업자등록 불성실가산세 2. 세금계산서 불성실가산세 3. 세금계산서 등 가공·위장발급가산세 4. 비사업자의 세금계산서 가공발급·수취가산세 5. 신용카드매출전표 등 매입세액공제 관련 가산세 6. 매출별세금계산서합계표 불성실가산세 7. 매입별세금계산서합계표 불성실가산세 8. 현금매출명세서 등 제출 불성실가산세
국세기본법	1. 신고불성실가산세 2. 납부지연가산세 3. 원천징수 등 납부지연가산세

II. 부가가치세법상 가산세의 종류

 사업자등록 불성실가산세

(1) 사업자 미등록가산세

사업자 또는 국외사업자가 사업개시일부터 20일 이내에 등록을 신청하지 않은 경우에는 사업개시일부터 등록을 신청한 날의 직전일까지의 공급가액 합계액의 1%에 상당하는 금액을 가산세로 부과하여 납부세액에 더하거나 환급세액에서 뺀다(부법 60① 제1호). 다만, 사업자등록의 신청기한이 지난 후 1개월 이내에 등록을 신청하는 경우에는 해당 가산세액의 50%에 상당하는 금액을 감면한다(국기법 48② 제3호).

(2) 사업자 타인명의등록가산세

사업자가 타인의 명의로 사업자등록을 하거나 그 타인명의의 사업자등록을 이용하여 사업을 하는 것으로 확인되는 경우 그 타인명의의 사업개시일부터 실제 사업을 하는 것으로 확인되는 날의 직전일까지의 공급가액 합계액의 2%에 상당하는 금액을 가산세로 부과하여 납부세액에 더하거나 환급세액에서 뺀다(부법 60① 제2호).

여기서 타인이란 자기의 계산과 책임으로 사업을 경영하지 않는 자를 말한다. 다만, ① 사업자의 배우자와 ② 상속세 및 증여세법에 따른 상속으로 인하여 피상속인이 경영하던 사업이 승계되는 경우 그 피상속인(상속개시일부터 상속세 과세표준 신고기한까지의 기간 동안 상속인이 피상속인 명의의 사업자등록을 활용하여 사업을 하는 경우로 한정함)은 제외한다(부령 108①).

2 세금계산서 불성실가산세

(1) 세금계산서 지연발급·미발급가산세

사업자가 세금계산서의 발급시기가 지난 후 해당 재화 또는 용역의 공급시기가 속하는 과세기간에 대한 확정신고기한까지 세금계산서를 발급하는 경우 그 공급가액의 1%에 상당하는 금액을 지연발급가산세로 부과하여 납부세액에 더하거나 환급세액에서 뺀다(부법 60② 제1호).

한편, 사업자가 세금계산서의 발급시기가 지난 후 해당 재화 또는 용역의 공급시기가 속하는 과세기간에 대한 확정신고기한까지 세금계산서를 발급하지 않은 경우 그 공급가액의 2%에 상당하는 금액을 미발급가산세로 부과하여 납부세액에 더하거나 환급세액에서 뺀다. 다만, 다음 중 어느 하나에 해당하는 경우에는 그 공급가액의 1%로 한다(부법 60② 제2호).

① 전자세금계산서를 발급해야 할 의무가 있는 자가 전자세금계산서를 발급하지 않고 세금계산서의 발급시기에 전자세금계산서 외의 세금계산서를 발급한 경우
② 둘 이상의 사업장을 가진 사업자가 재화 또는 용역을 공급한 사업장 명의로 세금계산서를 발급하지 않고 세금계산서의 발급시기에 자신의 다른 사업장 명의로 세금계산서를 발급한 경우

(2) 전자세금계산서발급명세 지연전송·미전송가산세

사업자가 전자세금계산서 발급일의 다음 날이 지난 후 재화 또는 용역의 공급시기가 속하는 과세기간에 대한 확정신고기한까지 국세청장에게 전자세금계산서발급명세를 전송하는 경우 그 공급가액의 0.3%에 상당하는 금액을 지연전송가산세로 부과하여 납부세액에 더하거나 환급세액에서 뺀다(부법 60② 제3호).

한편, 사업자가 전자세금계산서 발급일의 다음 날이 지난 후 재화 또는 용역의 공급시기가 속하는 과세기간에 대한 확정신고기한까지 국세청장에게 전자세금계산서발급명세를 전송하지 않은 경우 그 공급가액의 0.5%에 상당하는 금액을 미전송가산세로 부과하여 납부세액에 더하거나 환급세액에서 뺀다(부법 60② 제4호).

(3) 세금계산서 부실기재가산세

사업자가 세금계산서의 필요적 기재사항의 전부 또는 일부가 착오 또는 과실로 적혀 있지 않거나 사실과 다른 경우 그 공급가액의 1%에 상당하는 금액을 가산세로 부과하여 납부세액에 더하거나 환급세액에서 뺀다(부법 60② 제5호).

다만, 세금계산서의 필요적 기재사항 중 일부가 착오나 과실로 사실과 다르게 적혔으나 해당 세금계산서에 적힌 나머지 필요적 기재사항 또는 임의적 기재사항으로 보아 거래사실이 확인되는 경우에는 사실과 다른 세금계산서로 보지 않는다. 즉, 이 경우에는 가산세를 부과하지 않는다(부법 60② 제5호 단서, 부령 108③).

3 세금계산서 등 가공·위장발급가산세

(1) 세금계산서 등 가공발급·수취가산세

사업자가 재화 또는 용역을 공급하지 않고 세금계산서 또는 신용카드매출전표 등(세금계산서 등)을 발급한 경우에는 그 세금계산서 등에 적힌 공급가액의 3%에 상당하는 금액을 가공발급가산세로 부과하여 납부세액에 더하거나 환급세액에서 뺀다(부법 60③ 제1호).

반면에 사업자가 재화 또는 용역을 공급받지 않고 세금계산서 등을 발급받은 경우에는 그 세금계산서 등에 적힌 공급가액의 3%에 상당하는 금액을 가공수취가산세로 부과하여 납부세액에 더하거나 환급세액에서 뺀다(부법 60③ 제2호).

(2) 세금계산서 등 위장발급·수취가산세

사업자가 재화 또는 용역을 공급하고 실제로 재화 또는 용역을 공급하는 자가 아닌 자 또는 실제로 재화 또는 용역을 공급받는 자가 아닌 자의 명의로 세금계산서 등을 발급한 경우에는 그 공급가액의 2%에 상당하는 금액을 위장발급가산세로 부과하여 납부세액에 더하거나 환급세액에서 뺀다(부법 60③ 제3호).

반면에 사업자가 재화 또는 용역을 공급받고 실제로 재화 또는 용역을 공급하는 자가 아닌 자의 명의로 세금계산서 등을 발급받은 경우에는 그 공급가액의 2%에 상당하는 금액을 위장수취가산세로 부과하여 납부세액에 더하거나 환급세액에서 뺀다(부법 60③ 제4호).

(3) 세금계산서 등 공급가액 과다기재 발급·수취가산세

사업자가 재화 또는 용역을 공급하고 세금계산서 등의 공급가액을 과다하게 기재한 경우에는 실제보다 과다하게 기재한 부분에 대한 공급가액의 2%에 상당하는 금액을 발급가산세로 부과하여 납부세액에 더하거나 환급세액에서 뺀다(부법 60③ 제5호).

반면에 사업자가 재화 또는 용역을 공급받고 공급가액을 과다하게 기재한 세금계산서 등을 발급받은 경우에는 실제보다 과다하게 기재한 부분에 대한 공급가액의 2%에 상당하는 금액을 수취가산세로 부과하여 납부세액에 더하거나 환급세액에서 뺀다(부법 60③ 제6호).

비사업자의 세금계산서 가공발급·수취가산세

사업자가 아닌 자가 재화 또는 용역을 공급하지 않고 세금계산서를 발급하거나 재화 또는 용역을 공급받지 않고 세금계산서를 발급받으면 사업자로 보고 그 세금계산서에 적힌 공급가액의 3%를 그 세금계산서를 발급하거나 발급받은 자에게 사업자등록증을 발급한 세무서장이 가산세로 징수한다. 이 경우 납부세액은 0(영)으로 본다(부법 60④).

 ## 신용카드매출전표 등 매입세액공제 관련 가산세

사업자가 다음 중 어느 하나에 해당하는 경우에는 해당 금액을 가산세로 부과하여 납부세액에 더하거나 환급세액에서 뺀다(부법 60⑤, 부령 108④).

① 사업자가 발급받은 신용카드매출전표 등을 예정신고 또는 확정신고를 할 때 제출하여 매입세액을 공제받지 아니하고 대통령령으로 정하는 사유로 매입세액을 공제받은 경우 그 공급가액의 0.5%
② 매입세액을 공제받기 위하여 제출한 신용카드매출전표 등 수령명세서에 공급가액을 과다하게 적은 경우 실제보다 과다하게 적은 공급가액(착오로 기재된 경우로서 신용카드매출전표 등에 따라 거래사실이 확인되는 부분의 공급가액은 제외)의 0.5%

 ## 매출처별세금계산서합계표 불성실가산세

(1) 매출처별세금계산서합계표 미제출가산세

사업자가 매출처별세금계산서합계표를 제출하지 않은 경우에는 매출처별세금계산서합계표를 제출하지 않은 부분에 대한 공급가액의 0.5%에 상당하는 금액을 가산세로 부과하여 납부세액에 더하거나 환급세액에서 뺀다(부법 60⑥ 제1호). 다만, 매출처별세금계산서합계표의 제출기한이 지난 후 1개월 이내에 제출하는 경우에는 해당 가산세액의 50%에 상당하는 금액을 감면한다(국기법 48② 제3호).

사업자가 매출처별세금계산서합계표를 해당 예정신고 또는 확정신고를 할 때 함께 제출하지 않고 국세기본법에 따른 수정신고·경정 등의 청구·기한후신고 기한 내에 제출한 경우에도 이 가산세를 적용한다(부가통 60-108-3).

(2) 매출처별세금계산서합계표 부실기재가산세

사업자가 제출한 매출처별세금계산서합계표의 기재사항 중 거래처별 등록번호 또는 공급가액의 전부 또는 일부가 적혀 있지 않거나 사실과 다르게 적혀 있는 경우에는 매출처별세금계산서합계표의 기재사항이 적혀 있지 않거나 사실과 다르게 적혀 있는 부분에 대한 공급가액의 0.5%에 상당하는 금액을 가산세로 부과하여 납부세액에 더하거나 환급세액에서 뺀다(부법 60⑥ 제2호).

다만, 제출한 매출처별세금계산서합계표의 기재사항이 착오로 적힌 경우로서 사업자가 발급한 세금계산서에 따라 거래사실이 확인되는 부분의 공급가액에 대하여는 가산세를 부과하지 않는다(부법 60⑥ 단서).

(3) 매출처별세금계산서합계표 지연제출가산세

사업자가 예정신고를 할 때 제출하지 못하여 해당 예정신고기간이 속하는 과세기간에 확정신고를 할 때 매출처별세금계산서합계표를 제출하는 경우로서 위 부실기재에 해당하지 않는 경우에는 그 공급가액의 0.3%에 상당하는 금액을 가산세로 부과하여 납부세액에 더하거나 환급세액에서 뺀다(부법 60⑥ 제3호).

매입처별세금계산서합계표 불성실가산세

(1) 세금계산서 지연수취가산세

사업자가 매입세액을 공제받는 경우로서 다음에 해당하는 경우에는 매입처별세금계산서합계표에 따르지 않고 세금계산서 또는 수입세금계산서에 따라 공제받은 매입세액에 해당하는 공급가액의 0.5%에 상당하는 금액을 가산세로 부과하여 납부세액에 더하거나 환급세액에서 뺀다(부법 60⑦ 제1호, 부령 108⑤).

① 재화 또는 용역의 공급시기 이후에 발급받은 세금계산서로서 해당 공급시기가 속하는 과세기간에 대한 확정신고기한까지 발급받은 경우
② 재화 또는 용역의 공급시기가 속하는 과세기간에 대한 확정신고기한 이후 세금계산서를 발급받았더라도 그 세금계산서의 발급일이 재화 또는 용역의 공급시기가 속하는 과세기간에 대한 확정신고기한 다음 날부터 1년 이내이고 다음 중 어느 하나에 해당하는 경우
  ㉠ 발급받은 세금계산서와 함께 과세표준수정신고서 및 경정청구서를 제출하는 경우
  ㉡ 거래사실이 확인되어 납세지 관할세무서장, 납세지 관할지방국세청장 또는 국세청장(납세지 관할세무서장 등)이 결정 또는 경정하는 경우
③ 재화 또는 용역의 공급시기 이전에 세금계산서를 발급받았더라도 그 세금계산서의 발급일로부터 재화 또는 용역의 공급시기가 그 세금계산서의 발급일로부터 6개월 이내에 도래하고 거래사실이 확인되어 납세지 관할세무서장 등이 결정 또는 경정하는 경우

(2) 매입처별세금계산서합계표 미제출·부실기재가산세

사업자가 ① 매입처별세금계산서합계표를 제출하지 않은 경우 또는 ② 제출한 매입처별세금계산서합계표의 기재사항 중 거래처별 등록번호 또는 공급가액의 전부 또는 일부가 적혀 있지 않거나 사실과 다르게 적혀 있는 경우에는 매입처별세금계산서합계표에 따르지 않고 세금계산서 또는 수입세금계산서에 따라 공제받은 매입세액에 해당하는 공급가액의 0.5%에 상당하는 금액을 가산세로 부과하여 납부세액에 더하거나 환급세액에서 뺀다(부법 60⑦ 제2호). 다만, 매입처별세금계산서합계표의 제출기한이 지난 후 1개월 이내에 제출하는 경우에는 해당 가산세액의 50%에 상당하는 금액을 감면한다(국기법 48② 제3호).

한편, 매입처별세금계산서합계표를 제출하지 않은 경우 등에 대한 매입세액공제에 관하여 다음

중 어느 하나에 해당하는 경우에는 가산세를 부과하지 않는다(부법 60⑦ 제2호 단서, 부령 108⑥, 74 제1호부터 제4호까지).

① 발급받은 세금계산서에 대한 매입처별세금계산서합계표 또는 신용카드매출전표등수령명세서를 과세표준수정신고서와 함께 제출하는 경우
② 발급받은 세금계산서에 대한 매입처별세금계산서합계표 또는 신용카드매출전표등수령명세서를 경정청구서와 함께 제출하여 경정기관이 경정하는 경우
③ 발급받은 세금계산서에 대한 매입처별 세금계산서합계표 또는 신용카드매출전표등수령명세서를 기한후과세표준신고서와 함께 제출하여 관할세무서장이 결정하는 경우
④ 발급받은 세금계산서에 대한 매입처별세금계산서합계표의 거래처별 등록번호 또는 공급가액이 착오로 사실과 다르게 적힌 경우로서 발급받은 세금계산서에 의하여 거래사실이 확인되는 경우

(3) 매입처별세금계산서합계표 공급가액 과다기재 가산세

사업자가 제출한 매입처별세금계산서합계표의 기재사항 중 공급가액을 사실과 다르게 과다하게 적어 신고한 경우에는 제출한 매입처별세금계산서합계표의 기재사항 중 사실과 다르게 과다하게 적어 신고한 공급가액의 0.5%에 상당하는 금액을 가산세로 부과하여 납부세액에 더하거나 환급세액에서 뺀다(부법 60⑦ 제3호).

8 현금매출명세서 등 제출 불성실가산세

예식장업·부동산중개업·보건업(병원과 의원으로 한정함) 및 전문서비스업을 경영하는 사업자는 현금매출명세서를, 부동산임대업자는 부동산임대공급가액명세서를 예정신고 또는 확정신고를 할 때 함께 제출해야 한다(부법 55, 부령 100). 이는 현금거래비율이 높은 최종소비자 대상 업종에 대하여 현금매출명세서 등의 제출을 의무화함으로써 세원투명성을 제고하고 과세표준을 양성화하는 데에 그 의의가 있다.

여기서 전문서비스업이란 변호사업, 심판변론인업, 변리사업, 법무사업, 공인회계사업, 세무사업, 경영지도사업, 기술지도사업, 감정평가사업, 손해사정인업, 통관업, 기술사업, 건축사업, 도선사업, 측량사업, 공인노무사업, 의사업, 한의사업, 약사업, 한약사업, 수의사업과 그 밖에 이와 유사한 사업서비스업을 말한다(부령 109② 제7호).

그런데 사업자가 현금매출명세서 또는 부동산임대공급가액명세서를 제출하지 않거나 제출한 수입금액(현금매출명세서의 경우 현금매출을 말함)이 사실과 다르게 적혀 있으면 제출하지 않은 부분의 수입금액 또는 제출한 수입금액과 실제 수입금액과의 차액의 1%를 가산세로 부과하여 납부세액에 더하거나 환급세액에서 뺀다(부법 60⑧). 다만, 현금매출명세서 또는 부동산임대공급가액명세서의 제출기한이 지난 후 1개월 이내에 제출하는 경우에는 해당 가산세액의 50%에 상당하는 금액을 감면한다(국기법 48② 제3호).

9 부가가치세법상 가산세 중복적용 배제

부가가치세법상 가산세(현금매출명세서 등 제출 불성실가산세 제외)를 적용할 때에 사업자등록 불성실가산세, 세금계산서 불성실가산세, 세금계산서 등 가공·위장발급가산세가 적용되는 부분에는 다음의 구분에 따른 가산세를 각각 적용하지 않는다(부법 60⑨,⑫).

구 분	중복적용 배제되는 가산세
① 사업자등록 불성실가산세	㉠ 세금계산서 불성실가산세(세금계산서 미발급가산세 제외) ㉡ 신용카드매출전표 등 매입세액공제 관련 가산세 ㉢ 매출처별세금계산서합계표 불성실가산세
② 세금계산서 불성실가산세(세금계산서 미발급가산세 제외)	매출처별세금계산서합계표 불성실가산세
③ 세금계산서 미발급가산세 또는 세금계산서 등 가공·위장발급가산세	㉠ 사업자등록 불성실가산세 ㉡ 매출처별세금계산서합계표 불성실가산세 ㉢ 매입처별세금계산서합계표 불성실가산세
④ 세금계산서 등 위장발급가산세	세금계산서 미발급가산세
⑤ 세금계산서 등 공급가액 과다기재 발급·수취가산세	세금계산서 부실기재가산세
⑥ 세금계산서 지연발급·미발급가산세	㉠ 전자세금계산서발급명세 지연전송·미전송가산세 ㉡ 세금계산서 부실기재가산세
⑦ 세금계산서 부실기재가산세	전자세금계산서발급명세 지연전송·미전송가산세

한편, 법인세법상 신용카드 및 현금영수증 발급 불성실가산세 또는 소득세법상 현금영수증 미발급가산세를 적용받는 부분은 세금계산서 미발급가산세와 매출처별세금계산서합계표 부실기재가산세를 적용하지 않는다(부법 60⑩).

 부가가치세법상 가산세의 한도

다음 중 어느 하나에 해당하는 부가가치세법상 가산세에 대해서는 그 의무위반의 종류별로 각각 5,000만원(중소기업기본법에 따른 중소기업이 아닌 기업은 1억원)을 한도로 한다. 다만, 해당 의무를 고의적으로 위반한 경우에는 가산세의 한도를 적용하지 않는다(국기법 49① 제3호). 이러한 가산세의 한도는 과세기간 단위로 적용한다(국기령 29의2② 제1호).

1-(1) 사업자 미등록가산세
1-(2) 사업자 타인명의등록가산세
2. 세금계산서 불성실가산세(세금계산서 미발급가산세 제외)
5. 신용카드매출전표 등 매입세액공제 관련 가산세
6. 매출처별세금계산서합계표 불성실가산세
7. 매입처별세금계산서합계표 불성실가산세
8. 현금매출명세서 등 제출 불성실가산세

Ⅲ. 국세기본법상 가산세의 종류

 신고불성실가산세

(1) 무신고가산세

납세의무자가 법정신고기한까지 부가가치세법에 따른 부가가치세의 과세표준신고(예정신고 포함)를 하지 않은 경우에는 그 신고로 납부해야 할 세액(무신고납부세액)에 다음의 구분에 따른 비율을 곱한 금액을 가산세로 한다(국기법 47의2①).

① 부정행위[1]로 무신고한 경우: 40%[2]
② ①외의 일반적인 무신고의 경우: 20%

[1] 부정행위란 다음 중 어느 하나에 해당하는 행위로서 조세의 부과와 징수를 불가능하게 하거나 현저히 곤란하게 하는 적극적 행위를 말한다(국기령 12의2①, 조세범처벌법 3⑥).
  ① 이중장부의 작성 등 장부의 거짓 기장
  ② 거짓 증빙 또는 거짓 문서의 작성 및 수취
  ③ 장부와 기록의 파기
  ④ 재산의 은닉, 소득·수익·행위·거래의 조작 또는 은폐
  ⑤ 고의적으로 장부를 작성하지 않거나 비치하지 않는 행위 또는 계산서, 세금계산서 또는 계산서합계표, 세금계산서합계표의 조작
  ⑥ 조세특례제한법에 따른 전사적 기업자원 관리설비의 조작 또는 전자세금계산서의 조작
  ⑦ 그 밖에 위계에 의한 행위 또는 부정한 행위

[2] 역외거래에서 발생한 부정행위로 인한 경우에는 60%를 적용한다.

이 경우 무신고납부세액은 세법에 따른 가산세와 가산하여 납부해야 할 이자상당가산액이 있는 경우 그 금액은 제외한 금액을 말한다.

한편, 부가가치세법에 따른 사업자가 예정신고 및 확정신고를 하지 않은 경우로서 영세율이 적용되는 과세표준(영세율과세표준)이 있는 경우에는 위 가산세액에 영세율과세표준의 0.5%에 상당하는 금액을 더한 금액을 가산세로 한다(국기법 47의2② 제2호).

(2) 과소신고·초과환급신고가산세

납세의무자가 법정신고기한까지 부가가치세법에 따른 부가가치세의 과세표준신고(예정신고 포함)를 한 경우로서 납부할 세액을 신고해야 할 세액보다 적게 신고(과소신고)하거나 환급받을 세액을 신고해야 할 금액보다 많이 신고(초과신고)한 경우에는 과소신고한 납부세액과 초과신고한 환급세액을 합한 금액(과소신고납부세액 등)에 다음의 구분에 따른 산출방법을 적용한 금액을 가산세로 한다(국기법 47의3①).

① 부정행위로 과소신고하거나 초과신고한 경우: ㉠ + ㉡
  ㉠ 부정행위로 인한 과소신고납부세액 등 × 40%[주]
  ㉡ (과소신고납부세액 등 – 부정행위로 인한 과소신고납부세액 등) × 10%
② ①외의 일반적인 과소신고·초과신고의 경우: 과소신고납부세액 등 × 10%

[주] 역외거래에서 발생한 부정행위로 인한 경우에는 60%를 적용한다.

이 경우 과소신고납부세액 등은 세법에 따른 가산세와 가산하여 납부해야 할 이자상당가산액이 있는 경우 그 금액은 제외한 금액을 말한다.

한편, 부가가치세법에 따른 사업자가 예정신고 및 확정신고 신고를 한 경우로서 영세율과세표준을 과소신고하거나 신고하지 않은 경우에는 위 가산세액에 그 과소신고되거나 무신고된 영세율과세표준의 0.5% 상당하는 금액을 더한 금액을 가산세로 한다(국기법 47의3② 제2호).

과소신고·초과환급신고가산세는 부가가치세법에 따른 사업자가 아닌 자가 환급세액을 신고한 경우에도 적용한다(국기법 47의3③).

(3) 신고불성실가산세의 적용배제

다음 중 어느 하나에 해당하는 경우에는 무신고가산세 또는 과소신고·초과환급신고가산세(신고불성실가산세)를 적용하지 않는다.(국기법 47의2③,④,⑤, 47의3④ 제2호,⑥).

① 재화 또는 용역을 공급받은 사업자가 대손세액에 해당하는 금액을 매입세액으로 공제받은 경우로서 해당 대손세액을 대손이 확정된 날이 속하는 과세기간에 자신의 매입세액에서 빼지 않음에 따라 그 사업자의 관할세무서장이 빼야 할 매입세액을 결정 또는 경정한 경우 해당 대손세액에 상당하는 부분 또는 과소신고하거나 초과신고한 부분
② 예정신고와 관련하여 신고불성실산세가 부과되는 부분에 대하여 확정신고와 관련하여 부과되는 경우
③ 간이과세자로서 납부의무가 면제되는 경우(제8장 제5절 Ⅰ-3, Ⅲ 참고)

2 납부지연가산세

(1) 개 요

납세의무자가 세법에 따른 납부기한까지 ① 부가가치세의 납부(예정신고납부 포함)를 하지 않거나 납부해야 할 세액보다 적게 납부(과소납부)하거나 ② 환급받아야 할 세액보다 많이 환급(초과환급)받은 경우에는 다음의 금액을 가산세로 한다(국기법 47의4①,⑦, 국기령 27의4).

납부지연가산세 = ① + ② + ③
① 과소납부분: 납부하지 않은 세액 또는 과소납부분 세액[1] × 경과일수[2] × 0.022%
② 초과환급분: 초과환급받은 세액[1] × 경과일수[2] × 0.022%
③ 체납분[3]: 납부기한까지 납부해야 할 세액 중 납부고지서에 따른 납부기한까지 납부하지 않은 세액[1] 또는 과소납부분 세액 × 3%

[1] 세법에 따라 가산하여 납부해야 할 이자상당가산액이 있는 경우에는 그 금액을 더한다.
[2] 납부기한(환급받은 날)의 다음 날부터 납부일까지의 기간(납부고지일부터 납부고지서에 따른 납부기한까지의 기간 제외)을 말하며, 납부고지서에 따른 납부기한의 다음 날부터 납부일까지의 기간이 5년을 초과하는 경우에는 그 기간은 5년으로 한다.
[3] 부가가치세를 납부고지서에 따른 납부기한까지 완납하지 않은 경우에 한한다.

한편, 납부지연가산세는 부가가치세법에 따른 사업자가 아닌 자가 부가가치세액을 환급받은 경우에도 적용한다(국기법 47의4②).

(2) 납부지연가산세의 적용배제

다음 중 어느 하나에 해당하는 경우에는 납부지연가산세 중 ① 과소납부가산세와 ② 초과환급가산세(납부기한 다음 날부터 납부고지일까지의 기간에 한함)를 적용하지 않는다(국기법 47의4 ③, ⑧).

> ① 재화 또는 용역을 공급받은 사업자가 대손세액에 해당하는 금액을 매입세액으로 공제받은 경우로서 해당 대손세액을 대손이 확정된 날이 속하는 과세기간에 자신의 매입세액에서 빼지 않음에 따라 그 사업자의 관할세무서장이 빼야 할 매입세액을 결정 또는 경정한 경우 해당 대손세액에 상당하는 부분
> ② 부가가치세법에 따른 사업자가 같은 법에 따른 납부기한까지 어느 사업장에 대한 부가가치세를 다른 사업장에 대한 부가가치세에 더하여 신고납부한 경우
> ③ 체납된 부가가치세의 납부고지서별·세목별 세액이 150만원 미만인 경우

한편, 원천징수 등 납부지연가산세가 부과되는 부분에 대해서는 부가가치세의 납부와 관련하여 납부지연가산세를 부과하지 않는다. 또한 예정신고납부와 관련하여 납부지연가산세가 부과되는 부분에 대해서는 확정신고납부와 관련하여 납부지연가산세를 부과하지 않는다(국기법 47의4 ④, ⑤).

(3) 과세기간을 잘못 적용하여 신고납부한 경우

부가가치세를 과세기간을 잘못 적용하여 신고납부한 경우에는 납부지연가산세를 적용할 때 실제 신고납부한 날에 실제 신고납부한 금액의 범위에서 당초 신고납부했어야 할 과세기간에 대한 부가가치세를 자진납부한 것으로 본다. 다만, 해당 부가가치세의 신고가 부정행위로 무신고한 경우 또는 부정행위로 과소신고·초과신고한 경우에는 그렇지 않다(국기법 47의4⑥).

원천징수 등 납부지연가산세

국외사업자로부터 용역 등을 공급받는 자로서 대리납부에 따라 부가가치세를 징수하여 납부할 의무를 지는 자가 징수해야 할 세액을 세법에 따른 납부기한까지 납부하지 않거나 과소납부한 경우에는 다음의 금액을 가산세로 한다(국기법 47의5①,② 제3호, 국기령 27의4).

> 원천징수 등 납부지연가산세 = Min(①, ②)
> ① ㉠ + ㉡[1]
>   ㉠ 납부하지 않은 세액 또는 과소납부분 세액 × 3%
>   ㉡ 납부하지 아니한 세액 또는 과소납부분 세액 × 경과일수[2] × 0.022%
> ② 한도: 납부하지 않은 세액 또는 과소납부분 세액 × 50% (위 ㉠의 금액과 ㉡ 중 법정납부기한의 다음 날부터 납부고지일까지의 기간에 해당하는 금액을 합한 금액은 10%)

[1] 체납된 부가가치세의 납부고지서별·세목별 세액이 150만원 미만인 경우에는 위 ㉡의 가산세를 적용하지 않는다.
[2] 납부기한의 다음 날부터 납부일까지의 기간(납부고지일부터 납부고지서에 따른 납부기한까지의 기간 제외함)을 말하며, 납부고지서에 따른 납부기한의 다음 날부터 납부일까지의 기간이 5년을 초과하는 경우에는 그 기간을 5년으로 한다(국기법 47의5④).

참고 부가가치세법상 가산세의 종류

가산세의 종류		가산세율[2]
1. 사업자등록 불성실가산세[1]	(1) 사업자 미등록가산세	1% (1개월 이내 50% 감면)
	(2) 사업자 타인명의등록가산세	1%
2. 세금계산서 불성실가산세[1]	(1) 세금계산서 지연발급·미발급가산세	지연발급: 1% 미발급: 2%
	(2) 전자세금계산서발급명세 지연전송·미전송가산세	지연전송: 0.3% 미전송: 0.5%
	(3) 세금계산서 부실기재가산세	1% (착오·과실 시 적용배제)
3. 세금계산서 등 가공·위장발급가산세[1]	(1) 세금계산서 등 가공발급·수취가산세	3%
	(2) 세금계산서 등 위장발급·수취가산세	2%
	(3) 세금계산서 등 공급가액 과다기재 발급·수취가산세	2%
4. 비사업자의 세금계산서 가공발급·수취가산세		3%
5. 신용카드매출전표 등 매입세액공제 관련 가산세		0.5%
6. 매출처별세금계산서합계표 불성실가산세	(1) 매출처별세금계산서합계표 미제출가산세	0.5% (1개월 이내 50% 감면)
	(2) 매출처별세금계산서합계표 부실기재가산세	0.5% (착오 시 적용배제)
	(3) 매출처별세금계산서합계표 지연제출가산세	0.3%
7. 매입처별세금계산서합계표 불성실가산세	(1) 세금계산서 지연수취가산세	0.5%
	(2) 매입처별세금계산서합계표 미제출·부실기재가산세	0.5% (1개월 이내 50% 감면)
	(3) 매입처별세금계산서합계표 공급가액 과다기재 가산세	0.5%
8. 현금매출명세서 등 제출 불성실가산세		1%

[1] 중복적용 배제

1 가산세가 적용되는 부분: 2[2-(1) 중 세금계산서 미발급가산세 제외], 5, 6 가산세 적용배제
2[2-(1) 중 세금계산서 미발급가산세 제외] 가산세가 적용되는 부분: 6 가산세 적용배제
2-(1) 중 세금계산서 미발급가산세 또는 3 가산세가 적용되는 부분: 1, 6, 7 가산세 적용배제
3-(2) 가산세가 적용되는 부분: 2-(1) 중 세금계산서 미발급가산세 적용배제
3-(3) 가산세가 적용되는 부분: 2-(3) 가산세 적용 배제
2-(1) 가산세가 적용되는 부분: 2-(2), 2-(3) 가산세 적용배제
2-(3) 가산세가 적용되는 부분: 2-(2) 가산세 적용배제

[2] 부가가치세법상 가산세율의 적용대상은 공급가액(현금매출명세서 등 제출 불성실가산세의 경우 실제 수입금액과의 차액)이다.

국세기본법상 가산세의 종류

가산세의 종류		가산세율[주]
1. 신고불성실가산세	(1) 무신고가산세	부정: 40% 일반: 20% 영세율: 0.5%
	(2) 과소신고·초과환급신고가산세	부정 40% 일반: 10% 영세율: 0.5%
2. 납부지연가산세(①+②+③)	① 과소납부분	경과일수 × 0.022%
	② 초과환급분	경과일수 × 0.022%
	③ 체납분	체납세액 × 3%
3. 원천징수 등 납부지연가산세		3% + 경과일수 × 0.022% (한도: 50% · 10%)

[주] 국세기본법상 가산세율의 적용대상은 세액(신고불성실가산세 중 영세율의 경우 영세율과세표준)이다.

조세법령 확인을 통해 기본개념 익히기

※ 다음 부가가치세 관련 조세법령의 빈 칸을 채우시오.

1. 부가가치세법 제48조(예정신고와 납부)

   ① 사업자는 각 과세기간 중 다음 표에 따른 기간(이하 "예정신고기간"이라 한다)이 끝난 후 □□일 이내에 대통령령으로 정하는 바에 따라 각 예정신고기간에 대한 과세표준과 납부세액 또는 환급세액을 납세지 관할 세무서장에게 신고하여야 한다. 다만, 신규로 사업을 시작하거나 시작하려는 자에 대한 최초의 예정신고기간은 □□ □□□(제8조제1항 단서에 따라 사업 개시일 이전에 사업자등록을 신청한 경우에는 그 □□□을 말한다)부터 그 날이 속하는 예정신고기간의 종료일까지로 한다.

구분	예정신고기간
제1기	1월 1일부터 □월 □□일까지
제2기	7월 1일부터 □월 □□일까지

   ② 사업자는 제1항에 따른 신고(이하 "□□□□"라 한다)를 할 때 그 예정신고기간의 납부세액을 부가가치세 예정신고서와 함께 각 납세지 관할 세무서장(제51조의 경우에는 주된 사업장의 관할 세무서장을 말한다)에게 □□하거나 「국세징수법」에 따른 납부서를 작성하여 한국은행(그 대리점을 포함한다) 또는 체신관서(이하 "한국은행등"이라 한다)에 납부하여야 한다.

   ③ 납세지 관할 세무서장은 제1항 및 제2항에도 불구하고 □□사업자와 대통령령으로 정하는 법인사업자에 대하여는 각 예정신고기간마다 □□(直前) 과세기간에 대한 납부세액(제46조제1항, 제47조제1항 또는 「조세특례제한법」 제104조의8제2항, 제106조의7제1항에 따라 납부세액에서 공제하거나 경감한 세액이 있는 경우에는 그 세액을 뺀 금액으로 하고, 제57조에 따른 결정 또는 경정과 「국세기본법」 제45조 및 제45조의2에 따른 수정신고 및 경정청구에 따른 결정이 있는 경우에는 그 내용이 반영된 금액으로 한다)의 □□퍼센트(1천원 미만인 단수가 있을 때에는 그 단수금액은 버린다)로 □□하여 대통령령으로 정하는 바에 따라 해당 예정신고기간이 끝난 후 □□일까지 징수한다. 다만, 징수하여야 할 금액이 □□□원 미만이거나 간이과세자에서 해당 과세기간 개시일 현재 일반과세자로 변경된 경우에는 징수하지 □□□□.

   ④ 제3항에도 불구하고 □□ 또는 □□ □□으로 인하여 사업실적이 악화된 경우 등 대통령령으로 정하는 사유가 있는 사업자는 제1항에 따라 □□□□를 하고 제2항에 따라 예정신고기간의 납부세액을 납부할 수 있다. 이 경우 제3항 본문에 따른 결정은 없었던 것으로 본다.

   해답 ① 25, 사업 개시일, 신청일, 3, 31, 9, 30
   ② 예정신고, 납부
   ③ 개인, 직전, 50, 결정, 25, 50만, 아니한다
   ④ 휴업, 사업 부진, 예정신고

2. 부가가치세법 제49조(확정신고와 납부)

① 사업자는 각 과세기간에 대한 과세표준과 납부세액 또는 환급세액을 그 과세기간이 끝난 후 □□일(폐업하는 경우 제5조제3항에 따른 □□일이 속한 달의 다음 달 □□일) 이내에 대통령령으로 정하는 바에 따라 납세지 관할 세무서장에게 신고하여야 한다. 다만, 제48조제1항 및 제4항에 따라 □□□□를 한 사업자 또는 제59조제2항에 따라 조기에 환급을 받기 위하여 신고한 사업자는 이미 신고한 과세표준과 납부한 납부세액 또는 환급받은 환급세액은 신고하지 아니한다.

② 사업자는 제1항에 따른 신고(이하 "□□□□"라 한다)를 할 때 다음 각 호의 금액을 확정신고 시의 납부세액에서 빼고 부가가치세 확정신고서와 함께 각 납세지 관할 세무서장(제51조의 경우에는 주된 사업장 소재지의 관할 세무서장을 말한다)에게 □□하거나 「국세징수법」에 따른 납부서를 작성하여 한국은행등에 납부하여야 한다.

1. 제59조제2항에 따라 조기 환급을 받을 환급세액 중 환급되지 아니한 세액
2. 제48조제3항 본문에 따라 징수되는 금액

해답 ① 25, 폐업, 25, 예정신고
② 확정신고, 납부

3. 부가가치세법 제50조(재화의 수입에 대한 신고·납부)

제3조제2호의 납세의무자가 재화의 수입에 대하여 「관세법」에 따라 □□를 □□□에게 신고하고 납부하는 경우에는 재화의 수입에 대한 부가가치세를 함께 신고하고 납부하여야 한다.

해답 관세, 세관장

4. 부가가치세법 제50조의2(재화의 수입에 대한 부가가치세 납부의 유예)

① □□□은 매출액에서 수출액이 차지하는 비율 등 대통령령으로 정하는 요건을 충족하는 □□·□□사업자(이하 이 조에서 "중소·중견사업자"라 한다)가 물품을 제조·가공하기 위한 □□□ 등 대통령령으로 정하는 재화의 수입에 대하여 부가가치세의 납부유예를 미리 □□하는 경우에는 제50조에도 불구하고 해당 재화를 수입할 때 부가가치세의 납부를 유예할 수 있다.

② 제1항에 따라 납부를 유예받은 중소·중견사업자는 납세지 관할 세무서장에게 제48조에 따른 예정신고 또는 제49조에 따른 확정신고 등을 할 때 대통령령으로 정하는 바에 따라 그 납부가 유예된 세액을 □□하거나 □□하여야 한다. 이 경우 납세지 관할 세무서장에게 납부한 세액은 세관장에게 납부한 것으로 본다.

③ 세관장은 제1항에 따라 부가가치세의 납부가 유예된 중소·중견사업자가 국세를 □□하는 등 대통령령으로 정하는 사유에 해당하는 경우에는 그 납부의 유예를 □□할 수 있다. 이 경우 세관장은 해당 중소·중견사업자에게 그 취소 사실을 통지하여야 한다.

해답 ① 세관장, 중소, 중견, 원재료, 신청
② 정산, 납부
③ 체납, 취소

5. 부가가치세법 제51조(주사업장 총괄 납부)

① 사업장이 □ 이상인 사업자(사업장이 하나이나 □□□ 사업장을 개설하려는 사업자를 포함한다)가 대통령령으로 정하는 바에 따라 주된 사업장의 관할 세무서장에게 주사업장 총괄 납부를 □□한 경우에는 대통령령으로 정하는 바에 따라 납부할 세액을 □□ 사업장에서 총괄하여 납부할 수 있다.

해답 둘, 추가로, 신청, 주된

6. 부가가치세법 제52조(대리납부)

① 다음 각 호의 어느 하나에 해당하는 자(이하 이 조, 제53조 및 제53조의2에서 "국외사업자"라 한다)로부터 □□에서 □□ 또는 □□(이하 이 조 및 제53조에서 "용역등"이라 한다)를 공급(국내에 반입하는 것으로서 제50조에 따라 관세와 함께 부가가치세를 신고·납부하여야 하는 재화의 수입에 해당하지 아니하는 경우를 포함한다. 이하 이 조 및 제53조에서 같다)□□ 자(공급받은 그 용역등을 과세사업에 제공하는 경우는 제외하되, 제39조에 따라 매입세액이 공제되지 아니하는 용역등을 공급받는 경우는 포함한다)는 그 대가를 □□하는 때에 그 대가를 받은 자로부터 부가가치세를 징수하여야 한다.
  1. 「소득세법」 제120조 또는 「법인세법」 제94조에 따른 □□□□□(이하 이 조에서 "국내사업장"이라 한다)이 없는 비거주자 또는 외국법인
  2. 국내사업장이 있는 비거주자 또는 외국법인(비거주자 또는 외국법인의 국내사업장과 관련없이 용역등을 공급하는 경우로서 대통령령으로 정하는 경우만 해당한다)

② 제1항에 따라 부가가치세를 징수한 자는 대통령령으로 정하는 바에 따라 부가가치세 □□□□□□를 제출하고, 제48조제2항 및 제49조제2항을 준용하여 부가가치세를 납부하여야 한다.

③ 제1항과 제2항을 적용할 때 공급받은 용역등을 과세사업과 면세사업등에 □□으로 사용하여 그 실지귀속을 구분할 수 없는 경우의 □□□□방법 등에 관하여 필요한 사항은 대통령령으로 정한다.

④ 제10조제9항제2호 본문에 따른 □□의 □□(이에 해당하는지 여부가 분명하지 아니한 경우를 포함한다)에 따라 그 사업을 양수받는 자는 그 대가를 지급하는 때에 같은 호 본문 및 제31조에도 불구하고 그 대가를 받은 자로부터 부가가치세를 징수하여 그 대가를 지급하는 날이 속하는 달의 다음 달 □□일까지 제49조제2항을 준용하여 대통령령으로 정하는 바에 따라 사업장 관할 세무서장에게 납부할 수 있다.

해답
① 국내, 용역, 권리, 받는, 지급, 국내사업장
② 대리납부신고서
③ 공통, 안분계산
④ 사업, 양도, 25

7. 부가가치세법 제53조(국외사업자의 용역등 공급에 관한 특례)

① 국외사업자가 제8조에 따른 □□□□□의 대상으로서 다음 각 호의 어느 하나에 해당하는 자(이하 "위탁매매인등"이라 한다)를 통하여 국내에서 용역등을 공급하는 경우에는 해당 □□□□□이 해당 용역등을 공급한 것으로 본다.
  1. 위탁매매인
  2. 준위탁매매인
  3. 대리인
  4. 중개인(구매자로부터 거래대금을 수취하여 판매자에게 지급하는 경우에 한정한다)
② 국외사업자로부터 □□를 공급받는 경우에는 제19조제1항에도 불구하고 공급받는 자의 □□에 있는 사업장의 소재지 또는 주소지를 해당 권리가 공급되는 장소로 본다.

> **해답** ① 사업자등록, 위탁매매인등
> ② 권리, 국내

8. 부가가치세법 제53조의2(전자적 용역을 공급하는 국외사업자의 사업자등록 및 납부 등에 관한 특례)

① 국외사업자가 □□□□□(「정보통신망 이용촉진 및 정보보호 등에 관한 법률」제2조제1항제1호에 따른 정보통신망을 말한다. 이하 이 조에서 같다)을 통하여 이동통신단말장치 또는 컴퓨터 등으로 공급하는 용역으로서 다음 각 호의 어느 하나에 해당하는 용역(이하 "□□□ □□"이라 한다)을 □□에 제공하는 경우(제8조, 「소득세법」제168조제1항 또는 「법인세법」제111조제1항에 따라 사업자등록을 한 자의 과세사업 또는 면세사업에 대하여 용역을 공급하는 경우는 제외한다)에는 사업의 개시일부터 □□일 이내에 대통령령으로 정하는 간편한 방법으로 □□□□□(이하 "간편사업자등록"이라 한다)을 하여야 한다.
  1. 게임·음성·동영상 파일 또는 소프트웨어 등 대통령령으로 정하는 용역
  2. 광고를 게재하는 용역
  3. 「클라우드컴퓨팅 발전 및 이용자 보호에 관한 법률」 제2조제3호에 따른 클라우드컴퓨팅서비스
  4. 재화 또는 용역을 중개하는 용역으로서 대통령령으로 정하는 용역
  5. 그 밖에 제1호부터 제4호까지와 유사한 용역으로서 대통령령으로 정하는 용역
② 국외사업자가 다음 각 호의 어느 하나에 해당하는 □□□(제52조제1항 각 호의 어느 하나에 해당하는 비거주자 또는 외국법인을 포함한다)를 통하여 국내에 전자적 용역을 공급하는 경우(국외사업자의 용역등 공급 특례에 관한 제53조가 적용되는 경우는 제외한다)에는 그 □□□가 해당 전자적 용역을 공급한 것으로 보며, 그 제3자는 사업의 개시일부터 □□일 이내에 간편□□□□□을 하여야 한다.
  1. 정보통신망 등을 이용하여 전자적 용역의 거래가 가능하도록 오픈마켓이나 그와 유사한 것을 운영하고 관련 서비스를 제공하는 자
  2. 전자적 용역의 거래에서 중개에 관한 행위 등을 하는 자로서 구매자로부터 거래대금을 수취하여 판매자에게 지급하는 자
  3. 그 밖에 제1호 및 제2호와 유사하게 전자적 용역의 거래에 관여하는 자로서 대통령령으로 정하는 자
③ 삭제
④ 제52조에도 불구하고 간편사업자등록을 한 자는 대통령령으로 정하는 방법으로 제48조제1항·제2항 및 제49조에 따른 신고 및 납부를 하여야 한다.
⑤ 간편사업자등록을 한 자는 해당 전자적 용역의 공급과 관련하여 제38조 및 제39조에 따라 공제되는 매입세액 외에는 매출세액 또는 납부세액에서 공제하지 아니한다.

> **해답** ① 정보통신망, 전자적 용역, 국내, 20, 사업자등록
> ② 제3자, 제3자, 20, 사업자등록

9. 부가가치세법 제54조(세금계산서합계표의 제출)

① 사업자는 세금계산서 또는 수입세금계산서를 발급하였거나 발급받은 경우에는 다음 각 호의 사항을 적은 □□ □□ 세금계산서□□□와 □□□□ 세금계산서합계표(이하 "매출·매입처별 세금계산서합계표"라 한다)를 해당 □□신고 또는 □□신고(제48조제3항 본문이 적용되는 경우는 해당 과세기간의 확정신고를 말한다)를 할 때 함께 제출하여야 한다.
  1. 공급하는 사업자 및 공급받는 사업자의 등록번호와 성명 또는 명칭
  2. 거래기간
  3. 작성 연월일
  4. 거래기간의 공급가액의 합계액 및 세액의 합계액
  5. 그 밖에 대통령령으로 정하는 사항

② 제32조제2항 또는 제5항에 따라 전자세금계산서를 발급하거나 발급받고 제32조제3항 및 제5항에 따른 전자세금계산서 □□□□를 해당 재화 또는 용역의 공급시기가 속하는 과세기간(예정신고의 경우에는 예정신고기간) 마지막 날의 다음 달 □□일까지 국세청장에게 전송한 경우에는 제1항에도 불구하고 해당 예정신고 또는 확정신고(제48조제3항 본문이 적용되는 경우에는 해당 과세기간의 확정신고) 시 매출·매입처별 세금계산서합계표를 제출하지 □□□ 수 있다.

③ 제48조제1항 및 제4항에 따라 □□□□를 하는 사업자가 각 예정신고와 함께 매출·매입처별 세금계산서합계표를 제출하지 못하는 경우에는 해당 예정신고기간이 속하는 과세기간의 □□□□를 할 때 함께 제출할 수 있다.

④ 수입세금계산서를 발급한 □□□은 제1항과 제2항을 준용하여 매출처별 세금계산서합계표를 해당 세관 소재지를 관할하는 □□□□에게 제출하여야 한다.

⑤ 세금계산서를 □□□□ 국가, 지방자치단체, 지방자치단체조합, 그 밖에 대통령령으로 정하는 자는 매입처별 세금계산서합계표를 해당 과세기간이 끝난 후 □□일 이내에 납세지 관할 세무서장에게 제출하여야 한다.

해답
① 매출처별, 합계표, 매입처별, 예정, 확정
② 발급명세, 11, 아니할
③ 예정신고, 확정신고
④ 세관장, 세무서장
⑤ 발급받은, 25

10. 부가가치세법 제57조(결정과 경정)

① 납세지 관할 세무서장, 납세지 관할 지방국세청장 또는 국세청장(이하 이 조에서 "납세지 관할 세무서장등"이라 한다)은 사업자가 다음 각 호의 어느 하나에 해당하는 경우에만 해당 □□신고기간 및 □□□□에 대한 부가가치세의 과세표준과 납부세액 또는 환급세액을 □□하여 □□ 또는 □□한다.
  1. 예정신고 또는 확정신고를 하지 □□□ 경우
  2. 예정신고 또는 확정신고를 한 내용에 □□가 있거나 내용이 □□된 경우
  3. 확정신고를 할 때 매출처별 □□□□□□□□ 또는 매입처별 세금계산서합계표를 제출하지 아니하거나 제출한 매출처별 세금계산서합계표 또는 매입처별 세금계산서합계표에 기재사항의 전부 또는 일부가 적혀 있지 아니하거나 사실과 다르게 적혀 있는 경우
  4. 그 밖에 대통령령으로 정하는 사유로 부가가치세를 □□(逋脫)할 우려가 있는 경우

② 납세지 관할 세무서장등은 제1항에 따라 각 예정신고기간 및 과세기간에 대한 과세표준과 납부세액 또는 환급세액을 조사하여 결정 또는 경정하는 경우에는 세금계산서, 수입세금계산서, 장부 또는 그 밖의 □□ □□를 근거로 하여야 한다. 다만, 다음 각 호의 어느 하나에 해당하면 대통령령으로 정하는 바에 따라 □□(推計)할 수 있다.
  1. 과세표준을 계산할 때 필요한 세금계산서, 수입세금계산서, 장부 또는 그 밖의 증명 자료가 없거나 그 중요한 부분이 갖추어지지 아니한 경우
  2. 세금계산서, 수입세금계산서, 장부 또는 그 밖의 증명 자료의 내용이 시설규모, 종업원 수와 원자재·상품·제품 또는 각종 요금의 시가에 비추어 □□임이 명백한 경우
  3. 세금계산서, 수입세금계산서, 장부 또는 그 밖의 증명 자료의 내용이 원자재 사용량, 동력(動力) 사용량이나 그 밖의 조업 상황에 비추어 거짓임이 명백한 경우

③ 납세지 관할 세무서장등은 제1항 및 제2항에 따라 결정하거나 경정한 과세표준과 납부세액 또는 환급세액에 □□가 있거나 □□된 내용이 발견되면 □□ 다시 경정한다.

> **해답** ① 예정, 과세기간, 조사, 결정, 경정, 아니한, 오류, 누락, 세금계산서합계표, 포탈
> ② 증명 자료, 추계, 거짓
> ③ 오류, 누락, 즉시

11. 부가가치세법 제59조(환급)

① 납세지 관할 세무서장은 각 과세기간별로 그 과세기간에 대한 환급세액을 □□신고한 사업자에게 그 □□□ □□□이 지난 후 □□일 이내(제2항 각 호의 어느 하나에 해당하는 경우에는 □□15일 이내)에 대통령령으로 정하는 바에 따라 환급하여야 한다.

② 제1항에도 불구하고 납세지 관할 세무서장은 다음 각 호의 어느 하나에 해당하여 환급을 신고한 사업자에게 대통령령으로 정하는 바에 따라 환급세액을 □□□ 환급할 수 있다.
  1. 사업자가 제21조부터 제24조까지의 규정에 따른 □□□을 적용받는 경우
  2. 사업자가 대통령령으로 정하는 □□ □□를 신설·취득·확장 또는 증축하는 경우
  3. 사업자가 대통령령으로 정하는 □□□□□□□□을 이행 중인 경우

> **해답** ① 확정, 확정신고기한, 30, 15
> ② 조기에, 영세율, 사업설비, 재무구조개선계획

연습문제

제7장_신고와 납부 등

01 부가가치세법상 신고 및 납부에 관한 설명으로 옳은 것은? [세무사 2016]

① 예정신고를 한 사업자는 확정신고 및 납부 시 예정신고한 과세표준과 납부한 납부세액 또는 환급받은 환급세액도 포함하여 신고하여야 한다.
② 일반과세자인 개인사업자가 사업 부진으로 인하여 예정신고기간의 공급가액이 직전 과세기간 공급가액의 3분의 1에 미달하여 예정신고납부를 한 경우에는 예정고지세액의 결정은 없었던 것으로 본다.
③ 사업자가 물품을 제조하기 위한 원재료를 수입하면서 부가가치세의 납부유예를 미리 신청하는 경우에는 관할세무서장은 해당 재화를 수입할 때 부가가치세의 납부를 유예할 수 있다.
④ 사업자는 사업부진으로 인하여 예정부과기간의 공급대가의 합계액이 직전 과세기간의 공급대가 합계액의 3분의 1에 미달하여도 예정부과기간의 과세표준과 납부세액을 예정부과 기한까지 사업장 관할 세무서장에 신고할 수 없다.
⑤ 국외사업자로부터 용역 등을 공급받는 경우 대리납부의무자는 과세사업자이어야 한다.

해설 ① 예정신고를 한 사업자 또는 조기에 환급을 받기 위하여 신고한 사업자는 이미 신고한 과세표준과 납부한 납부세액 또는 환급받은 환급세액은 신고하지 않는다(부법 49①).
③ 재화의 수입에 대한 부가가치세 납부유예는 관할세무서장이 아닌 세관장이 승인한다(부법 50의2①).
④ 사업자는 휴업 또는 사업 부진 등으로 인하여 예정부과기간의 공급대가의 합계액 또는 납부세액이 직전 과세기간의 공급대가의 합계액 또는 납부세액의 3분의 1에 미달하는 경우에는 예정부과기간의 과세표준과 납부세액을 예정부과기한까지 사업장 관할세무서장에게 신고할 수 있다(부법 48④, 부령 90⑤).
⑤ 대리납부의무자는 국외사업자로부터 국내에서 용역 등을 공급받는 자이다. 따라서 과세사업자뿐만 아니라 면세사업자나 비사업자도 국외사업자로부터 용역 등을 공급받는 경우에는 대리납부의무가 있다(부법 52①).

해답 ②

02 부가가치세법상 신고와 납부에 관한 설명으로 옳지 않은 것은? [세무사 2021]

① 예정신고를 하는 사업자가 예정신고와 함께 매출·매입처별 세금계산서합계표를 제출하지 못하는 경우 해당 예정신고기간이 속하는 과세기간의 확정신고를 할 때 함께 제출할 수 있다.
② 재화를 수입하는자(납세의무자)가 재화의 수입에 대하여「관세법」에 따라 관세를 세관장에게 신고하고 납부하는 경우에는 재화의 수입에 대한 부가가치세를 함께 신고납부해야 한다.
③ 개인사업자의 경우 관할세무서장은 제1기 예정신고기간분 예정고지세액에 대해서 4월 1일부터 4월 25일까지의 기간 이내에 납부고지서를 발부해야 한다.
④ 간이과세자에서 해당 과세기간 개시일 현재 일반과세자로 변경된 경우에는「부가가치세법」제48조 제3항에 의한 예정고지세액을 징수하지 않는다.
⑤ 개인사업자의 경우 각 예정신고기간분에 대해 조기환급을 받으려는 자는 예정신고 할 수 있다.

해설

과세기간	납부고지서 발부기간	예정고지세액 납부기한
제1기 예정신고기간(1.1.~3.31.)	4.1. ~ 4.10.	4.25.
제2기 예정신고기간(7.1.~9.30.)	10.1. ~ 10.10.	10.25.

개인사업자의 경우 관할세무서장은 제1기 예정신고기간분 예정고지세액에 대해서 4월 1일부터 4월 10일까지의 기간 이내에 납부고지서를 발부해야 한다(부령 90④).

 ③

03 부가가치세법상 과세사업자에 관한 설명이다. 옳은 것은? [회계사 2021]

① 일반과세자 중 모든 법인사업자는 예정신고기간이 끝난 후 25일 이내에 각 예정신고기간에 대한 과세표준과 납부세액 또는 환급세액을 납세지 관할 세무서장에게 신고하여야 한다.
② 모든 일반과세자는 세금계산서를 발급하여야 하며, 영수증을 발급할 수 없다.
③ 일반과세자만 영세율을 적용받을 수 있으며, 간이과세자는 영세율을 적용받을 수 없다.
④ 납세지 관할 세무서장은 일반과세자가 예정신고기간에 대한 환급세액을 예정신고기한까지 신고하면 조기환급 대상이 아닌 경우에도 예정신고기한이 지난 후 15일 이내에 부가가치세를 환급하여야 한다.
⑤ 일반과세자만 대손세액공제를 적용받을 수 있으며, 간이과세자는 대손세액공제를 적용받을 수 없다.

해설
① 법인사업자 중 직전 과세기간 공급가액 합계액이 1억 5천만원 미만인 경우, 예정신고기간이 끝난 후 25일 이내에 부가가치세를 고지납부하는 것이 원칙이다. 따라서, 모든 법인사업자가 예정신고기간에 신고해야하는 것은 아니다(부법 48③, 부령 90④).
② 소비자업종을 영위하는 일반과세자는 영수증을 발급한다(부법 36②).
③ 간이과세자도 영세율 적용이 가능하다.
④ 조기환급 대상 일반과세자에 한하여 예정신고기간에 대한 환급세액을 예정신고기한까지 신고하면 신고기한이 지난 후 15일 이내에 부가가치세를 환급한다(부법 59①, 부령 107①).

 ⑤

04 외국법인 A로부터 용역을 공급받는 자인 B의 대리납부에 관한 설명으로 옳은 것을 모두 고른 것은? (단, 각 지문은 상호 독립적이며, 대리납부에 관한 특례 규정은 고려하지 않음) [세무사 2020]

> ㄱ. 국내사업장이 없는 A로부터 용역의 공급을 받는 B는 공급받는 용역(매입세액공제대상임)을 과세사업에 사용한 경우에는 대리납부의무가 있다.
> ㄴ. 국내사업장이 없는 A로부터 부가가치세 과세대상 용역을 공급받는 면세사업을 영위하는 사업자 B는 대리납부의무가 있다.
> ㄷ. 국내사업장이 없는 A로부터 부가가치세법상 매입세액이 공제되지 아니하는 용역을 공급받는 과세사업자 B는 대리납부의무가 있다.
> ㄹ. 대리납부 적용 요건을 충족하는 용역을 공급받는 사업자 B는 용역의 공급시기에 관계없이 그 대가를 지급하는 때에 부가가치세액을 징수한다.

① ㄱ, ㄴ ② ㄱ, ㄷ ③ ㄴ, ㄷ
④ ㄴ, ㄹ ⑤ ㄴ, ㄷ, ㄹ

> **해설** ㄱ. 국내에서 국내사업장이 없는 비거주자 또는 외국법인으로부터 공급받는 용역을 과세사업에 사용할 경우 대리납부의무가 없다.

해답 ⑤

05 부가가치세법상 납세절차에 관한 설명이다. 옳은 것은? [회계사 2022]

① 비거주자 또는 외국법인으로부터 국내에서 용역 또는 권리를 공급받아 매입세액을 공제받고 과세사업에 사용하는 자는 대리납부의무가 있다.
② 사업자가 조기환급신고를 한 경우에 관할 세무서장은 조기환급기간에 대한 환급세액을 조기환급기간이 끝난 날부터 15일 이내에 사업자에게 환급하여야 한다.
③ 과세표준과 납부세액을 추계결정하는 경우에는 그 기재내용이 분명한 세금계산서를 발급받아 관할 세무서장에게 제출하더라도 매입세액을 공제할 수 없다.
④ 예정신고·납부 시 신용카드매출전표 발급 등에 대한 세액공제 및 전자세금계산서 발급·전송에 대한 세액공제는 적용하고 가산세는 적용하지 않는다.
⑤ 일반과세자인 개인사업자는 예정신고기간에 대하여 예정신고함을 원칙으로 하지만, 해당 과세기간 개시일 현재 일반과세자로 변경된 경우에는 관할 세무서장이 납부고지한다.

> **해설** ① 국내에서 비거주자 또는 외국법인으로부터 공급받는 용역을 과세사업에 사용할 경우 대리납부의무가 없다.
> ② 사업자가 조기환급신고를 한 경우, 관할 세무서장은 조기환급기간에 대한 환급세액을 조기환급 신고기한이 지난 후 15일 이내에 환급하여야 한다(부법 59①, 부령 107①).
> ③ 과세표준과 납부세액을 추계결정하는 경우, 그 기재내용이 분명한 세금계산서를 발급받아 관할 세무서장에게 제출하면 해당 매입세액을 공제할 수 있다(부령 104②).
> ⑤ 일반과세자인 개인사업자는 예정신고기간에 대하여 고지납부함이 원칙이나, 해당 과세기간 개시일 현재 일반과세자로 변경된 경우에는 징수하지 아니한다(부법 48③).

해답 ②

06 다음은 2025.10.1.에 과세사업을 개시한 일반과세자(제조업) 甲의 2025년 제2기 과세기간에 대한 매출 및 매입내역이다. 甲이 2025.12.1.에 사업자등록을 신청하였을 때, 사업자미등록가산세는 얼마인가? (단, 자료의 금액에는 부가가치세가 포함되어 있지 않고, 국세기본법상 가산세 감면규정은 적용하지 않으며 주어진 자료 이외에는 고려하지 않음) [세무사 2018]

구 분	10.1.~10.31.	11.1.~11.30.	12.1.~12.31.	합 계
매 출	75,000,000원	60,000,000원	55,000,000원	190,000,000원
매 입	40,000,000원	20,000,000원	25,000,000원	85,000,000원

① 0원 ② 750,000원 ③ 1,050,000원
④ 1,350,000원 ⑤ 1,900,000원

해설 사업자 미등록가산세 = (75,000,000원 + 60,000,000원) × 1% = 1,350,000원
사업자가 사업개시일부터 20일 이내에 등록을 신청하지 않은 경우에는 사업개시일(2025.10.1.)부터 등록을 신청한 날의 직전일(2025.11.30.)까지의 공급가액 합계액의 1%에 상당하는 금액을 사업자 미등록가산세로 부과한다(부법 60 ① 제1호).

해답 ④

07 부가가치세법상 일반과세자의 가산세 계산으로 옳지 않은 것은? [회계사 2016]

① 2025년 3월 25일에 사업을 개시하고 2025년 6월 24일에 사업자등록을 신청한 경우에는 2025년 3월 25일부터 2025년 6월 23일까지의 공급가액에 1%를 곱한 금액
② 2025년 3월 25일에 타인의 명의로 사업자등록을 하여 사업을 하다가 2025년 4월 25일에 그 사실이 확인된 경우에는 2025년 3월 25일부터 2025년 4월 24일까지의 공급가액에 1%를 곱한 금액
③ 재화를 공급하고 실제로 재화를 공급하는 자가 아닌 자의 명의로 세금계산서를 발급한 경우에는 그 공급가액에 2%를 곱한 금액
④ 재화를 공급받고 실제로 재화를 공급하는 자가 아닌 자의 명의로 세금계산서를 발급받은 경우에는 그 공급가액에 2%를 곱한 금액
⑤ 재화를 공급받지 아니하고 세금계산서를 발급받은 경우에는 그 세금계산서에 적힌 공급가액에 2%를 곱한 금액

해설 사업자가 타인의 명의로 사업자등록을 한 것으로 확인되는 경우 그 타인 명의의 사업개시일부터 실제 사업을 하는 것으로 확인되는 날의 직전일까지의 공급가액 합계액의 2%에 상당하는 금액을 사업자 타인 명의등록가산세로 부과한다(부법 60① 제2호).

해답 ②

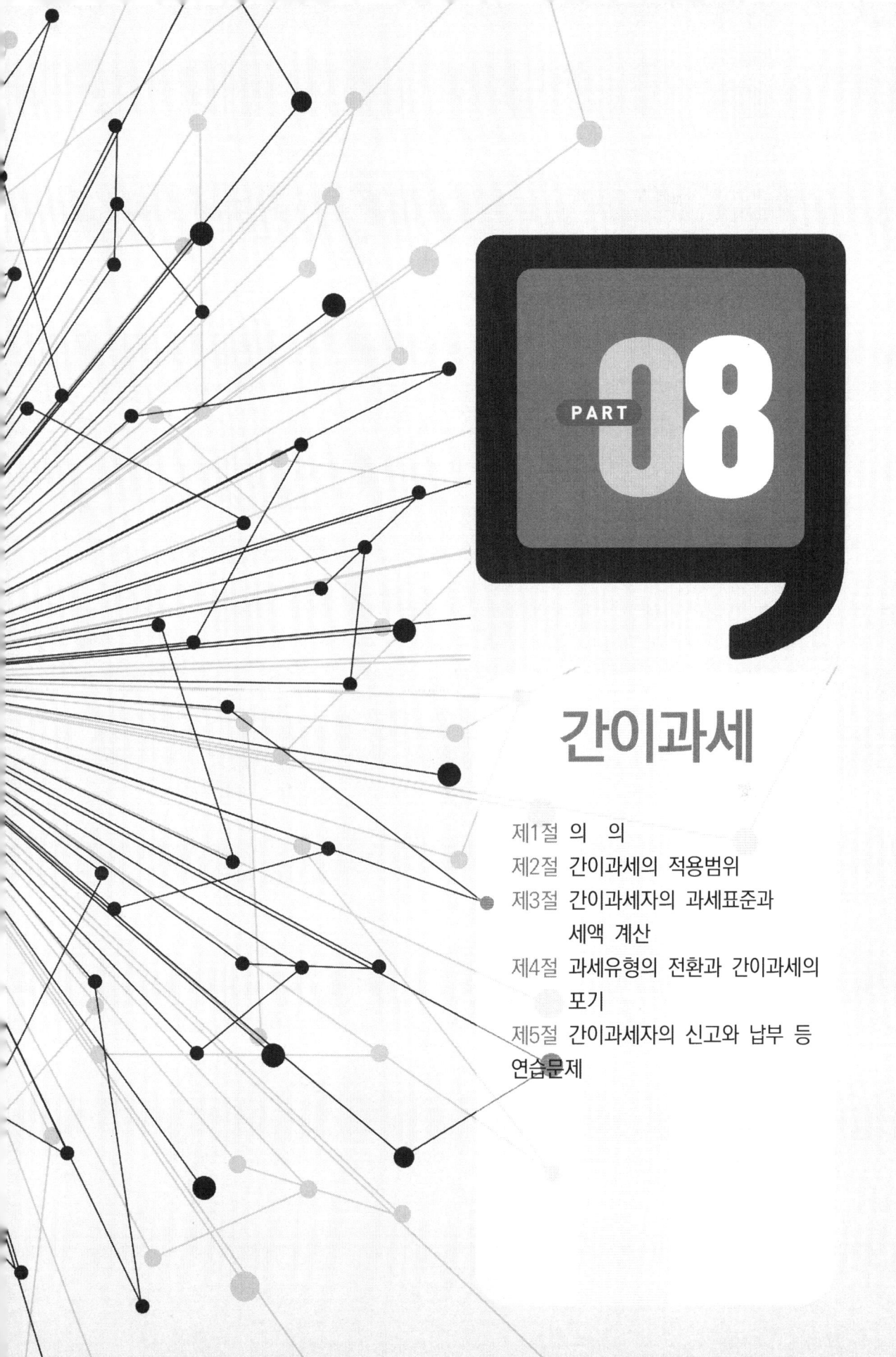

PART 08

간이과세

제1절 의 의
제2절 간이과세의 적용범위
제3절 간이과세자의 과세표준과 세액 계산
제4절 과세유형의 전환과 간이과세의 포기
제5절 간이과세자의 신고와 납부 등
연습문제

제8장 간이과세

제1절 의 의

부가가치세법은 연간 매출액이 일정한 금액에 미달하는 영세사업자에 대하여 과세표준과 세액의 계산, 신고와 납부 등을 적용함에 있어 일반과세자와 달리 예외적으로 간편한 방법을 인정하고 있는데, 이를 간이과세라 한다. 이러한 부가가치세 과세상의 특례를 적용받는 영세사업자를 간이과세자라 한다.

우리나라 부가가치세법은 부가가치세의 과세방법으로 전단계세액공제법을 채택함으로써 사업자가 자신이 창출한 부가가치에 대해서만 부가가치세를 납부하도록 하고 최종소비자가 실질적인 부가가치세를 부담하도록 하고 있다. 이러한 전단계세액공제법이 제대로 기능하기 위해서는 사업자의 부가가치세법상 각종 협력의무 이행이 필수적이다. 즉, 사업자가 재화 또는 용역을 공급할 때 공급받는 자로부터 부가가치세를 거래징수하면서 세금계산서를 발급하여 이를 전가시켜야 하고, 수수한 세금계산서를 집계한 합계표를 과세당국에 제출해야 하며, 납부세액의 적정한 계산 등을 사후적으로 검증하기 위해 장부를 작성 및 보관해야 한다.

그러나 영세사업자에게 이러한 협력의무 이행을 강제하기에는 세법지식과 세무능력이 부족하여 현실적으로 어려움이 있다. 또한 영세사업자는 주로 최종소비자를 상대로 재화 또는 용역을 공급하기 때문에 전단계세액공제법의 예외로서 간편한 방법으로 과세하더라도 부가가치세의 본질을 훼손하지 않는다. 이에 부가가치세법은 영세사업자의 세무부담을 줄여주고 납세편의를 도모하기 위하여 간이과세를 도입하였다.

장부의 작성 및 보관의무

사업자는 자기의 납부세액 또는 환급세액과 관계되는 모든 거래사실을 장부에 기록하여 사업장에 갖추어 두어야 한다. 사업자가 법인세법 및 소득세법에 따라 장부기록의무를 이행한 경우에는 부가가치세법상 장부기록의무를 이행한 것으로 보며, 간이과세자가 발급받았거나 발급한 세금계산서 또는 영수증을 보관하였을 때에는 장부기록의무를 이행한 것으로 본다. 사업자는 기록한 장부와 발급하거나 발급받은 세금계산서, 수입세금계산서 또는 영수증을 그 거래사실이 속하는 과세기간에 대한 확정신고 기한 후 5년간 보존해야 한다. 다만, 전자세금계산서를 발급한 사업자가 국세청장에게 전자세금계산서 발급명세를 전송한 경우에는 그렇지 않다(부법 71, 부령 117③).

제2절 간이과세의 적용범위

1 간이과세의 적용기준

간이과세자란 직전 연도의 공급대가의 합계액이 1억 400만원(간이과세기준금액)에 미달하는 개인사업자를 말한다(부법61①, 부령 109①). 여기서 공급대가란 재화와 용역의 공급에 대한 대가로서 부가가치세가 포함된 대가를 말한다. 이처럼 부가가치세법은 직전 연도의 공급대가의 합계액을 기준으로 간이과세의 적용여부를 판단한다. 따라서 법인사업자는 원천적으로 간이과세를 적용받을 수 없으며, 개인사업자라 하더라도 직전 연도의 공급대가의 합계액이 간이과세기준금액 이상인 경우에는 간이과세를 적용받을 수 없다.

한편, 직전 과세기간에 신규로 사업을 시작한 개인사업자에 대하여는 그 사업개시일부터 그 과세기간 종료일까지의 공급대가를 합한 금액을 12개월로 환산한 금액(공급대가연환산액)을 기준으로 간이과세기준금액과 비교하여 간이과세의 적용여부를 판단한다. 이 경우 1개월 미만의 끝수가 있으면 1개월로 한다(부법 61②).

 직전 연도에 계속사업자가 아닌 경우의 공급대가 계산

간이과세의 적용여부를 판단하는 기준금액을 계산할 때 직전 1역년 중 휴업하거나 신규로 사업을 시작한 사업자나 사업을 양수한 사업자인 경우에는 휴업기간, 사업개시 전의 기간이나 사업양수 전의 기간을 제외한 나머지 기간에 대한 재화 또는 용역의 공급대가의 합계액을 12개월로 환산한 금액을 기준으로 하며, 휴업한 개인사업자인 경우로서 직전 1역년 중 공급대가가 없는 경우에는 신규로 사업을 시작한 것으로 본다. 이 경우 1개월 미만의 끝수가 있으면 1개월로 한다(부령 109③).

2 간이과세의 적용배제

다음 중 어느 하나에 해당하는 사업자는 간이과세 적용기준에 해당하는 개인사업자라 하더라도 간이과세자로 보지 않는다(부법 61① 단서, 부령 109②).

① 간이과세가 적용되지 않는 다른 사업장을 보유하고 있는 사업자
② 다음 중 어느 하나에 해당하는 사업(간이과세적용 배제사업)을 경영하는 자
  ㉠ 광업
  ㉡ 제조업[1]
  ㉢ 도매업(소매업을 겸영하는 경우 포함, 재생용 재료수집 및 판매업 제외) 및 상품중개업
  ㉣ 부동산매매업
  ㉤ 개별소비세법상 과세유흥장소를 경영하는 사업[2]
  ㉥ 부동산임대업[3]

Ⓐ 전문서비스업: 변호사업, 심판변론인업, 변리사업, 법무사업, 공인회계사업, 세무사업, 경영지도사업, 기술지도사업, 감정평가사업, 손해사정인업, 통관업, 기술사업, 건축사업, 도선사업, 측량사업, 공인노무사업, 의사업, 한의사업, 약사업, 한약사업, 수의사업과 그 밖에 이와 유사한 사업서비스업
Ⓑ 재화의 공급으로 보지 않는 사업양도에 따라 일반과세자로부터 양수한 사업④
Ⓒ 사업장의 소재 지역과 사업의 종류·규모 등을 고려하여 국세청장이 정하는 기준에 해당하는 것
Ⓓ 소득세법에 따른 간편장부대상자⑤에 해당하지 않는 개인사업자(전전년도 기준 복식부기의무자)가 경영하는 사업
㉠ 전기·가스·증기 및 수도 사업
㉡ 건설업. 다만, 주로 최종소비자에게 직접 재화 또는 용역을 공급하는 사업으로서 기획재정부령으로 정하는 것은 제외한다
㉢ 전문, 과학 및 기술서비스업과 사업시설 관리, 사업지원 및 임대 서비스업. 다만, 주로 최종소비자에게 직접 용역을 공급하는 사업으로서 기획재정부령으로 정하는 것은 제외한다
③ 부동산임대업 또는 개별소비세법에 따른 과세유흥장소를 경영하는 사업자로서 해당 업종의 직전 연도의 공급대가의 합계액이 4,800만원 이상인 사업자
④ 둘 이상의 사업장이 있는 사업자로서 그 둘 이상의 사업장의 직전 연도의 공급대가의 합계액이 위 ①~③ 외의 부분 본문에 따른 금액 이상인 사업자. 다만, 부동산임대업 또는 과세유흥장소에 해당하는 사업장을 둘 이상 경영하고 있는 사업자의 경우 그 둘 이상의 사업장의 직전 연도의 공급대가(하나의 사업장에서 둘 이상의 사업을 겸영하는 사업자의 경우 부동산임대업 또는 과세유흥장소의 공급대가만을 말한다)의 합계액이 4,800만원 이상인 사업자로 한다.

1) 다만, 주로 최종소비자에게 직접 재화를 공급하는 다음의 사업은 제외한다.

① 과자점업, 도정업, 제분업 및 떡류 제조업 중 떡방앗간
② 양복점업, 양장점업, 양화점업
③ 그 밖에 자기가 공급하는 재화의 50% 이상을 최종소비자에게 공급하는 사업으로서 국세청장이 정하는 것

2) 특별시, 광역시, 특별자치시, 제주특별자치도 설치 및 국제자유도시 조성을 위한 특별법에 따라 설치된 행정시 및 시 지역(광역시, 특별자치시, 행정시 및 도농복합형태의 시 지역의 읍·면 지역 제외) 또는 국세청장이 사업 현황과 사업 규모 등을 고려하여 간이과세 적용 대상에서 제외할 필요가 있다고 인정하여 고시하는 지역에서 유흥주점, 외국인전용 유흥음식점, 그 밖에 이와 유사한 장소를 경영하는 사업으로 한다(부칙 71②, 개별소비세법 1④).
3) 특별시, 광역시, 특별자치시, 행정시 및 시 지역에 소재하는 부동산임대사업장을 경영하는 사업으로서 국세청장이 정하는 규모 이상의 사업을 말한다.
4) 다만, 위 간이과세의 적용배제대상에 해당하지 않는 경우로서 사업을 양수한 이후 공급대가의 합계액이 간이과세기준금액에 미달하는 경우는 제외한다.
5) 다음 중 어느 하나에 해당하는 사업자를 말한다. 다만, 의료업, 수의업 및 약국을 개설하여 약사에 관한 업을 행하는 사업자와 위 Ⓐ의 전문서비스업을 경영하는 사업자는 제외한다(소득령 208⑤).

① 해당 과세기간에 신규로 사업을 개시한 사업자
② 직전 과세기간의 수입금액(결정 또는 경정으로 증가된 수입금액 포함)의 합계액이 다음의 금액에 미달하는 사업자
  ㉠ 농업·임업 및 어업, 광업, 도매 및 소매업(상품중개업 제외), 부동산매매업, 그 밖에 아래 ㉡ 및 ㉢에 해당되지 않는 사업: 3억원
  ㉡ 제조업, 숙박 및 음식점업, 전기·가스·증기 및 공기조절 공급업, 수도·하수·폐기물처리·원료재생업, 건설업(비주거용 건물 건설업 제외, 주거용 건물 개발 및 공급업 포함), 운수업 및 창고업, 정보통신업, 금융 및 보험업, 상품중개업: 1억 5,000만원
  ㉢ 부동산임대업, 부동산업(부동산매매업 제외), 전문·과학 및 기술서비스업, 사업시설관리·사업지원 및 임대서비스업, 교육서비스업, 보건업 및 사회복지서비스업, 예술·스포츠 및 여가 관련 서비스업, 협회 및 단체, 수리 및 기타 개인서비스업, 가구내 고용활동: 7,500만원

위 소득세법 규정을 적용할 때 ①의 '해당 과세기간'은 '해당 과세기간 또는 직전 과세기간'으로, ②의 '직전 과세기간'은 '전전 과세기간'으로, '수입금액(결정 또는 경정으로 증가된 수입금액 포함)의 합계액'은 '수입금액(결정 또는 경정으로 증가된 수입금액을 포함하되, 과세유형 전환일 현재 폐업한 사업장의 수입금액은 제외)의 합계액'으로 보며, 결정·경정 또는 수정신고로 인하여 수입금액의 합계액이 증가함으로써 전전년도 기준 복식부기의무자에 해당하게 되는 경우에는 그 결정·경정 또는 수정신고한 날이 속하는 과세기간까지는 전전년도 기준 복식부기의무자로 보지 않는다.

3 신규사업자에 대한 간이과세의 적용

신규로 사업을 시작하는 개인사업자는 사업을 시작한 날이 속하는 연도의 공급대가의 합계액(공급대가연환산액을 말함)이 간이과세기준금액에 미달될 것으로 예상되면 사업자등록을 신청할 때 납세지 관할세무서장에게 간이과세의 적용 여부를 함께 신고해야 한다(부법 61③).

이 경우 간이과세를 적용받으려는 사업자는 사업자등록신청서와 함께 간이과세적용신고서를 관할세무서장에게 제출해야 한다. 다만, 사업자등록신청서에 연간공급대가예상액과 그 밖의 참고사항을 적어 제출한 경우에는 간이과세적용신고서를 제출한 것으로 본다(부령 109④). 이러한 신고를 한 개인사업자는 최초의 과세기간에는 간이과세자로 한다. 다만, 간이과세의 적용·배제대상에 해당하는 사업자인 경우는 그렇지 않다(부법 61④).

> **참고** **미등록사업자에 대한 간이과세의 적용**
>
> 사업자등록을 하지 않는 개인사업자로서 사업을 시작한 날이 속하는 연도의 공급대가의 합계액이 간이과세기준금액에 미달하면 최초의 과세기간에는 간이과세자로 한다. 다만, 간이과세의 적용배제대상에 해당하는 사업자인 경우는 그렇지 않다(부법 61⑤).

제3절 간이과세자의 과세표준과 세액 계산

부가가치세법은 간이과세자에 대하여 전단계세액공제법의 예외로서 부가가치세를 다음과 같이 간편한 방법으로 계산하도록 규정하고 있다(부법 63).

간이과세자의 부가가치세 계산구조	
과세표준	공급대가(=공급가액+부가가치세)의 합계액
× 부가가치율	해당 업종의 부가가치율
× 세율	10%
= 납부세액	
+ 재고납부세액	
− 공제세액 (한도: 납부세액)	① 매입세금계산서 등 수취세액공제 ② 매입자발행세금계산서 세액공제 ③ 신용카드매출전표 등 발급세액공제 ④ 전자신고세액공제(연간 1만원)
− 예정부과세액	
+ 가산세	
= 차감납부세액	= 부가가치세(74.7%) + 지방소비세(25.3%)

I. 과세표준과 납부세액의 계산

 ### 1 과세표준의 계산

간이과세자의 과세표준은 해당 과세기간(예정부과에 관한 규정에 따라 신고하고 납부하는 경우에는 예정부과기간)의 공급대가의 합계액으로 한다(부법 63①). 여기서 간이과세자에 대한 부가가치세 과세기간은 1월 1일부터 12월 31일까지이며, 예정부과기간은 1월 1일부터 6월 31일까지이다(부법 5① 제1호, 66①). 간이과세자에 대한 과세표준의 계산에 관하여는 일반과세자에 대한 과세표준의 계산에 관한 규정을 준용한다. 이 경우 '공급가액'은 '공급대가'로 본다(부령 111①).

2 부가가치율

부가가치율이란 직전 3년간 신고된 업종별 평균 부가가치율 등을 고려하여 5%에서 50%의 범위에서 정하는 다음의 구분에 따른 해당 업종의 부가가치율을 말한다(부법 63②, 부령111②).

구 분	부가가치율
소매업, 재생용 재료수집 및 판매업, 음식점업	15%
제조업, 농업·임업 및 어업, 소화물 전문 운송업	20%
숙박업	25%
건설업, 그 밖의 운수업(소화물 전문 운송업은 제외), 창고업, 정보통신업, 그 밖의 서비스업	30%
금융 및 보험 관련 서비스업, 전문·과학 및 기술서비스업(인물사진 및 행사용 영상 촬영업 제외), 사업시설관리·사업지원 및 임대서비스업, 부동산 관련 서비스업, 부동산임대업	40%

참고 | 둘 이상의 업종에 공통으로 사용하던 재화를 공급하는 경우

간이과세자가 둘 이상의 업종에 공통으로 사용하던 재화를 공급하여 업종별 실지귀속을 구분할 수 없는 경우에 적용할 부가가치율은 다음 계산식에 따라 계산한 율의 합계로 한다. 이 경우 휴업 등으로 인하여 해당 과세기간의 공급대가가 없을 때에는 그 재화를 공급한 날에 가장 가까운 과세기간의 공급대가에 따라 계산한다(부령 111⑤).

$$\text{해당 재화와 관련된 각 업종별 부가가치율} \times \frac{\text{각 업종의 공급대가}^{주)}}{\text{각 업종의 총공급대가}^{주)}}$$

주) 해당 재화의 공급일이 속하는 과세기간의 해당 재화와 관련된 공급대가를 말한다.

3 납부세액의 계산

일반과세자의 경우 매출세액에서 매입세액을 공제한 금액을 납부세액이라 하는 것과 달리 간이과세자의 경우에는 과세표준에 부가가치율을 곱하여 계산한 부가가치에 10%의 세율을 곱한 금액을 납부세액이라 한다. 이 경우 둘 이상의 업종을 겸영하는 간이과세자의 경우에는 각각의 업종별로 계산한 금액의 합계액을 납부세액으로 한다(부법 63②).

4 부가가치세 증빙서류의 발급

간이과세자는 원칙적으로 세금계산서를 발급해야 한다(부법 36①).

다음 중 어느 하나에 해당하는 간이과세자는 재화 또는 용역을 공급(부가가치세가 면제되는 재화 또는 용역의 공급은 제외)하는 경우 재화 또는 용역의 공급시기에 그 공급을 받은 자에게 세금계산서를 발급하는 대신 영수증을 발급해야 한다.

① 직전연도 공급대가의 합계액(직전 과세기간에 신규로 사업을 시작한 개인사업자의 경우 제61조 제2항에 따라 환산한 금액)이 4,800만원 미만인 자
② 신규로 사업을 시작하는 개인사업자로서 간이과세 적용신청에 관한 규정에 따라 간이과세자로 하는 최초의 과세기간 중에 있는 자

Ⅱ. 공제세액의 계산

 매입세금계산서 등 수취세액공제

간이과세자가 다른 사업자로부터 세금계산서 등을 발급받아 매입처별세금계산서합계표 또는 신용카드매출전표등수령명세서를 납세지 관할세무서장에게 제출하는 경우에는 다음에 따라 계산한 금액을 과세기간에 대한 납부세액에서 공제한다. 다만, 앞서 살펴본 공제되지 않는 매입세액은 그렇지 않다(부법 63③, 부령 111③,④).

공제액 = 세금계산서 등[주]을 발급받은 재화와 용역의 공급대가 × 0.5%

[주] 해당 과세기간에 발급받은 세금계산서와 신용카드매출전표 등을 말한다.

한편, 결정·경정을 할 때 해당 간이과세자가 보관하고 있는 매입처별세금계산서합계표 또는 신용카드매출전표등수령명세서를 결정·경정 기관의 확인을 거쳐 관할세무서장에게 제출하는 경우에도 위 금액을 납부세액에서 공제한다.

 과세사업과 면세사업을 겸영하는 경우

간이과세자가 과세사업과 면세사업(비과세사업 포함)을 겸영하는 경우에는 과세사업과 면세사업의 실지귀속에 따르되, 과세사업과 면세사업의 실지귀속을 구분할 수 없는 부분은 다음 계산식에 따라 계산한 금액을 매입세금계산서 등 수취세액공제액으로 한다(부법 63③ 제3호, 부령 111⑤).

세금계산서 등을 발급받은 재화·용역의 공급대가 × 해당 과세기간의 $\dfrac{\text{과세공급대가}}{\text{총공급대가}}$ × 0.5%

 매입자발행세금계산서 세액공제

앞서 살펴본 매입자발행세금계산서에 기재된 부가가치세액은 공제를 받을 수 있는 매입세액으로 본다(부법 34의2 ②). 즉, 매입자발행세금계산서를 공급자에게 교부하였거나 교부한 것으로 보는 경우로서 신청인은 부가가치세의 신고 또는 국세기본법에 따른 경정청구를 할 때 매입자발행세금

계산서합계표를 제출한 경우에는 매입자발행세금계산서에 기재된 매입세액을 해당 재화 또는 용역의 공급시기에 해당하는 과세기간의 납부세액에서 매입세액으로 공제받을 수 있다(부령 71의2⑫).

 신용카드매출전표 등 발급세액공제

영수증발급의무사업자에 해당하는 간이과세자가 부가가치세가 과세되는 재화 또는 용역을 공급하고 세금계산서의 발급시기에 신용카드매출전표 등을 발급하거나 전자적 결제 수단에 의하여 대금을 결제 받는 경우에는 다음의 구분에 따른 금액을 납부세액에서 공제한다(부법 46①).

신용카드매출전표 등 발급세액공제액 = Min(①, ②)
① 발급금액 또는 결제금액 × 1.3%(2024년 1월 1일부터는 1%)
② 한도: 연간 1,000만원(2026년 1월 1일부터는 연간 500만원)

여기서 영수증발급의무사업자에 해당하는 간이사업자는 다음 중 어느 하나에 해당하는 자를 말한다.

① 직전 연도의 공급대가의 합계액(직전 과세기간에 신규로 사업을 시작한 개인사업자의 경우 사업개시일부터 과세기간 종료일까지의 공급대가 합계액을 12개월로 환산한 금액)이 4,800만원 미만인 자
② 신규로 사업을 시작하는 개인사업자로서 간이과세 적용신청에 관한 규정에 따라 간이과세자로 하는 최초의 과세기간 중에 있는 자

 전자세금계산서 발급 전송 세액공제

세금계산서 발급의무가 있는 간이사업자가 전자세금계산서를 2024년 12월 31일까지 발급하는 경우에는 다음의 금액을 해당 과세기간의 부가가치세 납부세액에서 공제할 수 있다(부법 63④, 47①, 부령 89). 여기서 전자세금계산서의 발급은 전자세금계산서 발급명세를 전송기한(전자세금계산서 발급일의 다음 날)까지 국세청장에게 전송한 경우를 말한다(부법 47①).

전자세금계산서 발급 전송 세액공제액 = Min(①, ②)
① 전자세금계산서 발급 건수 × 200원
② 한도: 연간 100만원

전자세금계산서 발급 전송 세액공제를 적용할 때 공제받는 금액이 그 금액을 차감하기 전의 납부할 세액을 초과하면 그 초과하는 부분은 없는 것으로 본다(부법 63⑥).

 공제세액의 한도

간이과세자의 경우 매입세금계산서 등 수취세액공제액, 매입자발행세금계산서 세액공제액, 신용

카드매출전표 등 발급세액공제 및 전자신고세액공제액의 합계액이 각 과세기간의 납부세액을 초과하는 경우에는 그 초과하는 부분은 없는 것으로 본다(부법 63⑤, 조특법 104의8② 단서).

 간이과세자의 과세표준과 세액 계산

다음은 음식점업(과세유흥장소 아님)을 경영하고 있는 간이과세자 甲의 2025년 부가가치세 과세기간(1.1.~12.31.)에 대한 자료이다. 다음 자료를 이용하여 2025년 부가가치세 차감납부세액(지방소비세 차감전 금액)을 계산하시오.
1. 공급대가는 550,000,000원이며, 이 중 55,000,000원은 신용카드매출전표 등 발행금액이다.
2. 세금계산서 등을 발급받은 공급대가는 100,000,000원, 매입세액은 10,000,000원(전액 공제대상임)이다.
3. 면세농산물 구입금액은 27,000,000원(계산서 등 법정증명서류를 수취함)이다.
4. 甲은 부가가치세 신고를 직접 전자신고방법으로 할 예정이다.
5. 기납부세액과 가산세액은 없으며, 직전연도 공급대가의 합계액은 48,000,000원 미만이다.

1. 납부세액 : 550,000,000(공급대가) × 15%(부가가치율) × 10%(세율) = 8,250,000원
2. 공제세액 : ⑴ + ⑵ + ⑶ + ⑷
           = 500,000 + 0 + 715,000 + 10,000 = 1,225,000원[주]
   ⑴ 매입세금계산서 등 수취세액공제 : 100,000,000 × 0.5% = 500,000원
   ⑵ 의제매입세액 : 적용배제
   ⑶ 신용카드매출전표 등 발급세액공제 : Min(①, ②) = 715,000원
      ① 55,000,000 × 1.3% = 715,000원
      ② 연간 한도 10,000,000원
   ⑷ 전자신고세액공제 : 10,000원

   [주] 공제세액은 납부세액을 한도로 한다.
3. 차감납부세액 : 납부세액 - 공제세액 = 8,250,000 - 1,225,000 = 7,025,000원

1. 매입세금계산서 등 수취세액공제는 세금계산서 등을 발급받은 공급대가의 0.5%를 적용한다.
2. 모든 간이과세자에 대하여 업종에 관계없이 의제매입세액공제를 적용하지 않는다.
3. 일정한 간이과세자에 대하여 신용카드매출전표 등 발급세액공제율은 업종에 구분없이 1.3%를 적용한다.

제4절 과세유형의 전환과 간이과세의 포기

Ⅰ. 과세유형의 전환

 과세유형의 전환시기

(1) 일반적인 경우

간이과세자에 관한 규정이 적용되거나 적용되지 않게 되는 기간은 1역년의 공급대가의 합계액이 간이과세기준금액에 미달하거나 그 이상이 되는 해의 다음 해의 7월 1일부터 그 다음 해의 6월 30일까지로 한다(부법 62①). 예를 들어, 일반과세자가 2024년의 공급대가의 합계액이 간이과세기준금액에 미달하는 경우에는 2025년 7월 1일부터 간이과세자로 전환되며 2026년 6월 30일까지 간이과세가 적용된다.

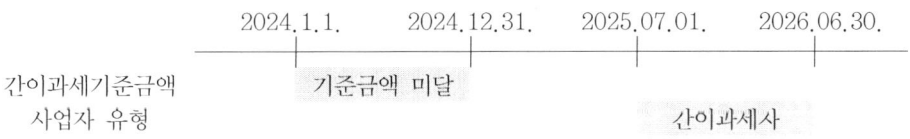

한편, 신규로 사업을 개시한 사업자의 경우 간이과세자에 관한 규정이 적용되거나 적용되지 않게 되는 기간은 최초로 사업을 개시한 해의 다음 해의 7월 1일부터 그 다음 해의 6월 30일까지로 한다(부법 62②). 예를 들어, 간이과세의 적용신고를 한 신규사업자가 2024년 7월 1일에 최초로 사업을 개시한 경우로서 2024년의 공급대가연환산액이 간이과세기준금액 이상인 경우에는 2025년 7월 1일부터 일반과세자로 전환되며 2026년 6월 30일까지 일반과세가 적용된다.

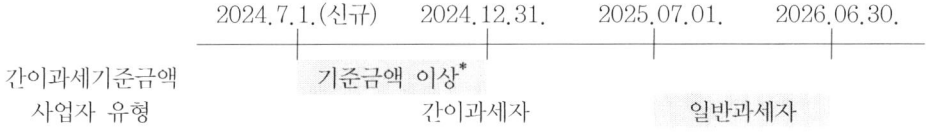

* 공급대가연환산액으로 간이과세기준금액과 비교

(2) 특수한 경우

1) 결정·경정에 따라 전환되는 경우

결정 또는 경정한 공급대가의 합계액이 간이과세기준금액 이상인 개인사업자는 그 결정 또는 경정한 날이 속하는 과세기간까지 간이과세자로 본다(부법 61⑥). 즉, 이 경우에는 그 다음 과세기간부터 일반과세자로 전환된다.

2) 간이과세적용배제사업의 신규겸영에 따라 전환되는 경우

간이과세자가 간이과세적용배제사업을 신규로 겸영하는 경우에는 해당 사업의 개시일이 속하는 과세기간의 다음 과세기간부터 간이과세자에 관한 규정을 적용하지 않는다(부령 110④). 즉, 일반과세자로 전환된다. 다만, 일반과세자로 전환된 사업자로서 당해연도 공급대가의 합계액이 8,000만원 미만인 사업자가 간이과세적용배제사업을 폐지하는 경우에는 해당 사업의 폐지일이 속하는 연도의 다음 연도 7월 1일부터 간이과세자에 관한 규정을 적용한다(부령 110⑤).

3) 기준사업장의 간이과세기준금액 미달 또는 폐업에 따라 전환되는 경우

간이과세가 적용되는 사업장을 가진 사업자가 간이과세가 적용되지 않는 다른 사업장(기준사업장)을 보유한 경우에는 간이과세 적용배제에 관한 규정에 따라 해당 간이과세가 적용되는 사업장이 일반과세로 전환된다. 즉, 이 경우 사업자는 일반과세자가 된다.

그런데 기준사업장의 1역년의 공급대가의 합계액이 간이과세기준금액에 미달하는 경우에는 일반적인 경우의 전환시기에 관한 규정에 따라 기준사업장과 일반과세로 전환된 사업장 모두에 간이과세에 관한 규정을 적용한다(부령 110⑥). 예를 들어, 사업자가 기준사업장인 A사업장과 일반과세로 전환된 B사업장을 가진 경우로서 A사업장의 2024년의 공급대가의 합계액이 간이과세기준금액에 미달하는 경우에는 2025년 7월 1일부터 A사업장과 B사업장 모두에 간이과세가 적용된다. 즉, 이 경우 사업자는 2025년 7월 1일부터 간이과세자로 전환된다.

한편, 기준사업장이 폐업되는 경우에는 일반과세로 전환된 사업장에 대하여 기준사업장의 폐업일이 속하는 연도의 다음 연도 7월 1일부터 간이과세자에 관한 규정을 적용한다(부령 110⑨). 위 사례에서 사업자가 A사업장을 2024년 12월 1일에 폐업한 경우에는 2025년 7월 1일부터 B사업장에 간이과세가 적용된다. 즉, 이 경우 사업자는 2025년 7월 1일부터 간이과세자로 전환된다.

다만, 이러한 기준사업장의 간이과세기준금액 미달 또는 폐업에 따른 전환시기에 관한 규정을 적용할 때 일반과세로 전환된 사업장의 1역년의 공급대가의 합계액이 간이과세기준금액 이상이거나 간이과세적용배제사업에 해당하는 경우에는 그렇지 않다(부령 110⑥,⑨ 단서). 즉, 이 경우 사업자는 A사업장이 간이과세기준금액에 미달하거나 폐업하더라도 B사업장이 간이과세가 적용되지 않으므로 간이과세자로 전환되지 않는다.

4) 간이과세의 포기에 따라 전환되는 경우

간이과세가 적용되는 2 이상의 사업장을 가진 사업자가 그 중 하나의 사업장에 대하여 간이과세의 포기신고를 하는 경우에는 그 신고일이 속하는 달의 다음 달부터 해당 사업장에 일반과세가 적용된다(부법 70①). 반면에 해당 사업장 외의 사업장에 대하여는 일반과세자에 관한 규정을 적용받으려는 달이 속하는 과세기간의 다음 과세기간부터 간이과세가 적용되지 않는다(부령 110⑦).

예를 들어, 간이과세가 적용되는 C사업장과 D사업장을 가진 사업자가 C사업장에 대하여 2024년 6월 1일에 간이과세의 포기신고를 하는 경우에는 2024년 7월 1일부터 C사업장에 일반과세가 적용되며 2025년 제1기 과세기간부터 D사업장에 일반과세가 차례로 적용된다. 간이과세의 포기에 대한 자세한 내용은 본 절의 Ⅲ에서 살펴보기로 한다.

5) 일반과세가 적용되는 사업장의 신설에 따라 전환되는 경우

간이과세자가 일반과세자에 관한 규정을 적용받는 사업장을 신규로 개설하는 경우에는 해당 사업개시일이 속하는 과세기간의 다음 과세기간부터 간이과세자에 관한 규정을 적용하지 않는다(부령 110⑧). 즉, 일반과세자로 전환된다.

  과세유형이 전환된 경우 과세기간

직전 연도 공급대가의 합계액 간이과세기준금액을 기준으로 간이과세자에 관한 규정이 적용되거나 적용되지 않게 되어 일반과세자가 간이과세자로 변경되거나 간이과세자가 일반과세자로 변경되는 경우, 그 변경되는 해에 간이과세자에 관한 규정이 적용되는 기간의 부가가치세의 과세기간은 다음의 구분에 따른 기간으로 한다(부법 5④).

구　분	과 세 기 간
① 일반과세자가 간이과세자로 전환되는 경우	그 변경 이후 7월 1일부터 12월 31일까지
② 간이과세자가 일반과세자로 전환되는 경우	그 변경 이전 1월 1일부터 6월 30일까지

  과세유형의 전환통지

과세유형이 전환되는 경우 해당 사업자의 관할세무서장은 간이과세자에 관한 규정이 적용되거나 적용되지 않게 되는 과세기간 개시 20일 전까지 그 사실을 통지해야 하며, 사업자등록증을 정정하여 과세기간 개시 당일까지 발급해야 한다(부령 110①).

일반과세자가 간이과세자로 과세유형이 전환되는 경우에는 통지와 관계없이 해당 과세유형의 전환시기에 간이과세자에 관한 규정을 적용한다(부령 110②). 반면에 간이과세자가 일반과세자로 과세유형이 전환되는 경우에는 과세유형의 전환시기에 관한 규정에도 불구하고 통지를 받은 날이 속하는 과세기간까지는 간이과세자에 관한 규정을 적용한다(부령 110③).

다만, 부동산임대업을 경영하는 일반과세자가 간이과세자로 과세유형이 전환되는 경우에는 과세유형의 전환시기에 관한 규정에도 불구하고 통지를 받은 날이 속하는 과세기간까지는 일반과세자에 관한 규정을 적용한다(부령 110② 단서).

  과세유형의 전환 시 재고매입세액과 재고납부세액

(1) 의　의

재고매입세액이란 간이과세자가 일반과세자로 전환되는 경우 전환 당시의 재고품 등에 대하여 그 매입세액 중 일정금액을 매출세액에서 공제하는 제도를 말하며, 재고납부세액이란 일반과세자

가 간이과세자로 전환되는 경우 전환 당시의 재고품 등에 대하여 그 매입세액 중 일정금액을 납부세액에 더하는 제도를 말한다(부법 44, 64).

간이과세자가 재고품 등을 공급받을 때 매입세액을 거래징수당한 경우에는 발급받은 세금계산서 등에 의해 확인되는 매입세액에 부가가치율을 곱한 일부금액을 납부세액 한도로 공제한다. 반면에 일반과세자의 경우에는 발급받은 세금계산서 등에 의해 확인되는 매입세액 전액을 매출세액에서 공제 또는 환급한다. 그런데 간이과세자가 일반과세자로 전환되는 경우에는 애초에 공제받은 매입세액이 과소하게 되고 일반과세자가 간이과세자로 전환되는 경우에는 과대하게 되므로 이에 대한 정산이 필요하다. 이에 부가가치세법은 다음과 같이 과세유형의 전환에 따른 매입세액의 정산제도로서 재고매입세액과 재고납부세액을 마련하고 있다.

```
                      정산: 재고매입세액(공제)
                              →
       간이과세자                              일반과세자
   (애초: 매입세액 일부 공제)   과세유형의 전환   (애초: 매입세액 전액 공제)
                              ←
                      정산: 재고납부세액(납부)
```

(2) 재고품 등의 신고와 승인

과세유형이 전환되는 경우에는 그 변경되는 날 현재에 있는 다음의 재고품, 건설 중인 자산 및 감가상각자산(재고품 등)에 대하여 일반과세 전환 시의 재고품등 신고서 또는 간이과세 전환 시의 재고품등 신고서를 작성하여 그 변경되는 날의 직전 과세기간에 대한 신고(간이과세자로 전환되는 경우에는 확정신고)와 함께 각 납세지 관할세무서장에게 신고해야 한다(부령 86①, 112①).

① 재고품: 상품·제품(반제품 및 재공품 포함)·재료(부재료 포함)
② 건설중인자산
③ 다음의 감가상각자산
   ㉠ 건물 또는 구축물: 취득, 건설 또는 신축 후 10년 이내의 것
   ㉡ 그 밖의 감가상각자산: 취득 또는 제작 후 2년 이내의 것

이 경우 재고품 등은 일반과세자로 전환되는 경우에는 매입세액공제대상인 것만 해당하며, 간이과세자로 전환되는 경우에는 매입세액을 공제받은 것만 해당하되 재화의 공급으로 보지 않는 사업양도에 의하여 사업양수자가 양수한 자산으로서 사업양도자가 매입세액을 공제받은 재화를 포함한다.

재고품 등의 신고를 받은 관할세무서장은 재고금액을 조사·승인하고 다음의 기한 이내에 해당 사업자에게 공제될 재고매입세액 또는 납부할 재고납부세액을 통지해야 한다. 이 경우 그 기한 이내에 통지하지 않을 때에는 해당 사업자가 신고한 재고금액을 승인한 것으로 본다(부령 86⑥, 112⑤,⑥).

① 일반과세자로 전환되는 경우: 재고품 등의 신고기한이 지난 후 1개월 이내
② 간이과세자로 전환되는 경우: 간이과세자로 변경된 날부터 90일 이내

한편, 간이사업자로 전환되는 경우로서 해당 사업자가 재고품 등의 신고를 하지 않거나 과소하게 신고한 경우에는 관할세무서장이 재고금액을 조사하여 해당 재고납부세액을 결정하고 통지해야 한다.

(3) 재고매입세액

간이과세자가 일반과세자로 변경되면 그 변경 당시의 재고품 등에 대하여 다음과 같이 계산한 금액을 매입세액으로 공제할 수 있는데, 이때의 매입세액을 재고매입세액이라 한다(부법 44①, 부령②,③).

구 분		재고매입세액	
		'21.7.1. 이후 재화 또는 용역을 공급받는 분	'21.7.1. 이전 재화 또는 용역을 공급받는 분
① 재고품		재고금액 × $\frac{10}{110}$ × $(1-0.5\% \times \frac{110}{10})$	재고금액 × $\frac{10}{110}$ × (1-부가가치율)
② 건설중인자산		건설중인자산 관련 공제대상 매입세액 × $(1-0.5\% \times \frac{110}{10})$	건설중인자산 관련 공제대상 매입세액 × (1-부가가치율)
③ 감가상각자산	㉠ 다른 사람으로부터 매입한 자산	취득가액 × (1-체감율× 경과된 과세기간의 수) × $\frac{10}{110}$ × $(1-0.5\% \times \frac{110}{10})$	취득가액 × (1-체감율× 경과된 과세기간의 수) × $\frac{10}{110}$ × (1-부가가치율)
	㉡ 사업자가 직접 제작, 건설·신축한 자산	건설·신축 관련 공제대상 매입세액 × (1-체감율× 경과된 과세기간의 수) × $(1-0.5\% \times \frac{110}{10})$	건설·신축 관련 공제대상 매입세액 × (1-체감율× 경과된 과세기간의 수) × (1-부가가치율)
위 계산요소에 대한 설명			

① 재고품 등의 금액: 장부 또는 세금계산서에 의하여 확인되는 해당 재고품 등의 취득가액(부가가치세 포함)으로 한다(부령 86②). 해당 취득가액에 부가가치세가 포함되어 있으므로 $\frac{10}{110}$을 곱하여 매입세액을 계산하는 것이다.

② 부가가치율: 일반과세자로 변경되기 직전일(감가상각자산의 경우에는 그 감가상각자산의 취득일)이 속하는 과세기간에 적용된 해당 업종의 부가가치율을 말한다(부령 86④).

③ 체감율: 건물 또는 구축물의 경우에는 10%, 그 밖의 감가상각자산은 50%를 적용한다.

④ 경과된 과세기간의 수: 간이과세자에 대한 과세기간 단위(1년)로 계산하되, 건물 또는 구축물의 경과된 과세기간의 수가 10을 초과할 때에는 10으로, 그 밖의 감가상각자산의 경과된 과세기간의 수가 2를 초과할 때에는 2로 한다. 이 때 과세기간의 개시일 후에 감가상각자산을 취득하거나 해당 재화가 공급된 것으로 보게 되는 경우에는 그 과세기간의 개시일에 해당 재화를 취득하거나 해당 재화가 공급된 것으로 본다(부령 66② 후단,⑤).

관할세무서장의 승인에 따라 결정된 재고매입세액은 그 승인을 받은 날이 속하는 예정신고기간 또는 과세기간의 매출세액에서 공제한다. 승인하거나 승인한 것으로 보는 재고매입세액의 내용에 오류가 있거나 내용이 누락된 경우에는 재고매입세액을 조사하여 경정한다(부령 86⑦,⑧).

한편, 일반과세자가 간이과세자로 변경된 후에 다시 일반과세자로 변경되는 경우에는 간이과세자로 변경된 때에 재고매입세액을 적용받지 않은 재고품 등에 대해서는 재고납부세액에 관한 규정을 적용하지 않는다(부령 86⑤).

재고매입세액

제조업(부가가치율 20%)을 경영하는 간이과세자 甲은 2025년 1월 1일부터 일반과세자로 전환되었다. 2025년 7월 1일 현재 보유한 자산현황이 다음과 같을 때 재고매입세액을 계산하시오.

구 분	취 득 일	취득가액(부가가치세 포함)
제 품	2025.1.1.	3,300,000원
기계장치[1]	2024.7.1.	11,000,000원
건 물[1]	2024.1.1.	220,000,000원[2]

[1] 다른 사람으로부터 매입한 자산이다.
[2] 토지의 취득가액은 제외된 금액이다.

구 분	계산근거	재고납부세액
제 품	$3{,}300{,}000원 \times \frac{10}{110} \times (1 - 0.5\% \times \frac{110}{10})$	283,500원
기계장치	$11{,}000{,}000원 \times (1 - 50\% \times 1^{[1]}) \times \frac{10}{110} \times (1 - 0.5\% \times \frac{110}{10})$	472,500원
건 물	$220{,}000{,}000원 \times (1 - 10\% \times 1) \times \frac{10}{110} \times (1 - 20\%)^{[2]}$	14,400,000원
합 계		15,156,000원

[1] 과세기간의 개시일 후에 감가상각자산을 취득한 경우에는 그 과세기간의 개시일에 해당 재화를 취득한 것으로 본다. 즉, 2021년 1월 1일에 취득한 것으로 보아 경과된 과세기간의 수를 계산한다.
[2] '21.7.1. 이전 재화 또는 용역을 공급받은 분이다.

(4) 재고납부세액

일반과세자가 간이과세자로 변경되면 변경 당시의 재고품 등에 대하여 다음과 같이 계산한 금액을 납부세액에 더해야 한다. 이 경우 재고품 등은 공제받은 경우만 해당하되, 재화의 공급으로 보지 않는 사업양도에 의하여 사업양수자가 양수한 자산으로서 사업양도자가 매입세액을 공제받은 재화를 포함한다.

제4절 과세유형의 전환과 간이과세의 포기

구 분		재고납부세액	
		'21.7.1. 이후 재화 또는 용역을 공급받는 분	'21.7.1. 이전 재화 또는 용역을 공급받는 분
① 재고품		재고금액 $\times \dfrac{10}{100} \times$ $(1-0.5\% \times \dfrac{110}{10})$	재고금액 $\times \dfrac{10}{100} \times$ $(1-$부가가치율$)$
② 건설중인자산		건설중인자산 관련 공제받은 매입세액^{주)} $\times (1-0.5\% \times \dfrac{110}{10})$ 주) 장부 또는 세금계산서가 없거나 장부에 기록이 누락된 경우에는 아래 ①의 단서 규정에 따라 시가의 10% 상당하는 세액으로 한다.	건설중인자산 관련 공제받은 매입세액^{주)} $\times (1-$부가가치율$)$ 주) 장부 또는 세금계산서가 없거나 장부에 기록이 누락된 경우에는 아래 ①의 단서 규정에 따라 시가의 10% 상당하는 세액으로 한다.
③ 감가상각자산	㉠ 다른 사람으로부터 매입한 자산	취득가액 $\times (1-$체감율$\times$ 경과된 과세기간의 수$)$ $\times \dfrac{10}{100} \times (1-0.5\% \times \dfrac{110}{10})$	취득가액 $\times (1-$체감율$\times$ 경과된 과세기간의 수$)$ $\times \dfrac{10}{100} \times (1-$부가가치율$)$
	㉡ 사업자가 직접 제작, 건설·신축한 자산	건설·신축 관련 공제받은 매입세액 $\times (1-$체감율$\times$ 경과된 과세기간의 수$)$ $\times (1-0.5\% \times \dfrac{110}{10})$	건설·신축 관련 공제받은 매입세액 $\times (1-$체감율$\times$ 경과된 과세기간의 수$)$ $\times (1-$부가가치율$)$
위 계산요소에 대한 설명			

① 재고품 등의 금액: 장부 또는 세금계산서에 의하여 확인되는 해당 재고품 등의 취득가액으로 한다. 해당 취득가액에 부가가치세가 포함되어 있으므로 $\dfrac{10}{100}$을 곱하여 매입세액을 계산하는 것이다. 다만, 장부 또는 세금계산서가 없거나 장부에 기록이 누락된 경우 해당 재고품 등의 가액은 시가에 따른다(부령 112②).
② 부가가치율: 간이과세자로 변경되는 날이 속하는 과세기간에 적용되는 해당 업종의 부가가치율을 말한다(부령 112④).
③ 체감율: 건물 또는 구축물의 경우에는 5%, 그 밖의 감가상각자산은 25%를 적용한다. 일반과세자에 대한 과세기간은 간이과세자에 대한 과세기간의 50%이므로 재고매입세액 체감율의 50%를 적용하는 것이다.
④ 경과된 과세기간의 수: 일반과세자에 대한 과세기간 단위(6개월)로 계산하되, 건물 또는 구축물의 경과된 과세기간의 수가 20을 초과할 때에는 20으로, 그 밖의 감가상각자산의 경과된 과세기간의 수가 4를 초과할 때에는 4로 한다. 이 때 과세기간의 개시일 후에 감가상각자산을 취득하거나 해당 재화가 공급된 것으로 보게 되는 경우에는 그 과세기간의 개시일에 해당 재화를 취득하거나 해당 재화가 공급된 것으로 본다(부령 66② 후단,⑤).

관할세무서장의 승인에 따라 결정된 재고납부세액은 간이과세자로 변경된 날이 속하는 과세기간에 대한 확정신고를 할 때 납부할 세액에 더하여 납부한다. 승인하거나 승인한 것으로 보는 재고납부세액의 내용에 오류가 있거나 내용이 누락된 경우에는 재고납부세액을 조사하여 경정한다(부령 112⑦,⑧).

 예제 8-3 재고납부세액

제조업(부가가치율 20%)을 경영하는 일반과세자 甲은 2025년 7월 1일부터 간이과세자로 전환되었다. 2025년 7월 1일 현재 보유한 자산현황이 다음과 같을 때 재고납부세액을 계산하시오.

구 분	취 득 일	취득가액(부가가치세 제외)
제 품	2025.1.1.	3,000,000원
기계장치[1]	2024.7.1.	10,000,000원
건 물[1]	2024.1.1.	200,000,000원[2]

[1] 다른 사람으로부터 매입한 자산이다.
[2] 토지의 취득가액은 제외된 금액이다.

 해답

구 분	계산근거	재고납부세액
제 품	3,000,000원 × $\frac{10}{100}$ × (1−0.5%× $\frac{110}{10}$)	283,500원
기계장치	10,000,000원 × (1−25%×2) × $\frac{10}{100}$ × (1−0.5%× $\frac{110}{10}$)	472,500원
건 물	200,000,000원 × (1−5%×3) × $\frac{10}{100}$ × (1−20%)[주]	13,600,000원
합 계		14,356,000원

[주] '21.7.1. 이전 재화 또는 용역을 공급받은 분이다.

Ⅱ. 간이과세의 포기

 1 의 의

앞서 살펴봤듯이 간이과세의 취지는 영세사업자에 대하여 일반과세자와 달리 간단한 방법에 의하여 부가가치세법상 납세협력의무를 이행할 수 있게 함으로써 영세사업자의 세무부담을 줄이고 납세편의를 도모하기 위한 것이다.

그러나 이러한 간이과세가 적용됨에 따라 ① 간이과세자가 세금계산서를 발급할 수 없음으로 인하여 일반과세자인 다른 사업자가 간이과세자로부터 재화 또는 용역을 공급받는 것을 회피하게 되고, ② 영세율이 적용되거나 납부세액을 초과하는 매입세액이 발생하더라도 환급받을 수 없으며, ③ 일반과세자에서 간이과세자로 전환되는 경우 재고품 등에 대한 재고납부세액의 납부로 인하여 자금부담이 발생하는 등 간이과세의 취지와 달리 불이익을 받는 경우가 있다.

이러한 불이익을 해소하기 위해 부가가치세법은 사업자가 자유의사에 따라 간이과세의 적용을 포기하고 부가가치세법상 일반과세자에 관한 규정을 적용받을 수 있도록 간이과세의 포기제도를 마련하고 있다(부법 70).

제4절 과세유형의 전환과 간이과세의 포기

 간이과세의 포기절차

간이과세자 또는 과세유형의 전환에 따라 간이과세자에 관한 규정을 적용받게 되는 일반과세자가 간이과세자에 관한 규정의 적용을 포기하고 일반과세자에 관한 규정을 적용받으려는 경우에는 과세표준과 세액의 계산, 신고와 납부 등에 있어 일반과세자에 관한 규정을 적용받을 수 있다. 이 경우 적용받으려는 달의 전달의 마지막 날까지 납세지 관할세무서장에게 신고해야 한다(부법 70①).

한편, 신규로 사업을 시작하는 개인사업자가 사업자등록을 신청할 때 납세지 관할세무서장에게 간이과세자에 관한 규정의 적용을 포기하고 일반과세자에 관한 규정을 적용받으려고 신고한 경우에는 과세표준과 세액의 계산, 신고와 납부 등에 있어 일반과세자에 관한 규정을 적용받을 수 있다(부법 70②).

간이과세자 또는 과세유형의 전환에 따라 간이과세자에 관한 규정을 적용받게 되는 일반과세자로서 간이과세자에 관한 규정의 적용을 포기하려고 하거나, 사업자등록을 신청할 때 간이과세자에 관한 규정의 적용을 포기하려는 자는 간이과세의 포기신고를 할 때 간이과세포기신고서를 관할세무서장에게 제출해야 한다(부령 116①).

 간이과세를 포기한 경우 과세기간

간이과세자가 간이과세자에 관한 규정의 적용을 포기함으로써 일반과세자로 되는 경우 다음의 구분에 따른 기간을 각각 하나의 과세기간으로 한다(부법 5⑤).

구 분	과 세 기 간
① 간이과세자	간이과세의 적용 포기의 신고일이 속하는 과세기간의 개시일 ~ 그 신고일이 속하는 달의 마지막 날까지의 기간
② 일반과세자	간이과세의 적용 포기의 신고일이 속하는 달의 다음 달 1일 ~ 그 날이 속하는 과세기간의 종료일까지의 기간

 간이과세의 재적용 제한

간이과세의 포기신고를 한 개인사업자는 다음의 구분에 따른 날부터 3년이 되는 날이 속하는 과세기간까지는 간이과세자에 관한 규정을 적용받지 못한다(부법 70③).

① 계속사업자가 신고한 경우: 일반과세자에 관한 규정을 적용받으려는 달의 1일
② 신규사업자가 사업자등록 신청 시 신고한 경우: 사업개시일이 속하는 달의 1일

다만, 개인사업자 중 직전 연도의 공급대가의 합계액이 4,800만원 이상 1억 400만원 미만인 개인사업자는 상기 구분에 따른 날부터 3년이 되는 날이 속하는 과세기간 이전이라도 간이과세자에 관한 규정을 적용받을 수 있다(부법 70④). 간이과세를 재적용받으려는 개인사업자는 적용받으려는 과세기간 개시 10일 전까지 납세지 관할 세무서장에게 신고하여야 한다(부법 70⑤).

제5절 간이과세자의 신고와 납부 등

I. 신고와 납부

 예정부과와 납부

(1) 일반적인 경우

사업장 관할세무서장은 간이과세자에 대하여 직전 과세기간에 대한 납부세액의 50%를 1월 1일부터 6월 30일(예정부과기간)까지의 납부세액으로 결정하여 예정부과기간이 끝난 후 25일 이내(예정부과기한)까지 징수하는데, 이를 예정부과라 한다(부법 66①).

여기서 직전 과세기간에 대한 납부세액은 납부세액에서 공제하거나 경감한 세액이 있는 경우에는 그 세액을 뺀 금액으로 하며, 결정 또는 경정과 국세기본법에 따른 수정신고 및 경정청구에 따른 결정이 있는 경우에는 그 내용이 반영된 금액으로 한다.

또한 직전 과세기간에 대한 납부세액의 50%에 1,000원 미만의 단수가 있을 때에는 그 단수금액은 버리며, 직전 과세기간이 일반과세자가 간이과세자로 전환되는 경우의 과세기간에 해당하는 경우에는 직전 과세기간에 대한 납부세액의 전액(100%)을 예정부과기간까지의 납부세액으로 한다.

관할세무서장은 예정부과에 따른 부가가치세액에 대하여 7월 1일부터 7월 10일까지 납부고지서를 발부해야 한다(부령 114①). 다만, 징수해야 할 금액이 50만원 미만이거나 간이과세자가 일반과세자로 전환되는 경우의 과세기간이 적용되는 간이과세자의 경우에는 이를 징수하지 않는다(부법 66① 단서).

(2) 예외적인 경우

예정부과의 예외로서 휴업 또는 사업 부진 등으로 인하여 예정부과기간의 공급대가의 합계액 또는 납부세액이 직전 과세기간의 공급대가의 합계액 또는 납부세액의 3분의 1에 미달하는 자는 예정부과기간의 과세표준과 납부세액을 예정부과기한까지 사업장 관할세무서장에게 신고할 수 있다(부법 66②). 또한 예정부과기간에 세금계산서를 발급한 간이과세자는 예정부과기간의 과세표준과 납부세액을 예정부과기한까지 사업장 관할세무서장에게 신고해야 한다(부법 66③). 이를 편의상 예정신고라 하며, 예정부과에 따른 결정이 있는 경우로서 간이과세자가 예정신고를 한 경우에는 그 결정이 없었던 것으로 본다(부법 66②, 부령 114②).

간이과세자가 예정신고를 할 때에는 간이과세자 부가가치세신고서와 함께 매출처별세금계산서합계표 및 매입처별세금계산서합계표, 기타 관련 서류를 관할세무서장에게 제출해야 한다. 다만, 매출·매입처별세금계산서합계표를 예정신고를 할 때 제출하지 못하는 경우에는 확정신고를 할 때 이를 제출할 수 있다(부법 66⑥, 부령 114③). 예정신고를 하는 간이과세자는 예정부과기간의 납부세액을 간이과세자 부가가치세신고서와 함께 사업장 관할세무서장에게 납부하거나 국세징수법에 따른 납부서를 작성하여 한국은행 또는 체신관서에 납부해야 한다(부법 66⑤, 부령 114④).

확정신고와 납부

간이과세자는 과세기간의 과세표준과 납부세액을 그 과세기간이 끝난 후 25일(폐업하는 경우 폐업일이 속한 달의 다음 달 25일) 이내에 납세지 관할세무서장에게 확정신고를 해야 한다(부법 67①).

간이과세자는 부가가치세 확정신고를 할 때에는 간이과세자 부가가치세신고서와 함께 매출처별세금계산서합계표 및 매입처별세금계산서합계표, 기타 관련 서류를 관할세무서장에게 제출해야 하며, 확정신고에 따라 부가가치세액을 납부할 때에는 과세기간의 차감납부세액을 간이과세자 부가가치세신고서와 함께 관할세무서장에게 납부하거나 국세징수법에 따른 납부서를 작성하여 한국은행 또는 체신관서에 납부해야 한다(부법 67③, 부령 114④). 이 경우 예정부과 또는 예정신고에 따라 납부한 세액은 공제하고 납부한다(부법 67②, 66①).

한편, 간이과세자가 영세율을 적용받는 경우에는 그 신고서에 영세율 첨부서류를 첨부하여 제출해야 한다. 만약 영세율 첨부서류를 해당 신고서에 첨부하지 않은 부분은 확정신고로 보지 않으며, 영세율과세표준에 대한 신고불성실가산세를 적용한다(부령 114⑥,⑦).

 매입세금계산서 등 수취세액공제 배제

간이과세자가 다른 사업자로부터 발급받아 예정신고 및 확정신고에 따라 관할세무서장에 제출하는 매입처별세금계산서합계표의 기재사항 중 거래처별 등록번호, 공급가액의 전부 또는 일부가 적히지 않았거나 사실과 다르게 적힌 경우에는 매입세금계산서 등 수취세액공제를 적용하지 않는다(부령 114⑤).

 납부의무의 면제

간이과세자의 해당 과세기간에 대한 공급대가의 합계액이 4,800만원 미만이면 부가가치세 납부의무를 면제한다(부법 69①). 다만, 일반과세자가 간이과세자로 전환되는 경우의 재고납부세액은 납부의무가 면제되는 경우에도 납부해야 한다(부법 69①). 납부의무가 면제되는 사업자가 자진 납부한 사실이 확인되면 납세지 관할세무서장은 납부한 금액을 환급해야 한다(부법 69④).

 특수한 경우의 납부의무 면제 판단

납부의무의 면제에 관한 규정을 적용할 때 다음의 경우에는 각 공급대가의 합계액을 12개월로 환산한 금액을 기준으로 한다. 이 경우 1개월 미만의 끝수가 있으면 1개월로 한다(부법 69③).

① 해당 과세기간에 신규로 사업을 시작한 간이과세자: 그 사업 개시일부터 그 과세기간 종료일까지의 공급대가의 합계액
② 휴업자·폐업자 및 과세기간 중 과세유형을 전환한 간이과세자: 그 과세기간 개시일부터 휴업일·폐업일 및 과세유형 전환일까지의 공급대가의 합계액
③ 과세유형의 전환에 따른 과세기간의 적용을 받는 간이과세자: 해당 과세기간의 공급대가의 합계액

Ⅱ. 결정·경정과 징수

간이과세자에 대한 과세표준과 납부세액의 결정 또는 경정과 부가가치세의 징수에 관하여는 일반과세자의 결정·경정과 징수에 관한 규정(제7장 제2절 참고)을 준용한다(부법 68①,④).

결정·결정 시 납부세액 계산의 특례

결정 또는 경정하거나 국세기본법에 따라 수정신고한 간이과세자의 해당 연도의 공급대가의 합계액이 간이과세기준금액 이상인 경우 과세기간의 납부세액은 일반과세자의 납부세액 계산에 관한 규정(제5장 제3절 참고)을 준용하여 계산한 금액으로 한다. 이 경우 공급가액은 공급대가에 110분의 100을 곱한 금액으로 하고, 매입세액을 계산할 때에는 세금계산서 등을 받은 부분에 대하여 매입세금계산서 등 수취세액공제를 받은 세액은 매입세액으로 공제하지 않는다. 여기서 과세기간이란 결정·경정 과세기간의 다음 과세기간을 말한다. 다만, 결정·경정 과세기간이 신규로 사업을 시작한 자의 최초 과세기간인 경우에는 해당 과세기간의 다음 과세기간을 말한다(부법 63⑥, 부령 111⑧).

Ⅲ. 가산세

간이과세자에 대한 가산세 부과에 관해서는 사업자등록 불성실가산세와 세금계산서 발급의무 부과에 따라 세금계산서 불성실가산세 및 세금계산서 등 가공·위장발급가산세(발급만 해당)를 확대 준용한다(부법 68의2①). 국세기본법상 가산세인 신고불성실가산세(영세율과세표준 신고불성실가산세 포함)와 납부지연가산세 등은 일반과세자와 동일하게 부과된다(제7장 제4절 참고). 일반과세자에 대한 사업자등록 불성실가산세 규정을 준용하는 경우 '공급가액'은 '공급대가'로 하고 '1%'는 '0.5%'로, '2%'는 '1%'로 한다. 즉, 간이과세자가 사업자 미등록가산세 요건에 해당하는 경우에는 공급대가의 0.5%에 상당하는 금액을 가산세로 부과하며, 타인명의등록가산세의 요건에 해당하는 경우에는 공급대가의 1%에 상당하는 금액을 가산세로 부과한다.

한편, 일반과세자에 대한 가산세 규정과는 별도로 세금계산서 미수취가산세 및 매출처별세금계산서합계표 불성실가산세를 적용한다. 우선 세금계산서 미수취가산세와 관련하여 세금계산서를 발급해야 하는 사업자로부터 재화 또는 용역을 공급받고 세금계산서를 발급받지 않은 경우(영수증발급의무사업자에 해당하는 간이과세자가 영수증을 발급해야 하는 기간에 세금계산서를 발급받지 않은 경우 제외)에는 그 공급대가의 0.5%를 납부세액에 더하거나 환급세액에서 뺀다(부법 68의2② 제1호).

다음으로 매출처별세금계산서합계표 불성실가산세와 관련하여 간이과세자가 다음 중 어느 하나에 해당하는 경우 각 구분에 따른 금액을 납부세액에 더하거나 환급세액에서 뺀다. 다만, 제출한 매출처별 세금계산서합계표의 기재사항이 착오로 적힌 경우로서 사업자가 발급한 세금계산서에 따라 거래사실이 확인되는 부분의 공급가액에 대해서는 가산세를 부과하지 않는다(부법 68의2③).

① 매출처별세금계산서합계표를 제출하지 않은 경우: 매출처별세금계산서합계표를 제출하지 않은 부분에 대한 공급가액의 0.5%

② 매출처별세금계산서합계표의 기재사항 중 거래처별 등록번호 또는 공급가액의 전부 또는 일부가 적혀 있지 않거나 사실과 다르게 적혀 있는 경우: 매출처별세금계산서합계표의 기재사항이 적혀 있지 않거나 사실과 다르게 적혀 있는 부분에 대한 공급가액의 0.5%

③ 예정신고할 때 매출처별세금계산서합계표를 제출하지 못하여 해당 예정부과기간이 속하는 과세기간에 확정신고를 할 때 매출처별세금계산서합계표를 제출하는 경우로서 위 ②에 해당하지 않는 경우: 그 공급가액의 0.3%

위 간이과세자에 대한 가산세 규정을 적용할 때에 일반과세자에 대한 가산세 규정을 준용을 하는 부분에 대해서는 다음의 구분에 따른 규정을 각각 적용하지 않는다(부법 68의2④).

① 사업자등록 불성실가산세에 관한 규정이 준용되는 부분: 세금계산서 불성실가산세(세금계산서 미발급가산세 제외), 결정 또는 경정기관의 확인을 거쳐 매입세액을 공제받는 경우의 가산세(아래 참고) 및 매출처별세금계산서합계표 불성실가산세
② 세금계산서 불성실가산세(세금계산서 미발급가산세 제외)에 관한 규정이 준용되는 부분: 매출처별세금계산서합계표 불성실가산세
③ 세금계산서 미발급가산세 또는 세금계산서 등 가공·위장발급가산세(발급만 해당)에 관한 규정이 준용되는 부분: 사업자등록 불성실가산세 및 매출처별세금계산서합계표 불성실가산세
④ 세금계산서 위장발급가산세(발급만 해당)에 관한 규정이 준용되는 부분: 세금계산서 미발급가산세(2%)
⑤ 세금계산서 등 공급가액 과다기재 발급가산세(발급만 해당): 세금계산서 부실기재가산세

납부의무가 면제되는 간이과세자에 대하여는 사업자등록 불성실가산세와 국세기본법상 신고불성실가산세를 적용하지 않되, 사업자등록기한까지 사업자등록을 신청하지 않은 경우에는 사업자 미등록가산세를 적용한다. 이 때 '1%'를 '0.5%와 5만원 중 큰 금액'으로 한다(부법 69②, 국기법 47의2③, 47의3 ⑥). 즉, 납부의무의 면제되는 간이과세자가 사업자 미등록가산세의 요건에 해당하는 경우에는 공급대가의 0.5%에 상당하는 금액과 5만원 중 큰 금액을 가산세로 부과한다. 다만, 고정된 물적 시설을 갖추지 않고 공부에 등록된 사업장 소재지가 없는 경우에는 사업자 미등록가산세도 부과하지 않는다(부령 115).

결정 또는 경정기관의 확인을 거쳐 매입세액을 공제받는 경우

세금계산서 등을 발급받고 매입세금계산서 등 수취세액공제에 관한 규정에 따라 공제받지 않은 경우로서 결정 또는 경정기관의 확인을 거쳐 결정·결정 시 납부세액 계산의 특례에 따라 납부세액을 계산할 때 매입세액으로 공제받는 경우에는 그 공급가액의 0.5%를 가산세로 부과하여 납부세액에 더하거나 환급세액에서 뺀다(부법 68의2② 제2호).

참고 일반과세자와 간이과세자의 비교

구분	일반과세자	간이과세자
적용대상자	법인사업자, 간이과세자 외의 개인사업자	직전연도 공급대가의 합계액이 8,000만원 미만인 개인사업자
과세기간	제1기: 1/1 ~ 6/30 제2기: 7/1 ~ 12/31	1/1 ~ 12/31
과세표준	공급가액	공급대가 (공급가액+부가가치세)
납부세액 (환급세액)	매출세액 - 매입세액 (매입세액 > 매출세액 환급가능)	공급대가×부가가치율×10% (환급불가)
매입세액	세금계산서에 의한 매입세액공제 (매입세액 전액)	매입세금계산서 등 수취세액공제 (공급대가×0.5%)
대손세액공제	적용가능	적용불가
의제매입세액공제	업종제한 없음	적용불가
신용카드매출전표 등 발급세액공제	발급금액×1.3%	발급금액×1.3%
전자신고세액공제	확정신고 시 1만원(연간 2만원)	확정신고 시 1만원(연간 1만원)
세금계산서 발급	발급의무	발급불가 (영수증 발급) 단, 직전연도 공급대가 합계액 4,800만원 이상 8,000만원 미만인 간이과세자 발급의무
포기제도	해당사항 없음	간이과세 포기제도 있음
예정신고납부	예정신고 다만, 개인사업자는 예정고지 원칙·예정신고 선택 (50만원 미만 예정고지 생략)	예정부과 원칙·예정신고 선택 (50만원 미만 예정부과 생략)
납부의무의 면제	해당사항 없음	해당 과세기간 공급대가가 4,800만원 미만인 경우
가산세	부가가치세법상 가산세 적용 (미등록가산세: 공급가액×1%)	부가가치세법상 가산세 중 미등록가산세 (공급대가×0.5%), 세금계산서 관련 가산세 적용
	국세기본법상 가산세 적용	국세기본법상 가산세 적용 (초과환급가산세 적용불가, 납부의무 면제의 경우 신고불성실가산세 적용배제)
장부의 작성·보관의무	있음	세금계산서 또는 영수증 보관 시 장부작성의무 면제

조세법령 확인을 통해 기본개념 익히기

※ 다음 부가가치세 관련 조세법령의 빈 칸을 채우시오.

1. 부가가치세법 제61조(간이과세의 적용 범위)

   ① □□ 연도의 □□□□의 합계액이 8,000만원부터 8,000만원의 130퍼센트에 해당하는 금액까지의 범위에서 대통령령으로 정하는 금액에 미달하는 □□사업자는 이 법에서 달리 정하고 있는 경우를 제외하고는 제4장부터 제6장까지의 규정에도 불구하고 이 장의 규정을 적용받는다. 다만, 다음 각 호의 어느 하나에 해당하는 사업자는 간이과세자로 보지 □□□□.
   1. 간이과세가 적용되지 아니하는 다른 사업장을 보유하고 있는 사업자
   2. 업종, 규모, 지역 등을 고려하여 대통령령으로 정하는 사업자
   3. 부동산임대업 또는 「개별소비세법」 제1조제4항에 따른 과세유흥장소(이하 "과세유흥장소"라 한다)를 경영하는 사업자로서 해당 업종의 직전 연도의 공급대가의 합계액이 □□□□만원 이상인 사업자
   4. 둘 이상의 사업장이 있는 사업자로서 그 둘 이상의 사업장의 직전 연도의 공급대가의 합계액이 제1항 각 호 외의 부분 본문에 따른 금액 이상인 사업자. 다만, 부동산임대업 또는 과세유흥장소에 해당하는 사업장을 둘 이상 경영하고 있는 사업자의 경우 그 둘 이상의 사업장의 직전 연도의 공급대가(하나의 사업장에서 둘 이상의 사업을 겸영하는 사업자의 경우 부동산임대업 또는 과세유흥장소의 공급대가만을 말한다)의 합계액이 4800만원 이상인 사업자로 한다.

   ② 직전 과세기간에 □□로 사업을 시작한 개인사업자에 대하여는 그 사업 개시일부터 그 과세기간 종료일까지의 공급대가를 합한 금액을 □□□□로 환산한 금액을 기준으로 하여 제1항을 적용한다. 이 경우 1개월 미만의 끝수가 있으면 1개월로 한다.

   ③ 신규로 사업을 시작하는 개인사업자는 사업을 시작한 날이 속하는 연도의 공급대가의 합계액이 제1항 및 제2항에 따른 금액에 미달될 것으로 예상되면 제8조제1항 또는 제3항에 따른 등록을 □□할 때 대통령령으로 정하는 바에 따라 납세지 관할 세무서장에게 간이과세의 적용 여부를 함께 □□하여야 한다.

   ④ 제3항에 따른 신고를 한 개인사업자는 최초의 과세기간에는 □□과세자로 한다. 다만, 제1항 단서에 해당하는 사업자인 경우는 그러하지 아니하다.

   ⑤ 제8조제1항 또는 제3항에 따른 등록을 하지 아니한 개인사업자로서 사업을 시작한 날이 속하는 연도의 공급대가의 합계액이 제1항 및 제2항에 따른 금액에 미달하면 최초의 과세기간에는 간이과세자로 한다. 다만, 제1항 단서에 해당하는 사업자는 그러하지 아니하다.

   ⑥ 제68조제1항에 따라 □□ 또는 □□한 공급대가의 합계액이 제1항 및 제2항에 따른 금액 이상인 개인사업자는 그 결정 또는 경정한 날이 속하는 과세기간까지 간이과세자로 본다.

   해답 ① 직전, 공급대가, 개인, 아니한다, 4800
   ② 신규, 12개월
   ③ 신청, 신고
   ④ 간이
   ⑥ 결정, 경정

2. 부가가치세법 제62조(간이과세와 일반과세의 적용기간)

① 제61조에 따라 간이과세자에 관한 규정이 적용되거나 적용되지 아니하게 되는 기간은 1역년의 공급대가의 합계액이 대통령령으로 정하는 금액에 미달하거나 그 이상이 되는 해의 다음 해의 □월 □일부터 그 다음 해의 □월 □□일까지로 한다.

② 제1항에도 불구하고 □□로 사업을 개시한 사업자의 경우 제61조에 따라 간이과세자에 관한 규정이 적용되거나 적용되지 아니하게 되는 기간은 최초로 사업을 개시한 해의 다음 해의 □월 □일부터 그 다음 해의 □월 □□일까지로 한다.

해답 ① 7, 1, 6, 30   ② 신규, 7, 1, 6, 30

3. 부가가치세법 제63조(간이과세자의 과세표준과 세액)

① 간이과세자의 과세표준은 해당 과세기간(제66조제2항에 따라 신고하고 납부하는 경우에는 같은 조 제1항에 따른 예정부과기간을 말한다. 이하 이 조에서 같다)의 □□□□의 합계액으로 한다.

② 간이과세자의 납부세액은 다음의 계산식에 따라 계산한 금액으로 한다. 이 경우 둘 이상의 업종을 겸영하는 간이과세자의 경우에는 각각의 □□□로 계산한 금액의 합계액을 납부세액으로 한다.

> 납부세액 = 제1항에 따른 과세표준 × 직전 □년간 신고된 업종별 평균 부가가치율 등을 고려하여 5퍼센트에서 50퍼센트의 범위에서 대통령령으로 정하는 해당 업종의 □□□□□ × 10퍼센트

③ 간이과세자가 다른 사업자로부터 세금계산서등을 발급받아 대통령령으로 정하는 바에 따라 제54조제1항에 따른 매입처별 세금계산서합계표 또는 대통령령으로 정하는 신용카드매출전표등 수령명세서를 납세지 관할 세무서장에게 제출하는 경우에는 다음 각 호에 따라 계산한 금액을 과세기간에 대한 □□□□에서 공제한다. 다만, 제39조에 따라 공제되지 아니하는 매입세액은 그러하지 아니하다.
  1. 해당 과세기간에 발급받은 □□□□등에 적힌 매입세액에 제2항에 따른 해당 업종의 □□□□□을 곱한 금액
  2. 간이과세자가 제2항 후단에 따른 해당 업종의 부가가치율이 서로 다른 업종을 겸영하는 경우에는 대통령령으로 정하는 바에 따라 안분하여 계산한 매입세액에 같은 항에 따른 그 업종의 부가가치율을 각각 적용하여 산출한 금액
  3. 간이과세자가 과세사업과 면세사업등을 겸영하는 경우에는 대통령령으로 정하는 바에 따라 계산한 금액

④ 간이과세자에 대한 과세표준의 계산은 제29조를 준용한다.

⑤ 간이과세자의 경우 제3항, 제46조제1항 및 제65조에 따른 금액의 합계액이 각 과세기간의 □□□□을 초과하는 경우에는 그 초과하는 부분은 □□ 것으로 본다.

⑥ 제68조제1항에 따라 □□ 또는 □□하거나 「국세기본법」 제45조에 따라 수정신고한 간이과세자의 해당 연도의 공급대가의 합계액이 제61조제1항에 따른 금액 이상인 경우 대통령령으로 정하는 과세기간의 납부세액은 제2항에도 불구하고 제37조를 준용하여 계산한 금액으로 한다. 이 경우 공급가액은 공급대가에 □□□분의 □□□을 곱한 금액으로 하고, 매입세액을 계산할 때에는 세금계산서등을 받은 부분에 대하여 제3항에 따라 공제받은 세액은 매입세액으로 공제하지 아니한다.

해답 ① 공급대가   ② 업종별, 3, 부가가치율
③ 납부세액, 세금계산서, 부가가치율   ⑤ 납부세액, 없는
⑥ 결정, 경정, 110, 100

4. 부가가치세법 제64조(간이과세자로 변경되는 경우의 재고품 등 매입세액 가산)

□□과세자가 □□과세자로 변경되면 변경 당시의 □□□, □□ □□ 자산 및 □□□□자산(제38조부터 제43조까지의 규정에 따라 공제받은 경우만 해당하되, 제10조제9항제2호에 따른 사업양도에 의하여 사업양수자가 양수한 자산으로서 사업양도자가 매입세액을 공제받은 재화를 포함한다)에 대하여 대통령령으로 정하는 바에 따라 계산한 금액을 제63조제2항에 따른 □□□□에 더하여야 한다.

해답 일반, 간이, 재고품, 건설 중인, 감가상각, 납부세액

5. 부가가치세법 제66조(예정부과와 납부)
① 사업장 관할세무서장은 제67조에도 불구하고 간이과세자에 대하여 □□ 과세기간에 대한 납부세액(제46조제1항, 제63조제3항, 제65조제1항 또는 「조세특례제한법」 제104조의8제2항에 따라 납부세액에서 공제하거나 경감한 세액이 있는 경우에는 그 세액을 뺀 금액으로 하고, 제68조에 따른 결정 또는 경정과 「국세기본법」 제45조 및 제45조의2에 따른 수정신고 및 경정청구에 따른 결정이 있는 경우에는 그 내용이 반영된 금액으로 한다)의 □□퍼센트(직전 과세기간이 제5조제4항제1호의 과세기간에 해당하는 경우에는 직전 과세기간에 대한 납부세액의 전액을 말하며, 1천원 미만의 단수가 있을 때에는 그 단수금액은 버린다)를 1월 1일부터 □월 □□일(이하 이 조에서 "예정부과기간"이라 한다)까지의 납부세액으로 결정하여 대통령령으로 정하는 바에 따라 예정부과기간이 끝난 후 □□일 이내(이하 "예정부과기한"이라 한다)까지 징수한다. 다만, 징수하여야 할 금액이 □□□원 미만이거나 제5조제4항제2호의 과세기간이 적용되는 간이과세자의 경우에는 이를 징수하지 아니한다.
② 제1항에도 불구하고 대통령령으로 정하는 간이과세자는 예정부과기간의 과세표준과 납부세액을 □□□□□□까지 사업장 관할 세무서장에게 □□할 수 있다.
③ 제1항 본문에 따른 결정이 있는 경우 간이과세자가 제2항에 따라 □□를 한 경우에는 그 결정이 없었던 것으로 본다.
④ 제2항에 따라 신고하는 간이과세자는 예정부과기간의 납부세액을 대통령령으로 정하는 바에 따라 사업장 관할 세무서장에게 □□하여야 한다.
⑤ 제2항에 따라 신고하는 간이과세자는 대통령령으로 정하는 바에 따라 제54조제1항에 따른 □□□□ 세금계산서합계표(이하 이 항에서 "매입처별 세금계산서합계표"라 한다)를 제2항에 따른 신고를 할 때 제출하여야 한다. 다만, 매입처별 세금계산서합계표를 제2항에 따른 신고를 할 때 제출하지 못하는 경우에는 제67조제1항에 따른 신고를 할 때 이를 제출할 수 있다.

해답 ① 직전, 50, 6, 30, 25, 30만
② 예정부과기한, 신고
③ 신고
④ 납부
⑤ 매입처별

6. 부가가치세법 제67조(간이과세자의 신고와 납부)

① 간이과세자는 과세기간의 과세표준과 납부세액을 그 과세기간이 끝난 후 □□일(폐업하는 경우 제5조제3항에 따른 □□□이 속한 달의 다음 달 25일) 이내에 대통령령으로 정하는 바에 따라 납세지 관할 세무서장에게 □□□□를 하고 납세지 관할 세무서장 또는 한국은행등에 □□하여야 한다.

② 제1항에 따라 부가가치세를 납부하는 경우 제66조제1항 본문 및 같은 조 제4항에 따라 납부한 세액은 □□하고 납부한다.

③ 간이과세자는 대통령령으로 정하는 바에 따라 제54조제1항에 따른 □□□□ 세금계산서합계표를 제1항에 따른 해당 신고를 할 때 함께 제출하여야 한다.

해답
① 25, 폐업일, 확정신고, 납부
② 공제
③ 매입처별

7. 부가가치세법 제69조(간이과세자에 대한 납부의무의 면제)

① 간이과세자의 해당 과세기간에 대한 공급대가의 합계액이 □□□□만원 미만이면 제66조 및 제67조에도 불구하고 제63조제2항에 따른 납부의무를 □□한다. 다만, 제64조에 따라 납부세액에 더하여야 할 세액은 그러하지 아니하다.

② 제1항에 따라 납부할 의무를 면제하는 경우에 대하여는 제60조제1항을 적용하지 아니한다. 다만, 제68조세1항에 따른 기한까지 □□□□□을 신청하지 아니한 경우(대통령령으로 정하는 고정 사업장이 없는 경우는 제외한다)에는 제60조제1항제1호를 적용하되, 제60조제1항제1호 중 "1퍼센트"를 "0.5퍼센트와 5만원 중 큰 금액"으로 한다.

③ 제1항을 적용할 때 다음 각 호의 경우에는 같은 호의 공급대가의 합계액을 □□□□로 환산한 금액을 기준으로 한다. 이 경우 1개월 미만의 끝수가 있으면 1개월로 한다.
1. 해당 과세기간에 □□로 사업을 시작한 간이과세자는 그 사업 개시일부터 그 과세기간 종료일까지의 공급대가의 합계액
2. □□□·□□□ 및 과세기간 중 □□□□을 □□한 간이과세자는 그 과세기간 개시일부터 휴업일·폐업일 및 과세유형 전환일까지의 공급대가의 합계액
3. 제5조제4항 각 호에 따른 과세기간의 적용을 받는 간이과세자는 해당 과세기간의 공급대가의 합계액

④ 제1항에 따라 납부의무가 면제되는 사업자가 자진 납부한 사실이 확인되면 납세지 관할 세무서장은 납부한 금액을 □□하여야 한다.

해답
① 4800, 면제
② 사업자등록
③ 12개월, 신규, 휴업자, 폐업자, 과세유형, 전환
④ 환급

8. 부가가치세법 제70조(간이과세의 포기)

① 간이과세자 또는 제62조에 따라 간이과세자에 관한 규정을 적용받게 되는 일반과세자가 간이과세자에 관한 규정의 적용을 포기하고 일반과세자에 관한 규정을 적용받으려는 경우에는 제61조제1항에도 불구하고 제4장부터 제6장까지의 규정을 적용받을 수 있다. 이 경우 적용받으려는 달의 □□의 마지막 날까지 대통령령으로 정하는 바에 따라 납세지 관할 세무서장에게 □□하여야 한다.

② □□로 사업을 시작하는 개인사업자가 제8조제1항 또는 제3항에 따른 □□□□□을 신청할 때 대통령령으로 정하는 바에 따라 납세지 관할 세무서장에게 간이과세자에 관한 규정의 적용을 포기하고 일반과세자에 관한 규정을 적용받으려고 신고한 경우에는 제61조제1항에도 불구하고 제4장부터 제6장까지의 규정을 적용받을 수 있다.

③ 제1항과 제2항에 따라 신고한 개인사업자는 다음 각 호의 구분에 따른 날부터 □□이 되는 날이 속하는 과세기간까지는 간이과세자에 관한 규정을 적용받지 못한다.
  1. 제1항에 따라 신고한 경우: 일반과세자에 관한 규정을 적용받으려는 달의 1일
  2. 제2항에 따라 신고한 경우: 사업 개시일이 속하는 달의 1일

④ 제3항에도 불구하고 제1항 및 제2항에 따라 신고한 개인사업자 중 직전 연도의 공급대가의 합계액이 4,800만원 이상 1억 400만원 미만인 개인사업자 등 대통령령으로 정하는 개인사업자는 제3항에 따른 과세기간 이전이라도 간이과세자에 관한 규정을 적용받을 수 있다.

⑤ 제4항에 따라 간이과세자에 관한 규정을 적용받으려는 개인사업자는 적용받으려는 과세기간 개시 10일 전까지 대통령령으로 정하는 바에 따라 납세지 관할 세무서장에게 신고하여야 한다.

해답 ① 전달, 신고
② 신규, 사업자등록
③ 3년

연습문제

제8장 _ 간이과세

01 부가가치세법상 간이과세제도에 관한 설명으로 옳지 않은 것은? [국가직 9급 2013 수정]

① 간이과세자가 일반과세자로 변경된 경우 그 변경 당시의 재고품 등에 대하여 매입세액공제가 허용된다.
② 간이과세자도 부가가치세법상 사업개시일부터 20일 이내에 사업자등록의무가 있다.
③ 간이과세자가 간이과세자에 관한 규정의 적용을 포기하고 일반과세자에 관한 규정을 적용 받으려는 경우, 적용받으려는 달의 전달의 마지막 날까지 납세지 관할 세무서장에게 신고하여야 한다.
④ 부동산매매업을 경영하는 개인사업자로서 직전 연도의 공급 대가의 합계액이 1억 400만원에 미달하는 자는 간이과세자에 관한 규정을 적용받을 수 있다.

해설 부동산매매업은 간이과세 적용배제업종에 속하므로 간이과세자에 관한 규정을 적용받을 수 없다(부법 61① 단서, 부령 109②).

해답 ④

02 부가가치세법상 간이과세에 관한 설명으로 옳지 않은 것은? [회계사 2017]

① 2025년 1월 음식점을 개업한 개인사업자 A(타사업장 없음)는 사업자등록을 하면서 간이과세 적용신고서를 제출하였다. A는 매출금액에 관계 없이 2025년은 간이과세자 규정을 적용받는다.
② 사업개시일부터 간이과세를 적용받고 있는 간이과세자 B는 2025년 과세기간에 대한 공급대가의 합계액이 2,900만원인 경우 2024년 부가가치세 납부세액의 납부의무를 면제받는다.
③ 2025년 납부의무가 면제되는 간이과세자 C는 2025년 부가가치세 23,000원을 납부하였다. 이 경우 관할세무서장은 납부금액에 대한 환급의무를 지지 아니한다.
④ 과세사업만을 영위하는 간이과세자 D는 매입세액공제 대상 재화를 매입하면서 정상적인 세금계산서를 발급받아 당해 과세기간 신고를 하면서 매입처별 세금계산서합계표를 제출하였다. 이 경우 매입세금계산서 공급대가에 0.5%를 곱한 금액을 납부세액에서 공제한다.
⑤ 간이과세자 E의 2025년도 부가가치세 신고 과세표준은 해당 과세기간(1.1.~ 12.31.)의 공급대가의 합계액으로 한다.

해설 ② 간이과세자의 해당 과세기간에 대한 공급대가의 합계액이 4,800만원 미만이면 부가가치세 납부의무를 면제한다 (부법 69①).
③ 납부의무가 면제되는 사업자가 자진 납부한 사실이 확인되면 납세지 관할세무서장은 납부한 금액을 환급해야 한다 (부법 69④). **해답** ③

03 다음은 음식점업(과세유흥장소 아님)을 영위하는 간이과세자 甲의 부가가치세 관련 자료이다. 2025년 과세기간에 대한 부가가치세 신고 시 차감 납부세액(지방소비세 포함)은 얼마인가? (단, 주어진 자료 이외에는 고려하지 않음) [세무사 2018 수정]

> (1) 공급대가는 45,000,000이며, 이 중 신용카드매출전표 발급금액은 8,000,000원이다.
> (2) 농산물 구입은 계산서 수취분이며 농산물 가액은 1,090,000원이다.
> (3) 대형마트를 통한 조미료 등의 구입은 세금계산서 수취분이며 공급대가는 10,000,000원, 매입세액은 1,000,000원이다.
> (4) 음식점업의 업종 부가가치율은 15%이다. 2025년 예정부과기간의 고지세액은 없으며, 전자신고세액공제는 고려하지 않는다.
> (5) 매입세액 및 의제매입세액은 공제받기 위한 모든 요건을 충족하였고, 세액공제 등에 대해 적법하게 신고한 것으로 가정하며, 甲은 복식부기의무자가 아니다.

① 0원
② 521,000원
③ 61,260원
④ 152,000원
⑤ 161,260원

해설
1. 납부세액: 45,000,0000원 × 15% × 10% = 675,000원
2. 공제세액: (1) + (2) + (3) = 154,000원
   (1) 매입세금계산서 등 수취세액공제: 10,000,000원 × 0.5% = 50,000원
   (2) 의제매입세액공제: 적용배제(0원)
   (3) 신용카드매출전표 등 발급세액공제: 8,000,000원 × 1.3% = 104,000원
3. 차가감납부세액: 1 - 2 = 521,000원

해답 ②

04 다음은 음식점업(과세유흥장소 아님)을 영위하는 간이과세자 甲의 부가가치세 관련 자료이다. 2025년 과세기간에 대한 부가가치세 신고 시 차감 납부세액(지방소비세 포함)은 얼마인가? (단, 주어진 자료 이외에는 고려하지 않음) [세무사 2018 수정]

> (1) 공급대가는 45,000,000이며, 이 중 신용카드매출전표 발급금액은 8,000,000원이다.
> (2) 농산물 구입은 계산서 수취분이며 농산물 가액은 1,090,000원이다.
> (3) 대형마트를 통한 조미료 등의 구입은 세금계산서 수취분이며 공급대가는 10,000,000원, 매입세액은 1,000,000원이다.
> (4) 음식점업의 업종 부가가치율은 15%이다. 2025년 예정부과기간의 고지세액은 없으며, 전자신고세액공제는 고려하지 않는다.
> (5) 매입세액 및 의제매입세액은 공제받기 위한 모든 요건을 충족하였고, 세액공제 등에 대해 적법하게 신고한 것으로 가정하며, 甲은 복식부기의무자가 아니다.

① 0원   ② 521,000원
③ 61,260원   ④ 152,000원
⑤ 161,260원

해설
1. 납부세액: 45,000,0000원 × 15% × 10% = 675,000원
2. 공제세액: (1) + (2) + (3) = 154,000원
   (1) 매입세금계산서 등 수취세액공제: 10,000,000원 × 0.5% = 50,000원
   (2) 의제매입세액공제: 적용배제(0원)
   (3) 신용카드매출전표 등 발급세액공제: 8,000,000원 × 1.3% = 104,000원
3. 차가감납부세액: 1 - 2 = 521,000원

해답 ②

05 부가가치세법령상 과세유형의 전환에 대한 설명으로 옳지 않은 것은? [국가직 7급 2022]

① 일반과세자가 간이과세자로 변경되는 경우 그 변경되는 해에 간이과세자에 관한 규정이 적용되는 기간의 부가가치세의 과세기간은 그 변경 이후 1월 1일부터 12월 31일까지이다.
② 간이과세자가 일반과세자로 변경되는 경우 그 변경되는 해에 간이과세자에 관한 규정이 적용되는 기간의 부가가치세의 과세기간은 그 변경 이전 1월 1일부터 6월 30일까지이다.
③ 간이과세자가 「부가가치세법 시행령」 제109조 제2항에 따른 사업(간이과세자로 보지 아니하는 사업)을 신규로 겸영하는 경우에는 해당 사업의 개시일이 속하는 과세기간의 다음 과세기간부터 간이과세자에 관한 규정을 적용하지 않는다.
④ 「부가가치세법 시행령」 제109조 제2항에 따른 사업(간이과세자로 보지 아니하는 사업)을 신규로 겸영하여 일반과세자로 전환된 사업자로서 해당 연도 공급대가의 합계액이 8천만원 미만인 사업자가 해당 간이과세자로 보지 아니하는 사업을 폐지하는 경우에는 해당 사업의 폐지일이 속하는 연도의 다음 연도 7월 1일부터 간이과세자에 관한 규정을 적용한다.

해설 일반과세자가 간이과세자로 변경되는 경우 그 변경되는 해에 간이과세자에 관한 규정이 적용되는 기간의 부가가치세 과세기간은 다음 해 7월 1일부터 그 다음 해 6월 30일까지로 한다(부법 62①).

해답 ①

06 소매업을 영위하는 개인사업자 甲은 2025.1.1.부터 간이과세자에서 일반과세자로 과세유형이 전환되었다. 전환일 현재의 재고품 및 감가상각자산이 다음과 같으며 모두 매입세액공제대상일 경우 재고매입세액은 얼마인가? (단, 甲은 일반과세자 전환 시 보유자산에 대한 '재고품 등 신고서'를 적법하게 신고한 것으로 가정하고 자산의 취득은 적격증명서류를 갖추고 있음) [세무사 2018 수정]

(1) 2025.1.1. 현재 보유자산 현황(취득가액은 모두 부가가치세 포함)

구분	취득일자	취득가액	장부가액	시가
건물*	2021.06.05.	220,000,000원	120,000,000원	230,000,000원
비품*	2023.07.25.	44,000,000원	18,000,000원	24,000,000원
상품	2024.12.20.	22,000,000원	22,000,000원	26,000,000원

* 건물과 비품은 타인으로부터 매입한 자산이다.

(2) 해당 업종의 부가가치율은 15%로 가정한다.

① 7,200,000원   ② 11,590,000원
③ 14,400,000원 ④ 15,600,000원
⑤ 16,200,000원

구 분	금 액	비 고
건 물	10,200,000원	= 220,000,000원 × $\frac{10}{110}$ × (1−10%×4) × (1−15%) ※ 2021.7.1. 이전 재화 또는 용역을 공급받은 분이다.
비 품	−	= 44,000,000원 × $\frac{10}{110}$ × (1−50%×2) × (1−0.5%× $\frac{110}{10}$)
상 품	1,890,000원	= 22,000,000 × $\frac{10}{110}$ × (1−0.5%× $\frac{110}{10}$)
재고매입세액	11,590,000원	

 ②

07 부가가치세법상 간이과세의 포기에 관한 설명이다. 옳지 않은 것은? [회계사 2016]

① 간이과세자가 간이과세를 포기하고 일반과세자에 관한 규정을 적용받으려는 경우 간이과세 포기신고서를 납세지 관할 세무서장에게 제출하면 된다.
② 간이과세자가 간이과세포기신고서를 제출한 경우 제출일이 속하는 달의 다음달 1일부터 일반과세자에 관한 규정을 적용받게 된다.
③ 간이과세자는 간이과세를 포기하지 않으면 수출에 대하여 영세율을 적용받을 수 없다.
④ 간이과세포기신고서를 제출한 개인사업자(직전연도 공급대가 합계액 4,800만원 미만)는 일반과세자에 관한 규정을 적용받으려는 달의 1일부터 3년이 되는 날이 속하는 과세기간까지는 간이과세자에 관한 규정을 적용받지 못한다.
⑤ 간이과세포기신고서를 제출한 개인사업자가 3년이 지난 후 다시 간이과세를 적용받으려면 그 적용받으려는 과세기간 개시 10일 전까지 간이과세적용신고서를 관할 세무서장에게 제출하여야 한다.

해설 간이과세자도 수출에 대하여 영세율을 적용받을 수 있다. 다만, 영세율이 적용되더라도 매입세액은 환급받을 수 없다.

해답 ③

08 부가가치세법상 납부세액의 계산 및 신고에 관한 설명으로 옳지 않은 것은? [세무사 2018]

① 사업자가 자기의 사업을 위하여 사용할 목적으로 공급받은 재화에 대한 매입세액은 매출세액에서 공제할 수 있다.
② 신용카드매출전표등 수령명세서를 국세기본법에 따른 기한후 과세표준신고서와 함께 제출하여 관할세무서장이 결정하는 경우의 해당 매입세액은 매출세액에서 공제한다.
③ 사업장이 둘 이상인 사업자가 주된 사업장의 관할세무서장에게 주사업장총괄납부를 신청한 경우에는 납부할 세액을 주된 사업장에서 총괄하여 납부하여야 한다.
④ 사업자는 매입세액이 공제되지 아니한 면세사업 등을 위한 감가상각자산을 과세사업에 사용하거나 소비하는 경우 대통령령으로 정하는 바에 따라 계산한 금액을 그 과세사업에 사용하거나 소비하는 날이 속하는 과세기간의 매입세액으로 공제할 수 있다.
⑤ 간이과세자가 일반과세자로 변경되면 그 변경 당시의 재고품, 감가상각자산에 대하여 대통령령으로 정하는 바에 따라 계산한 금액을 매입세액으로 공제할 수 있다.

해설 과세유형의 전환에 따른 재고매입세액 및 재고납부세액의 대상은 그 변경되는 날 현재에 있는 재고품 및 감가상각자산 뿐만 아니라 건설 중인 자산도 포함된다(부령 86①).

해답 ⑤

저자 | 김갑순

약력
- 서울대학교 경영학과(경영학사)
- 서울대학교 대학원 경영학과 졸업(경영학 석사)
- 서울대학교 대학원 경영학과 졸업(경영학 박사)
- 한국회계기준원 초빙연구위원(전)
- 금융감독원 회계제도실 자문교수(전)
- 한국회계기준원 회계기준자문위원회 위원(전)
- 공인회계사, 세무사시험 출제위원(전)
- 행정고등고시 시험출제 및 선정위원(전)
- 한국세무학회 「세무학연구」 편집위원장(전)
- 한국회계학회 「회계저널」 편집위원장(전)
- 국세청 국세행정개혁위원회 위원(전)
- 한국세법학회 연구이사(전)
- 한국납세자연합회 회장(전)
- 서울지방국세청 납세자보호위원회 위원장(전)
- 한국세무학회 회장(전)
- 기획재정부 세제발전심의위원회 위원(전)
- 한국납세자연합회 명예회장(현)
- 한국세무학회 고문(현)
- 한국회계학회 회장(현)
- 동국대학교 경영대학 교수(현)

저서
- 기업의 조세전략과 세무회계연구(영화조세통람)
- IFRS 회계원리(도서출판 오래)
- 입법취지로 배우는 세무입문(나눔에이엔티)
- 분개법 원리로 배우는 법인세법(나눔에이엔티)
- 입법취지로 배우는 소득세법(나눔에이엔티)
- 입법취지로 배우는 부가가치세법(나눔에이엔티)

저자 | 양성희

약력
- 공인회계사, 세무사
- 동국대학교 경상대학 경영학과(졸)
- 한영회계법인 근무(전)
- 삼화회계법인 근무(전)
- 삼일회계법인 교육사업부 강사(전)
- (주)영화조세통람 세법강사(전)
- 동국대학교 겸임교수(전)
- 아이파경영아카데미 강사(전)
- 중소기업연수원 강사(전)
- 한국생산성본부 강사(전)
- 아세아세무그룹 대표(현)

저서
- 한국기업회계기준해설
- PRIME 객관식 세법
- PRIME 세법의 마스터키
- PRIME 세무회계3급
- 입법취지로 배우는 세무입문(나눔에이엔티)
- 분개법 원리로 배우는 법인세법(나눔에이엔티)
- 입법취지로 배우는 소득세법(나눔에이엔티)
- 입법취지로 배우는 부가가치세법(나눔에이엔티)
- 세무회계뱅크

저자 | 박시훈

약력
- 계명대학교 회계학과(경영학사)
- 동국대학교 대학원 세무회계전공(박사)
- 호서대학교 강사(전)
- 명지전문대학 강사(현)
- 한국외국어대학교 객원강의교수(현)
- 한국조세정책학회 간사(현)

저서
- 입법취지로 배우는 세무입문(나눔에이엔티)
- 입법취지로 배우는 소득세법(나눔에이엔티)
- 입법취지로 배우는 부가가치세법(나눔에이엔티)

저자 | 김태준

약력
- 세무사
- 동국대학교 경영대학 회계학전공(학사)
- 우덕회계법인 역삼지점(전)
- 세무법인정성 성북지점(전)
- 세무법인포유 분당지점(현)

저서
- 입법취지로 배우는 세무입문(나눔에이엔티)
- 입법취지로 배우는 소득세법(나눔에이엔티)
- 입법취지로 배우는 부가가치세법(나눔에이엔티)

입법취지로 배우는 부가가치세법

가격 22,000원

5판 발행	2025년 3월 4일
저 자	김갑순·양성희·박시훈·김태준
발 행 인	김상길
발 행 처	나눔클래스
편 집	(주)서울멀티넷
등 록	제2021-000008호
주 소	서울시 성북구 오패산로 38 2층(하월곡동)
홈페이지	www.nanumclass.com
전 화	02-911-2722
팩 스	02-911-2723
ISBN	979-11-91475-95-1 (13320)
	2025@나눔클래스

파본은 구입하신 서점이나 출판사에서 교환해 드립니다.

나눔클래스는 정확한 지식과 정보를 독자분들께 제공하고자 최선의 노력을 다하고 있습니다. 본서가 모든 경우에 완벽성을 갖는 것은 아니므로 주의를 기울이시고 필요한 경우 전문가와 사전 논의를 하시기 바랍니다. 본서의 수록내용은 특정사안에 대한 구체적인 의견 제시가 될 수 없으므로 본서의 적용결과에 대해서 책임 지지 않습니다.